政府会计

ZHENGFU KUAIJI

主　编　黄德忠　陈国民　张桂香
副主编　王筱琼　李振湖

湖南大学出版社
长沙

目录 CONTENTS

第一篇　总论

第一章　政府会计概论·······002
　第一节　政府组织与政府会计·······002
　第二节　政府会计的发展与改革·······006
　第三节　政府会计的规范·······011
　第四节　会计职业道德·······012

第二章　政府会计的基本理论和方法·······014
　第一节　政府会计的目标与基本前提·······014
　第二节　政府会计的要素及质量特征·······016
　第三节　政府会计的确认与计量·······018
　第四节　政府会计的记录与报告·······019

第二篇　行政事业单位会计

第三章　行政事业单位会计概述·······022
　第一节　行政事业单位会计的相关内容·······022
　第二节　行政事业单位会计的科目及其使用说明·······023

第四章　行政事业单位预算会计·······026
　第一节　行政事业单位预算收入的核算·······026
　第二节　行政事业单位预算支出的核算·······032
　第三节　行政事业单位预算结余的核算·······036
　第四节　预算会计报表·······046

第五章　行政事业单位资产的核算·······054
　第一节　流动资产的核算·······054
　第二节　非流动资产的核算·······077
　第三节　经管类资产的核算·······100

第六章　行政事业单位负债的核算 112
第一节　流动负债的核算 112
第二节　非流动负债的核算 124
第三节　受托代理负债的核算 127

第七章　行政事业单位收入与费用的核算 129
第一节　行政事业单位收入的核算 129
第二节　行政事业单位费用的核算 141

第八章　行政事业单位净资产的核算与财务会计报表 151
第一节　行政事业单位净资产的核算 151
第二节　行政事业单位的财务会计报表 158

第三篇　财政总会计

第九章　财政总会计概述 174
第一节　财政总会计的概念 174
第二节　财政总会计的管理基础工作 176
第三节　财政总会计的科目 178

第十章　财政总会计的预算会计 185
第一节　财政总会计预算收入类科目的核算 185
第二节　财政总会计预算支出类科目的核算 191
第三节　财政总会计预算结余类科目的核算 196
第四节　财政总会计的预算会计报表 201

第十一章　财政总会计资产与负债的核算 210
第一节　财政总会计资产的核算 210
第二节　财政总会计负债的核算 223

第十二章　财政总会计收入与费用的核算 233
第一节　财政总会计收入的核算 233
第二节　财政总会计费用的核算 238

第十三章　财政总会计净资产的核算与财务会计报表 248
第一节　财政总会计净资产的核算 248
第二节　财政总会计的会计结账和结算 253
第三节　财政总会计的财务会计报表格式 254
第四节　财政总会计的财务会计报表编制说明 260

参考文献 271

第一篇

总 论

思政资料

政府会计改革的背景

1. 政府会计改革的提出

2013年11月12日，中国共产党第十八届中央委员会第三次全体会议通过的《中共中央关于全面深化改革若干重大问题的决定》中提出，"建立权责发生制的政府综合财务报告制度，建立规范合理的中央和地方政府债务管理及风险预警机制"。

2013年11月中共中央、国务院所发《党政机关厉行节约反对浪费条例》第二章"经费管理"第九条指出："推进政府会计改革，进一步健全会计制度，准确核算机关运行经费，全面反映行政成本。"

2014年12月12日，国务院批转财政部《权责发生制政府综合财务报告制度改革方案》（国发〔2014〕63号）——构建统一、科学、规范的政府会计准则体系，建立健全政府财务报告编制办法，适度分离政府财务会计与预算会计、政府财务报告与决算报告功能，全面清晰反映政府财务信息和预算执行信息，为开展政府信用评级、加强资产负债管理、改进政府绩效监督考核、防范财政风险等提供支持，促进政府财务管理水平提高和财政经济可持续发展。

十九大报告提出"要加快建立现代财政制度，建立权责清晰、财力协调、区域均衡的中央和地方财政关系。建立全面规范透明、标准科学、约束有力的预算制度，全面实施绩效管理"。

2. 政府会计改革前的缺陷

不能全面、准确、完整地反映政府的资产和负债情况，不利于政府加强资产负债管理；不能准确核算成本与费用，不利于科学评价政府的运营绩效；缺乏统一、规范的政府会计标准体系；不能提供信息完整的政府综合财务报告。

3. 政府会计改革的意义

加快推进政府会计改革是建立现代财政制度，提升国家治理体系和治理能力现代化的重要基础，能够完整反映政府收支信息、如实反映政府"家底"、科学反映政府运行成本，提升财政透明度。

思考题：

1. 为什么党中央和国务院多次提出政府会计改革呢？
2. 如何才能如实反映政府"家底"、科学反映政府运行成本？

PROJECT 1

第一章 政府会计概论

学习目标

◎ 清楚政府组织与政府会计的概念。
◎ 了解政府会计的发展历程与改革方向。
◎ 掌握政府会计的规范体系。
◎ 熟悉会计职业道德。

第一节 政府组织与政府会计

一、政府与政府组织

(一) 政府

政府，一般是以国家的存在为基本前提、与国家密切联系在一起的政治学概念。政府是指接受国家公民的委托，利用公共资源提供各种公共物品或服务，且不以营利为目的的管理机构。政府的概念有广义和狭义之分。广义的政府是指国家公共权力的所有执掌机构，包括按照立法、司法、行政三权分立的原则建立起来的各级立法机关、行政机关和司法机关。其中，国家立法机关是指各级人民代表大会及其所属机构；国家行政机关是指从国务院到省、自治区、直辖市以及下属的市、地、县、乡的各级人民政府及其所属机构；国家司法机关是指各级公安、司法和检察机关。而狭义的政府仅指各级国家行政管理机关，即上述的行政机关，包括中央和地方的行政机关。

(二) 政府组织

政府组织，一般是经济学意义的概念，是指管理和使用公共经济资源、履行政府职能的组织体系。政府组织比政府的范围要广，政府组织除了包括全部政府权力机构，还包括公立非营利组织（我国又称其为事业单位）。

(三) 政府组织的特征

考虑一个组织的特征就是将它与相对应的组织开展对比分析，看存在哪些相同或相似性，更重要的是分析还有哪些不一样的方面。

1. 政府组织和企业组织的相似性

（1）两种组织在相同的时期处于相同的社会经济环境中，都是经济体系中不可分割的组成部分，使用相同或相似的财务、资本、人力与经济资源以实现各自的目标。

（2）两种组织都要努力取得稀缺的资源，并将其转化为尽可能多或好的产品或服务，提供给社会，满足其不断增长的需求。

（3）两种组织都需要采用核算分析与评价控制技术来确保资源使用的经济性、有用性和高效性。

（4）两种组织大都采用相同或相似的方法进行财务管理，都要建立完整的会计信息系统，为管理者、资源提供者、监督机构等提供决策需要的信息，以便对资源的使用开展计划、指导、控制与评价。

（5）两种组织提供的物品或服务在某些情况下是相同或相似的。

2. 政府组织的独特性

政府组织与企业组织之间也存在明显的区别。这些区别主要体现在组织目标、财务资源来源与运用、受托责任和运营业绩考核等方面。

（1）政府组织的目标具有非营利性。营利性企业组织的目标是获取利润，这体现在其向社会公众提供物品或服务时总是以"成本＋利润"作为定价基础，并遵循市场经济中获得与衡量利润的自然法则。如果无利可图，企业将不愿意从事提供物品或服务的活动。企业资源提供者向企业提供资源属于投资范畴，其提供经济资源的主要动因是获取尽可能高的投资回报，为此，企业会最大限度地追求利润，使投资者投入的资本增值。

政府组织的目标具有非营利性，是以服务社会、服务公众为宗旨，在其经济资源许可的前提下提供尽可能多的公共物品和尽可能好的服务。它们的资源大部分来自纳税人缴纳的税或个人、机构的捐赠，资源提供者向政府组织提供资源不属于投资性质，所以这些组织没有获利动机。政府组织提供公共产品是人民生活和社会发展活动必不可少的，因此，不能只考虑收取的费用能否弥补其提供货物或服务的盈亏问题，而是更注重社会责任，很多服务只是象征性地收取部分费用甚至免费。政府组织管理财务资源，主要是为了保证其活动的连续性，持续地为社会公众提供各项公共产品。

（2）政府组织的资源运用具有限定性。社会分配给政府组织的资源大部分是消费性的，一旦被耗用了就无法收回，所以其财务资源运用具有独特的控制程序，即它不是根据纳税人、捐赠人等提供的资源与享用服务之间的关系分配的，而是按照资源提供者（如提供补助的上级政府、捐赠人）或其代表（如立法机构或董事会）的"限定"用途分配的。这要求对具有特定用途的财务资源在财政年度初期或上期期末由政府组织确定在此期间提供物品或服务必须流出的资源，再考虑如何取得与期望值相等的资源流入即资源的来源，然后据此给出分项目或用途的预算提案，交由代表民意的立法机构或资源提供者选举的代表（如董事会）根据国家法律、政府法令、合同协议及其他约定审议、批准政府管理当局的预算提案，以确保财务资源按照与外部限定和年度预算一致的方式使用。

（3）政府组织的受托责任具有广泛性。政府组织的受托责任通常指资源或活动从公众或其他资源提供者那里转移给政府组织管理者后应负的一种责任，或政府组织承担的向社会公众及服务对象提供公共产品的责任。政府代表国家意志行使公共财政资源筹集、使用和管理的权力，必须受到资源提供者及其代表、国家法律、行政法令、合同协议和其他约定的限制。各级政府受托使用公共财政资源，对资源使用的经济性、有效性和使用效果负有责任。这种受托责任不仅表现为经济或财务的责任，还表现为政治和社会的责任，其受托责任的重点应包括依从预算、有效使用财务资源和资本资产保全等方面。

（4）考核政府组织的业绩的角度具有多样性。运营业绩反映各级政府受托责任的履行情况和结果。由于政府组织不以营利为目的，没有追求利润的动机，因而其运营业绩就不能以净利润或每股收益等企业标准来衡量。由于各级政府、各部门、各单位分别被赋予了行政资源和社会资源，承担着为社会服务的社会职能，因此，对其受托责任的评价和运营业绩的衡量，不仅要从财务的、经济的、定量的角度，更需要从非财务的、非经济的、非定量的角度来评价和衡量。

二、政府会计与政府会计的组成

（一）政府会计

政府会计是会计体系的重要分支，它是运用会计方法全面核算、监督和报告政府及其组成主体的财务状况、运行情况（含运行成本，下同）、现金流量、预算执行等情况。政府会计由财政总会计和行政事业单位会计组成，财政总会计和行政事业单位会计又分别由各自的财务会计和预算会计构成。

（二）政府会计的适用范围

政府会计的适用范围主要包括各级政府、各部门、各单位。各级政府指各级政府财政部门，具体负责财政总会计的核算。各部门、各单位是指与本级政府财政部门直接或者间接发生预算拨款关系的国家机关、军队、政党组织、社会团体、事业单位和其他单位。

（1）行政机构，包括中央和地方各级人民政府。

（2）立法机构，包括全国和地方各级人民代表大会的常设机构。

（3）司法机构，包括最高及地方各级人民法院和人民检察院。

（4）政党和政治协商机构，包括中央和地方各级中国共产党、各民主党派组织，全国和地方各级人民政治协商会议的常设机构等。

（5）事业单位，包括教育、医疗卫生、科学研究、勘察设计、勘探、文化、新闻出版、广播影视、体育、农林牧水、交通、气象、地震、海洋、环境保护、测绘、信息咨询、标准计量和质量技术监督、知识产权、物资仓储和供销、房地产服务和城市公用、社会福利等行业。

（6）由政府出资举办的社会团体。

军队、已纳入企业财务管理体系的单位和执行《民间非营利组织会计制度》的社会团体，其会计核算不适用政府会计准则制度。

社会组织的结构与会计体系如图1-1所示。

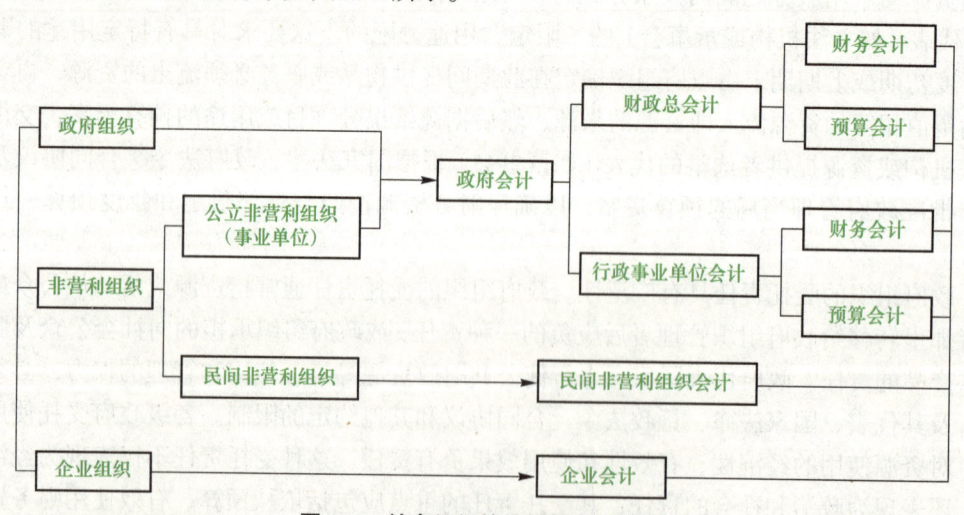

图1-1 社会组织的结构与会计体系

（三）政府会计的组成

会计的组成体系，是指特定会计学科包括的内容与划分。按照《政府会计准则——基本准则》的规定，我国的政府会计由预算会计和财务会计构成。

预算会计，是指以收付实现制为基础，核算政府会计主体预算执行过程中发生的全部收入和全部支出，主要反映和监督预算收支执行情况的会计。

财务会计，是指以权责发生制为基础，核算政府会计主体发生的各项经济业务或者事项，主要反映和监督政府会计主体财务状况、运行情况和现金流量等的会计。

政府会计的构成体系如图1-2所示。

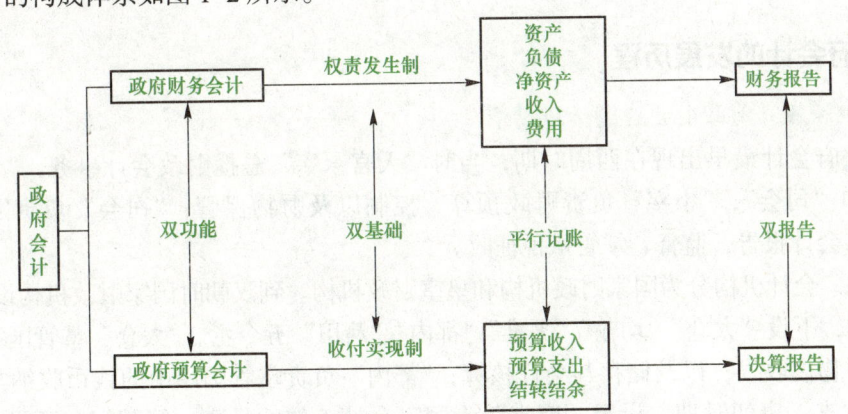

图1-2 政府会计的构成体系

（四）政府会计的核算模式

政府会计由预算会计和财务会计构成。政府会计核算应当实现预算会计与财务会计适度分离且相互衔接，全面、清晰地反映政府财务信息和预算执行信息，为开展政府信用评级、加强资产负债管理、改进政府绩效监督考核、防范财政风险等提供支持，促进政府财务管理水平的提高和财政经济的可持续发展。

1. 政府预算会计和财务会计的"适度分离"

（1）"双功能"。政府会计应当实现预算会计和财务会计的双重功能。预算会计应准确完整地反映政府预算收入、预算支出和预算结余等预算执行信息，财务会计应全面准确地反映政府的资产、负债、净资产、收入、费用等财务信息。

（2）"双基础"。预算会计实行收付实现制，国务院另有规定的，从其规定；财务会计实行权责发生制。

（3）"双报告"。政府会计主体应当编制决算报告和财务报告。政府决算报告的编制，以预算会计核算生成的数据为准；政府财务报告的编制，以财务会计核算生成的数据为准。

2. 政府预算会计和财务会计的"相互衔接"

政府预算会计和财务会计"适度分离"，不是要求政府会计主体分别建立预算会计和财务会计两套账，会计核算同一笔经济业务或事项，而是要求政府预算会计要素和财务会计要素相互协调，决算报告和财务报告相互补充，共同反映政府会计主体的预算执行信息和财务信息。

这种适度分离又相互衔接的政府会计核算模式，使公共资金管理中的预算管理、财务管理和绩效管理相互联结、融合，全面提高管理水平和资金使用效率，对规范政府会计行为、夯实政府会计主体预算和财务管理基础、强化政府绩效管理，具有深远的影响。

3. 平行记账

政府会计在会计核算中采用平行式记账法，也称平行核算法。平行核算法就是基于纳入部门预算管理现金收支业务的同一会计事项，在采用权责发生制进行财务会计核算的同时，也需采用收付实现制进行预算会计核算。大多数其他业务仅需要进行财务会计核算。

第二节 政府会计的发展与改革

一、政府会计的发展历程

（一）新中国成立前政府会计的历史沿革

我国的政府会计最早出现在西周时期，当时"天官冢宰"总揽财政会计事务。"天官冢宰"下设"小宰"和"司会"，"小宰"负责财政预算、控制以及财物保管；"司会"负责财政收入的全面核算，提供会计报告，监督、掌管赋税征收。

秦朝时期，会计机构分为国家财政机构和皇室财政机构。到汉朝时国家财政机构设置"大司农"主管国家财政，下设"太仓""均输""平准""都内""籍田"五令丞。"太仓"掌管国家粮库，负责粮谷及其他财物之收发，以及储存与会计核算；"都内"负责掌管国库中的钱币收纳与发放，并负责核算钱币收支。唐朝时期，设置"度支"为国家会计工作的最高主管部门，下设"户部""金部""仓部"，"户部"掌管征收、统计，负责物产出入、会计簿记呈报，会计设置到县以下，并有严格的制度。同时设置与"度支"平级的"比部"——独立于财计部门之外的审计组织。清朝引入了一些西方会计，编制"岁入"和"岁出"相结合的财政预算，宣统年间出现《大清商律草案》，它是中国近代会计立法的一个开端。

1931年，南京国民政府在美国专家顾问团的帮助下，设立了一套超然主计制度，成立了直接隶属于南京国民政府的"主计处"，下设"岁计""会计""统计"三局。在南京国民政府各部门和各省市政府都设置会计人员以掌握主计大权，另设有审计机构，负责对主计的监督。

（二）新中国成立初期预算会计的建立

1949年新中国成立后，借鉴当时苏联的预算会计模式，结合工作需要建立了预算会计制度。1950年12月，财政部颁发了《各级人民政府暂行总预算会计制度》《各级人民政府暂行单位预算会计制度》《中央金库条例实施细则》，确立了财政总预算会计与单位预算会计的职责，明确了预算会计的核算方法。会计要素为资产、负债、岁入、岁出，以"资产＝负债"为基本会计等式，实行收付实现制，采用借贷记账法，编报资产负债表和收支决算表。

（三）计划经济体制背景下预算会计的调整与完善

自1966年始，行政事业单位实施《行政事业单位会计制度》：改借贷记账法为收付记账法；资金平衡公式为"资金来源－资金运用＝资金结存"；取消会计要素，在资金平衡等式下，直接设会计科目；要求编报资金活动情况表、财政收支决算表和预算外收支决算表。

（四）社会主义市场经济体制改革背景下预算会计的改革与发展

党的十一届三中全会后，财政部为适应改革开放后的新环境，于1988年颁发了新的《事业行政单位会计制度》。党的十四大进一步明确了建立社会主义市场经济体制的改革目标后，1992年实施了《企业财务通则》《企业会计准则》。在企业会计改革成功的基础上，财政部1996年12月颁发了《预算会计核算制度改革要点》，1997年陆续颁发了《财政总预算会计制度》《事业单位会计准则（试行）》《事业单位会计制度》《行政单位会计制度》等，从1998年1月1日起实施，改会计要素为资产、负债、净资产、收入、支出五大要素，建立了"资产＝负债＋净资产"的平衡等式，采用借贷记账法，改进会计报表体系，编制资产负债表、预算执行情况表、收支表以及基本数字表等附表与预算情况说明书。

(五)政府预算管理制度改革背景下的预算会计改革

我国自 2000 年起按照公共财政理论开展了预算管理制度的改革,以财政支出管理为核心,逐步推行部门预算、国库集中收付制度、政府采购制度、政府收支科目分类等改革,这些改革对预算资金管理产生了很大的影响,涉及预算观念、预算体系、预算管理方式的改变。

1. 以部门预算为主的预算编制改革

部门预算自 2000 年始在教育、农业、科技、劳动和社会保障四个部门试点,2001 年推广至全部中央部门。在总结地方部门预算改革多年经验的基础上,2006 年财政部印发《关于完善和推进地方部门预算改革的意见》,进一步完善和规范了地方部门预算编制的主要内容、方法。这项改革在许多方面取得了丰硕的成果,为财政管理体制的改革和完善作出了重大的贡献,为公共财政体制的建设奠定了坚实的基础。

部门预算是政府部门依据国家有关政策规定及其行使职能的需要,由基层预算单位编制,逐级上报、审核、汇总,经财政部门综合与审核后提交立法机关依法批准的涵盖部门各项收支的综合财政计划。它是市场经济国家实行财政预算管理的基本组织形式,以每个部门为预算编制的基本单位,通过"一个部门一本账""预算内外资金统筹"等举措全面详细地反映了各政府部门的各项收支情况,是政府预算的重要组成部分。部门预算还引入零基预算、绩效预算、综合管理定额和支出标准等概念与方法,使得预算更科学、合理、客观。部门预算的实施严格了预算管理,增加了政府工作的透明度,是防止腐败的重要手段和预防措施,也是财政改革的重要内容。

2. 以实行国库单一账户为核心的国库管理制度改革

国库集中收付制度包括国库集中支付制度和收入收缴管理制度,由财政部门代表政府设置国库单一账户体系,所有的财政性资金通过国库单一账户体系收缴、支付和管理。这从根本上改变了财政资金管理分散以及各支出部门和支出单位多头开户、重复开户的混乱局面,加强了财政部门对资金的统一调度和管理。

(六)会计国际化趋势下构建政府与非营利组织会计体系的尝试

1. 民间非营利组织会计制度的实施

财政部于 2004 年 8 月 18 日颁布《民间非营利组织会计制度》,于 2005 年 1 月 1 日起在全国所有适用的民间非营利组织中实施。该制度填补了当时我国会计规范领域的空白。

2. 事业单位会计准则、制度与财务通则的修订

2011 年 7 月 1 日实施《医院会计制度》,2013 年 1 月 1 日实施《事业单位会计准则》《事业单位会计制度》,2014 年 1 月 1 日实施《行政单位会计制度》《高等学校会计制度》《中小学校会计制度》《科学事业单位会计制度》《彩票机构会计制度》,2016 年 1 月 1 日实施《财政总预算会计制度》。这些会计制度改进了 1998 年开始施行的预算会计制度,主要有明确双重会计目标,使用双分录核算方法,拓展细化资产负债项目的核算,对固定资产与无形资产计提折旧和摊销,合并基建会计账,改进会计报表,等等。

二、政府会计的全面改革

自出台《权责发生制政府综合财务报告制度改革方案》后,我国政府会计改革进入一个新的历史阶段,构建了国际化与中国特色皆具的政府会计体系。

财政部于 2015 年 10 月印发了《政府会计准则——基本准则》;于 2016 年颁布《政府会计准则第 1 号——存货》《政府会计准则第 2 号——投资》《政府会计准则第 3 号——固定资产》《政府会计准则第 4 号——无形资产》;这些准则都是从 2017 年 1 月起实施。

2017 年颁布的《政府会计准则第 5 号——公共基础设施》《政府会计准则第 6 号——政府储备

物资》，2018年1月起实施。

2017年印发的《政府会计制度——行政事业单位会计科目和报表》，2018年1月起在试点单位实施，2019年1月起全面实施。

2018年起出台了《政府会计准则第7号——会计调整》《政府会计准则第8号——负债》《政府会计准则第9号——财务报表编制和列报》《政府会计准则第10号——政府和社会资本合作项目合同》等政府会计具体准则和《〈政府会计准则第3号——固定资产〉应用指南》。

2022年财政部印发的《财政总会计制度》，适用于中央、省、市、县、乡等五级政府财政部门总会计，2023年1月1日起全面实施。

三、国库单一账户体系的构成

国库单一账户体系，由财政部门开设的银行账户、财政部门为预算单位开设的银行账户组成。

（一）财政部门开设的银行账户

1. 国库存款账户

该账户是在中国人民银行开设的国库单一账户，用于记录、核算、反映纳入预算管理的财政收入和支出活动，并用于财政部门在商业银行开设的财政零余额账户以及财政部门为预算单位在商业银行开设的预算单位零余额账户进行清算。

2. 财政部门零余额账户

该账户简称财政零余额账户，即在商业银行开设的财政零余额账户，用于财政直接支付以及国库单一账户进行清算。该账户为过渡性质的账户。在代理银行根据财政部门开具的支付指令向有关货品或劳务供应商支付款项并按日向国库单一账户申请清算后，该账户的余额即为零。

3. 财政专户

该账户在商业银行开设，用于记录、核算、反映实行财政专户管理的资金收入和支出，并用于财政专户管理资金日常收支清算。

（二）财政部门为预算单位开设的银行账户

1. 预算单位零余额账户

该账户主要是财政部门为预算单位在商业银行开设的零余额账户，用于财政授权支付，以及与国库单一账户进行清算。该账户为过渡性质的账户，是预算单位的一个授权支付用款额度的账户。在代理银行根据预算单位开具的支付指令向有关货品或劳务供应商支付款项并按日向国库单一账户申请清算后，该账户的余额即为零。

2. 财政汇缴零余额账户

该账户也可简称为财政汇缴专户，是财政部门为预算单位在商业银行开设的零余额账户，用于反映预算单位作为执收单位收取的应当汇缴财政国库或财政专户的财政性资金收入。由于执收单位收取的相关费用等财政性资金收入应当在汇总缴入财政汇缴零余额账户后的当日即转入财政国库存款账户或财政专户，财政汇缴零余额账户每日汇缴后的余额为零。

3. 特设银行账户

该账户是指经国务院和省级人民政府批准或授权财政部门开设的特殊过渡性专户。该账户用于核算和反映预算单位的特殊专项支出活动，以及用于与国库单一账户进行清算。一般情况下，该账户为实存资金账户。

在上述相关账户中，财政部门零余额账户和财政汇缴零余额账户的性质为专用存款账户，预算单位零余额账户的性质为基本存款账户或者专用存款账户。预算单位未开立基本存款账户，或原基本存款账户在国库集中支付改革后已经按财政部门要求撤销的，经同级财政部门批准，预算单位零余额账户作为基本存款账户。除上述情况外，预算单位零余额账户作为专用存款账户。

(三) 国库集中收付

1. 国库单一账户体系图解

国库集中收付，是指以国库单一账户体系为基础，以健全的财政支付信息系统和银行间实时清算系统为依托，将所有财政性资金都纳入国库单一账户体系管理，收入直接缴入国库和财政专户，支出通过国库单一账户体系支付到商品和劳务供应者或用款单位的一项国库管理制度。实行国库集中支付的单位，财政资金的支付方式包括财政直接支付和财政授权支付。国库单一账户体系如图1-3所示。

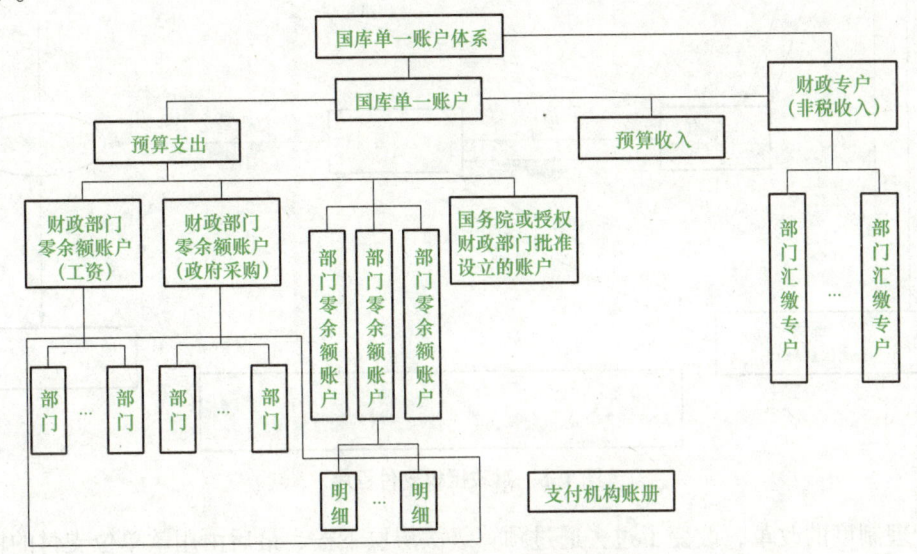

图1-3 国库单一账户体系

2. 财政直接支付程序

在财政直接支付的方式下，单位在需要使用财政资金时，按照批复的部门预算和资金使用计划，向财政国库支付执行机构提出支付申请。财政国库支付执行机构根据批复的部门预算和资金使用计划及相关要求审核无误后，向代理银行发出支付令，并通知中国人民银行国库部门，通过代理银行进入全国银行清算系统进行实时清算，财政资金从国库单一账户划拨到收款人的银行账户，如图1-4所示。

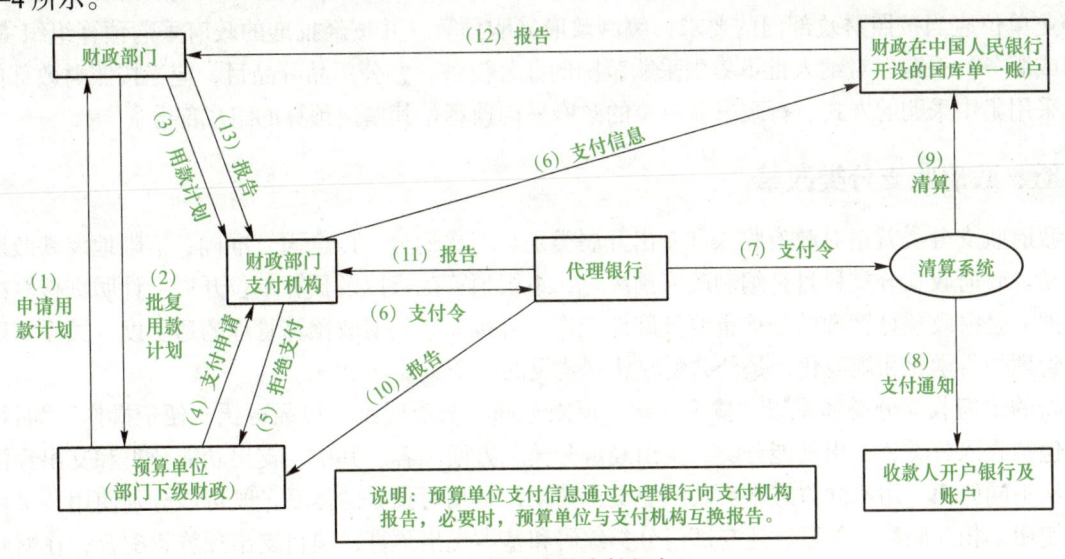

图1-4 财政直接支付程序

3. 财政授权支付程序

在财政授权支付的方式下，单位按照批复的部门预算和资金使用计划，向财政国库支出执行机构申请授权支付的月度用款限额，财政国库支付执行机构将批准后的限额通知代理银行和单位，并通知中国人民银行国库部门。单位在月度用款限额内，自行开具支付令，通过财政国库支付执行机构转由代理银行向收款人付款，并于国库单一账户清算，如图1-5所示。

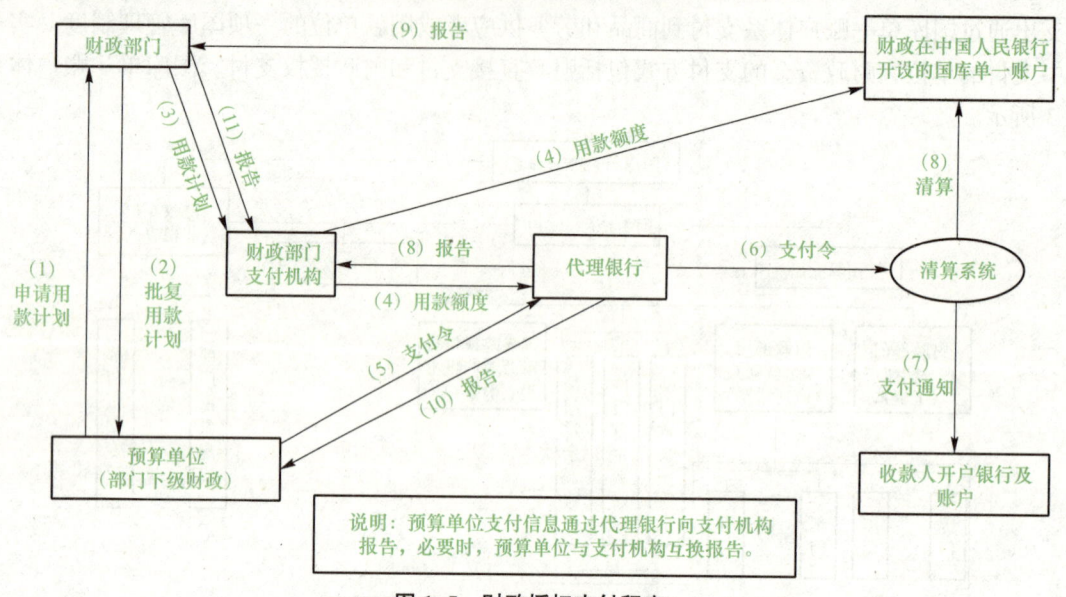

图1-5 财政授权支付程序

国库管理制度的改革，改变了过去通过预算级次层层下拨、最后由用款单位支付的用款方式，增强了政府对整个财政收支的监管控制。

四、以推进政府采购为主的财政支出管理改革

政府采购制度是财政支出管理的一项重要制度。政府采购是指各级政府及其所属机构为了开展日常政务活动或为公众提供公共服务，在财政监督下，以法定的形式、方法和程序，购买货物、工程或服务。

向社会提供公共物品和公共服务的行政事业单位，应当严格执行政府采购制度的各项规定。行政事业单位应当按照财政部门的要求，编制政府采购预算，并按经批准的政府采购预算组织货物、工程或服务的采购。对纳入批量集中采购范围的办公设备、办公用品等品目，应当按照财政部门的要求采用集中采购的方式。行政事业单位的政府采购预算是其单位预算的组成部分。

五、政府收支分类改革

政府收支分类就是对政府收入和支出开展类别与层次划分，以全面、准确、清晰地反映政府收支活动。政府收支分类科目是编制政府预决算、组织预算执行以及预算单位开展会计明细核算的重要依据，是财政预算管理的一项重要基础性工作，直接关系到财政预算管理的透明度，关系到财政预算管理的科学化和规范化，是公共财政体制建设的一个重要环节。

新的政府收支分类体系以"体系完善、反映全面、分类明细、口径可比、便于操作"为目标，主要包括收入分类、支出功能分类、支出经济分类三方面内容。其中，支出功能分类和支出经济分类是从不同侧面、用不同方式来反映政府支出活动，是相对独立的体系，既可以分别使用，又可以结合使用，相互间存在关联，还与部门分类编码和基本支出预算、项目支出预算相配合，在财政信

息管理系统的有力支持下，可对任何一项财政收支实行"多维"定位，清晰地说明政府的钱是怎么来的、做了什么事、怎么做的，为预算管理、统计分析、宏观决策和财政监督等提供全面、真实、准确的经济信息。

在政府收支分类改革中，借鉴了国际通行做法，收入分类从大的分类框架方面设置了相应的收入科目，增加了财政预算外收入和社会保险基金收入；支出功能分类参考了国际货币基金组织（IMF）的功能分类类级科目，保持了与其总体框架和基本原则的基本一致，同时，支出科目从三级增加为四级，设置了社会各方面普遍关注的支出事项；支出经济分类设置进一步细化了各级科目。这项改革，既可充分满足细化预算编制、加强预算单位财务会计核算和经济分析、增强财政资金的透明度等方面的要求，又与国外会计具有可比性，为国际比较分析创造了良好的条件。

第三节 政府会计的规范

会计规范可以理解为调节社会经济活动中会计人员与财务关系的法律、行政规章、条例、准则和制度的总称。我国政府与非营利组织会计规范主要包括财务会计法律、行政法规和政府会计准则三大类。

一、财务会计法律

我国现行规范政府会计的法律主要有《中华人民共和国预算法》（以下简称《预算法》）和《中华人民共和国会计法》（以下简称《会计法》）。其中，《预算法》是规范政府与非营利组织财务活动行为的基本法律，各级政府、政府单位及非营利事业单位等都必须按照《预算法》的规定组织财务收支活动，接受立法机构的监督。《会计法》是规范会计活动行为的基本法律，是其他会计法规的"母法"，任何会计规范都必须以《会计法》为准绳，不能与之相抵触或相违背。

二、行政法规

行政法规是根据管理社会经济活动的需要，以行政规章、条例、制度和规定等形式颁布的一种社会经济行为规范，既是根据法律制定和颁布的一种规范，也是法律规定的具体化。关于政府与非营利组织会计的行政法规有很多，概括起来主要有三类：一是由政府或政府主管部门根据法律规章制定和颁布的法律实施细则，如国务院颁布的《中华人民共和国预算法实施细则》《中华人民共和国政府采购法实施条例》等；二是由政府主管部门根据财务会计法律制定的相关规定、方案、办法等，如《权责发生制政府综合财务报告制度改革方案》《政府财务报告编制办法（试行）》等；三是其他行政规章、财务制度，如《行政事业单位内部控制规范》《行政单位财务规则》《事业单位财务规则》《高等学校财务制度》和《医院财务制度》等。

三、政府会计准则体系

我国的政府会计准则体系由政府会计基本准则、政府会计具体准则及应用指南和政府会计制度等组成。

1. 政府会计基本准则

政府会计基本准则用于规范政府会计目标、政府会计主体、政府会计信息质量要求、政府会计核算基础，以及政府会计要素定义、确认和计量原则、列报要求等原则事项。基本准则指导具体准

则和制度的制定，并为政府会计实务问题提供处理原则。2015年10月，财政部印发了《政府会计准则——基本准则》。

2. 政府会计具体准则及应用指南

政府会计具体准则依据《政府会计准则——基本准则》制定，用于规范政府发生的经济业务或事项的会计处理原则，详细规定经济业务或事项引起的会计要素变动的确认、计量和报告。应用指南是对具体准则的实际应用作出的操作性规定。自2016年以来，财政部相继出台了存货、投资、固定资产、无形资产、公共基础设施、政府储备物资、会计调整、负债、财务报表编制和列报、政府和社会资本合作项目合同等政府会计具体准则和固定资产准则应用指南。

3. 政府会计制度

政府会计制度依据基本准则制定，主要规定政府会计科目及账务处理、报表体系及编制说明等。依据政府会计不同主体，政府会计制度主要由政府财政会计制度和政府单位会计制度组成。2017年财政部印发的《政府会计制度——行政事业单位会计科目和报表》（以下简称《政府会计制度》），适用于各级行政事业单位，2018—2020年陆续出台了政府会计准则制度解释第1号、第2号和第3号。各级行政事业单位应当根据政府会计准则（包括基本准则和具体准则）规定的原则和要求，核算其发生的各项经济业务或事项。2022年财政部印发的《财政总会计制度》，适用于中央，省、自治区、直辖市及新疆生产建设兵团，设区的市、自治州，县、自治县，不设区的市、市辖区、乡、民族乡、镇等各级政府财政部门总会计。

第四节 会计职业道德

一、会计职业道德的功能

会计职业道德是指在会计职业活动中应当遵循的、体现会计职业特征的、调整会计职业关系的职业行为准则和规范。会计职业道德是规范会计行为的基础，是实现会计目标的保证，是对会计法律制度的重要补充，是提高会计人员职业素养的内在要求。

道德的功能在于揭示对人自身的生存、发展和完善的功效。会计职业道德具有指导、评价和教化三个主要功能。

指导功能是促进会计人员选择有利于消除各种矛盾、调整相互关系的会计行为，改善会计领域内个人与国家、个人与单位、个人与个人之间的关系，促使会计人员协调一致，保证会计工作正常、稳定、高效地运行。

评价功能是指会计职业道德能够通过"评价—命令"方式，激发会计人员的内在积极性和主动性，促使会计人员自我肯定、自我发展、自我完善，推动会计人员的会计行为从"现有行为"向"应有行为"转化，从而实现对会计领域各种会计关系的调解。

教化功能基于道德的劝善戒恶，借助舆论影响人的道德、良心和情感，进而在形成会计职业道德风尚的过程中，影响会计人员的职业道德观念和行为，培养会计职业道德行为的自觉性和主动性。

二、会计职业道德规范的内容

会计职业道德规范是根据会计职业特点提出的、要求会计人员在会计活动中应普遍遵循的职业道德要求，贯穿于整个会计规范体系之中。我国会计职业道德规范的主要内容包括八个方面。

1. 爱岗敬业

爱岗敬业是指忠于职守的事业精神，是会计职业道德的基础。爱岗是指会计人员热爱本职工作，安心本职岗位，为做好本职工作尽心尽力、尽职尽责。敬业是指会计人员对其从事的会计职业持正确认识和恭敬态度，以这种严肃恭敬的态度认真地对待本职工作，将身心与本职工作融为一体。

2. 诚实守信

诚实守信是做人的基本准则，是人们在古往今来的交往中产生的最基本的道德规范，也是会计职业道德的精髓。诚实守信要求会计人员做老实人、说老实话、办老实事，不被利益诱惑，不伪造账目，不弄虚作假，如实反映单位经济业务事项。同时，还应当保守本单位的商业秘密，除法律规定和单位领导人同意外，不得私自向外界提供或者泄露本单位的会计信息。

3. 廉洁自律

廉洁就是不贪污钱财，不收受贿赂，保持清白；自律是指按照一定的标准自我约束、自我控制，规范自己言行和思想。自律的核心就是用道德观念自觉抵御不良欲望和诱惑。廉洁自律要求会计人员公私分明、不贪不占、遵纪守法、清正廉洁。

4. 客观公正

客观是指按照事物的本来面目去反映，不掺杂个人的主观意愿，也不为他人意见所左右，包含真实性和可靠性两层含义。公正就是公平公正、不偏不倚，保持应有的独立性，以维护会计主体和社会公众的利益。

5. 坚持准则

坚持准则是会计职业道德的核心，是指会计人员在处理业务过程中，严格按照会计法律制度办事，不为主观或者他人意志所左右。这里的准则不仅指会计准则，还泛指会计法律、法规，国家统一的会计制度，以及与会计工作相关的法律制度。

6. 提高技能

提高技能要求会计人员通过学习、培训和实践等途径，不断提高会计理论水平、会计实务能力、职业判断能力、自动更新知识的能力，提高会计信息能力、沟通交流能力以及职业经验。运用掌握的知识、技能和经验，开展会计工作，履行会计职责，以适应深化会计改革和会计国际化的需要。

7. 参与管理

会计管理是组织管理的重要组成部分，在组织管理中具有十分重要的作用。参与管理要求会计人员在做好本职工作的同时，树立参与管理的意识，努力钻研相关业务，全面熟悉本单位经营活动和业务流程，主动向领导反映经营管理活动中的情况和存在的问题，主动提出合理化建议，协助领导决策，参与管理活动，做好领导的参谋。

8. 强化服务

会计工作虽不是窗口行业，但涉及面广，强调与其他部门的协作配合，且工作本身政策性强，容易与其他部门及服务对象发生利益冲突和意见分歧。强化服务就是要求会计人员具有文明的服务态度、强烈的服务意识，是职业道德的归宿点。

思考题

1. 政府组织与企业组织有何相似之处？差异何在？
2. 我国政府会计体系是如何构成的？
3. 政府会计的概念是什么？
4. 我国政府会计规范体系包括哪些？

PROJECT 2

第二章 政府会计的基本理论和方法

学习目标

◎ 了解政府会计的目标。
◎ 熟悉政府会计的要素。
◎ 熟悉政府会计的确认与计量。
◎ 熟悉政府会计的记录与报告。

第一节 政府会计的目标与基本前提

一、政府会计的目标

我国采用政府预算会计和政府财务会计"双体系",政府会计目标是"双目标"。政府预算会计侧重为预算管理服务,通过编制决算报告提供预算收支执行情况的会计信息。政府财务会计侧重为政府经济与财务管理服务,通过编制财务报告反映政府的受托责任履行情况,提供有助于做出经济决策的会计信息。《政府会计准则——基本准则》对政府预算会计的决算报告目标和政府财务会计的财务报告目标作出了具体规定。

(一) 政府决算报告目标

政府决算报告的目标,是向决算报告使用者提供与政府预算执行情况有关的信息,综合反映政府预算收支的年度执行结果,以利于决算报告使用者监督和管理,并为编制后续年度预算提供参考和依据。政府决算报告使用者包括各级人民代表大会及其常务委员会、各级政府及其有关部门、政府会计主体自身、社会公众和其他利益相关者。

(二) 政府财务报告目标

政府财务报告的目标,是向财务报告使用者提供与政府财务状况、运行情况和现金流量等有关的信息,反映政府偿债能力和受托责任履行情况,以利于财务报告使用者做出决策或监督和管理。政府财务报告使用者包括各级人民代表大会常务委员会、债权人、各级政府及其有关部门、政府会计主体自身和其他利益相关者。

二、政府会计的基本前提

政府会计的基本前提也称政府会计的基本假设,是指组织政府会计核算工作必须具备的前提条件,是会计人员对会计工作所处的变化不定的环境作出的合理判断。政府会计核算的前提条件有会计主体、持续运行、会计分期和货币计量。

(一) 会计主体

会计主体是指会计工作为之服务的特定单位或组织，实质是会计活动的空间范围。明确会计主体是建立会计理论和实行会计实务处理的基础，因为它限定了哪些交易或事项应当纳入会计核算的空间范围，也限定了会计人员是站在什么立场来处理交易或事项的。一个会计主体应该具备独立性、整体性和不同于法律主体等特征。

政府会计主体是指各级政府、各部门、各单位的会计确认、计量和报告的空间范围。各部门、各单位是指与本级政府财政部门直接或者间接发生预算拨款关系的国家机关、军队、政党组织、社会团体、事业单位和其他单位。

政府会计主体应当核算自身发生的经济业务或者事项。

(二) 持续运行

持续运行假设政府会计主体的经济业务活动将无限期地延续，是针对非持续经济业务活动而言的。持续运行是指在可以预见的将来，政府会计主体将会按当前的规模和状态继续运行，不会停业，也不会大规模削减业务。企业会计是持续经营的前提，经营与运行的区别，也很好地体现了营利与非营利的特点。

政府会计核算采取的会计程序和一系列会计处理方法都是建立在持续运行的基础上。若没有持续运行的前提条件，一些公认的会计处理方法将失去存在的基础而无法采用。

在持续运行的假设下，政府会计主体将按照既定用途使用资产，按照既定的合约条件清偿债务，会计人员可以在此基础上选择恰当的会计政策和估计方法。例如，资产采用历史成本计量，且在使用过程中进行折旧或摊销的计提。

(三) 会计分期

会计分期是指将政府会计主体持续运行的时间人为地划分为一定的期间，据以结算账目、编制会计报表，从而及时向有关方面提供会计信息。

会计期间的划分对政府会计主体核算有着重要的影响。由于有了会计期间，才产生了本期与非本期的区别，才产生了权责发生制和收付实现制，才有了政府预算会计与政府财务会计不同的记账基础。会计期间的划分，有利于及时提供反映政府会计主体经济活动情况的预算信息与财务信息，能够及时满足各会计信息使用者的需要。

政府会计核算应当划分会计期间，分期结算账目，按规定编制决算报告和财务报告。

会计期间至少分为年度和月度。会计年度、月度等会计期间的起讫日期采用公历日期。

(四) 货币计量

货币计量是指政府会计主体的核算应该通过货币综合反映政府组织的业务、管理活动及其结果。这是现代会计最基本的前提条件，如果没有这个前提条件，会计也就失去了其基本特征——价值的核算。

政府会计核算应当以人民币作为记账本位币。发生外币业务时，应当将有关外币金额折算为人民币金额计量，同时登记外币金额。

但单一的货币计量也有缺陷。例如，政府部门或单位的运行战略、科研院校的研发能力与市场竞争力等，往往难以用货币来计量，但是这些信息对信息使用者的决策又非常重要，因此，在对外披露财务信息时可以通过增加非财务信息以弥补缺陷。

第二节 政府会计的要素及质量特征

政府会计是一个综合的范畴,包括政府财务会计和政府预算会计。

一、政府财务会计要素

政府财务会计要素是对政府财务会计对象的基本分类。根据《政府会计准则——基本准则》,政府财务会计要素包括资产、负债、净资产、收入和费用五大类。

(一) 资产

资产,是指政府会计主体由过去的经济业务或者事项形成的,由政府会计主体控制的,预期能够产生服务潜力或者带来经济利益流入的经济资源。其中,"服务潜力"是指政府会计主体利用资产提供公共产品和服务以履行政府职能的潜在能力。"经济利益流入"表现为现金及现金等价物的流入。

政府会计主体的资产按照流动性分为流动资产和非流动资产。确认为资产必须同时满足两个条件:第一,与该经济资源相关的服务潜力很可能实现或者经济利益很可能流入政府会计主体;第二,该经济资源的成本或者价值能够可靠地计量。

(二) 负债

负债,是指由政府会计主体过去的经济业务或者事项形成的,预期会导致经济资源流出政府会计主体的现时义务。"现时义务"是指政府会计主体在现行条件下已承担的义务。未来发生的经济业务或者事项形成的义务不属于现时义务,不应当确认为负债。

政府会计主体的负债按照流动性分为流动负债和非流动负债。符合负债定义的义务确认为负债必须同时满足两个条件:第一,履行该义务很可能导致含有服务潜力或者经济利益的经济资源流出政府会计主体;第二,该义务的金额能够可靠地计量。

(三) 净资产

净资产,是指政府会计主体资产扣除负债后的净额。净资产金额取决于资产和负债的计量。

(四) 收入

收入,是指报告期内使政府会计主体净资产增加的、含有服务潜力或者经济利益的经济资源的流入。收入的确认应当同时满足三个条件:第一,与收入相关的含有服务潜力或者经济利益的经济资源很可能流入政府会计主体;第二,含有服务潜力或者经济利益的经济资源流入会使政府会计主体资产增加或者负债减少;第三,流入金额能够可靠地计量。

(五) 费用

费用,是指报告期内导致政府会计主体净资产减少的、含有服务潜力或者经济利益的经济资源的流出。费用的确认应当同时满足三个条件:第一,与费用相关的含有服务潜力或者经济利益的经济资源很可能流出政府会计主体;第二,含有服务潜力或者经济利益的经济资源流出会导致政府会计主体资产减少或者负债增加;第三,流出金额能够可靠地计量。

二、政府预算会计要素

政府预算会计和政府财务会计不同。财务会计致力于反映政府或政府单位的整体财务状况并提供一定程度的前瞻性财务信息。预算会计服务于政府预算管理,主要反映总预算单位和分预算单位的预算执行情况及结果。根据《政府会计准则——基本准则》，政府预算会计的要素包括预算收入、预算支出和预算结余三大类。结合财务会计五大类要素，政府会计总共有"5+3"类会计要素。

（一）预算收入
是指政府会计主体在预算年度内依法取得并纳入预算管理的现金流入。

（二）预算支出
是指政府会计主体在预算年度内依法发生并纳入预算管理的现金流出。

（三）预算结余
是指政府会计主体在预算年度内预算收入扣除预算支出后的资金余额，以及历年滚存的资金余额。预算结余包括结余资金和结转资金。结余资金是指年度预算执行终了，预算收入实际完成数扣除预算支出和结转资金后剩余的资金。结转资金是指预算安排项目的支出年终尚未执行完毕或者因故未执行且下年需要按原用途继续使用的资金。

三、政府会计信息的质量特征

根据《政府会计准则——基本准则》，政府会计信息的质量特征具体应包括七个方面。

（一）可靠性
政府会计主体应当以实际发生的经济业务或者事项为依据进行会计核算，如实反映各项会计要素的情况和结果，保证会计信息真实可靠。

（二）全面性
政府会计主体应当将发生的各项经济业务或者事项统一纳入会计核算，确保会计信息能够全面反映政府会计主体对预算的执行情况以及财务状况、运行情况、现金流量等。

（三）相关性
政府会计主体提供的会计信息应当与政府会计主体公共受托责任履行情况以及报告使用者决策或者监督、管理的需要相关，以便报告使用者对政府会计主体过去、现在和未来的情况作出评价或者预测。

（四）及时性
政府会计主体对已经发生的经济业务或者事项应当及时进行会计核算，不得提前或者延后。

（五）可比性
政府会计主体提供的会计信息应当具有可比性。同一政府会计主体不同时期发生的相同或者相似的经济业务或者事项应当采用一致的会计政策，不得随意变更。确须变更的，应当将变更的内容、理由及影响在附注中予以说明。不同政府会计主体发生的相同或者相似的经济业务或者事项应当采用一致的会计政策，以确保政府会计信息口径一致，相互可比。

（六）可理解性
政府会计主体提供的会计信息应当清晰明了，便于报告使用者理解和使用。

（七）实质重于形式
政府会计主体应当按照经济业务或者事项的经济实质进行会计核算，不限于以经济业务或者事项的法律形式为依据。

第三节 政府会计的确认与计量

一、政府会计的确认

(一) 政府会计的确认基础

政府会计可以使用两种具体的会计确认基础,即收付实现制(现金制)、权责发生制(应计制)。

1. 收付实现制

收付实现制是一种较为原始的会计确认基础。根据这个基础,交易或事项只在收到现金或付出现金时予以确认,并计量某一会计期间收入现金和付出现金的差额的财务结果,向使用者提供关于报告期间取得现金的来源、运用和报告期末现金结余的信息,而不报告非现金资产存量的价值、负债或提供服务成本(评价效率时是必需的)的信息。在现金制基础下,通常编制现金收支表,以揭示关于报告期内现金的流动以及报告期末现金结余的信息。中央政府以及从政府一般收入中取得基金的各级政府主体或单位通常使用现金制基础。

2. 权责发生制

权责发生制也称应计制或应收应付制,是指以应收应付为标准确认本期收入和费用的一种会计确认基础,即会计主体以各项收入和费用是否体现本期经营成果和生产消耗为标准来确定其归属期,凡是体现本期经营成果的收入和体现本期生产消耗的支出,不论款项是否实际收进或付出,都作为本期收入或费用处理;反之,不归属本期的收入和费用,即使款项是在本期内收到或付出的,也不作为本期收入或费用处理。

(二) 政府会计确认基础的选择

根据财政部《权责发生制政府综合财务报告制度改革方案》及《政府会计准则——基本准则》的规定,政府预算会计以收付实现制为确认基础,而政府财务会计则以权责发生制为确认基础。国务院另有规定的,依照其规定。

以收付实现制为基础可以如实地反映政府会计主体实际收到的收入和发生的支出,与预算要求一致;而以权责发生制为基础可以全面核算政府会计主体的资产、负债,客观反映政府的运行成本,科学评价政府的运营绩效。政府会计的双确认基础兼顾预算管理与财务管理的需要,有助于政府会计双重目标的实现。

二、政府会计的计量方法

随着会计计量理论的发展以及政府组织面临的外部环境的日益复杂,政府组织的许多交易或事项也涉及计量属性的选择问题,如养老金、对外投资、非现金捐赠等。因此,近年来,政府及会计准则制定机构,包括国际会计师联合会、美国政府会计准则委员会和美国财务会计准则委员会等,都提出了历史成本以外的计量属性,并发布了相关准则予以规范。根据《政府会计准则——基本准则》,政府财务会计资产的计量方法主要有历史成本计量、重置成本计量、现值计量、公允价值计量和名义金额计量,负债的计量方法主要有历史成本计量、现值计量和公允价值计量。

(一) 资产的计量方法

1. 历史成本计量

历史成本计量是指资产按照取得时支付的现金或现金等价物的金额,或者按照取得时付出的非货币性资产的评估价值或支付价值的公允价值计量。

2. 重置成本计量

重置成本计量是指资产按照现在购买相同或相似资产需要支付的现金或者现金等价物的金额计量。

3. 现值计量

现值计量是指资产按照从其使用到最终处置过程中产生的未来净现金流量的折现金额计量。

4. 公允价值计量

公允价值计量是指资产按照市场参与者在计量日发生有序交易，出售资产所能收到的价格计量。

5. 名义金额计量

无法采用上述四种计量属性的，则可采用名义金额（人民币 1 元）计量。政府会计主体在计量资产时，一般应采用历史成本。如果采用重置成本、现值以及公允价值的计量方法，应当保证所确定的资产金额能够持续取得且能可靠计量。

（二）负债的计量方法

1. 历史成本计量

历史成本计量是指负债按照承担现时义务而实际支付的款项或者资产的金额，或者承担现时义务的合同金额，或者按照日常活动中偿还负债预期需要支付的现金或现金等价物的金额计量。

2. 现值计量

现值计量是指负债按照预计期限需要偿还的未来现金流出量的折现金额计量。

3. 公允价值计量

公允价值计量是指负债按照市场参与者在计量日发生有序交易，转移负债时所需支付的价格计量。

政府会计主体在计量负债时，一般应当采用历史成本。采用现值、公允价值计量的，应当保证所确定的负债金额能够持续、可靠计量。

第四节 政府会计的记录与报告

一、政府会计记录

会计记录，是指采用某种方法记录经过会计确认、会计计量的经济业务或事项的过程。会计记录是会计确认与计量的结果，也是编制会计报表的基础。政府会计采用借贷记账法记账，根据原始凭证制作记账凭证并登记账簿。目前，已有很多政府会计采用会计软件。

政府会计为兼顾预算管理与财务管理的需要，对部分与预算收支相关的资产和负债采用"双分录"的核算方法，即对发生的某项业务或事项同时进行两项记录：一个侧重确认形成的资产或负债，另一个侧重确认发生的预算收入和支出。

根据相关制度的规定，政府组织的专项资金需要单独核算。根据专项资金的来源和使用情况，预算单位须运用相关的会计科目连续记录。期末根据预算执行情况，确定专项资金的结余或结转，并编制单独的收支报告。

二、政府会计报告

会计报告通常由会计报表、报表附注和财务情况分析说明等部分组成。会计报表是政府组织根据会计账簿数据编制的，以表格形式概括反映会计主体的财务和收支等情况的书面文件。政府会计应当根据会计制度规定的内容和格式编制真实、准确、完整的政府会计报告。政府会计报告包括政府财务报告和政府决算报告。

（一）政府财务报告

政府财务报告是反映政府会计主体某一特定日期的财务状况和某一会计期间的运行情况及现金流量等信息的文件。政府财务报告的目标是向财务报告使用者提供与政府财务状况、运行情况和现金流量等有关的信息，反映政府会计主体公共受托责任履行情况，有助于财务报告使用者作出决策或开展监督和管理。

政府财务报告应当包括财务报表和其他应当在财务报告中披露的相关信息及资料。财务报表包括会计报表和附注。会计报表至少应当包括资产负债表、收入费用表、净资产变动表和现金流量表。

政府财务报告主要分为政府部门财务报告和政府综合财务报告。政府部门编制部门财务报告，反映本部门的财务状况和运行情况；财政部门编制政府综合财务报告，反映政府整体的财务状况、运行情况和财政中长期可持续性，如图 2-1 所示。

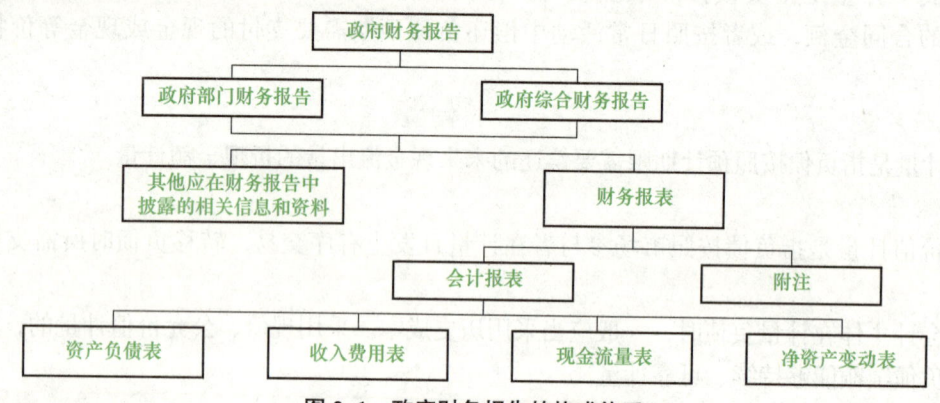

图 2-1　政府财务报告的构成体系

（二）政府决算报告

政府决算报告是综合反映政府会计主体年度预算收支执行结果的文件。政府决算报告的目标是向决算报告使用者提供与政府预算执行情况有关的信息，综合反映政府会计主体预算收支的年度执行结果，有助于决算报告使用者监督和管理，并为编制后续年度预算提供参考和依据。

政府决算报告应当包括决算报表和其他应当在决算报告中反映的相关信息和资料。政府决算报表主要包括预算收入支出表、预算结转结余变动表、财政拨款预算收入支出表等。

思考题

1. 政府会计的目标怎样确定？为什么提出了"双目标"？
2. 政府会计的基本前提是什么？
3. 政府会计"5+3"要素之间有什么关系？
4. 政府会计信息质量要求有哪些？与我国企业会计信息质量要求有区别吗？
5. 政府会计报告的体系如何构成？

第二篇

行政事业单位会计

思政资料

《政府会计制度——行政事业单位会计科目和报表》的变化与创新

《政府会计制度——行政事业单位会计科目和报表》(简称《政府会计制度》)继承了多年来我国行政事业单位会计改革的有益经验，反映了当前政府会计改革发展的内在需要和发展方向，相对于改革前的制度有八大重大变化与创新。

1. 重构了政府会计核算模式

构建了"财务会计和预算会计适度分离并相互衔接"的会计核算模式。适度分离政府预算会计和财务会计功能，决算报告和财务报告功能，全面反映政府会计主体的预算执行信息和财务信息。在同一会计核算系统中，政府预算会计要素和相关财务会计要素相互协调，决算报告和财务报告相互补充，共同反映政府会计主体的预算执行信息和财务信息。

2. 统一了现行各项单位会计制度

有机整合了《行政单位会计制度》《事业单位会计制度》和行业事业单位会计制度的内容。不再区分行政和事业单位，也不再区分行业事业单位。

3. 强化了财务会计功能

在财务会计核算中，全面引入权责发生制。引入资产减值概念，确认预计负债、待摊费用、预提费用等。

4. 扩大了政府资产负债核算范围

《政府会计制度》在现行制度基础上，扩大了资产负债的核算范围；增加了公共基础设施、政府储备物资、文化文物资产、保障性住房、受托代理资产和研发支出等资产核算内容；增加了预计负债、受托代理负债等负债核算内容。

5. 改进了预算会计功能

《政府会计制度》调整和优化了预算会计科目及其核算内容，以进一步完善预算会计功能。仅需核算预算收入、预算支出和预算结余。除《预算法》要求的权责发生制事项外，均采用收付实现制核算，有利于避免现在制度下存在的虚列预算收支的问题。

6. 整合了基建会计

《政府会计制度》依据《基本建设财务规则》和相关预算管理规定，在充分吸收《国有建设单位会计制度》合理内容的基础上，规定了单位建设项目会计核算。基本建设投资不再单独建账。

7. 完善了报表体系和结构

《政府会计制度》将报表分为预算会计报表和财务报表两大类。

8. 增强了制度的可操作性

《政府会计制度》在附录中采用列表方式，以《政府会计制度》中规定的会计科目使用说明为依据，按照会计科目顺序对单位通用业务或共性业务和事项的账务处理进行了举例说明。

思考题：

1. 行政事业单位为什么需要运用权责发生制进行财务会计核算，对资产负债和行政成本有何影响？
2. 这次改革对我国把握国家负债总额和控制金融风险有何作用？

PROJECT 3

第三章 行政事业单位会计概述

学习目标

◎ 了解行政事业单位的概念。
◎ 掌握行政事业单位会计的概念及核算特点。
◎ 熟悉行政事业单位会计的科目。

第一节 行政事业单位会计的相关内容

一、行政事业单位的概念

行政事业单位，是指行使国家权力、管理国家事务的各级政府机构，是管理国家行政，组织经济建设和文化建设，维护社会公共秩序的单位。行政事业单位有广义和狭义之分。广义的行政事业单位是指国家的立法机关、行政机关和司法机关等使用公共资金的公共部门的总和，代表着社会公共权力；狭义的行政事业单位是指国家政权机构中的行政机关，是一个国家政权体系中依法享有行政权力的组织体系。本书中行政事业单位是广义的行政事业单位，包括各级各类国家机关、政党组织。具体包括：

（1）国家机关：包括各级人民代表大会及其常务委员会机关、各级人民政府及其所属工作机构、中国人民政治协商会议各级委员会机关、各级审判机关、各级检察机关等。

（2）政党组织：包括中国共产党各级机关、各民主党派机关、各级人民团体等。其中，各级人民团体包括各级工会、共青团、妇联、科协、侨联、青联、工商联等人民群众团体以及经国务院批准免除登记的社会团体，如中国红十字总会等。

二、行政事业单位会计的概念

行政事业单位会计，是以货币为主要计量单位，确认、计量、记录和报告各行政事业单位预算收支情况、财务状况、运行情况和现金流量等信息的会计，包括行政事业单位预算会计和行政事业单位财务会计两部分。其以收付实现制为基础，核算、反映和监督行政事业单位预算收支执行情况和结果；以权责发生制为基础，核算行政事业单位（简称单位）发生的各项经济业务和事项，反映和监督单位的财务状况、运行情况、运行成本和现金流量等信息。

第二节 行政事业单位会计的科目及其使用说明

一、行政事业单位会计的科目

行政事业单位会计的科目可分为资产、负债、净资产、收入和费用以及预算收入、预算支出和预算结余八类。其中，资产、负债、净资产、收入和费用五类属于财务会计类科目，预算收入、预算支出和预算结余三类属于预算会计类科目。根据财政部2017年10月24日印发的《政府会计制度——行政事业单位会计科目和报表》的规定，各级各类行政事业单位统一适用的会计科目见表3-1和表3-2。

表3-1 行政事业单位会计财务会计科目

类别	科目编号	科目名称	类别	科目编号	科目名称
一、资产类	1001	库存现金	一、资产类	1601	固定资产
	1002	银行存款		1602	固定资产累计折旧
	1011	零余额账户用款额度		1611	工程物资
	1021	其他货币资金		1613	在建工程
	1101	短期投资		1701	无形资产
	1201	财政应返还额度		1702	无形资产累计摊销
	120101	——财政直接支付		1703	研发支出
	120102	——财政授权支付		1801	公共基础设施
	1211	应收票据		1802	公共基础设施累计折旧
	1212	应收账款		1811	政府储备物资
	1214	预付账款		1821	文物资源
	1215	应收股利		1831	保障性住房
	1216	应收利息		1832	保障性住房累计折旧
	1218	其他应收款		1891	受托代理资产
	1219	坏账准备		1901	长期待摊费用
	1301	在途物品		1902	待处理财产损溢
	1302	库存物品	二、负债类	2001	短期借款
	1303	加工物品		2101	应交增值税
	1401	待摊费用		2102	其他应交税费
	1501	长期股权投资		2103	应缴财政款
	1502	长期债券投资		2201	应付职工薪酬

续表

类别	科目编号	科目名称	类别	科目编号	科目名称
二、负债类	2301	应付票据	四、收入类	4001	财政拨款收入
	2302	应付账款		4101	事业收入
	2303	应付政府补贴款		4201	上级补助收入
	2304	应付利息		4301	附属单位上缴收入
	2305	预收账款		4401	经营收入
	2307	其他应付款		4601	非同级财政拨款收入
	2401	预提费用		4602	投资收益
	2501	长期借款		4603	捐赠收入
	2502	长期应付款		4604	利息收入
	2601	预计负债		4605	租金收入
	2901	受托代理负债		4609	其他收入
三、净资产类	3001	累计盈余	五、费用类	5001	业务活动费用
	3101	专用基金		5101	单位管理费用
	3201	权益法调整		5201	经营费用
	3301	本期盈余		5301	资产处置费用
	3302	本年盈余分配		5401	上缴上级费用
	3401	无偿调拨净资产		5501	对附属单位补助费用
	3501	以前年度盈余调整		5801	所得税费用
				5901	其他费用

表 3-2 行政事业单位会计预算会计科目

类别	科目编号	科目名称	类别	科目编号	科目名称
一、预算收入类	6001	财政拨款预算收入	二、预算支出类	7501	对附属单位补助支出
	6101	事业预算收入		7601	投资支出
	6201	上级补助预算收入		7701	债务还本支出
	6301	附属单位上缴预算收入		7901	其他支出
	6401	经营预算收入	三、预算结余类	8001	资金结存
	6501	债务预算收入		8101	财政拨款结转
	6601	非同级财政拨款预算收入		8102	财政拨款结余
	6602	投资预算收益		8201	非财政拨款结转
	6609	其他预算收入		8202	非财政拨款结余
二、预算支出类	7101	行政支出		8301	专用结余
	7201	事业支出		8401	经营结余
	7301	经营支出		8501	其他结余
	7401	上缴上级支出		8701	非财政拨款结余分配

二、行政事业单位会计科目的使用要求

（1）应当按照规定设置和使用会计科目。在不影响会计处理和编制报表的前提下，可以根据实际情况自行增设或减少某些会计科目。

（2）应当执行统一规定的会计科目编号，以便填制会计凭证、登记账簿、查阅账目，实行会计信息化管理。

（3）在填制会计凭证、登记会计账簿时，应当填列会计科目的名称，或同时填列会计科目的名称和编号，不得只填列会计科目编号，不填列会计科目名称。

（4）设置明细科目或明细核算，除了应当遵循《政府会计制度——行政事业单位会计科目和报表》的规定外，还应当满足权责发生制政府部门财务报告和政府综合财务报告编制的其他需要。

思考题

1. 行政事业单位会计中财务会计和预算会计各有哪些科目？
2. 行政事业单位中财务会计的收入类科目和预算会计的收入类科目有何区别？
3. 行政事业单位中费用和支出类科目有何区别？

PROJECT 4

第四章 行政事业单位预算会计

学习目标

◎掌握预算会计的核算范围。
◎熟练掌握预算会计有关账户的设置及应用方法。

在单位实际会计工作中,纳入部门预算管理的同一现金收支业务既要进行财务会计核算,又要进行预算会计核算,在会计软件使用中做完财务会计的分录,马上需要做预算会计的分录,所以本教材在财务会计的例题中,纳入部门预算管理的同一现金收支业务既有财务会计分录,同时也给出预算会计的分录,这样和实际工作相适应。为方便大家看懂在财务会计例题中的预算会计分录,本章中的例题只简单编写预算会计各科目的核算,暂时不涉及财务会计的核算。

政府会计分为预算会计和财务会计,并实行平行记账的制度。行政事业单位对纳入部门预算管理的现金收支业务,在采用预算会计核算的同时应当进行财务会计核算;而其他业务,仅需进行财务会计核算。

一、预算会计核算的范围

单位对纳入部门预算管理的现金收支业务,在采用财务会计核算的同时应当进行预算会计核算;其他业务仅需进行财务会计核算。

两个层次判断:一是否现金收支业务;二是否纳入部门预算管理。

二、不纳入预算会计核算的现金业务

(1)发生的现金是受托代理资产。
(2)应缴财政款业务。如代财政收款,卖单位资产收到的款项,不能归属本单位的业务。
(3)暂收暂付款业务。单位收到属于下期的预算款,本期不能计入预算收入,所以不进行预算会计核算;其他应收款中的职工借款、付出的押金等。

第一节 行政事业单位预算收入的核算

一、行政事业单位预算收入概述

(一)行政事业单位预算收入的概念

行政事业单位预算收入,是指会计主体在预算年度内依法取得并纳入预算管理的现金流入。

(二)预算收入核算的计价基础

根据《政府会计准则——基本准则》和《政府会计制度》规定,行政事业单位预算收入的核算一律采用收付实现制,即以现金的实际收付为标志来确定本期预算收入的会计核算基础。凡在当期实际收到的现金收入,均应作为当期的预算收入;凡是不属于当期的现金收入,均不应当作为当期的预算收入。

二、财政拨款预算收入核算

(一)财政拨款预算收入的概念

财政拨款预算收入,是指预算单位从同级政府财政部门取得的各类财政拨款。

(二)科目设置

设置"财政拨款预算收入"一级科目。

(1)设置"基本支出"和"项目支出"两个明细科目,并按照《政府收支分类科目》中"支出功能分类科目"的项级科目进行明细核算。

(2)在"基本支出"明细科目下按照"人员经费"和"日常公用经费"进行明细核算;在"项目支出"明细科目下按照具体项目进行明细核算。

【例 4-1】 2022 年 11 月底某事业单位以国库直接支付方式购买一批办公用品,共计 180 000 元。

借:事业支出　　　　　　　　　　　　　　　　　　　　　　　　180 000
　　贷:财政拨款预算收入　　　　　　　　　　　　　　　　　　　　180 000

【例 4-2】 承上例,2022 年 12 月退回 11 月底购买的一部分办公用品,共计 60 000 元。根据财政国库支付执行机构委托代理银行转来的"财政直接支付入账通知书"等凭证填制记账凭证。

借:财政拨款预算收入　　　　　　　　　　　　　　　　　　　　　60 000
　　贷:事业支出　　　　　　　　　　　　　　　　　　　　　　　　60 000

【例 4-3】 "财政拨款预算收入"账户的贷方余额为 920 000 元,年终转账。

借:财政拨款预算收入　　　　　　　　　　　　　　　　　　　　　920 000
　　贷:财政拨款结转——本年收支结转　　　　　　　　　　　　　　920 000

三、事业预算收入

(一)事业预算收入的概念

事业预算收入,是指事业单位开展专业业务活动及其辅助活动取得的现金流入。

(二)科目设置

设置"事业预算收入"一级科目。明细科目按照事业预算收入类别、项目、来源、《政府收支分类科目》中"支出功能分类科目"项级科目等进行明细核算。

教育部门应当在新制度规定的"6101 事业预算收入"科目下设置"610101 教育预算收入"和"610102 科研预算收入"明细科目。

(1)"610101 教育预算收入"科目核算开展教学活动及其辅助活动取得的现金流入。

(2)"610102 科研预算收入"科目核算开展科研活动及其辅助活动取得的现金流入。

(三)核算口径

对因开展科研及其辅助活动从非同级政府财政部门取得的经费拨款,应当在本科目下单设"非同级财政拨款"明细科目进行明细核算;事业预算收入中如有专项资金收入,还应按照具体项目进行明细核算。

【例 4-4】 某学校学杂费采用财政专户返还方式管理。现收到学生上交的学杂费 500 000 元,不做预算会计账务处理。

【例 4-5】 上缴财政专户 500 000 元。

不做预算会计账务处理。

【例 4-6】 某学校收到财政局确认返还的学杂费 500 000 元。

  借：资金结存——货币资金   500 000
    贷：事业预算收入   500 000

【例 4-7】 某事业单位收到采用预收款方式管理的产品销售款 100 000 元。

  借：资金结存——货币资金   100 000
    贷：事业预算收入   100 000

【例 4-8】 某事业单位采用应收款方式核算事业收入。当月合同完工进度达到 40%，该合同总标的额为 100 000 元。款项暂未收到，暂不考虑税收影响。

不做预算会计账务处理。

【例 4-9】 某事业单位 3 月份收到 A 单位支付的服务合同进度款 40 000 元。

  借：资金结存——货币资金   40 000
    贷：事业预算收入   40 000

【例 4-10】 某事业单位年终结转收入 800 000 元，其中专项资金收入 300 000 元，非专项资金收入 500 000 元。

  借：事业预算收入——专项资金收入   300 000
    贷：非财政拨款结转——本年收支结转   300 000
  借：事业预算收入——非专项资金收入   500 000
    贷：其他结余   500 000

四、上级补助预算收入

（一）上级补助预算收入的概念

上级补助预算收入，是指事业单位从主管部门和上级单位取得的非财政补助现金流入。

（二）科目设置

设置"上级补助预算收入"一级科目。明细科目按照发放补助单位、补助项目、《政府收支分类科目》中"支出功能分类科目"的项级科目等进行明细核算。

【例 4-11】 某事业单位银行账户收到上级单位转来的补助收入 350 000 元。

  借：资金结存——货币资金   350 000
    贷：上级补助预算收入   350 000

五、附属单位上缴预算收入

（一）附属单位上缴预算收入的概念

附属单位上缴预算收入，是指事业单位取得附属独立核算单位根据有关规定上缴的现金流入。

（二）科目设置

设置"附属单位上缴预算收入"一级科目。明细科目按照附属单位、缴款项目、《政府收支分类科目》中"支出功能分类科目"的项级科目等进行明细核算。

【例 4-12】 某事业单位银行账户收到所属独立核算单位转来的收入 150 000 元。

  借：资金结存——货币资金   150 000
    贷：附属单位上缴预算收入   150 000

【例 4-13】 年终,该事业单位"附属单位上缴收入"账户贷方余额为 600 000 元,其中专项 350 000 元,非专项 250 000 元。

借:附属单位上缴收入——专项资金收入 350 000
　　贷:非财政拨款结转——本年收支结转 350 000
借:附属单位上缴收入——非专项资金收入 250 000
　　贷:其他结余 250 000

六、经营预算收入

(一)经营预算收入的概念

经营预算收入,是指事业单位在专业业务活动及其辅助活动之外,开展非独立核算经营活动取得的现金流入。

(二)科目设置

设置"经营预算收入"一级科目。明细科目按照经营活动类别、项目、《政府收支分类科目》中"支出功能分类科目"的项级科目等进行明细核算。

【例 4-14】 某事业单位为一般纳税人,生产某种高新技术产品,对外销售产品 100 件,每件售价 300 元(不含税),购货单位以支票付款 33 900 元,该事业单位已将提货单和发票联交给购货单位。

借:资金结存——货币资金 33 900
　　贷:经营预算收入 33 900

【例 4-15】 某事业单位全年共取得经营收入 560 000 元,年末转入结余。

借:经营预算收入 560 000
　　贷:经营结余 560 000

七、债务预算收入

(一)债务预算收入的概念

债务预算收入,是指事业单位按照规定从银行和其他金融机构等借入的、纳入部门预算管理的、不以财政资金作为偿还来源的债务本金。

(二)科目设置

设置"债务预算收入"一级科目。明细科目按照贷款单位、贷款种类、《政府收支分类科目》中"支出功能分类科目"的项级科目等进行明细核算。

【例 4-16】 某事业单位向开户银行借入 1 年期的长期借款 30 000 000 元,年利率 6%,到期后一次性还本付息。

借:资金结存——货币资金 30 000 000
　　贷:债务预算收入 30 000 000

【例 4-17】 借入期每月计提利息费用:30 000 000×6%÷12=150 000 元。

不做预算会计的账务处理。

【例 4-18】 到期后用银行存款归还长期借款本息。

借:债务还本支出 30 000 000
　　贷:资金结存——货币资金 30 000 000
借:其他支出 1 800 000
　　贷:资金结存——货币资金 1 800 000

【例4-19】 年末,C事业单位的债务预算收入共计4 500 000元,其中,专项资金1 500 000元,非专项资金3 000 000元;债务还本支出2 000 000元。

借:债务预算收入 1 500 000
　　贷:非财政拨款结转——本年收支结转 1 500 000
借:债务预算收入 3 000 000
　　贷:其他结余 3 000 000
借:其他结余 2 000 000
　　贷:债务还本支出 2 000 000

八、非同级财政拨款预算收入

(一)非同级财政拨款预算收入的概念

非同级财政拨款预算收入,是指单位从非同级政府财政部门取得的财政拨款,包括本级横向转拨财政款和非本级财政拨款。

(二)科目设置

预算会计设置的"非同级财政拨款预算收入"科目。非同级财政拨款预算收入科目应当按照非同级财政拨款预算收入的类别、来源、《政府收支分类科目》中"支出功能分类科目"的项级科目等进行明细核算。

(三)核算口径

对于因开展科研及其辅助活动从非同级政府财政部门取得的经费拨款,应当通过"事业预算收入——非同级财政拨款"科目进行核算,不通过本科目核算。

【例4-20】 某高校收到农业部岗位科学家拨款资金700 000元,其中专项财政拨款资金280 000元,非专项财政拨款资金420 000元。

借:资金结存——货币资金 700 000
　　贷:非同级财政拨款预算收入——专项资金收入 280 000
　　　　　　　　　　　　　　　——非专项资金收入 420 000

【例4-21】 年末结转账户

借:非同级财政拨款预算收入——专项资金收入 280 000
　　贷:非财政拨款结转——本年收支结转 280 000
借:非同级财政拨款预算收入——非专项资金收入 420 000
　　贷:其他结余 420 000

九、投资预算收益

(一)投资预算收益的概念

投资预算收益,是指事业单位取得的按照规定纳入部门预算管理的属于投资收益性质的现金流入,包括股权投资收益、出售或收回债券投资所取得的收益和债券投资利息收入。

(二)科目设置

预算会计设置的"投资预算收益"科目。投资预算收益科目应当按照《政府收支分类科目》中"支出功能分类科目"的项级科目等进行明细核算。

【例4-22】 出售持有的6月期凭证式国债,购入成本200 000元,年利率6%,目前已持有3个月,出售价210 000元,银行已收到款项。

借:资金结存——货币资金 210 000

　　　　贷：投资支出　　　　　　　　　　　　　　　　　　　　　　　　　　　200 000
　　　　　　投资预算收益　　　　　　　　　　　　　　　　　　　　　　　　　 10 000

【例 4-23】月末对持有的 2 年期凭证式国债 300 000 元计息，年利率 3%。
不做预算会计的账务处理。

十、其他预算收入

（一）其他预算收入的概念

其他预算收入是指除了上述九种收入外的收入，包括捐赠预算收入、利息预算收入、租金预算收入、现金盘盈收入等。

（二）科目设置

预算会计对其设置"其他预算收入"科目进行核算。明细科目按照其他收入类别、《政府收支分类科目》中"支出功能分类科目"的项级科目等进行明细核算。单位发生的捐赠预算收入、利息预算收入、租金预算收入金额较大或业务较多的，可单独设置"捐赠预算收入""利息预算收入""租金预算收入"等科目。

【例 4-24】某高校接受捐赠的一批电脑键盘，价值 500 000 元。用银行存款支付相关费用 85 000 元。

　　　　借：其他支出　　　　　　　　　　　　　　　　　　　　　　　　　　　 85 000
　　　　　　贷：资金结存——货币资金　　　　　　　　　　　　　　　　　　　　　 85 000

【例 4-25】某高校年末，对共计 600 000 元专项捐赠收入和 500 000 元非专项捐赠收入进行结转。

　　　　借：其他预算收入　　　　　　　　　　　　　　　　　　　　　　　　　600 000
　　　　　　贷：非财政拨款结转——本年收支结余　　　　　　　　　　　　　　　　600 000
　　　　借：其他预算收入　　　　　　　　　　　　　　　　　　　　　　　　　500 000
　　　　　　贷：其他结余　　　　　　　　　　　　　　　　　　　　　　　　　　500 000

【例 4-26】某事业单位 12 月 30 日，收到银行利息收入 20 000 元。

　　　　借：资金结存——货币资金　　　　20 000
　　　　　　贷：其他预算收入——利息收入　　　　　　　　　　　　　　　　　　 20 000

【例 4-27】年末进行结转。

　　　　借：其他预算收入——利息收入　　　　　　　　　　　　　　　　　　　　 20 000
　　　　　　贷：其他结余　　　　　　　　　　　　　　　　　　　　　　　　　　 20 000

【例 4-28】某事业单位将临街门面对外出租，每年租金 120 000 元，采用预收租金方式，年初一次性收取本年租金存入银行。

　　　　借：资金结存——货币资金　　　　　　　　　　　　　　　　　　　　　 120 000
　　　　　　贷：其他预算收入——租金收入　　　　　　　　　　　　　　　　　　120 000

【例 4-29】年末进行结转。

　　　　借：其他预算收入——租金收入　　　　　　　　　　　　　　　　　　　 120 000
　　　　　　贷：其他结余　　　　　　　　　　　　　　　　　　　　　　　　　 120 000

第二节 行政事业单位预算支出的核算

一、行政事业单位预算支出概述

（一）行政事业单位预算支出的概念
行政事业单位预算支出，是指会计主体在预算年度内依法发生并纳入预算管理的现金流出。

（二）行政事业单位预算支出核算的计价基础
行政事业单位预算支出核算一律采用收付实现制，即以现金的实际付出为标志来确定本期预算支出的会计核算基础。凡在当期实际付出的现金支出，均应作为当期的预算支出；凡是不属于当期的现金支出，均不应当作为当期的预算支出。

二、行政支出

（一）行政支出的概念
行政支出是指行政单位履行其职责实际发生的各项现金流出。

（二）科目的设置
行政单位设置"行政支出"科目，本科目应当分别按照"财政拨款支出"、"非财政专项资金支出"和"其他资金支出"，"基本支出"和"项目支出"等进行明细核算，并按照《政府收支分类科目》中"支出功能分类科目"的项级科目进行明细核算；"基本支出"和"项目支出"明细科目下应当按照《政府收支分类科目》中"部门预算支出经济分类科目"的款级科目进行明细核算，同时在"项目支出"明细科目下按照具体项目进行明细核算。有一般公共预算财政拨款、政府性基金预算财政拨款等两种或两种以上财政拨款的行政单位，还应当在"财政拨款支出"明细科目下按照财政拨款的种类进行明细核算。对于预付款项，可通过在本科目下设置"待处理"明细科目进行核算，待确认具体支出项目后再转入本科目下相关明细科目。年末结账前，应将本科目"待处理"明细科目余额全部转入本科目下相关明细科目。

【例 4-30】某市质监局当月发生电费 20 000 元，水费 2 000 元。次月 4 日，由银行零余额账户转账支付给自来水公司与电力公司。当月确认水电费，不做预算会计的账务处理。

借：行政支出——水电费　　　　　　　　　　　　　　　　22 000
　　贷：资金结存——零余额账户用款额度　　　　　　　　　　22 000

【例 4-31】年末结转。某行政单位预算会计中的行政支出：财政拨款支出借方累计发生 4 000 000 元，非财政专项资金支出借方累计发生 1 000 000 元。

借：财政拨款结转——本年收支结转（财政拨款支出）　　4 000 000
　　非财政拨款结转——本年收支结转（非同级财政专项资金支出）　1 000 000
　　贷：行政支出　　　　　　　　　　　　　　　　　　　　5 000 000

三、事业支出

（一）事业支出的概念
事业支出，是指事业单位开展专业业务活动及其辅助活动实际发生的各项现金流出。

（二）科目设置
设置"事业支出"科目核算。明细科目分别按照"财政拨款支出""非财政专项资金支出"和"其他资金支出"、"基本支出"和"项目支出"等进行明细核算,并按照《政府收支分类科目》中"支出功能分类科目"的项级科目进行明细核算。

教育部门应当在新制度规定的"7201事业支出"科目下设置"720101教育支出""720102科研支出""720103后勤保障支出""720104行政管理支出""720105离退休支出"明细科目。

(1)"720101教育支出"科目核算开展教学活动及其辅助活动实际发生的各项现金流出。

(2)"720102科研支出"科目核算开展科研活动及其辅助活动实际发生的各项现金流出。

(3)"720103后勤保障支出"科目核算开展后勤保障活动实际发生的各项现金流出。

(4)"720104行政管理支出"科目核算开展单位行政管理活动实际发生的现金流出。

(5)"720105离退休支出"科目核算支付单位离退休职工离退休费发生的现金流出。

【例4-32】 某市教科院通过财政授权支付方式支付行政办公用电费1 000元。

借:事业支出　　　　　　　　　　　　　　　　　　　　　　　　　　1 000
　　贷:资金结存——零余额账户用款额度　　　　　　　　　　　　　　　　1 000

【例4-33】 某市中心医院为院部行政管理部门购置一批办公用品,价税合计168 000元,采用财政直接支付方式付款。

借:事业支出　　　　　　　　　　　　　　　　　　　　　　　　　　168 000
　　贷:财政拨款预算收入　　　　　　　　　　　　　　　　　　　　　　168 000

【例4-34】 某事业单位对一批行政用房计提折旧,当月折旧额为20 000元。

不做预算会计的账务处理。

【例4-35】 某大学教务管理部门从资产管理部门领用一批考试屏蔽仪,价值20 000元。

不做预算会计的账务处理。

四、经营支出

(一)经营支出的概念

经营支出,是指事业单位在专业业务活动及其辅助活动之外开展非独立核算经营活动实际发生的各项现金流出。

(二)科目设置

设置"经营支出"科目进行核算。明细科目按照经营活动类别、项目、《政府收支分类科目》中"支出功能分类科目"的项级科目和"部门预算支出经济分类科目"的款级科目等进行明细核算。

【例4-36】 12月5日,某事业单位计提经营部门应发放职工工资费用85 000元。

不做预算会计的账务处理。

【例4-37】 12月7日,以银行存款实际支付职工工资费用85 000元并代扣个人所得税5 000元。

借:经营支出　　　　　　　　　　　　　　　　　　　　　　　　　　80 000
　　贷:资金结存——货币资金　　　　　　　　　　　　　　　　　　　　80 000

【例4-38】 12月10日,实际支付个人所得税款5 000元至税务局指定账户。

借:经营支出　　　　　　　　　　　　　　　　　　　　　　　　　　5 000
　　贷:资金结存——货币资金　　　　　　　　　　　　　　　　　　　　5 000

五、上缴上级支出

(一)上缴上级支出的概念

上缴上级支出,是指事业单位按照财政部门和主管部门的规定上缴上级单位款项发生的现金流出。

(二)科目设置

设置"上缴上级支出"科目进行核算。明细科目按照收缴款项单位、缴款项目、《政府收支分类科目》中"支出功能分类科目"的项级科目和"部门预算支出经济分类科目"的款级科目等进行明细核算。

【例 4-39】 某职业学校按照规定定额上缴给上级业务主管部门 50 000 元,从银行存款转账。

借:上缴上级支出 50 000
　　贷:资金结存——货币资金 50 000

【例 4-40】 承上例,该职业学校年终"上缴上级支出"科目借方累计发生额为 50 000 元,年末结转。

借:其他结余 50 000
　　贷:上缴上级支出 50 000

六、对附属单位补助支出

(一)对附属单位补助支出的概念

对附属单位补助支出,是指事业单位用财政拨款预算收入之外的收入对附属单位补助发生的现金流出。

(二)科目设置

设置"对附属单位补助支出"科目进行核算。对附属单位补助支出科目应当按照接受补助单位、补助项目、《政府收支分类科目》中"支出功能分类科目"的项级科目和"部门预算支出经济分类科目"的款级科目等进行明细核算。

【例 4-41】 某市中心医院对附属的某县医疗机构补助 100 000 元,资金以银行存款支付。

借:对附属单位补助支出 100 000
　　贷:资金结存——货币资金 100 000

【例 4-42】 期末/年末结转。接上例,年终该市中心医院"对附属单位补助支出"科目借方累计发生额为 100 000 元。

借:其他结余 100 000
　　贷:对附属单位补助支出 100 000

七、投资支出

(一)投资支出的概念

投资支出,是指事业单位以货币资金对外投资发生的现金流出。

(二)科目设置

设置"投资支出"科目进行核算。明细科目按照投资类型、投资对象、《政府收支分类科目》中"支出功能分类科目"的项级科目和"部门预算支出经济分类科目"的款级科目等进行明细核算。

(1)以货币资金对外投资时,按照投资金额和支付的相关税费金额的合计数借记本科目,贷记"资金结存"科目。

(2)出售、对外转让或到期收回本年度以货币资金取得的对外投资的,如果按规定将投资收益纳入单位预算,按照实际收到的金额,借记"资金结存"科目,按照取得投资时"投资支出"科目的发生额,贷记本科目,按照其差额,贷记或借记"投资预算收益"科目;如果按规定将投资收益上缴财政的,按照取得投资时"投资支出"科目的发生额借记"资金结存"科目,贷记本科目。

出售、对外转让或到期收回以前年度以货币资金取得的对外投资的，如果按规定将投资收益纳入单位预算，按照实际收到的金额，借记"资金结存"科目，按照取得投资时"投资支出"科目的发生额，贷记"其他结余"科目，按照其差额，贷记或借记"投资预算收益"科目；如果按规定将投资收益上缴财政的，按照取得投资时"投资支出"科目的发生额借记"资金结存"科目，贷记"其他结余"科目。

【例4-43】1月5日，某事业单位以部分历年结余资金通过银行转账购买2年期记账式国债500 000元。

借：投资支出——国债（投资成本） 500 000
　　贷：资金结存——货币资金 500 000

【例4-44】7月5日，该事业单位将持有了半年的国债转卖给农业银行，取得价款490 000元收存银行。

借：资金结存——货币资金 490 000
　　投资预算收益 10 000
　　贷：投资支出——国债（投资成本） 500 000

【例4-45】承【例4-43】，第二年7月5日，该事业单位将持有了一年半的国债转卖给农业银行，取得价款510 000元收存银行。

借：资金结存——货币资金 510 000
　　贷：其他结余 500 000
　　　　投资预算收益 10 000

八、债务还本支出

（一）债务还本支出的概念

债务还本支出，是指事业单位偿还自身承担的纳入预算管理的从金融机构举借的债务本金的现金流出。

（二）科目设置

设置"债务还本支出"科目进行核算。明细科目按照贷款单位、贷款种类、《政府收支分类科目》中"支出功能分类科目"的项级科目和"部门预算支出经济分类科目"的款级科目等进行明细核算。

【例4-46】某事业单位向工商银行偿还一笔长期借款165 000元，其中，借款本金150 000元，应计利息15 000元，款项通过银行存款账户支付。

借：债务还本支出 150 000
　　其他支出 15 000
　　贷：资金结存——货币资金 165 000

九、其他支出

（一）其他支出的概念

其他支出包括利息支出、对外捐赠现金支出、现金盘亏损失、资产置换过程中发生的相关税费支出、罚没支出等。

（二）科目设置

设置"其他支出"科目进行核算。明细科目按照其他支出的类别"财政拨款支出""非财政专项资金支出"和"其他资金支出",《政府收支分类科目》中"支出功能分类科目"的项级科目和"部门预算支出经济分类科目"的款级科目等进行明细核算。

【例4-47】 某广播电视事业单位对外捐赠一笔款项20 000元,以援助受灾地区救灾,款项以银行存款支付。

借：其他支出　　　　　　　　　　　　　　　　　　　　　　　20 000
　　贷：资金结存——货币资金　　　　　　　　　　　　　　　　　　　20 000

【例4-48】 12月16日,某广播电视事业单位后勤运输部门报销车辆违章罚款费。根据单位规定车辆违章当事人只可报销罚款总金额的60%,其余40%由个人承担。当月共产生罚款金额1 200元,单位通过银行支付720元。

借：其他支出　　　　　　　　　　　　　　　　　　　　　　　　　720
　　贷：资金结存——货币资金　　　　　　　　　　　　　　　　　　　　720

【例4-49】 12月25日,某广播电视事业单位的后勤管理部门支付由单位统一承担的物业管理费30 000元,款项以银行存款支付,单位预算中属于基本支出预算,使用的资金性质为非专项事业收入资金,即其他资金。

借：其他支出　　　　　　　　　　　　　　　　　　　　　　　20 000
　　贷：资金结存——货币资金　　　　　　　　　　　　　　　　　　　20 000

【例4-50】 12月30日,某广播电视事业单位按照应收款项余额百分比法计提坏账准备金,年底经计算应补提坏账准备金50 000元。

不做预算会计的账务处理。

第三节　行政事业单位预算结余的核算

一、行政事业单位预算结余概述

(一)行政事业单位预算结余的概念

预算结余,是指政府会计主体预算年度内预算收入扣除预算支出后的资金余额,以及历年滚存的资金余额。

(二)预算结余分类

预算结余主要包括结余资金和结转资金。

结余资金是指年度预算执行终了,预算收入实际完成数扣除预算支出和结转资金后的剩余资金,根据资金的性质可分为财政拨款结余资金和非财政拨款结余资金。

结转资金是指预算安排项目的支出年终尚未执行完毕或者因故未执行,且下年需要按原用途继续使用的资金,根据资金的性质也可分为财政拨款结转资金和非财政拨款结转资金。

二、资金结存

(一)资金结存的概念

资金结存反映单位纳入部门预算管理的资金的流入、流出、调整和滚存等情况。需要注意的是资金结存科目并非实质结存类科目,而是政府会计在复式记账法下创制的一个与预算结余类科目进行复式记账和平衡对应的科目,其实质为预算结余,资金结存自身并没有别的独立的经济含义。

(二) 科目设置

设置"资金结存"科目进行核算。

（1）"零余额账户用款额度"。核算实行国库集中支付的单位，根据财政部门批复的用款计划，收到和支用的零余额账户用款额度。

（2）"货币资金"。核算单位以库存现金、银行存款、其他货币资金形态存在的资金。

（3）"财政应返还额度"。核算实行国库集中支付的单位，使用的是以前年度财政直接支付资金额度和财政应返还的财政授权支付资金额度。

(三) 账务处理

"资金结存"科目主要账务处理表见表4-1。

表4-1 "资金结存"科目主要账务处理表

序号	业务	不同条件	预算会计分录
（1）	取得预算收入	财政授权支付方式下	借：资金结存——零余额账户用款额度 贷：财政拨款预算收入
		国库集中支付以外的其他支付方式下	借：资金结存——货币资金 贷：财政拨款预算收入/事业预算收入/经营预算收入等
（2）	发生预算支出	财政授权支付方式下	借：行政支出/事业支出等 贷：资金结存——零余额账户用款额度
		使用以前年度财政直接支付额度	借：行政支出/事业支出等 贷：资金结存——财政应返还额度
		国库集中支付以外的其他方式下	借：事业支出/经营支出等 贷：资金结存——货币资金
（3）	按照规定使用提取的专用基金	使用从非财政拨款结余或经营结余中计提的专用基金	借：专用结余 贷：资金结存——货币资金
		使用从收入中计提并计入费用的专用基金	借：事业支出等 贷：资金结存——货币资金
（4）	发生预算支出时	按照规定上缴财政拨款结转结余资金或注销财政拨款结转结余额度	借：财政拨款结转——归集上缴/财政拨款结余——归集上缴 贷：资金结存——财政应返还额度/零余额账户用款额度/货币资金
		按照规定缴回非财政拨款结转资金	借：非财政拨款结转——缴回资金 贷：资金结存——货币资金
		收到调入的财政拨款结转资金	借：资金结存——财政应返还额度/零余额账户用款额度/货币资金 贷：财政拨款结转——归集调入
（5）	因购货退回、发生差错更正等退回国库直接支付、授权支付款项，或者收回货币资金	本年度	借：财政拨款预算收入/资金结存——零余额账户用款额度、货币资金 贷：行政支出/事业支出等
（6）		从零余额账户提取现金	借：资金结存——货币资金 贷：资金结存——零余额账户用款额度

【例4-51】 某事业单位收到代理银行转来的财政授权支付额度到账通知书，授权支付额度为800 000元。

借：资金结存——零余额账户用款额度　　　　　　　　　　　　　　　800 000

贷：财政拨款预算收入　　　　　　　　　　　　　　　　　　　800 000

【例 4-52】 某行政单位通过财政授权支付方式支付一笔电费 6 500 元。

借：行政支出　　　　　　　　　　　　　　　　　　　　　　　6 500
　　贷：资金结存——零余额账户用款额度　　　　　　　　　　　6 500

【例 4-53】 某高校使用职工福利基金购入一项职工集体福利设施 35 000 元。以财政授权支付方式付款，购入的相应设施作为固定资产管理。

借：专用结余　　　　　　　　　　　　　　　　　　　　　　　35 000
　　贷：资金结存——零余额账户用款额度　　　　　　　　　　　35 000

【例 4-54】 年末，单位零余额账户用款额度 100 000 元已经无法在当年度使用，应予以注销；另外，单位全年财政授权支付预算指标数还有 990 000 元财政没有下达。

借：资金结存——财政应返还额度　　　　　　　　　　　　　　100 000
　　贷：资金结存——零余额账户用款额度　　　　　　　　　　　100 000
借：资金结存——财政应返还额度　　　　　　　　　　　　　　990 000
　　贷：财政拨款预算收入　　　　　　　　　　　　　　　　　　990 000

【例 4-55】 承上例，下年初，恢复零余额账户用款额度且收到上年末未下达的零余额账户用款额度。

借：资金结存——零余额账户用款额度　　　　　　　　　　　　100 000
　　贷：资金结存——财政应返还额度　　　　　　　　　　　　　100 000
借：资金结存——零余额账户用款额度　　　　　　　　　　　　990 000
　　贷：资金结存——财政应返还额度　　　　　　　　　　　　　990 000

三、财政拨款结转

（一）财政拨款结转的概念

财政拨款结转反映单位取得的同级财政拨款结转资金的调整、结转和滚存情况。财政拨款结转资金，是指当年支出预算已执行但尚未完成，或因故未执行，下年须按原用途继续使用的财政拨款资金。

（二）科目设置

设置"财政拨款结转"科目进行核算。

（1）"年初余额调整"。

本明细科目核算因发生会计差错更正、以前年度支出收回等原因，需要调整财政拨款结转的金额。

（2）与财政拨款调拨业务相关的明细科目。

① "归集调入"。核算按照规定从其他单位调入财政拨款结转资金时，实际调增的额度数额或调入的资金数额。

② "归集调出"。核算按照规定向其他单位调出财政拨款结转资金时，实际调减的额度数额或调出的资金数额。

③ "归集上缴"。核算按照规定上缴财政拨款结转资金时，实际核销的额度数额或上缴的资金数额。

④ "单位内部调剂"。核算经财政部门批准对财政拨款结余资金改变用途，调整用于本单位其他未完成项目等的调整金额。

（3）与年末财政拨款结转业务相关的明细科目。

① "本年收支结转"。核算单位本年度财政拨款收支相抵后的余额。
② "累计结转"。核算单位滚存的财政拨款结转资金。

(三)账务处理见

"财政拨款结转"科目主要账务处理表见表4-2。

表4-2 "财政拨款结转"科目主要账务处理表

序号	业务	不同条件	预算会计分录
(1)	因会计差错更正、购货退回、预付款项收回等发生以前年度调整事项	调整增加相关资产	借:资金结存——零余额账户用款额度/货币资金等 贷:财政拨款结转——年初余额调整
		因会计差错更正调整减少相关资产	借:财政拨款结转——年初余额调整 贷:资金结存——零余额账户用款额度/货币资金等
(2)	从其他单位调入财政拨款结转资金	按照实际调增的额度数额或调入的资金数额	借:资金结存——财政应返还额度/零余额账户用款额度/货币资金 贷:财政拨款结转——归集调入
(3)	向其他单位调出财政拨款结转资金	按照实际调减的额度数额或调减的资金数额	借:财政拨款结转——归集调出 贷:资金结存——财政应返还额度/零余额账户用款额度/货币资金
(4)	按照规定上缴财政拨款结转资金或注销财政拨款结转额度	按照实际上缴资金数额或注销的资金额度	借:财政拨款结转——归集上缴 贷:资金结存——财政应返还额度/零余额账户用款额度/货币资金
(5)	单位内部调剂财政拨款结余资金	按照调整的金额	借:财政拨款结余——单位内部调剂 贷:财政拨款结转——单位内部调剂
(6)	年末结转	结转财政拨款预算收入	借:财政拨款预算收入 贷:财政拨款结转——本年收支结转
		结转财政拨款预算支出	借:财政拨款结转——本年收支结转 贷:行政支出/事业支出等[财政拨款支出部分]

(7)	年末冲销本科目有关明细科目余额		借:财政拨款结转——年初余额调整[该明细科目为贷方余额时]/归集调入/单位内部调剂/本年收支结转[该明细科目为贷方余额时]
			  贷:财政拨款结转——累计结转
			借:财政拨款结转——累计结转
			  贷:财政拨款结转——归集上缴/年初余额调整[该明细科目为借方余额时]/归集调出/本年收支结转[该明细科目为借方余额时]

(8)	转入财政拨款结余	按照有关规定将符合财政拨款结余性质的项目余额转入财政拨款结余	借:财政拨款结转——累计结转 贷:财政拨款结余——结转转入

【例4-56】 发现上年11月2日一笔支付给某公司的货款账务处理有误,该笔货款实际金额为5 000元,财务误列行政支出——财政拨款 50 000元,并以财政直接支付方式付款。现追回货款并进行账务更正。

  借:资金结存——财政应返还额度   45 000
    贷:财政拨款结转——年初余额调整   45 000

【例4-57】 收到一笔财政授权支付额度55 000元,为本级财政从其他单位调入给本单位的财政拨款结转资金。

  借:资金结存——零余额账户用款额度   55 000
    贷:财政拨款结转——归集调入   55 000

【例4-58】 接上例,对应的调出单位编制如下分录。

借:财政拨款结转——归集调出　　　　　　　　　　　　　　　　55 000
　　贷:资金结存——零余额账户用款额度　　　　　　　　　　　　　　55 000

【例4-59】 经财政部门批准,某县市场监督局将工商行政管理专项结余资金5 000元调整用于执法办案专项。执法办案专项适用的政府支出功能分类科目为"一般公共服务支出——工商行政管理事务——执法办案专项"

借:财政拨款结余——单位内部调剂　　　　　　　　　　　　　　5 000
　　贷:财政拨款结转(单位内部调剂)
　　　　——项目支出结转(执法办案专项)　　　　　　　　　　　　5 000

四、财政拨款结余

(一)财政拨款结余的概念

财政拨款结余反映单位取得的同级财政拨款项目支出结余资金的调整、结转和滚存情况。财政拨款结余资金是指年度预算执行终了,预算收入实际完成数扣除预算支出和结转资金后剩余的资金。

(二)科目设置

设置"财政拨款结余"科目进行核算。

(1)与会计差错更正、以前年度支出收回相关的"年初余额调整"。

(2)与财政拨款结余资金调整业务相关的明细科目。

①"归集上缴"。核算按照规定上缴财政拨款结余资金时,实际核销的额度数额或上缴的资金数额。

②"单位内部调剂"。核算经财政部门批准对财政拨款结余资金改变用途,调整用于本单位其他未完成项目等的调整金额。

(3)与年末财政拨款结余业务相关的明细科目。

①"结转转入"。核算单位按照规定转入财政拨款结余的财政拨款结转资金。

②"累计结余"。核算单位滚存的财政拨款结余资金。

(三)账务处理

"财政拨款结余"科目主要账务处理表见表4-3。

表4-3 "财政拨款结余"科目主要账务处理表

序号	业务	不同条件	预算会计分录
(1)	因购货退回、会计差错更正等发生以前年度调整事项	调整增加相关资产	借:资金结存——零余额账户用款额度/货币资金等 　　贷:财政拨款结余——年初余额调整
		因会计差错更正调整减少相关资产	借:财政拨款结余——年初余额调整 　　贷:资金结存——零余额账户用款额度/货币资金等
(2)	按照规定上缴财政拨款结余资金或注销财政拨款结余额度	按照实际上缴资金数额或注销的资金额度	借:财政拨款结余——归集上缴 　　贷:资金结存——财政应返还额度/零余额账户用款额度/货币资金
(3)	单位内部调剂财政拨款结余资金	按照调整的金额	借:财政拨款结余——单位内部调剂 　　贷:财政拨款结转——单位内部调剂

续表

序号	业务	不同条件	预算会计分录
（4）	年末转入财政拨款结余	按照有关规定将符合财政拨款结余性质的项目余额转入财政拨款结余	借：财政拨款结转——累计结转 　　贷：财政拨款结余——结转转入
（5）	年末冲销本科目有关明细科目余额		借：财政拨款结余——年初余额调整［该明细科目为贷方余额时］ 　　贷：财政拨款结余——累计结余 借：财政拨款结余——累计结余 　　贷：财政拨款结余——年初余额调整［该明细科目为借方余额时］ 　　　　——归集上缴 　　　　——单位内部调剂 借：财政拨款结余——结转转入 　　贷：财政拨款结余——累计结余

【例 4-60】 某行政单位按照规定上缴财政拨款结余资金 5 000 元，相应数额的财政直接支付额度已经核销。

借：财政拨款结余——归集上缴　　　　　　　　　　　　　　　　　　　5 000
　　贷：资金结存——财政应返还额度　　　　　　　　　　　　　　　　　5 000

【例 4-61】 经财政部门批准，某县统计局将专项统计业务完成项目结余资金 2 310 元调整用于统计管理事务。

借：财政拨款结余（单位内部调剂）——项目支出结余　　　　　　　　　2 310
　　贷：财政拨款结转（单位内部调剂）　　　　　　　　　　　　　　　　2 310

五、非财政拨款结转

（一）非财政拨款结转的概念

非财政拨款结转反映单位除财政拨款收支、经营收支以外各非同级财政拨款专项资金的调整、结转和滚存情况。

（二）科目设置

设置"非财政拨款结转"科目进行核算。

（1）"年初余额调整"。核算因发生会计差错更正、以前年度支出收回等原因，需要调整非财政拨款结转的资金。

（2）"缴回资金"。核算按照规定缴回非财政拨款结转资金时，实际缴回的资金数额。

（3）"项目间接费用或管理费"。核算单位取得的科研项目预算收入中，按照规定计提项目间接费用或管理费的数额。

（4）"本年收支结转"。核算单位本年度非同级财政拨款专项收支相抵后的余额。

（5）"累计结转"。核算单位滚存的非同级财政拨款专项结转资金。

（三）账务处理

"非财政拨款结转"科目主要账务处理表见表 4-4。

表 4-4　"非财政拨款结转"科目主要账务处理表

序号	业务	不同条件	预算会计分录
（1）	按照规定从科研项目预算收入中提取项目管理费或间接费		借：非财政拨款结转——项目间接费用或管理费 　　贷：非财政拨款结余——项目间接费用或管理费

续表

序号	业务	不同条件	预算会计分录
（2）	因购货退回、会计差错更正等发生以前年度调整事项	调整增加相关资产	借：资金结存——货币资金 　贷：非财政拨款结转——年初余额调整
		调整减少相关资产	借：非财政拨款结转——年初余额调整 　贷：资金结存——货币资金
（3）	按照规定缴回非财政拨款结转资金	按照实际缴回资金	借：非财政拨款结转——缴回资金 　贷：资金结存——货币资金
（4）	结转非财政拨款专项收入 结转非财政拨款专项支出		借：非同级财政拨款预算收入 　贷：非财政拨款结转——本年收支结转
			借：非财政拨款结转——本年收支结转 　贷：行政支出/事业支出/其他支出
（5）	年末冲销本科目相关明细科目金额		借：非财政拨款结转——年初余额调整［该明细科目为贷方余额时］ 　　　　　　　　　　——本年收支结转［该明细科目为贷方余额时］ 　贷：非财政拨款结转——累计结转 借：非财政拨款结转——累计结转 　贷：非财政拨款结转——年初余额调整［该明细科目为借方余额时］ 　　　　　　　　　　——缴回资金 　　　　　　　　　　——项目间接费用或管理费 　　　　　　　　　　——本年收支结转［该明细科目为借方余额时］
（6）	将留归本单位使用的非财政拨款专项剩余资金转入非财政拨款结余		借：非财政拨款结转——累计结转 　贷：非财政拨款结余——结转转入

【例 4-62】 某高校根据学校规定，从到账的某教授负责的科研项目预算收入中按 5% 的比例提取项目管理费，金额为 5 000 元。

借：非财政拨款结转——项目间接费用或管理费　　　　　　　　　　　　　5 000
　贷：非财政拨款结余——项目间接费用或管理费　　　　　　　　　　　　　5 000

【例 4-63】 某事业单位发现上年发生一项支出金额有误，实际金额为 3 200 元，账务处理做了借记"事业支出——非财政拨款"32 000 元，且已经以银行存款支付。现已将多支付的款项 28 800 元追回，对此错误予以更正。

借：资金结存——货币资金　　　　　　　　　　　　　　　　　　　　　　28 800
　贷：非财政拨款结转——年初余额调整　　　　　　　　　　　　　　　　　28 800

【例 4-64】 某高校按合同约定，将某单位拨入的支持该校毕业生就业创业工作专项经费结余资金 20 000 元按原路转回。

借：非财政拨款结转——缴回资金　　　　　　　　　　　　　　　　　　　20 000
　贷：资金结存——货币资金　　　　　　　　　　　　　　　　　　　　　　20 000

六、非财政拨款结余

（一）非财政拨款结余的概念

非财政拨款结余，是指单位历年滚存的非限定用途的非同级财政拨款结余资金，主要为非财政拨款结余扣除结余分配后滚存的金额。

(二）科目设置

设置"非财政拨款结余"科目进行核算。

（1）"年初余额调整"。核算因发生会计差错更正、以前年度支出收回等原因，需要调整非财政拨款结余的资金。

（2）"项目间接费用或管理费"。核算单位取得的科研项目预算收入中，按照规定计提的项目间接费用或管理费数额。

（3）"结转转入"。核算按照规定留归单位使用，由单位统筹调配，纳入单位非财政拨款结余的非同级财政拨款专项剩余资金。

（4）"累计结余"。核算单位历年滚存的非同级财政拨款、非专项结余资金。

（三）账务处理

"非财政拨款结余"科目主要账务处理表见表4-5。

表4-5 "非财政拨款结余"科目主要账务处理表

序号	业务	不同条件	预算会计分录
（1）	按照规定从科研项目预算收入中提取项目管理费或间接费		借：非财政拨款结转——项目间接费用或管理费 贷：非财政拨款结余——项目间接费用或管理费
（2）	实际缴纳企业所得税		借：非财政拨款结余——累计结余 贷：资金结存——货币资金
（3）	因购货退回、会计差错更正等发生以前年度调整事项	调整增加相关资产	借：资金结存——货币资金 贷：非财政拨款结余——年初余额调整
		调整减少相关资产	借：非财政拨款结余——年初余额调整 贷：资金结存——货币资金
（4）	将留归本单位使用的非财政拨款专项剩余资金转入非财政拨款结余		借：非财政拨款结转——累计结转 贷：非财政拨款结余——结转转入
（5）	年末冲销本科目相关明细科目余额		借：非财政拨款结余——年初余额调整〔该明细科目为贷方余额时〕 　　　　　　　　——项目间接费用或管理费 　　　　　　　　——结转转入 贷：非财政拨款结余——累计结余 借：非财政拨款结余——累计结余 贷：非财政拨款结余——年初余额调整〔该明细科目为借方余额时〕 　　　　　　　　——缴回资金
（6）	年末结转	非财政拨款结余分配为贷方余额	借：非财政拨款结余分配 贷：非财政拨款结余——累计结余
		非财政拨款结余分配为借方余额	借：非财政拨款结余——累计结余 贷：非财政拨款结余分配

【例4-65】某文化事业单位依法缴纳上月企业所得税200 000元，以银行存款支付。

借：非财政拨款结余——累计结余　　　　　　　　　　　　　　　　　　200 000
　　贷：资金结存——货币资金　　　　　　　　　　　　　　　　　　　　200 000

【例4-66】某行政单位上一年使用非财政拨款资金购买了一台办公电脑，以财政授权支付方式转账6 000元。因该产品存在严重的质量问题，经与卖家协商于今年1月8日全额退款、退货，

款项已按原途径收回。

  借：资金结存——零余额账户用款额度   6 000
    贷：非财政拨款结余——年初余额调整   6 000

【例 4-67】 某事业单位曾获得一笔非财政拨款专项资金 50 000 元，该项目年末已经完成并达到预期目标。经清理账上尚余下 35 000 元。拨款单位决定将专项资金的剩余部分留给事业单位自主使用。

  借：非财政拨款结转——累计结转   35 000
    贷：非财政拨款结余——结转转入   35 000

七、专用结余

（一）专用结余的概念

专用结余，反映事业单位按照规定从非财政拨款结余中提取的，具有专门用途的资金的变动和滚存情况。

（二）科目设置

设置"专用结余"科目进行核算。专用结余科目应当按照专用结余的类别进行明细核算。

（三）账务处理

"专用结余"科目主要账务处理表见表 4-6。

表 4-6 "专用结余"科目主要账务处理表

序号	业务	不同条件	预算会计分录
（1）	计提专用基金	从预算收入中按照一定比例提取基金并计入费用	—
		从本年度非财政拨款结余或经营结余中提取基金	借：非财政拨款结余分配 贷：专用结余
		根据有关规定设置的其他专用基金	—
（2）	按照规定使用提取的专用基金	使用从非财政拨款结余或经营结余中提取的基金	借：专用结余 贷：资金结存——货币资金
		使用从预算收入中提取并计入费用的基金	借：事业支出等 贷：资金结存——货币资金

【例 4-68】 某高校按照学费收入的 1‰ 提取食堂物价平抑基金，当年学费收入共 1.5 亿元。
不做预算会计的账务处理。

【例 4-69】 某事业单位从非财政拨款结余中提取 50 000 元补充到职工福利基金。

  借：非财政拨款结余分配   50 000
    贷：专用结余——职工福利基金   50 000

【例 4-70】 某公立医院按照一定比例从医疗收入中提取医疗风险基金 300 000 元。
不做预算会计的账务处理。

【例 4-71】 某事业单位用房屋修购基金支付单位房屋屋顶防漏维修费用，以银行存款支付 160 000 元。该房屋修购基金从预算收入中提取且同步计入费用。

  借：专用结余   160 000
    贷：资金结存——货币资金   160 000

【例 4-72】 某事业单位动用职工福利奖金购买一批福利设施，以固定资产入账，以银行存款支付 25 000 元。单位福利基金提取自非财政拨款结余或经营结余。

  借：专用结余   25 000
    贷：资金结存——货币资金   25 000

八、经营结余

（一）经营结余的概念

经营结余，是指事业单位本年度经营活动收支相抵后余额弥补以前年度经营亏损后的余额。

（二）科目设置

设置"经营结余"科目进行核算。经营结余科目可以按照经营活动类别进行明细核算。

（三）账务处理

"经营结余"科目主要账务处理表见表4-7。

表4-7 "经营结余"科目主要账务处理表

序号	业务	预算会计分录

（1）	年末经营收支结转	借：经营预算收入
		  贷：经营结余
		借：经营结余
		  贷：经营支出

（2）	年末转入结余分配	借：经营结余 贷：非财政拨款结余分配 年末结余在借方，则不予结转。

九、其他结余

（一）其他结余的概念

其他结余，是指单位本年度除财政拨款收支、非同级财政专项收支和经营收支以外各项收支相抵后的余额。

（二）科目设置

预算会计对其设置"其他结余"科目进行核算。

（三）账务处理

"其他结余"科目主要账务处理表见表4-8。

表4-8 "其他结余"科目主要账务处理表

序号	业务	不同条件	预算会计分录

（1）	年末结转	结转预算收入（除财政拨款收入、非同级财政专项收入、经营收入以外）余额	借：事业预算收入/上级补助预算收入/附属单位上缴预算收入/非同级财政拨款预算收入/债务预算收入/其他预算收入[非专项资金收入部分]/投资预算收益[为贷方余额时]
			  贷：其他结余
			借：其他结余
			  贷：投资预算收益[为借方余额时]

		结转预算支出（除同级财政拨款支出、非同级财政专项支出、经营支出以外）余额	借：其他结余
			  贷：行政支出/事业支出/其他支出[非财政、非专项资金支出部分]
			    上缴上级支出/对附属单位补助支出/投资支出/债务还本支出

续表

序号	业务	不同条件	预算会计分录
(2)	行政单位转入非财政拨款结余	其他结余为贷方余额	借：其他结余 　贷：非财政拨款结余——累计结余
		其他结余为借方余额	借：非财政拨款结余——累计结余 　贷：其他结余
(3)	事业单位年末转入结余分配	其他结余为贷方余额	借：其他结余 　贷：非财政拨款结余分配
		其他结余为借方余额	借：非财政拨款结余分配 　贷：其他结余

十、非财政拨款结余分配

（一）非财政拨款结余分配的概念

非财政拨款结余分配，是指事业单位本年度非财政拨款结余分配的情况和结果。

（二）科目设置

设置"非财政拨款结余分配"科目进行核算

（三）账务处理

"非财政拨款结余分配"科目主要账务处理表见表4-9。

表4-9 "非财政拨款结余分配"科目主要账务处理表

序号	业务	不同条件	预算会计分录
(1)	事业单位年末结余转入	其他结余为借方余额时	借：非财政拨款结余分配 　贷：其他结余
		其他结余为贷方余额时	借：其他结余 　贷：非财政拨款结余分配
(2)	计提专用基金	经营结余为贷方余额时	借：经营结余 　贷：非财政拨款结余分配
		从非财政拨款结余中提取	借：非财政拨款结余分配 　贷：专用结余
(3)	事业单位转入非财政拨款结余	非财政拨款结余分配为贷方余额	借：非财政拨款结余分配 　贷：非财政拨款结余——累计结余
		非财政拨款结余分配为借方余额	借：非财政拨款结余——累计结余 　贷：非财政拨款结余分配

第四节　预算会计报表

行政事业单位预算会计报表，包括预算收入支出表、预算结转结余变动表和财政拨款预算收入支出表。

一、预算收入支出表

(一) 预算收入支出表的概念及格式

预算收入支出表,是反映单位在某一会计年度内的各项预算收入、预算支出和预算收支差额情况的报表。预算收入支出表应当按年度编制,格式见表 4-10。

表 4-10 预算收入支出表　　　　　　　　　　　　会政预 01 表

编制单位:　　　　年度:　　　　　　　　　　　　　　单位:元

项目	本年数	上年数
一、本年预算收入		
(一)财政拨款预算收入		
其中:政府性基金收入		
(二)事业预算收入		
(三)上级补助预算收入		
(四)附属单位上缴预算收入		
(五)经营预算收入		
(六)债务预算收入		
(七)非同级财政拨款预算收入		
(八)投资预算收益		
(九)其他预算收入		
其中:利息预算收入		
捐赠预算收入		
租金预算收入		
二、本年预算支出		
(一)行政支出		
(二)事业支出		
(三)经营支出		
(四)上缴上级支出		
(五)对附属单位补助支出		
(六)投资支出		
(七)债务还本支出		
(八)其他支出		
其中:利息支出		
捐赠支出		
三、本年预算收支差额		

（二）预算收入支出表的编制方法

"本年数"栏，反映各项目本年的实际发生数。"上年数"栏，反映各项目上年度的实际发生数，应当根据上年度预算收入支出表中"本年数"栏内的数字填列。

如果本年度预算收入支出表规定的项目的名称和内容同上年度不一致，应当对上年度预算收入支出表项目的名称和数字按照本年度的规定进行调整，将调整后的金额填入本年度预算收入支出表的"上年数"栏。

（1）"本年预算收入"项目，反映单位本年预算收入的总额。本项目应当根据预算收入支出表中"财政拨款预算收入""事业预算收入""上级补助预算收入""附属单位上缴预算收入""经营预算收入""债务预算收入""非同级财政拨款预算收入""投资预算收益"和"其他预算收入"项目金额的合计数填列。

（2）"财政拨款预算收入"项目，反映单位本年从同级政府财政部门取得的各类财政拨款。本项目应当根据"财政拨款预算收入"科目的本年发生额填列。"政府性基金收入"项目，反映单位本年取得的财政拨款收入中属于政府性基金预算拨款的金额。本项目应当根据"财政拨款预算收入"相关明细科目的本年发生额填列。

（3）"事业预算收入"项目，反映单位本年开展专项业务活动及其辅助活动取得的预算收入。本项目应当根据"事业预算收入"科目的本年发生额填列。

（4）"上级补助预算收入"项目，反映单位本年从主管部门和上级单位取得的非财政补助预算收入。本项目应当根据"上级补助预算收入"科目的本年发生额填列。

（5）"附属单位上缴预算收入"项目，反映单位本年收到的独立核算附属单位按照有关规定上缴的预算收入。本项目应当根据"附属单位上缴预算收入"科目的本年发生额填列。

（6）"经营预算收入"项目，反映单位本年在专项业务活动及其辅助活动之外开展非独立核算经营活动取得的预算收入。本项目应当根据"经营预算收入"科目的本年发生额填列。

（7）"债务预算收入"项目，反映事业单位本年按照规定从金融机构等借入、纳入部门预算管理的债务预算收入。本项目应当根据"债务预算收入"的本年发生额填列。

（8）"非同级财政拨款预算收入"项目，反映单位本年从非同级政府财政部门取得的财政拨款。本项目应当根据"非同级财政拨款预算收入"科目的本年发生额填列。

（9）"投资预算收益"项目，反映事业单位本年取得的按规定纳入单位预算管理的投资收益。本项目应当根据"投资预算收益"科目的本年发生额填列。

（10）"其他预算收入"项目，反映单位本年取得的除上述收入外纳入单位预算管理的各项预算收入。本项目应当根据"其他预算收入"科目的本年发生额填列。

①"利息预算收入"项目，反映单位本年取得的利息预算收入。本项目应当根据"其他预算收入"科目的明细账记录分析填列。单位单设"利息预算收入"科目的，应当根据"利息预算收入"科目的本年发生额填列。

②"捐赠预算收入"项目，反映单位本年取得的捐赠预算收入。本项目应当根据"其他预算收入"科目明细账记录分析填列。单位单设"捐赠预算收入"科目的，应当根据"捐赠预算收入"科目的本年发生额填列。

③"租金预算收入"项目，反映单位本年取得的租金预算收入。本项目应当根据"其他预算收入"科目明细账记录分析填列。单位单设"租金预算收入"科目的，应当根据"租金预算收入"科目的本年发生额填列。

（11）"本年预算支出"项目，反映单位本年预算支出总额。本项目应当根据预算收入支出表中"行政支出""事业支出""经营支出""上缴上级支出""对附属单位补助支出""投资支出""债务还本支出"和"其他支出"项目金额的合计数填列。

（12）"行政支出"项目，反映行政单位本年履行职责实际发生的支出。本项目应当根据"行政支出"科目的本年发生额填列。

（13）"事业支出"项目，反映单位本年开展专项业务活动及其辅助活动发生的支出。本项目应当根据"事业支出"科目的本年发生额填列。

（14）"经营支出"项目，反映单位本年在专项业务活动及其辅助活动之外开展非独立核算经营活动发生的支出。本项目应当根据"经营支出"科目的本年发生额填列。

（15）"上缴上级支出"项目，反映单位本年按照财政部门和主管部门的规定上缴上级单位的支出。本项目应当根据"上缴上级支出"科目的本年发生额填列。

（16）"对附属单位补助支出"项目，反映单位本年用财政拨款收入之外的收入对附属单位补助发生的支出。本项目应当根据"对附属单位补助支出"科目的本年发生额填列。

（17）"投资支出"项目，反映事业单位本年以货币资金对外投资发生的支出。本项目应当根据"投资支出"科目的本年发生额填列。

（18）"债务还本支出"项目，反映事业单位本年偿还自身承担、纳入预算管理的从金融机构举借的债务本金的支出。本项目应当根据"债务还本支出"科目的本年发生额填列。

（19）"其他支出"项目，反映单位本年除上述支出以外的各项支出。本项目应当根据"其他支出"科目的本年发生额填列。

①"利息支出"项目，反映单位本年发生的利息支出。本项目应当根据"其他支出"科目明细账记录分析填列。单位单设"利息支出"科目的，应当根据"利息支出"科目的本年发生额填列。

②"捐赠支出"项目，反映单位本年发生的捐赠支出。本项目应当根据"其他支出"科目明细账记录分析填列。单位单设"捐赠支出"科目的，应当根据"捐赠支出"科目的本年发生额填列。

（20）"本年预算收支差额"项目，反映单位本年各项预算收支相抵后的差额。本项目应当根据本表中"本年预算收入"项目金额减去"本年预算支出"项目金额后的金额填列，如相减后金额为负数，以"—"号填列。

二、预算结转结余变动表

（一）预算结转结余变动表的概念和格式

预算结转结余变动表，是反映单位在某一会计年度内预算结转结余变动情况的报表。按照规定，应当按年度编制，格式见表 4-11。

表 4-11　预算结转结余变动表　　　　　　　　　　　　　　　　　会政预 02 表

编制单位：　　　　　年度：　　　　　　　　　　　　　　　　　　　　　　单位：元

项目	本年数	上年数
一、年初预算结转结余		
（一）财政拨款结转结余		
（二）其他资金结转结余		
二、年初余额调整（减少以"—"号填列）		
（一）财政拨款结转结余		
（二）其他资金结转结余		
三、本年变动金额（减少以"—"号填列）		

续表

项目	本年数	上年数
（一）财政拨款结转结余		
1. 本年收支差额		
2. 归集调入		
3. 归集上缴或调出		
（二）其他资金结转结余		
1. 本年收支差额		
2. 缴回资金		
3. 使用专用结余		
4. 支付所得税		
四、年末预算结转结余		
（一）财政拨款结转结余		
1. 财政拨款结转		
2. 财政拨款结余		
（二）其他资金结转结余		
1. 非财政拨款结转		
2. 非财政拨款结余		
3. 专用结余		
4. 经营结余（如有余额，以"－"号填列）		

（二）预算结转结余变动表的列报方法

"本年数"栏反映各项目的本年实际发生数。"上年数"栏反映各项目的上年实际发生数，应当根据上年度预算结转结余变动表中"本年数"栏内的数字填列。如果本年度预算结转结余变动表规定的项目的名称和内容同上年度不一致，应当对上年度预算结转结余变动表项目的名称和数字按照本年度的规定进行调整，将调整后的金额填入本年度预算结转结余变动表的"上年数"栏。

（1）"年初预算结转结余"项目，反映单位本年预算结转结余的年初余额。本项目应当根据本项目下"财政拨款结转结余""其他资金结转结余"项目金额的合计数填列。

①"财政拨款结转结余"项目，反映单位本年财政拨款结转结余资金的年初余额。本项目应当根据"财政拨款结转""财政拨款结余"科目本年年初余额的合计数填列。

②"其他资金结转结余"项目，反映单位本年其他资金结转结余的年初余额。本项目应当根据"非财政拨款结转""非财政拨款结余""专用结余"和"经营结余"科目本年年初余额的合计数填列。

（2）"年初余额调整"项目，反映单位本年预算结转结余年初余额调整的金额。本项目应当根据本项目下的"财政拨款结转结余""其他资金结转结余"项目金额的合计数填列。

①"财政拨款结转结余"项目，反映单位本年财政拨款结转结余资金的年初余额调整金额。本项目应当根据"财政拨款结转""财政拨款结余"科目下的"年初余额调整"明细科目本年发生额的合计数填列，如调整减少年初财政拨款结转结余，以"－"号填列。

②"其他资金结转结余"项目，反映单位本年其他资金结转结余的年初余额调整金额。本项目应当根据"非财政拨款结转""非财政拨款结余"科目下的"年初余额调整"明细科目本年发生额的合计数填列，如调整减少年初其他资金结转结余，以"一"号填列。

（2）"本年变动金额"项目，反映单位本年预算结转结余变动的金额。本项目应当根据本项目下的"财政拨款结转结余""其他资金结转结余"项目金额的合计数填列。

①"财政拨款结转结余"项目，反映单位本年财政拨款结转结余资金的变动。本项目应当根据本项目下的"本年收支差额""归集调入"和"归集上缴或调出"项目金额的合计数填列。

"本年收支差额"项目，反映单位本年财政拨款资金收支相抵后的差额。本项目应当根据"财政拨款结转"科目下的"本年收支结转"明细科目本年转入的预算收入与预算支出的差额填列。差额为负数的，以"一"号填列。

"归集调入"项目，反映单位本年按照规定从其他单位归集调入的财政拨款结转资金。本项目应当根据"财政拨款结转"科目下的"归集调入"明细科目的本年发生额填列。

"归集上缴或调出"项目，反映单位本年按照规定上缴的财政拨款结转结余资金及按照规定向其他单位调出的财政拨款结转资金。本项目应当根据"财政拨款结转""财政拨款结余"科目下的"归集上缴"明细科目，以及"财政拨款结转"科目下的"归集调出"明细科目本年发生额的合计数填列。差额为负数的，以"一"号填列。

②"其他资金结转结余"项目，反映单位本年的其他资金结转结余的变动。本项目应当根据本项目下的"本年收支差额""缴回资金""使用专用结余"和"支付所得税"项目金额的合计数填列。

"本年收支差额"项目，反映单位本年除财政拨款外其他资金收支相抵后的差额。本项目应当根据"非财政拨款结转"科目下的"本年收支结转"明细科目、"其他结余"科目、"经营结余"科目本年转入的预算收入与预算支出差额的合计数填列。差额为负数的，以"一"号填列。

"缴回资金"项目，反映单位本年按照规定缴回的非财政拨款结转资金。本项目应当根据"非财政拨款结转"科目下的"缴回资金"明细科目本年发生额的合计数填列，差额为负数的以"一"号填列。

"使用专用结余"项目，反映本年事业单位根据规定使用从非财政拨款结余或经营结余中提取的专用基金金额。本项目应当根据"专用结余"科目明细账中本年使用专用结余业务的发生额填列。差额为负数的，以"一"号填列。

"支付所得税"项目，反映有企业所得税缴纳义务的单位本年实际缴纳的企业所得税金额。本项目应当根据"非财政拨款结余"明细账中本年实际缴纳企业所得税业务的发生额填列。

（3）"年末预算结转结余"项目，反映单位本年预算结转结余的年末余额。本项目应当根据本项目下"财政拨款结转结余""其他资金结转结余"项目金额的合计数填列。

①"财政拨款结转结余"项目，反映单位本年财政拨款结转结余的年末余额。本项目应当根据本项目下的"财政拨款结转""财政拨款结余"项目金额的合计数填列。其中，"财政拨款结转""财政拨款结余"项目应当分别根据"财政拨款结转""财政拨款结余"科目的本年年末余额填列。

②"其他资金结转结余"项目，反映单位本年其他资金结转结余的年末余额。本项目应当根据本项目下的"非财政拨款结转""非财政拨款结余""专用结余"和"经营结余"项目金额的合计数填列。"非财政拨款结转""非财政拨款结余""专用结余"和"经营结余"项目，应当分别根据"非财政拨款结转""非财政拨款结余""专用结余"和"经营结余"科目的本年年末余额填列。

三、财政拨款预算收入支出表

(一) 财政拨款预算收入支出表的概念和格式

财政拨款预算收入支出表,是反映单位本年财政拨款预算资金收入、支出及相关变动情况的报表。按照规定,应当按年度编制,格式见表4-12。

表 4-12　财政拨款预算收入支出表　　　　　　　　　　　　会政预 03 表

编制单位:　　　　　年度:　　　　　　　　　　　　　　　　　　　　单位:元

项目	年初财政拨款结转结余		调整年初财政拨款结转结余	本年归集调入	本年归集上缴或调出	单位内部调剂		本年财政拨款收入	本年财政拨款支出	年末财政拨款结转结余	
	结转	结余				结转	结余			结转	结余
一、一般公共预算财政拨款											
(一)基本支出											
1. 人员经费											
2. 日常公用经费											
(二)项目支出											
1. ××项目											
2. ××项目											
二、政府性基金预算财政拨款											
(一)基本支出											
1. 人员经费											
2. 日常公用经费											
(二)项目支出											
1. ××项目											
2. ××项目											
合计											

(二) 财政拨款预算收入支出表的编制方法

财政拨款预算收入支出表中的"项目"栏内各项目,应当根据单位取得的财政拨款种类分项设置。其中"项目支出"项目,根据每个项目设置;单位取得除一般公共财政预算拨款和政府性基金预算财政拨款以外的其他财政拨款的,应当按照财政拨款种类增加相应的资金项目及其明细项目。

(1)"年初财政拨款结转结余"栏中各项目,反映单位年初各项财政拨款结转结余的金额。各项目应当根据"财政拨款结转""财政拨款结余"及其明细科目的年初余额填列。本栏中各项目的数额应当与上年度财政拨款预算收入支出表中的"年末财政拨款结转结余"栏中各项目的数额相等。

（2）"调整年初财政拨款结转结余"栏中各项目，反映单位对年初财政拨款结转结余的调整金额。各项目应当根据"财政拨款结转""财政拨款结余"科目下的"年初余额调整"明细科目及其所属明细科目的本年发生额填列。如调整减少年初财政拨款结转结余，以"－"号填列。

（3）"本年归集调入"栏中各项目，反映单位本年按规定从其他单位调入的财政拨款结转资金金额。各项目应当根据"财政拨款结转"科目下的"归集调入"明细科目及其所属明细科目的本年发生额填列。

（4）"本年归集上缴或调出"栏中各项目，反映单位本年按规定实际上缴的财政拨款结转结余资金，以及按照规定向其他单位调出的财政拨款结转资金金额。各项目应当根据"财政拨款结转""财政拨款结余"科目下的"归集上缴"科目和"财政拨款结转"科目下的"归集调出"明细科目及其所属明细科目的本年发生额填列。差额为负数的，以"－"号填列。

（5）"单位内部调剂"栏中各项目，反映单位本年财政拨款结转结余资金在单位内部不同项目之间的调剂金额。各项目应当根据"财政拨款结转"和"财政拨款结余"科目下的"单位内部调剂"明细科目及其所属明细科目的本年发生额填列。对单位内部调剂减少的财政拨款结余金额，以"－"号填列。

（6）"本年财政拨款收入"栏中各项目，反映单位本年从同级财政部门取得的各类财政预算拨款金额。各项目应当根据"财政拨款预算收入"科目及其所属明细科目的本年发生额填列。

（7）"本年财政拨款支出"栏中各项目，反映单位本年发生的财政拨款支出金额。各项目应当根据"行政支出""事业支出"等科目及其所属明细科目本年发生额中的财政拨款支出数的合计数填列。

（8）"年末财政拨款结转结余"栏中各项目，反映单位年末财政拨款结转结余的金额各项目应当根据"财政拨款结转""财政拨款结余"科目及其所属明细科目的年末余额填列。

PROJECT 5

第五章 行政事业单位资产的核算

学习目标

◎掌握资产的概念、分类。
◎熟练掌握流动资产有关账户的设置及应用方法。
◎熟练掌握非流动资产有关账户的设置及应用方法。

第一节 流动资产的核算

行政事业单位资产，是行政事业单位占有或使用的，能以货币计量的经济资源。资产按流动性可以分为流动资产和非流动资产。其中，流动资产有货币资金（库存现金、银行存款、零余额账户用款额度、其他货币资金）、短期投资、应收债权（财政应返还额度、应收票据、应收账款、预付账款、应收股利、应收利息、其他应收款、坏账准备）、存货（在途物品、库存物品、加工物品）、待摊费用等，非流动资产有长期投资（长期股权投资、长期债券投资）、固定资产（固定资产及其累计折旧、工程物资、在建工程）、无形资产（无形资产及其累计摊销、研发支出）、公共基础设施 [公共基础设施及其累计折旧（摊销）]、政府储备物资、文物资源、保障性住房（保障性住房及其累计折旧）、长期待摊费用、待处理财产损溢等。行政事业单位的资产还包括受托代理的资产。

一、货币资金的核算

行政事业单位的货币资金核算主要核算库存现金、银行存款、零余额账户用款额度和其他货币资金。

（一）库存现金

库存现金，是指行政事业单位为保证日常零星开支而存放在财务部门的货币资金。行政事业单位应当设置"库存现金"总账科目核算存放在行政事业单位会计部门的现金。本科目期末借方余额反映单位实际持有的库存现金。

（1）从银行等金融机构提取现金，按照实际提取的金额，借记本科目，贷记"银行存款"科目；将现金存入银行等金融机构，按照实际存入金额，借记"银行存款"科目，贷记本科目。

（2）根据规定从单位零余额账户提取现金，按照实际提取的金额，借记本科目，贷记"零余额账户用款额度"科目。

将现金退回单位零余额账户，按照实际退回的金额，借记"零余额账户用款额度"科目，贷记本科目。

（3）因内部职工出差等原因借出现金，按照实际借出的现金金额，借记"其他应收款"科目，贷记本科目。

出差人员报销差旅费时，按照实际报销的金额，借记"业务活动费用""单位管理费用"等科目；按照实际借出的现金金额，贷记"其他应收款"科目，按照其差额，借记或贷记本科目。

（4）因提供服务、物品或者其他事项收到现金，按照实际收到的金额，借记本科目，贷记"事业收入""应收账款"等相关科目。涉及增值税业务的，相关账务处理参见"应交增值税"科目。

因购买服务、物品或者其他事项支付现金，按照实际支付的金额，借记"业务活动费用""单位管理费用""库存物品"等相关科目，贷记本科目。涉及增值税业务的，相关账务处理参见"应交增值税"科目。

（5）以库存现金对外捐赠，按照实际捐出的金额，借记"其他费用"科目，贷记本科目。

（6）收到受托代理、代管的现金，按照实际收到的金额，借记本科目（受托代理资产），贷记"受托代理负债"科目；支付受托代理、代管的现金，按照实际支付的金额，借记"受托代理负债"科目，贷记本科目（受托代理资产）。

（7）每日账款核对中发现有待查明原因的现金短缺或溢余的，应当通过"待处理财产损溢"科目核算。属于现金溢余，应当按照实际溢余的金额，借记本科目，贷记"待处理财产损溢"科目；属于现金短缺，应当按照实际短缺的金额，借记"待处理财产损溢"科目，贷记本科目。待查明原因后及时开展账务处理，具体内容参见"待处理财产损溢"科目。

（8）单位有外币现金的，应当分别按照人民币、外币种类设置"库存现金日记账"进行明细核算。有关外币现金业务的账务处理参见"银行存款"科目的相关规定。

【例5-1】 某行政单位将现金1 000元存入开户银行（不做预算会计账务处理）。

借：银行存款　　　　　　　　　　　　　　　　　　　　　　　　　　1 000
　　贷：库存现金　　　　　　　　　　　　　　　　　　　　　　　　　1 000

【例5-2】 某行政单位开出现金支票，从财政授权支付账户中提取现金5 000元。

财务会计账务处理：

借：库存现金　　　　　　　　　　　　　　　　　　　　　　　　　　5 000
　　贷：零余额账户用款额度　　　　　　　　　　　　　　　　　　　　5 000

预算会计账务处理：

借：资金结存——货币资金　　　　　　　　　　　　　　　　　　　　5 000
　　贷：资金结存——零余额账户用款额度　　　　　　　　　　　　　　5 000

【例5-3】 某行政单位职工王涛出差，3月2日经批准预借差旅费12 000元现金（不做预算会计账务处理）。

借：其他应收款——王涛　　　　　　　　　　　　　　　　　　　　　12 000
　　贷：库存现金　　　　　　　　　　　　　　　　　　　　　　　　　12 000

【例5-4】 承【例5-3】，3月10日王涛出差回来后报销差旅费10 000元，交回2 000元现金。

财务会计账务处理：

借：业务活动费用　　　　　　　　　　　　　　　　　　　　　　　　10 000
　　库存现金　　　　　　　　　　　　　　　　　　　　　　　　　　2 000
　　贷：其他应收款——王涛　　　　　　　　　　　　　　　　　　　　12 000

预算会计账务处理：

借：行政支出　　　　　　　　　　　　　　　　　　　　　　　　　　10 000
　　贷：资金结存——货币资金　　　　　　　　　　　　　　　　　　　10 000

【例 5-5】 某行政单位职工报销邮寄费 80 元,以现金付讫。
　　财务会计账务处理:
　　　借:业务活动费用　　　　　　　　　　　　　　　　　　　　　　　　80
　　　　贷:库存现金　　　　　　　　　　　　　　　　　　　　　　　　　　80
　　预算会计账务处理:
　　　借:行政支出　　　　　　　　　　　　　　　　　　　　　　　　　　80
　　　　贷:资金结存——货币资金　　　　　　　　　　　　　　　　　　　　80

【例 5-6】 某事业单位职工李洪报销由其个人垫支的管理部门使用的办公用品费 800 元,以现金付讫。
　　财务会计账务处理:
　　　借:单位管理费用　　　　　　　　　　　　　　　　　　　　　　　　800
　　　　贷:库存现金　　　　　　　　　　　　　　　　　　　　　　　　　800
　　预算会计账务处理:
　　　借:事业支出　　　　　　　　　　　　　　　　　　　　　　　　　　800
　　　　贷:资金结存——货币资金　　　　　　　　　　　　　　　　　　　800

【例 5-7】 某事业单位为灾区捐赠现金 30 000 元。
　　财务会计账务处理:
　　　借:其他费用　　　　　　　　　　　　　　　　　　　　　　　　　30 000
　　　　贷:库存现金　　　　　　　　　　　　　　　　　　　　　　　　30 000
　　预算会计账务处理:
　　　借:其他支出　　　　　　　　　　　　　　　　　　　　　　　　　30 000
　　　　贷:资金结存——货币资金　　　　　　　　　　　　　　　　　　30 000

【例 5-8】 某行政单位收到受托代理的一笔现金 50 000 元。根据委托人的要求,该笔现金应当转赠于有关的受赠人(不做预算会计账务处理)。
　　　借:库存现金——受托代理资产　　　　　　　　　　　　　　　　50 000
　　　　贷:受托代理负债　　　　　　　　　　　　　　　　　　　　　50 000

【例 5-9】 承【例 5-8】,该行政单位按照委托人的要求,将受托代理的现金支付给了有关的受赠人(不做预算会计账务处理)。
　　　借:受托代理负债　　　　　　　　　　　　　　　　　　　　　50 000
　　　　贷:库存现金——受托代理资产　　　　　　　　　　　　　　50 000

【例 5-10】 某行政单位开展现金清查时,发现库存现金比账面余额多了 800 元,原因待查。
　　财务会计账务处理:
　　　借:库存现金　　　　　　　　　　　　　　　　　　　　　　　　800
　　　　贷:待处理财产损溢　　　　　　　　　　　　　　　　　　　　800
　　预算会计账务处理:
　　　借:资金结存——货币资金　　　　　　　　　　　　　　　　　　800
　　　　贷:其他预算收入　　　　　　　　　　　　　　　　　　　　　800

【例 5-11】 承【例 5-10】,现金溢余原因不明,月末经批准确认为其他收入(不做预算会计账务处理)。
　　　借:待处理财产损溢　　　　　　　　　　　　　　　　　　　　800
　　　　贷:其他收入　　　　　　　　　　　　　　　　　　　　　　800

【例 5-12】 某事业单位开展现金清查时,发现库存现金比账面余额少 360 元,原因待查。

财务会计账务处理:

借:待处理财产损溢　　　　　　　　　　　　　　　　　　　　　　360
　　贷:库存现金　　　　　　　　　　　　　　　　　　　　　　　　　　　360

预算会计账务处理:

借:其他支出　　　　　　　　　　　　　　　　　　　　　　　　　360
　　贷:资金结存——货币资金　　　　　　　　　　　　　　　　　　　　　360

【例 5-13】 承【例 5-12】,经查,现金短缺 100 元为出纳员张山的责任,其余短缺无法查明原因,经批准确认为资产处置费用(不做预算会计账务处理)。

借:其他应收款——张山　　　　　　　　　　　　　　　　　　　100
　　资产处置费用　　　　　　　　　　　　　　　　　　　　　　　260
　　贷:待处理财产损溢　　　　　　　　　　　　　　　　　　　　　　　360

【例 5-14】 承【例 5-13】,收到出纳员张山的赔款 100 元。

财务会计账务处理:

借:库存现金　　　　　　　　　　　　　　　　　　　　　　　　　100
　　贷:其他应收款——张山　　　　　　　　　　　　　　　　　　　　　100

预算会计账务处理:

借:资金结存——货币资金　　　　　　　　　　　　　　　　　　　100
　　贷:其他支出　　　　　　　　　　　　　　　　　　　　　　　　　　100

(二)银行存款

行政事业单位银行存款,是指行政事业单位存入银行或者其他金融机构的各种存款。为核算银行存款,行政事业单位应设置"银行存款"总账科目。本科目期末借方余额反映单位实际存放在银行或其他金融机构的款项。

行政事业单位应当按开户银行或其他金融机构、存款种类及币种等,设置"银行存款日记账"。出纳人员应根据收付款凭证,按照业务的发生顺序逐笔登记,每日终了应结出余额。"银行存款日记账"应定期与"银行对账单"核对,至少每月核对一次。月度终了,行政事业单位账面余额与银行对账单余额之间如有差额,必须逐笔查明原因并做出处理。应按月编制"银行存款余额调节表",直至调节双方账目相符。

(1)将款项存入银行或者其他金融机构,按照实际存入的金额,借记本科目,贷记"库存现金""应收账款""事业收入""经营收入""其他收入"等相关科目。涉及增值税业务的,相关账务处理参见"应交增值税"科目。

收到银行存款的利息,按照实际收到的金额,借记本科目,贷记"利息收入"科目。

(2)从银行等金融机构提取现金,按照实际提取的金额,借记"库存现金"科目,贷记本科目。

(3)以银行存款支付相关费用,按照实际支付的金额,借记"业务活动费用""单位管理费用""其他费用"等相关科目,贷记本科目。涉及增值税业务的,相关账务处理参见"应交增值税"科目。

(4)以银行存款对外捐赠,按照实际捐出的金额,借记"其他费用"科目,贷记本科目。

(5)收到受托代理、代管的银行存款,按照实际收到的金额,借记本科目(受托代理资产),贷记"受托代理负债"科目;支付受托代理、代管的银行存款,按照实际支付的金额,借记"受托代理负债"科目,贷记本科目(受托代理资产)。

(6)单位发生外币业务的,应当按照业务发生当日的即期汇率,将外币金额折算为人民币金额

记账,同时登记外币金额和汇率。

期末,根据各外币银行存款账户按照期末汇率调整后的人民币余额与原账面人民币余额的差额,作为汇兑损益,借记或贷记本科目,贷记或借记"业务活动费用""单位管理费用"等科目。

"应收账款""应付账款"等科目有关外币账户期末汇率调整业务的账务处理参照本科目。

【例 5-15】 某行政单位从非同级财政部门取得款项 9 000 元,用于完成委托的专项任务,款项已存入银行。

财务会计账务处理:

借:银行存款　　　　　　　　　　　　　　　　　　　　　　　　　　9 000
　　贷:非同级财政拨款收入　　　　　　　　　　　　　　　　　　　　　　9 000

预算会计账务处理:

借:资金结存——货币资金　　　　　　　　　　　　　　　　　　　　　9 000
　　贷:非同级财政拨款预算收入　　　　　　　　　　　　　　　　　　　　9 000

【例 5-16】 某行政单位接到银行结息通知,第一季度的存款利息 800 元已存入单位账户。

财务会计账务处理:

借:银行存款　　　　　　　　　　　　　　　　　　　　　　　　　　　800
　　贷:利息收入　　　　　　　　　　　　　　　　　　　　　　　　　　　800

预算会计账务处理:

借:资金结存——货币资金　　　　　　　　　　　　　　　　　　　　　　800
　　贷:其他预算收入　　　　　　　　　　　　　　　　　　　　　　　　　800

【例 5-17】 某行政单位签发现金支票,从银行提取现金 12 000 元备用(不做预算会计账务处理)。

借:库存现金　　　　　　　　　　　　　　　　　　　　　　　　　　12 000
　　贷:银行存款　　　　　　　　　　　　　　　　　　　　　　　　　　12 000

【例 5-18】 某行政单位通过银行存款账户支付一笔租赁费 600 元。

财务会计账务处理:

借:业务活动费用　　　　　　　　　　　　　　　　　　　　　　　　　600
　　贷:银行存款　　　　　　　　　　　　　　　　　　　　　　　　　　　600

预算会计账务处理:

借:行政支出　　　　　　　　　　　　　　　　　　　　　　　　　　　600
　　贷:资金结存——货币资金　　　　　　　　　　　　　　　　　　　　　600

【例 5-19】 某事业单位从美国公司购入设备作为事业用固定资产,货款 200 000 美元,当日的即期汇率为 1 美元＝6 元人民币,进口关税为 152 000 元人民币,货款已用美元支付,进口关税用人民币存款支付。

财务会计账务处理:

借:固定资产　　　　　　　　　　　　　　　　　　　　　　　　　1 352 000
　　贷:银行存款——美元户(US $200 000×6)　　　　　　　　　　　1 200 000
　　　　银行存款——人民币户　　　　　　　　　　　　　　　　　　　152 000

预算会计账务处理:

借:事业支出　　　　　　　　　　　　　　　　　　　　　　　　　1 352 000
　　贷:资金结存——货币资金　　　　　　　　　　　　　　　　　　1 352 000

【例 5-20】 某事业单位取得事业收入 100 000 美元存入银行,当日的即期汇率为 1 美元＝6.2

元人民币。

财务会计账务处理：
借：银行存款——美元户（US $100 000×6.2） 620 000
　　贷：事业收入 620 000
预算会计账务处理：
借：资金结存——货币资金 620 000
　　贷：事业预算收入 620 000

【例5-21】某事业单位银行存款——美元账户期末余额为300 000美元，计算汇兑损益前折算的人民币金额为1 805 600元。期末即期汇率为1美元=6元人民币，300 000万美元按照期末汇率折算，为人民币1 800 000元，产生汇兑损失5 600元人民币。

财务会计账务处理：
借：业务活动费用 5 600
　　贷：银行存款——美元户 5 600
预算会计账务处理：
借：事业支出 5 600
　　贷：资金结存——货币资金 5 600

（三）零余额账户用款额度

零余额账户用款额度，是指实行国库集中支付的单位，根据财政部门批复的用款计划，收到和支用的零余额账户用款额度。零余额账户只能用于办理财政性资金收付业务，单位的其他收入、往来款等非财政性资金不得转入零余额账户。为核算零余额账户用款额度，行政事业单位应设置"零余额账户用款额度"总账科目。本科目期末借方余额反映行政事业单位尚未支付的零余额账户用款额度。年末注销单位零余额账户用款额度后，本科目应无余额。

（1）单位收到"财政授权支付到账通知书"时，根据通知书所列的金额，借记本科目，贷记"财政拨款收入"科目。

（2）按规定，授权额度内支付日常活动费用时，按照支付的金额，借记"业务活动费用""单位管理费用"等科目，贷记本科目；购买库存物品或购建固定资产，按照实际发生的成本，借记"库存物品""固定资产""在建工程"等科目，按照实际支付或应付的金额，贷记本科目、"应付账款"等科目。涉及增值税业务的，相关账务处理参见"应交增值税"科目。

（3）从零余额账户提取现金时，按照实际提取的金额，借记"库存现金"科目，贷记本科目。

（4）因购货退回等发生财政授权支付额度退回的，按照退回的金额，借记本科目，贷记"库存物品"等科目。

（5）年末，根据代理银行提供的对账单作注销额度的相关账务处理，借记"财政应返还额度——财政授权支付"科目，贷记本科目。

（6）年末，单位本年度财政授权支付预算指标数大于零余额账户用款额度下达数的，根据未下达的用款额度，借记"财政应返还额度——财政授权支付"科目，贷记"财政拨款收入"科目。

（7）下年初，单位根据代理银行提供的"上年度注销额度恢复到账通知书"，作恢复额度的相关账务处理，借记本科目，贷记"财政应返还额度——财政授权支付"科目。单位收到财政部门批复的上年末下达零余额账户用款额度，借记本科目，贷记"财政应返还额度——财政授权支付"科目。

【例5-22】某行政单位收到代理银行转来的"财政授权支付到账通知书"，通知书中注明本月授权额度为500 000元。

财务会计账务处理：

```
借：零余额账户用款额度                                    500 000
    贷：财政拨款收入                                       500 000
预算会计账务处理：
借：资金结存——零余额账户用款额度                          500 000
    贷：财政拨款预算收入                                   500 000
```

【例 5-23】 某行政单位以零余额账户购买一批随买随用的办公用品，花费 8 500 元。

```
财务会计账务处理：
借：业务活动费用                                          8 500
    贷：零余额账户用款额度                                 8 500
预算会计账务处理：
借：行政支出                                              8 500
    贷：资金结存——零余额账户用款额度                      8 500
```

【例 5-24】 某事业单位从零余额账户支付 10 000 元购买事业用材料并入库。

```
财务会计账务处理：
借：库存物品                                              10 000
    贷：零余额账户用款额度                                 10 000
预算会计账务处理：
借：事业支出                                              10 000
    贷：资金结存——零余额账户用款额度                      10 000
```

【例 5-25】 某行政单位年终对账时，根据财政授权支付额度年终对账鉴证单，注销零余额账户财政授权的支付额度余额 120 000 元。

```
财务会计账务处理：
借：财政应返还额度——财政授权支付                         120 000
    贷：零余额账户用款额度                                 120 000
预算会计账务处理：
借：资金结存——财政应返还额度                             120 000
    贷：资金结存——零余额账户用款额度                      120 000
```

【例 5-26】 该行政单位本年度财政授权支付预算指标数大于零余额账户用款额度下达数，两者差额是 20 000 元。

```
财务会计账务处理：
借：财政应返还额度——财政授权支付                         20 000
    贷：财政拨款收入                                       20 000
预算会计账务处理：
借：资金结存——财政应返还额度                             20 000
    贷：财政拨款预算收入                                   20 000
```

【例 5-27】 承【例 5-25】，该行政单位下年度收到银行转来额度恢复通知书。

```
财务会计账务处理：
借：零余额账户用款额度                                    120 000
    贷：财政应返还额度——财政授权支付                      120 000
预算会计账务处理：
借：资金结存——零余额账户用款额度                         120 000
```

　　　　贷：资金结存——财政应返还额度　　　　　　　　　　　　　　　　　　　　　120 000

【例 5-28】 承【例 5-26】，该行政单位下年度收到财政部门批复的上年未下达零余额账户用款额度 20 000 元。

　　财务会计账务处理：
　　　　借：零余额账户用款额度　　　　　　　　　　　　　　　　　　　　　　　　20 000
　　　　　　贷：财政应返还额度——财政授权支付　　　　　　　　　　　　　　　　　　20 000
　　预算会计账务处理：
　　　　借：资金结存——零余额账户用款额度　　　　　　　　　　　　　　　　　　　20 000
　　　　　　贷：资金结存——财政应返还额度　　　　　　　　　　　　　　　　　　　　20 000

（四）其他货币资金

其他货币资金，是指行政事业单位除库存现金、银行存款和零余额账户用款额度以外的资金，包括外埠存款、银行本票存款、银行汇票存款、信用卡存款、微信存款、支付宝存款等。为了核算其他货币资金，单位会计应设置"其他货币资金"总账科目。本科目应当设置"外埠存款""银行本票存款""银行汇票存款"和"信用卡存款""微信存款""支付宝存款"等明细科目，开展明细核算。本科目期末借方余额反映单位实际持有的其他货币资金。

（1）单位按照有关规定需要在异地开立银行账户，将款项委托本地银行汇往异地开立账户时，借记本科目，贷记"银行存款"科目。收到采购员交来的供应单位发票账单等报销凭证时，借记"库存物品"等科目，贷记本科目。将多余的外埠存款转回本地银行时，根据银行的收账通知，借记"银行存款"科目，贷记本科目。

（2）将款项交存银行取得银行本票、银行汇票，按照取得的银行本票、银行汇票金额，借记本科目，贷记"银行存款"科目。使用银行本票、银行汇票购买库存物品等资产时，按照实际支付金额，借记"库存物品"等科目，贷记本科目。如有余款或因本票、汇票超过付款期等原因而退回款项，按照退款金额，借记"银行存款"科目，贷记本科目。

（3）将款项交存银行取得信用卡，按照交存金额，借记本科目，贷记"银行存款"科目。用信用卡购物或支付有关费用，按照实际支付金额，借记"单位管理费用""库存物品"等科目，贷记本科目。单位信用卡在使用过程中，需向其账户续存资金的，按照续存金额，借记本科目，贷记"银行存款"科目。

（4）使用微信、支付宝等方式收款时，借记本科目，贷记其他应付款或收入类科目；从微信、支付宝转存银行时，按照转存金额，借记"银行存款"科目，贷记本科目。

【例 5-29】 某事业单位在外埠开立临时采购账户，委托银行汇往采购地款项 280 000 元（不做预算会计账务处理）。

　　　　借：其他货币资金——外埠存款　　　　　　　　　　　　　　　　　　　　　280 000
　　　　　　贷：银行存款　　　　　　　　　　　　　　　　　　　　　　　　　　　　280 000

【例 5-30】 承【例 5-29】，该事业单位采购员以外埠存款购买材料，材料价款 200 000 元，已入库。

　　财务会计账务处理：
　　　　借：库存物品　　　　　　　　　　　　　　　　　　　　　　　　　　　　　200 000
　　　　　　贷：其他货币资金——外埠存款　　　　　　　　　　　　　　　　　　　　200 000
　　预算会计账务处理：
　　　　借：事业支出　　　　　　　　　　　　　　　　　　　　　　　　　　　　　200 000
　　　　　　贷：资金结存——货币资金　　　　　　　　　　　　　　　　　　　　　　200 000

【例5-31】 承【例5-30】，外埠采购结束，该事业单位收到银行的收账通知，余额80 000元收妥入账（不做预算会计账务处理）。

借：银行存款　　　　　　　　　　　　　　　　　　　　　80 000
　　贷：其他货币资金——外埠存款　　　　　　　　　　　　　　　80 000

【例5-32】 某事业单位填制"银行汇票委托书"，将18 000元从银行账户转入银行汇票，取得银行汇票（不做预算会计账务处理）。

借：其他货币资金——银行汇票存款　　　　　　　　　　　18 000
　　贷：银行存款　　　　　　　　　　　　　　　　　　　　　　　18 000

【例5-33】 承【例5-32】，该事业单位用上述银行汇票支付材料买价8 000元。

财务会计账务处理：

借：库存物品　　　　　　　　　　　　　　　　　　　　　　8 000
　　贷：其他货币资金——银行汇票存款　　　　　　　　　　　　　 8 000

预算会计账务处理：

借：事业支出　　　　　　　　　　　　　　　　　　　　　　8 000
　　贷：资金结存——货币资金　　　　　　　　　　　　　　　　　 8 000

【例5-34】 承【例5-33】，该事业单位收到开户银行的银行汇票存款余额10 000元（不做预算会计账务处理）。

借：银行存款　　　　　　　　　　　　　　　　　　　　　10 000
　　贷：其他货币资金——银行汇票存款　　　　　　　　　　　　　10 000

【例5-35】 某事业单位将银行存款90 000元存入信用卡（不做预算会计账务处理）。

借：其他货币资金——信用卡存款　　　　　　　　　　　　90 000
　　贷：银行存款　　　　　　　　　　　　　　　　　　　　　　　90 000

【例5-36】 承【例5-35】，该事业单位用信用卡支付办公用品费3 500元。

财务会计账务处理：

借：单位管理费用　　　　　　　　　　　　　　　　　　　 3 500
　　贷：其他货币资金——信用卡存款　　　　　　　　　　　　　　 3 500

预算会计账务处理：

借：事业支出　　　　　　　　　　　　　　　　　　　　　 3 500
　　贷：资金结存——货币资金　　　　　　　　　　　　　　　　　 3 500

二、短期投资

短期投资，是指事业单位按照规定取得的，持有时间不超过1年（含1年）的投资。为核算短期投资，事业单位会计应设置"短期投资"总账科目。本科目应当按照投资的种类等开展明细核算。本科目期末借方余额反映事业单位持有短期投资的成本。

（1）取得短期投资时，按照确定的投资成本，借记本科目，贷记"银行存款"等科目。

收到取得投资时实际支付价款中包含的已到付息期但尚未领取的利息，按照实际收到的金额，借记"银行存款"科目，贷记本科目。

（2）收到短期投资持有期间的利息，按照实际收到的金额，借记"银行存款"科目，贷记"投资收益"科目。

（3）出售短期投资或到期收回短期投资本息，按照实际收到的金额，借记"银行存款"科目，按照出售或收回短期投资的账面余额，贷记本科目，按照其差额，借记或贷记"投资收益"科目。

涉及增值税业务的，相关账务处理参见"应交增值税"科目。

【例 5-37】 某事业单位购入 1 年期的国债 40 000 元，该国债的年利率为 3.75%。

财务会计账务处理：

借：短期投资　　　　　　　　　　　　　　　　　　　　　　　　40 000
　　贷：银行存款　　　　　　　　　　　　　　　　　　　　　　　　　40 000

预算会计账务处理：

借：投资支出　　　　　　　　　　　　　　　　　　　　　　　　40 000
　　贷：资金结存——货币资金　　　　　　　　　　　　　　　　　　　40 000

若收到取得投资时实际支付价款中包含的已到付息期但尚未领取的利息，则应重新开展账务处理。

财务会计账务处理

借：银行存款
　　贷：短期投资

预算会计账务处理

借：资金结存——货币资金
　　贷：投资支出

【例 5-38】 承【例 5-37】，该事业单位两个月后将全部转让该批国债，收到款项 40 250 元。

财务会计账务处理：

借：银行存款　　　　　　　　　　　　　　　　　　　　　　　　40 250
　　贷：短期投资　　　　　　　　　　　　　　　　　　　　　　　　　40 000
　　　　投资收益　　　　　　　　　　　　　　　　　　　　　　　　　　　250

预算会计账务处理：

借：资金结存——货币资金　　　　　　　　　　　　　　　　　　　40 250
　　贷：投资支出　　　　　　　　　　　　　　　　　　　　　　　　　40 000
　　　　投资预算收益　　　　　　　　　　　　　　　　　　　　　　　　　250

三、财政应返还额度

财政应返还额度，是指实行国库集中支付的行政事业单位应收财政返还的资金额度，包括可以使用的以前年度财政直接支付资金额度和财政应返还的财政授权支付资金额度。为核算财政应返还资金，单位会计应设置"财政应返还额度"总账科目。本科目应当设置"财政直接支付""财政授权支付"两个明细科目开展明细核算。本科目期末借方余额反映单位应收财政返还的资金额度。

（一）年末，单位根据本年度财政直接支付预算指标数大于当年财政直接支付实际发生数的差额，借记本科目（财政直接支付），贷记"财政拨款收入"科目。

单位使用以前年度财政直接支付额度支付款项时，借记"业务活动费用""单位管理费用"等科目，贷记本科目（财政直接支付）。

（二）年末，根据代理银行提供的对账单作注销额度的相关账务处理，借记本科目（财政授权支付），贷记"零余额账户用款额度"科目。

年末，单位本年度财政授权支付预算指标数大于零余额账户用款额度下达数的，根据未下达的用款额度，借记本科目（财政授权支付），贷记"财政拨款收入"科目。

（三）下年初，单位根据代理银行提供的"上年度注销额度恢复到账通知书"作恢复额度的相关账务处理，借记"零余额账户用款额度"科目，贷记本科目（财政授权支付）。单位收到财政部门批复的上年未下达零余额账户用款额度，借记"零余额账户用款额度"科目，贷记本科目（财政授权支付）。

【例 5-39】 年度终了，某行政单位本年度财政直接支付预算与实际支付额结余 100 000 元。

财务会计账务处理：

借：财政应返还额度——财政直接支付　　　　　　　　　　　100 000
　　贷：财政拨款收入　　　　　　　　　　　　　　　　　　　　　100 000

预算会计账务处理：

借：资金结存——财政应返还额度（财政直接支付）　　　　　100 000
　　贷：财政拨款预算收入　　　　　　　　　　　　　　　　　　　100 000

【例 5-40】 承【例 5-39】，该行政单位下年初收到"财政直接支付额度恢复到账通知书"，恢复上年度财政直接支付额度 100 000 元。

该行政单位对恢复财政直接支付额度不作会计处理，在使用恢复的财政直接支付额度时再作会计处理。

【例 5-41】 承【例 5-40】，该行政单位实际支用上年度财政直接支付额度 100 000 元。

财务会计账务处理：

借：业务活动费用　　　　　　　　　　　　　　　　　　　　　　100 000
　　贷：财政应返还额度——财政直接支付　　　　　　　　　　　100 000

预算会计账务处理：

借：行政支出　　　　　　　　　　　　　　　　　　　　　　　　100 000
　　贷：资金结存——财政应返还额度（财政直接支付）　　　　　100 000

四、应收债权

应收债权是指行政事业单位按照权力应收回的资金，包括财政应返还额度、应收票据、应收账款、预付账款、应收股利、应收利息、其他应收款以及备抵的坏账准备，因财政应返还额度特殊，因此单独阐述。

（一）应收账款

应收账款，是指行政事业单位提供服务、销售产品等应收取的款项，以及单位因出租资产、出售物资等应收取的款项。为核算应收账款，行政事业单位会计应设置"应收账款"总账科目，并按照债务单位（或个人）开展明细核算。

1. 应收账款收回后不需上缴财政的情况

（1）单位发生应收账款时，按照应收未收金额，借记本科目，贷记"事业收入""经营收入""租金收入""其他收入"等科目。涉及增值税业务的，相关账务处理参见"应交增值税"科目。

收回应收账款时，按照实际收到的金额，借记"银行存款"等科目，贷记本科目。

（2）事业单位应在每年年末，全面检查收回后不需上缴财政的应收账款，如发生不能收回的迹象，应当计提坏账准备。

对账龄超过规定年限、确认无法收回的应收账款，按照规定报经批准后予以核销。按照核销金额，借记"坏账准备"科目，贷记本科目。核销的应收账款应在备查簿中保留登记。

已核销的应收账款在以后期间又收回的，按照实际收回金额，借记本科目，贷记"坏账准备"科目；同时，借记"银行存款"等科目，贷记本科目。

2. 应收账款收回后必须上缴财政的情况

（1）单位出售物资发生应收未收款项时，按照应收未收金额，借记本科目，贷记"应缴财政款"科目。收回应收账款时，按照实际收到的金额，借记"银行存款"等科目，贷记本科目。

（2）单位应在每年年末，全面检查收回后应当上缴财政的应收账款。

对账龄超过规定年限、确认无法收回的应收账款，按照规定报经批准后予以核销。按照核销金额，借记"应缴财政款"科目，贷记本科目。核销的应收账款应当在备查簿中保留登记。

已核销的应收账款在以后期间又收回的，按照实际收回金额，借记"银行存款"等科目，贷记"应缴财政款"科目。

【例5-42】 某事业单位出租礼堂应收租金6 000元，该租金不用上缴财政（不做预算会计账务处理）。

借：应收账款　　　　　　　　　　　　　　　　　　　　　　6 000
　　贷：租金收入　　　　　　　　　　　　　　　　　　　　　　　6 000

【例5-43】 承【例5-42】，该事业单位收到租金6 000元。

财务会计账务处理：

借：银行存款　　　　　　　　　　　　　　　　　　　　　　6 000
　　贷：应收账款　　　　　　　　　　　　　　　　　　　　　　　6 000

预算会计账务处理：

借：资金结存——货币资金　　　　　　　　　　　　　　　　6 000
　　贷：其他预算收入　　　　　　　　　　　　　　　　　　　　　6 000

【例5-44】 某事业单位经批准出售一批材料（该批材料之前用财政资金支付），售价为75 000元，材料已经发出，款项未收回（不做预算会计账务处理）。

借：应收账款　　　　　　　　　　　　　　　　　　　　　　75 000
　　贷：应缴财政款　　　　　　　　　　　　　　　　　　　　　　75 000

【例5-45】 承【例5-44】，该事业单位收回应收账款75 000元（不做预算会计账务处理）。

借：银行存款　　　　　　　　　　　　　　　　　　　　　　75 000
　　贷：应收账款　　　　　　　　　　　　　　　　　　　　　　　75 000

【例5-46】 某事业单位收回后不需上缴财政的应收款项280 000元逾期三年，有证据表明该笔款项确实无法收回。按规定报经批准后予以核销（不做预算会计账务处理）。

借：坏账准备　　　　　　　　　　　　　　　　　　　　　　280 000
　　贷：应收账款　　　　　　　　　　　　　　　　　　　　　　　280 000

【例5-47】 某事业单位收回已核销的不需上缴财政的应收款项35 000元。

财务会计账务处理：

借：应收账款　　　　　　　　　　　　　　　　　　　　　　35 000
　　贷：坏账准备　　　　　　　　　　　　　　　　　　　　　　　35 000

借：银行存款　　　　　　　　　　　　　　　　　　　　　　35 000
　　贷：应收账款　　　　　　　　　　　　　　　　　　　　　　　35 000

预算会计账务处理：

借：资金结存——货币资金　　　　　　　　　　　　　　　　35 000
　　贷：非财政拨款结余　　　　　　　　　　　　　　　　　　　　35 000

【例5-48】 某事业单位三年前经批准出售的材料共值28 600元，有证据表明该笔收回后须上缴财政的款项确实无法收回。按规定报经批准后予以核销（不做预算会计账务处理）。

借：应缴财政款 28 600
　　贷：应收账款 28 600

【例 5-49】 承【例 5-48】，该事业单位以后期间收回已核销的应收账款 28 600 元（不做预算会计账务处理）。

借：银行存款 28 600
　　贷：应缴财政款 28 600

（二）应收票据

应收票据，是指事业单位因开展经营活动销售产品、提供有偿服务等收到的商业汇票，包括银行承兑汇票和商业承兑汇票。为核算应收票据，事业单位应设置"应收票据"总账科目。本科目应当按照开出、承兑商业汇票的单位等开展明细核算。

（1）因销售产品、提供服务等收到商业汇票，按照商业汇票的票面金额，借记本科目，按照确认的收入金额，贷记"经营收入"等科目。涉及增值税业务的，相关账务处理参见"应交增值税"科目。

（2）持未到期的商业汇票向银行贴现，按照实际收到的金额（即扣除贴现息后的净额），借记"银行存款"科目，按照贴现息金额，借记"经营费用"等科目，按照商业汇票的票面金额，贷记本科目（无追索权）或"短期借款"科目（有追索权）。附追索权的商业汇票到期未发生追索事项的，按照商业汇票的票面金额，借记"短期借款"科目，贷记本科目。

（3）将持有的商业汇票背书转让以取得所需物资时，按照取得物资的成本，借记"库存物品"等科目，按照商业汇票的票面金额，贷记本科目，如有差额，借记或贷记"银行存款"等科目。涉及增值税业务的，相关账务处理参见"应交增值税"科目。

（4）商业汇票到期时，一般有两种情况。

①收回票款时，按照实际收到的商业汇票票面金额，借记"银行存款"科目，贷记本科目。

②因付款人无力支付票款，收到银行退回的商业承兑汇票、委托收款凭证、未付票款通知书或拒付款证明等，按照商业汇票的票面金额，借记"应收账款"科目，贷记本科目。

【例 5-50】 某事业单位开展经营活动向某公司销售一批产品，价款为 100 000 元，收到一张 6 个月期的带息商业汇票，面值 100 000 元，票面利率为 10%（不做预算会计账务处理）。

借：应收票据 100 000
　　贷：经营收入 100 000

【例 5-51】 承【例 5-50】，该事业单位持有两个月后，将面值为 100 000 元、票面利率为 10%、期限为 6 个月的带息商业汇票向银行贴现，银行贴现率为年利率 9%。假设该商业汇票无追索权。

$$贴现期 = 6 - 2 = 4（月）$$
$$票据到期值 = 100\,000 \times (1 + 10\% \div 12 \times 6) = 105\,000（元）$$
$$贴现息 = 105\,000 \times 9\% \div 12 \times 4 = 3\,150（元）$$
$$贴现实收款 = 票据到期值 - 贴现息 = 105\,000 - 3\,150 = 101\,850（元）$$

财务会计账务处理：

借：银行存款 101 850
　　贷：应收票据 100 000
　　　　经营收入 1 850

同时进行预算会计账务处理：

借：资金结存——货币资金 101 850
　　贷：经营预算收入 101 850

【例5-52】 某事业单位转让其持有的一张不带息银行承兑汇票,用于购买一批300 000元的材料。票据的面值为300 000元,所购材料已验收入库(不做预算会计账务处理)。

  借:库存物品   300 000
    贷:应收票据   300 000

【例5-53】 某事业单位因经营而收到的一张面值125 000元的银行承兑汇票到期兑现。

财务会计账务处理:
  借:银行存款   125 000
    贷:应收票据   125 000

预算会计账务处理:
  借:资金结存——货币资金   125 000
    贷:经营预算收入   125 000

【例5-54】 某事业单位一张面值267 000元的商业承兑汇票到期,付款人无力支付票款(不做预算会计账务处理)。

  借:应收账款   267 000
    贷:应收票据   267 000

(三)预付账款

预付账款,是指行政事业单位按照购货、服务合同或协议规定预付给供应单位(或者个人)的款项,以及按照合同规定向承包工程的施工企业预付的备料款和工程款。为核算预付账款业务,行政事业单位会计应设置"预付账款"总账科目。本科目期末借方余额反映单位实际预付但尚未结算的款项。本科目应当按照供应单位(或个人)及具体项目开展明细核算。对基本建设项目发生的预付账款还应当在本科目所属基建项目明细科目下设置"预付备料款""预付工程款"和"其他预付款"等明细科目进行明细核算。

(1)根据购货、服务合同或协议规定预付款项时,按照预付金额,借记本科目,贷记"财政拨款收入""零余额账户用款额度""银行存款"等科目。

(2)收到所购资产或服务时,按照购入资产或服务的成本,借记"库存物品""固定资产""无形资产""业务活动费用"等相关科目,按照相关预付账款的账面余额,贷记本科目;按照实际补付的金额,贷记"财政拨款收入""零余额账户用款额度""银行存款"等科目。涉及增值税业务的,相关账务处理参见"应交增值税"科目。

(3)根据工程进度结算工程价款及备料款时,按照结算金额,借记"在建工程"科目,按照相关预付账款的账面余额,贷记本科目;按照实际补付的金额,贷记"财政拨款收入""零余额账户用款额度""银行存款"等科目。

(4)发生预付账款退回的,按照实际退回金额,借记"财政拨款收入"[本年直接支付]、"财政应返还额度"[以前年度直接支付]、"零余额账户用款额度"、"银行存款"等科目,贷记本科目。

(5)单位应在每年年末,全面查对预付账款。如果有确凿证据表明预付账款不再符合预付款项性质,或者因供应单位破产、撤销等原因可能无法收到所购货物、服务的,应当先将其转入其他应收款,再按照规定处理。将预付账款账面余额转入其他应收款时,借记"其他应收款"科目,贷记本科目。

【例5-55】 某行政单位从乙公司订购材料80 000元,按订货合同规定,应先向供货单位预付货款40 000元,款项已通过单位零余额账户支付。

财务会计账务处理:
  借:预付账款   40 000

　　　　贷：零余额账户用款额度　　　　　　　　　　　　　　　　　40 000
　　预算会计账务处理：
　　　　借：行政支出　　　　　　　　　　　　　　　　　　　　　　40 000
　　　　　　贷：资金结存——零余额账户用款额度　　　　　　　　　40 000

【例 5-56】　承【例 5-55】，该行政单位收到材料，通过单位零余额账户补足余款 40 000 元。
　　财务会计账务处理：
　　　　借：库存物品　　　　　　　　　　　　　　　　　　　　　　80 000
　　　　　　贷：预付账款　　　　　　　　　　　　　　　　　　　　40 000
　　　　　　　　零余额账户用款额度　　　　　　　　　　　　　　　40 000
　　预算会计账务处理：
　　　　借：行政支出　　　　　　　　　　　　　　　　　　　　　　40 000
　　　　　　贷：资金结存——零余额账户用款额度　　　　　　　　　40 000

【例 5-57】　承【例 5-55】，假设该行政单位仅收到 26 000 元材料验收入库，同时收到退回的余款 14 000 元存入单位零余额账户。
　　财务会计账务处理：
　　　　借：库存物品　　　　　　　　　　　　　　　　　　　　　　26 000
　　　　　　贷：预付账款　　　　　　　　　　　　　　　　　　　　26 000
　　　　借：零余额账户用款额度　　　　　　　　　　　　　　　　　14 000
　　　　　　贷：预付账款　　　　　　　　　　　　　　　　　　　　14 000
　　预算会计账务处理：
　　　　借：资金结存——零余额账户用款额度　　　　　　　　　　　14 000
　　　　　　贷：行政支出　　　　　　　　　　　　　　　　　　　　14 000

【例 5-58】　某行政单位预付丙公司款项 48 000 元逾期三年，有证据表明该笔款项确实无法收回，按规定报经批准后予以核销（不做预算会计账务处理）。
　　　　借：其他应收款　　　　　　　　　　　　　　　　　　　　　48 000
　　　　　　贷：预付账款　　　　　　　　　　　　　　　　　　　　48 000

（四）应收股利

应收股利，是指事业单位因持有长期股权投资应当收取的现金股利或应当分得的利润。为核算应收股利，事业单位会计应设置"应收股利"总账科目，本科目期末借方余额反映事业单位应当收取但尚未收到的现金股利或利润。本科目应当按照被投资单位等开展明细核算。

（1）取得长期股权投资，按照支付的价款中包含的已宣告但尚未发放的现金股利，借记本科目，按照确定的长期股权投资成本，借记"长期股权投资"科目，按照实际支付的金额，贷记"银行存款"等科目。

收到取得投资时实际支付价款中包含的已宣告但尚未发放的现金股利时，按照收到的金额，借记"银行存款"科目，贷记本科目。

（2）长期股权投资持有期间，被投资单位宣告发放现金股利或利润的，按照应享有的份额，借记本科目，贷记"投资收益"（成本法下）或"长期股权投资"（权益法下）科目。

（3）实际收到现金股利或利润时，按照收到的金额，借记"银行存款"等科目，贷记本科目。

【例 5-59】　某事业单位拥有风光公司 80% 的股权，有权决定风光公司的财务和经营政策，相关长期股权投资采用权益法核算。某日，风光公司宣告发放现金股利 100 000 元，该事业单位应享有的份额为 80 000 元（100 000×80%）。次月，该事业单位收到风光公司发放的现金股利 80 000

元,款项已存入开户银行。

据此,编制会计分录:

①风光公司宣告发放现金股利时

借:应收股利 80 000
　　贷:长期股权投资 80 000

②收到风光公司发放的现金股利时

财务会计账务处理:

借:银行存款 80 000
　　贷:应收股利 80 000

预算会计账务处理:

借:资金结存——货币资金 80 000
　　贷:投资预算收益 80 000

(五)应收利息

应收利息,是指事业单位长期债券投资应当收取的利息。为核算应收利息,事业单位会计应设置"应收利息"总账科目。

(1)取得长期债券投资,按照确定的投资成本,借记"长期债券投资"科目,按照支付的价款中包含的已到付息期但尚未领取的利息,借记本科目,按照实际支付的金额,贷记"银行存款"等科目。

收到取得投资时实际支付价款中包含的已到付息期但尚未领取的利息时,按照收到的金额,借记"银行存款"等科目,贷记本科目。

(2)按期计算确认长期债券投资利息收入时,对分期付息、一次还本的长期债券投资,按照以票面金额和票面利率计算确定的应收未收利息金额,借记本科目,贷记"投资收益"科目。

(3)实际收到应收利息时,按照收到的金额,借记"银行存款"等科目,贷记本科目。

【例5-60】2018年10月,某事业单位持有一项长期债券投资。10月末,该事业单位按照债券票面金额和票面利率计算确定的应收未收利息金额为4 000元。11月初,该事业单位收到债券的利息收入4 000元。该债券为分期付息一次还本债券。

据此,编制会计分录:

①计算确定应收未收利息金额时(只做财务会计账务处理)

借:应收利息 4 000
　　贷:投资收益 4 000

②收到债券利息收入时

财务会计账务处理:

借:银行存款 4 000
　　贷:应收利息 4 000

预算会计账务处理:

借:资金结存——货币资金 4 000
　　贷:投资预算收益 4 000

(六)其他应收款

其他应收款,是指行政事业单位除财政应返还额度、应收票据、应收账款、预付账款、应收股利、应收利息以外的其他各项应收及暂付款项。为核算其他应收款,行政事业单位应设置"其他应收款"总账科目,本科目期末借方余额,反映单位尚未收回的其他应收款。本科目按照其他应收款的类别以及债务单位（或个人）开展明细核算。

（1）发生其他各种应收及暂付款项时，按照实际发生金额，借记本科目，贷记"零余额账户用款额度""银行存款""库存现金""上级补助收入""附属单位上缴收入"等科目。涉及增值税业务的，相关账务处理参见"应交增值税"科目。

（2）收回其他各种应收及暂付款项时，按照收回的金额，借记"库存现金""银行存款"等科目，贷记本科目。

（3）单位内部实行备用金制度的，有关部门使用备用金以后应当及时到财务部门报销并补足备用金。

财务部门核定并发放备用金时，按照实际发放金额，借记本科目，贷记"库存现金"等科目。

根据报销金额用现金补足备用金定额时，借记"业务活动费用""单位管理费用"等科目，贷记"库存现金"等科目，报销数和拨补数都不再通过本科目核算。

（4）偿还尚未报销的本单位公务卡欠款时，按照偿还的款项，借记本科目，贷记"零余额账户用款额度""银行存款"等科目；持卡人报销时，按照报销金额，借记"业务活动费用""单位管理费用"等科目，贷记本科目。

（5）将预付账款账面余额转入其他应收款时，借记本科目，贷记"预付账款"科目。具体说明参见"预付账款"科目。

（6）事业单位应当于每年年末，全面检查其他应收款，如发生不能收回的迹象，应当计提坏账准备。

①对账龄超过规定年限、确认无法收回的其他应收款，按照规定报经批准后予以核销。按照核销金额，借记"坏账准备"科目，贷记本科目。核销的其他应收款应当在备查簿中保留登记。

②已核销的其他应收款在以后期间又收回的，按照实际收回金额，借记本科目，贷记"坏账准备"科目；同时，借记"银行存款"等科目，贷记本科目。

（7）行政单位应当于每年年末，全面检查其他应收款。对超过规定年限、确认无法收回的其他应收款，应当按照有关规定报经批准后予以核销。核销的其他应收款应在备查簿中保留登记。

①经批准核销其他应收款时，按照核销金额，借记"资产处置费用"科目，贷记本科目。

②已核销的其他应收款在以后期间又收回的，按照收回金额，借记"银行存款"等科目，贷记"其他收入"科目。

【例5-61】某行政单位为职工张某垫付款项1 200元，款项以现金付讫（不做预算会计账务处理）。

借：其他应收款——张某　　　　　　　　　　　　　　　　　1 200
　　贷：库存现金　　　　　　　　　　　　　　　　　　　　　　1 200

【例5-62】某行政单位后勤服务部门实行备用金定额管理制度。财务部门开出现金支票拨付后勤服务部门备用金定额6 000元（不做预算会计账务处理）。

借：其他应收款——后勤服务部门　　　　　　　　　　　　　6 000
　　贷：库存现金　　　　　　　　　　　　　　　　　　　　　　6 000

【例5-63】承【例5-62】，后勤服务部门购买办公用品支出2 000元，经财会部门审核后报销，并以现金补足定额。

财务会计账务处理：
借：业务活动费用　　　　　　　　　　　　　　　　　　　　2 000
　　贷：库存现金　　　　　　　　　　　　　　　　　　　　　　2 000
预算会计账务处理：

借：行政支出 2 000
　　贷：资金结存——货币资金 2 000

【例5-64】 某行政单位确认无法收回为职工李某垫付的款项26 000元。该单位按规定报经有关部门批准后予以核销（不做预算会计账务处理）。

借：资产处置费用 26 000
　　贷：其他应收款——李某 26 000

【例5-65】 承【例5-64】，已核销的其他应收款中又收回6 000元。

财务会计账务处理：

借：银行存款 6 000
　　贷：其他收入 6 000

预算会计账务处理：

借：资金结存——货币资金 6 000
　　贷：其他预算收入 6 000

（七）坏账准备

坏账，是指无法收回的应收款项。为核算坏账，事业单位应设置"坏账准备"总账科目。本科目应当分应收账款和其他应收款明细账开展明细核算。

（1）提取坏账准备时，借记"其他费用"科目，贷记本科目；冲减坏账准备时，借记本科目，贷记"其他费用"科目。

（2）对账龄超过规定年限并确认无法收回的应收账款、其他应收款，应当按照有关规定报经批准后，按照无法收回的金额，借记本科目，贷记"应收账款""其他应收款"科目。

（3）已核销的应收账款、其他应收款在以后期间又收回的，按照实际收回金额，借记"应收账款""其他应收款"科目，贷记本科目；同时，借记"银行存款"等科目，贷记"应收账款""其他应收款"科目。

【例5-66】 某事业单位检查收回后不需上缴财政的应收款项，预计可能产生坏账损失8 000元。

借：其他费用 8 000
　　贷：坏账准备 8 000

五、存货

政府会计中的存货是指政府会计主体在开展业务活动及其他活动中为耗用或出售而储存的资产，如材料、产品、包装物和低值易耗品，以及未达到固定资产标准的用具、装具、动植物等。行政事业单位的存货按照经济内容或经济用途可分为在途物品、库存物品和加工物品等种类。

（一）在途物品

"在途物品"，是指行政事业单位采购材料等物资时货款已付或已开出商业汇票但尚未验收入库的在途物品的采购成本。为核算在途物品货款，行政事业单位会计应设置"在途物品"总账科目。本科目可按照供应单位和物品种类开展明细核算。

（1）单位购入材料等物品，按照确定的物品采购成本的金额，借记本科目，按照实际支付的金额，贷记"财政拨款收入""零余额账户用款额度""银行存款"等科目。涉及增值税业务的，相关账务处理参见"应交增值税"科目。

（2）所购材料等物品到达验收入库，按照确定的库存物品成本金额，借记"库存物品"科目，按照物品采购成本金额，贷记本科目，按照使得入库物品达到目前场所和状态所发生的其他支出，

贷记"银行存款"等科目。

【例5-67】 某行政单位购入一批材料，价款28 500元，对方垫付运费500元；款项以零余额账户支付，材料尚未验收入库。

财务会计账务处理：

借：在途物品 29 000
　　贷：零余额账户用款额度 29 000

预算会计账务处理：

借：行政支出 29 000
　　贷：资金结存——零余额账户用款额度 29 000

【例5-68】 承【例5-67】，材料验收入库（不做预算会计账务处理）。

借：库存物品 29 000
　　贷：在途物品 29 000

（二）库存物品

"库存物品"，是指单位在开展业务活动及其他活动中为耗用或出售而储存的各种材料、产品、包装物、低值易耗品，以及达到固定资产标准的用具、装具、动植物等的成本，也包括已完成的测绘、地质勘察、设计成果等的成本。为核算库存物品货款，应设置"库存物品"总账科目。本科目应当按照库存物品的种类、规格、保管地点等明细分类。本科目期末借方余额反映单位库存物品的实际成本。

有四种情况不应该通过"库存物品"科目核算。

（1）单位随买随用的零星办公用品，可以在购进时直接列作费用。

（2）单位控制的政府储备物资，应当通过"政府储备物资"科目核算。

（3）单位受托存储保管的物资和受托转赠的物资，应当通过"受托代理资产"科目核算。

（4）单位为在建工程购买和使用的材料物资，应当通过"工程物资"科目核算。

库存物品的主要账务处理通常有三种情况。

1. 取得的库存物品，应当按照其取得时的成本入账

（1）外购的库存物品验收入库，按照确定的成本，借记本科目，贷记"财政拨款收入""零余额账户用款额度""银行存款""应付账款""在途物品"等科目。涉及增值税业务的，相关账务处理参见"应交增值税"科目。

（2）自制的库存物品加工完成并验收入库，按照确定的成本，借记本科目，贷记"加工物品——自制物品"科目。

（3）委托外单位加工收回的库存物品验收入库，按照确定的成本，借记本科目，贷记"加工物品——委托加工物品"等科目。

（4）接受捐赠的库存物品验收入库，按照确定的成本，借记本科目，按照发生的相关税费、运输费等，贷记"银行存款"等科目，按照其差额，贷记"捐赠收入"科目。

接受捐赠的库存物品按照名义金额入账的，按照名义金额，借记本科目，贷记"捐赠收入"科目；同时，按照发生的相关税费、运输费等，借记"其他费用"科目，贷记"银行存款"等科目。

（5）无偿调入的库存物品验收入库，按照确定的成本，借记本科目，按照发生的相关税费、运输费等，贷记"银行存款"等科目，按照其差额，贷记"无偿调拨净资产"科目。

（6）置换换入的库存物品验收入库，按照确定的成本，借记本科目；按照换出资产的账面余额，贷记相关资产科目（换出资产为固定资产、无形资产的，还应当借记"固定资产累计折旧""无形资产累计摊销"科目）；按照置换过程中发生的其他相关支出，贷记"银行存款"等科目；按照借

贷方差额，借记"资产处置费用"科目或贷记"其他收入"科目。涉及补价的，根据不同情况分别处理。

①支付补价的，按照确定的成本，借记本科目；按照换出资产的账面余额，贷记相关资产科目（换出资产为固定资产、无形资产的，还应当借记"固定资产累计折旧""无形资产累计摊销"科目）；按照支付的补价和置换过程中发生的其他相关支出，贷记"银行存款"等科目；按照借贷方差额，借记"资产处置费用"科目或贷记"其他收入"科目。

②收到补价的，按照确定的成本，借记本科目；按照收到的补价，借记"银行存款"等科目；按照换出资产的账面余额，贷记相关资产科目（换出资产为固定资产、无形资产的，还应当借记"固定资产累计折旧""无形资产累计摊销"科目）；按照置换过程中发生的其他相关支出，贷记"银行存款"等科目；按照补价扣减其他相关支出后的净收入，贷记"应缴财政款"科目；按照借贷方差额，借记"资产处置费用"科目或贷记"其他收入"科目。

2. 库存物品在发出时，可能有五种情况

（1）单位开展业务活动等领用、按照规定自主出售发出或加工发出库存物品，按照领用、出售等发出物品的实际成本，借记"业务活动费用""单位管理费用""经营费用""加工物品"等科目，贷记本科目。

采用一次转销法摊销低值易耗品、包装物的，在首次领用时将其账面余额一次性摊销计入有关成本费用，借记有关科目，贷记本科目。

采用五五摊销法摊销低值易耗品、包装物的，首次领用时，将其账面余额的50%摊销计入有关成本费用，借记有关科目，贷记本科目；使用完时，将剩余的账面余额转销计入有关成本费用，借记有关科目，贷记本科目。

（2）经批准对外出售的库存物品（不含可自主出售的库存物品）发出时，按照库存物品的账面余额，借记"资产处置费用"科目，贷记本科目；同时，按照收到的价款，借记"银行存款"等科目，按照处置过程中发生的相关费用，贷记"银行存款"等科目，按照其差额，贷记"应缴财政款"科目。

（3）经批准对外捐赠的库存物品发出时，按照库存物品的账面余额和对外捐赠过程中发生的归属于捐出方的相关费用合计数，借记"资产处置费用"科目；按照库存物品账面余额，贷记本科目；按照对外捐赠过程中发生的归属于捐出方的相关费用，贷记"银行存款"等科目。

（4）经批准无偿调出的库存物品发出时，按照库存物品的账面余额，借记"无偿调拨净资产"科目，贷记本科目；同时，按照无偿调出过程中发生的归属于调出方的相关费用，借记"资产处置费用"科目，贷记"银行存款"等科目。

（5）经批准置换换出的库存物品，参照本科目有关置换换入库存物品的规定做账务处理。

3. 单位应当定期清查盘点库存物品，每年至少盘点一次。对于库存物品的盘盈、盘亏或报废、毁损，应当先计入"待处理财产损溢"科目，按照规定报经批准后及时做后续账务处理

（1）盘盈的库存物品，其成本按照有关凭据注明的金额确定；没有相关凭据但按照规定经过资产评估的，其成本按照评估价值确定；没有相关凭据也未经过评估的，其成本按照重置成本确定。如无法采用上述方法确定盘盈的库存物品成本的，按照名义金额入账。

盘盈的库存物品，按照确定的入账成本，借记本科目，贷记"待处理财产损溢"科目。

（2）盘亏或者毁损、报废的库存物品，按照待处理库存物品的账面余额，借记"待处理财产损溢"科目，贷记本科目。

属于增值税一般纳税人的单位，若是非正常原因导致库存物品盘亏或毁损，还应当将与该库存物品相关的增值税进项税额转出，按照其增值税进项税额，借记"待处理财产损溢"科目，贷记

"应交增值税——应交税金（进项税额转出）"科目。

【例 5-69】 某事业单位购入一批事业用材料，含税价 33 400 元，运杂费 600 元，已开出银行转账支票付清货款和运费，材料已验收入库。假设该事业单位为小规模纳税单位。

财务会计账务处理：
借：库存物品　　　　　　　　　　　　　　　　　　　　　　　　34 000
　　贷：银行存款　　　　　　　　　　　　　　　　　　　　　　　　34 000
预算会计账务处理：
借：事业支出　　　　　　　　　　　　　　　　　　　　　　　　34 000
　　贷：资金结存——货币资金　　　　　　　　　　　　　　　　　　34 000

【例 5-70】 某事业单位（为增值税一般纳税人）购入一批物资，取得的增值税专用发票上注明物资价款为 30 000 元，增值税税额为 3 900 元，已经税务局认证。款项尚未支付，当日收到物资，经验收合格后入库。该单位第二个月以银行存款支付了价款 33 900 元。

① 购入物资时（不做预算会计账务处理）
借：库存物品　　　　　　　　　　　　　　　　　　　　　　　　30 000
　　应交增值税——应交税金（进项税额）　　　　　　　　　　　　　3 900
　　贷：应付账款　　　　　　　　　　　　　　　　　　　　　　　　33 900
② 支付价款时
财务会计账务处理：
借：应付账款　　　　　　　　　　　　　　　　　　　　　　　　33 900
　　贷：银行存款　　　　　　　　　　　　　　　　　　　　　　　　33 900
预算会计账务处理：
借：事业支出　　　　　　　　　　　　　　　　　　　　　　　　33 900
　　贷：资金结存——货币资金　　　　　　　　　　　　　　　　　　33 900

【例 5-71】 某行政单位委托丙公司加工一批材料，发出材料成本 40 000 元，支付加工费 6 000 元、材料运输费 4 000 元，款项以银行存款付讫。加工完成后收回验收入库。

① 发出材料时（不做预算会计账务处理）
借：加工物品——委托加工物品　　　　　　　　　　　　　　　　　40 000
　　贷：库存物品　　　　　　　　　　　　　　　　　　　　　　　　40 000
② 支付加工费和运输费时
财务会计账务处理：
借：加工物品——委托加工物品　　　　　　　　　　　　　　　　　10 000
　　贷：银行存款　　　　　　　　　　　　　　　　　　　　　　　　10 000
预算会计账务处理：
借：行政支出　　　　　　　　　　　　　　　　　　　　　　　　10 000
　　贷：资金结存——货币资金　　　　　　　　　　　　　　　　　　10 000
③ 加工完成验收入库时（不做预算会计账务处理）
借：库存物品　　　　　　　　　　　　　　　　　　　　　　　　50 000
　　贷：加工物品——委托加工物品　　　　　　　　　　　　　　　　50 000

【例 5-72】 某行政单位接受乙单位捐赠一批材料，有关凭证注明该批材料的金额为 150 000 元，另以银行存款支付相关税费、运输费 15 000 元。

财务会计账务处理：

借：库存物品	165 000	
贷：银行存款		15 000
捐赠收入		150 000

预算会计账务处理：

借：其他支出	15 000	
贷：资金结存——货币资金		15 000

【例 5-73】 某行政单位与丙单位协商，以一批评估价值为 165 000 元的材料与丙单位进行材料置换。经双方商定，该行政单位以银行存款支付了 25 000 元补价，另支付材料运输费 5 000 元，假定交易不考虑相关税费。

财务会计账务处理：

借：库存物品——换入材料	195 000	
贷：库存物品——换出材料		165 000
银行存款		30 000

预算会计账务处理：

借：其他支出	30 000	
贷：资金结存——货币资金		30 000

【例 5-74】 某行政单位经批准以 1 部公务轿车置换另一单位的一批办公用品（不符合固定资产确认标准），办公用品已验收入库。该轿车账面余额 200 000 元，已计提折旧 100 000 元，评估价值为 120 000 元。置换过程中该单位收到对方支付的补价 1 万元已存入银行，另外以现金支付运费 5 000 元。不考虑其他因素（应缴财政款不做预算会计账务处理）。

借：库存物品（120 000-10 000 + 5 000）	115 000	
固定资产累计折旧	100 000	
银行存款	10 000	
贷：固定资产		200 000
库存现金		5 000
应缴财政款（10 000 5 000）		5 000
其他收入		15 000

【例 5-75】 某事业单位在事业活动中领用材料 7 400 元（不做预算会计账务处理）。

借：业务活动费用	7 400	
贷：库存物品		7 400

【例 5-76】 某行政单位经批准对外出售一批材料，成本为 21 000 元，售价为 25 000 元，材料已经发出，款项已经收到并存入银行（不做预算会计账务处理）。

借：资产处置费用	21 000	
贷：库存物品		21 000
借：银行存款	25 000	
贷：应缴财政款		25 000

【例 5-77】 某行政单位向西部某单位捐赠一批材料，价值为 45 000 元；对外捐赠手续已经办妥，材料已出库，另以银行存款支付运费 3 000 元。

财务会计账务处理：

借：资产处置费用	48 000	
贷：库存物品		45 000

```
        银行存款                                                    3 000
    预算会计账务处理：
        借：其他支出                                                3 000
            贷：资金结存——货币资金                                  3 000
```

【例 5-78】 某行政单位在月末财产清查中，发现材料 A 盘亏 2 000 元，报经批准后予以处理；材料 B 盘盈 600 元，经查属于材料收发计量方面的错误（不做预算会计账务处理）。

①盘亏的材料

```
借：待处理财产损溢                                                  2 000
    贷：库存物品                                                    2 000
借：资产处置费用                                                    2 000
    贷：待处理财产损溢                                              2 000
```

②盘盈的材料

```
借：库存物品                                                        600
    贷：待处理财产损溢                                                600
借：待处理财产损溢                                                    600
    贷：业务活动费用                                                  600
```

（三）加工物品

加工物品，是指行政事业单位自制或委托外单位加工的各种物品。为核算加工物品成本，应设置"加工物品"总账科目。本科目应当设置"自制物品""委托加工物品"两个一级明细科目，并按照物品类别、品种、项目等设置明细账，开展明细核算。

1. 自制物品

（1）为自制物品领用材料时，按照材料成本，借记"加工物品"科目（自制物品——直接材料），贷记"库存物品"科目。

（2）专门从事物品制造的人员发生直接人工费用，按照实际发生的金额，借记"加工物品"科目（自制物品——直接人工），贷记"应付职工薪酬"科目。

（3）为自制物品发生的其他直接费用，按照实际发生的金额，借记"加工物品"科目（自制物品——其他直接费用），贷记"零余额账户用款额度""银行存款"等科目。

（4）为自制物品发生的间接费用，按照实际发生的金额，借记"加工物品"科目（自制物品——间接费用），贷记"零余额账户用款额度""银行存款""应付职工薪酬""固定资产累计折旧""无形资产累计摊销"等科目。

（5）已经制造完成并验收入库的物品，按照发生的实际成本（包括耗用的直接材料费用、直接人工费用、其他直接费用和分配的间接费用），借记"库存物品"科目，贷记"加工物品"科目（自制物品）。

2. 委托加工物品

（1）发给外单位加工的材料等，按照其实际成本，借记"加工物品"科目（委托加工物品），贷记"库存物品"科目。

（2）支付加工费、运输费等费用时，按照实际支付的金额，借记"加工物品"科目（委托加工物品），贷记"零余额账户用款额度""银行存款"等科目。涉及增值税业务的，还应做相应的会计处理。

（3）委托加工完成的材料等验收入库，按照加工前发出材料的成本和加工、运输成本等，借记"库存物品"等科目，贷记"加工物品"科目（委托加工物品）。

六、待摊费用

待摊费用，是指单位已经支付而应当由本期和以后各期分别负担的、分摊期在1年以内（含1年）的各项费用，如预付航空保险费、预付租金等。设置"待摊费用"科目，本科目期末借方余额，反映单位各种已支付但尚未摊销的分摊期在1年以内（含1年）的费用。

（1）发生待摊费用时，按照实际预付的金额，借记本科目，贷记"财政拨款收入""零余额账户用款额度""银行存款"等科目。

（2）按照受益期限分期平均摊销时，按照摊销金额，借记"业务活动费用""单位管理费用""经营费用"等科目，贷记本科目。

（3）如果某项待摊费用已经不能使单位受益，应当将其摊余金额一次全部转入当期费用。按照摊销金额，借记"业务活动费用""单位管理费用""经营费用"等科目，贷记本科目。

【例5-79】某行政单位年初订报刊，通过零余额账户支付24 000元。

财务会计账务处理：

借：待摊费用	24 000	
贷：零余额账户用款额度		24 000

预算会计账务处理：

借：行政支出	24 000	
贷：资金结存——零余额账户用款额度		24 000

【例5-80】承【例5-79】，确认本月报刊费用2 000元（不做预算会计账务处理）。

借：业务活动费用	2 000	
贷：待摊费用		2 000

第二节 非流动资产的核算

行政事业单位非流动资产包括长期股权投资、长期债券投资、固定资产、工程物资、在建工程、无形资产、研发支出、长期待摊费用、待处理财产损溢以及两个备抵资产的固定资产累计折旧和无形资产累计摊销。

一、长期股权投资

长期股权投资，是指事业单位按照规定取得的，持有时间超过1年（不含1年）的股权性质的投资。为核算长期股权投资，事业单位会计应设置"长期股权投资"总账科目，并按照被投资单位和长期股权投资取得方式等开展明细核算。采用权益法核算的，还应当按照"成本""损益调整"和"其他权益变动"设置明细科目开展明细核算。"长期股权投资"科目期末借方余额反映事业单位持有的长期股权投资价值。

（一）**长期股权投资在取得时，应当将其实际成本作为初始投资成本。**

（1）以现金取得的长期股权投资，按照确定的投资成本，借记本科目或本科目（成本），按照支付的价款中包含的已宣告但尚未发放的现金股利，借记"应收股利"科目，按照实际支付的全部价款，贷记"银行存款"等科目。

实际收到取得投资时所支付价款中包含的已宣告但尚未发放的现金股利时，借记"银行存款"

科目，贷记"应收股利"科目。

（2）以现金以外的其他资产置换取得的长期股权投资，参照"库存物品"科目中置换取得库存物品的相关规定做账务处理。

（3）以未入账的无形资产取得的长期股权投资，按照评估价值加相关税费为投资成本，借记本科目；按照发生的相关税费，贷记"银行存款""其他应交税费"等科目；按其差额，贷记"其他收入"科目。

（4）接受捐赠的长期股权投资，按照确定的投资成本，借记本科目或本科目（成本）；按照发生的相关税费，贷记"银行存款"等科目；按照其差额，贷记"捐赠收入"科目。

（5）无偿调入的长期股权投资，按照确定的投资成本，借记本科目或本科目（成本）；按照发生的相关税费，贷记"银行存款"等科目；按其差额，贷记"无偿调拨净资产"科目。

【例5-81】某事业单位于10月28日，以每股10元价格购入B公司普通股股票1 000 000股，另付交易手续费2 500元。B公司于10月20日，宣告每10股派3元现金股利，除权日为10月31日，且定于11月10日按10月31日的股东名册支付。

① 10月28日购入时

财务会计账务处理：

借：长期股权投资　　　　　　　　　　　　　　　　9 702 500
　　应收股利　　　　　　　　　　　　　　　　　　　300 000
　　　贷：银行存款　　　　　　　　　　　　　　　　　　10 002 500

预算会计账务处理：

借：投资支出　　　　　　　　　　　　　　　　　　10 002 500
　　　贷：资金结存——货币资金　　　　　　　　　　　　10 002 500

② 11月10日收到股利时

财务会计账务处理：

借：银行存款　　　　　　　　　　　　　　　　　　300 000
　　　贷：应收股利　　　　　　　　　　　　　　　　　　300 000

预算会计账务处理：

借：资金结存——货币资金　　　　　　　　　　　　300 000
　　　贷：投资支出　　　　　　　　　　　　　　　　　　300 000

（二）长期股权投资持有期间，应当按照规定采用成本法或权益法核算。

1. 采用成本法核算

被投资单位宣告发放现金股利或利润时，按照应收的金额，借记"应收股利"科目，贷记"投资收益"科目。

收到现金股利或利润时，按照实际收到的金额，借记"银行存款"等科目，贷记"应收股利"科目。

2. 采用权益法核算

（1）被投资单位实现净利润的，按照应享有的份额，借记本科目（损益调整），贷记"投资收益"科目。

被投资单位发生净亏损的，按照应分担的份额，借记"投资收益"科目，贷记本科目（损益调整），但以本科目的账面余额减记至0为限。发生亏损的被投资单位以后年度又实现净利润的，按照收益分享额弥补未确认的亏损分担额等后的金额，借记本科目（损益调整），贷记"投资收益"科目。

（2）被投资单位宣告分派现金股利或利润的，按照应享有的份额，借记"应收股利"科目，贷记本科目（损益调整）。

（3）被投资单位发生除净损益和利润分配以外的所有者权益变动的，按照应享有或应分担的份额，借记或贷记"权益法调整"科目，贷记或借记本科目（其他权益变动）。

3. 成本法与权益法的转换

（1）单位因处置部分长期股权投资等而对处置后的剩余股权投资由权益法改按成本法核算的，应当将权益法下本科目账面余额作为成本法下本科目账面余额（成本）。

其后，被投资单位宣告分派现金股利或利润时，属于单位已计入投资账面余额的部分，按照应分得的现金股利或利润份额，借记"应收股利"科目，贷记本科目。

（2）单位因追加投资等对长期股权投资的核算从成本法改为权益法的，应当按照成本法下本科目账面余额与追加投资成本的合计金额，借记本科目（成本）；按照成本法下本科目账面余额，贷记本科目；按照追加投资的成本，贷记"银行存款"等科目。

【例5-82】 某事业单位在2022年初以320 000元的取得成本购进B公司的全部普通股股票的40%，该事业单位有权参与B公司的财务与经营政策决策，购进时B公司的所有者权益总额为800 000元。B公司2022年和2023年的净利润及股利分派记录见下表：

年份	净利润	分派利润
2022	36 000	25 600
2023	（6 400）	3 600

① 购入股票时。

财务会计账务处理：

借：长期股权投资——成本　　　　　　　　　　　　　　　　　　320 000
　　贷：银行存款　　　　　　　　　　　　　　　　　　　　　　　320 000

预算会计账务处理：

借：投资支出　　　　　　　　　　　　　　　　　　　　　　　　320 000
　　贷：资金结存——货币资金　　　　　　　　　　　　　　　　　320 000

② 2022年确认投资收益 = 36 000×40% = 14 400（元）（不做预算会计账务处理）

借：长期股权投资——损益调整　　　　　　　　　　　　　　　　 14 400
　　贷：投资收益　　　　　　　　　　　　　　　　　　　　　　　 14 400

③ 2022年收到现金股利 = 25 600×40% = 10 240（元）

财务会计账务处理：

借：银行存款　　　　　　　　　　　　　　　　　　　　　　　　 10 240
　　贷：长期股权投资——损益调整　　　　　　　　　　　　　　　 10 240

预算会计账务处理：

借：资金结存——货币资金　　　　　　　　　　　　　　　　　　 10 240
　　贷：投资预算收益　　　　　　　　　　　　　　　　　　　　　 10 240

④ 2023年确认投资损失 = 6 400×40% = 2 560（元）（不做预算会计账务处理）

借：投资收益　　　　　　　　　　　　　　　　　　　　　　　　 2 560
　　贷：长期股权投资——损益调整　　　　　　　　　　　　　　　 2 560

⑤ 2023年收到现金股利 = 3600×40% = 1 440（元）

财务会计账务处理：

借：银行存款　　　　　　　　　　　　　　　　　　　　　　　　　1 440

　　　贷：长期股权投资——损益调整　　　　　　　　　　　　　　　　　　　　1 440
　预算会计账务处理：
　　借：资金结存——货币资金　　　　　　　　　　　　　　　　　　　　　　　1 440
　　　贷：投资预算收益　　　　　　　　　　　　　　　　　　　　　　　　　　　1 440

【例5-83】 某事业单位于2022年1月1日，以3 750 000元取得B上市公司5%的股权，无权参与B公司的财务与经营政策决策。2023年2月1日，该事业单位又斥资25 800 000元自C公司取得B公司30%股权，从而有权决定B公司的财务与经营决策。

　财务会计账务处理：
　　借：长期股权投资——成本　　　　　　　　　　　　　　　　　　　　　29 550 000
　　　贷：长期股权投资　　　　　　　　　　　　　　　　　　　　　　　　　3 750 000
　　　　　银行存款　　　　　　　　　　　　　　　　　　　　　　　　　　25 800 000
　预算会计账务处理：
　　借：投资支出　　　　　　　　　　　　　　　　　　　　　　　　　　　25 800 000
　　　贷：资金结存——货币资金　　　　　　　　　　　　　　　　　　　　25 800 000

（三）按照规定报经批准处置长期股权投资。

（1）按照规定报经批准出售（转让）长期股权投资时，应当区分长期股权投资取得方式分别处理。

①处置以现金取得的长期股权投资，按照实际取得的价款，借记"银行存款"等科目；按照被处置长期股权投资的账面余额，贷记本科目；按照尚未领取的现金股利或利润，贷记"应收股利"科目；按照发生的相关税费等支出，贷记"银行存款"等科目；按照借贷方差额，借记或贷记"投资收益"科目。

②处置以现金以外的其他资产取得的长期股权投资，按照被处置长期股权投资的账面余额，借记"资产处置费用"科目，贷记本科目；同时，按照实际取得的价款，借记"银行存款"等科目，按照尚未领取的现金股利或利润，贷记"应收股利"科目，按照发生的相关税费等支出，贷记"银行存款"等科目，按照贷方差额，贷记"应缴财政款"科目。按照规定将处置时取得的投资收益纳入本单位预算管理的，应当按照所取得价款大于被处置长期股权投资账面余额、应收股利账面余额和相关税费支出合计的差额，贷记"投资收益"科目。

（2）因被投资单位破产清算等原因，有确凿证据表明长期股权投资发生损失，按照规定报经批准后予以核销时，按照予以核销的长期股权投资的账面余额，借记"资产处置费用"科目，贷记本科目。

（3）报经批准置换转出长期股权投资时，参照"库存物品"科目中置换换入库存物品的规定做账务处理。

（4）采用权益法核算的长期股权投资的处置，除做上述账务处理外，还应结转原直接计入净资产的相关金额，借记或贷记"权益法调整"科目，贷记或借记"投资收益"科目。

【例5-84】 某事业单位去年以现金取得了B企业40%的股权。今年12月20日，该事业单位决定出售手中股权的25%，也就是B企业10%的股权，出售后对B企业的控股地位不变，出售时事业单位账面上对B企业长期股权投资的构成为：成本18 000 000元，损益调整4 800 000元，其他权益变动4 000 000元。出售取得价款7 350 000元。

　财务会计账务处理：
　　借：银行存款　　　　　　　　　　　　　　　　　　　　　　　　　　　　7 350 000
　　　贷：长期股权投资——成本（18 000 000×25%）　　　　　　　　　　　4 500 000

——损益调整（4 800 000×25%）	1 200 000
——其他权益变动（4 000 000×25%）	1 000 000
投资收益	650 000
借：权益法调整	1 000 000
贷：投资收益	1 000 000

预算会计账务处理：

借：资金结存——货币资金	7 350 000
贷：其他结余	4 500 000
投资预算收益	2 850 000

【例5-85】某事业单位2023年1月1日对B企业长期股权投资的账面价值为450 000元，该事业单位持有B企业的股份为85 000股，并按权益法核算该项长期股权投资。7月5日，B企业所在地区发生洪水，企业被冲毁，大部分资产已损失，且难有恢复的可能，其股票市价下跌为每股2.5元（不做预算会计账务处理）。

该事业单位按照规定将该项长期股权投资的损失报经批准后，予以核销。

应确认长期股权投资的损失 = 450 000–2.5×85 000 = 237 500（元）。

借：资产处置费用	237 500
贷：长期股权投资	237 500

二、长期债券投资

长期债券投资，是指事业单位按照规定取得的，持有时间超过1年（不含1年）的债券投资。"长期债券投资"科目应当设置"成本"和"应计利息"明细科目，且按照债券投资的种类明细核算。"长期债券投资"科目期末借方余额，反映事业单位持有的长期债券投资的价值。

（1）长期债券投资在取得时，应当按照其实际成本作为投资成本。

取得的长期债券投资，按照确定的投资成本，借记本科目（成本）；按照支付的价款中包含的已到付息期但尚未领取的利息，借记"应收利息"科目；按照实际支付的金额，贷记"银行存款"等科目。

实际收到取得债券时所支付价款中包含的已到付息期但尚未领取的利息时，借"银行存款"科目，贷记"应收利息"科目。

（2）长期债券投资持有期间，按期以债券票面金额与票面利率计算确认利息收入时，如为到期一次还本付息的债券投资，借记本科目（应计利息），贷记"投资收益"科目；如为分期付息、到期一次还本的债券投资，借记"应收利息"科目，贷记"投资收益"科目。收到分期支付的利息时，按照实收的金额，借记"银行存款"等科目，贷记"应收利息"科目。

（3）到期收回长期债券投资，按照实际收到的金额，借记"银行存款"科目；按照长期债券投资的账面余额，贷记本科目；按照相关应收利息金额，贷记"应收利息"科目；按照其差额，贷记"投资收益"科目。

（4）对外出售长期债券投资，按照实际收到的金额，借记"银行存款"科目；按照长期债券投资的账面余额，贷记本科目；按照已记入"应收利息"科目但尚未收取的金额，贷记"应收利息"科目；按照其差额，贷记或借记"投资收益"科目。涉及增值税业务的，相关账务处理参见"应交增值税"科目。

【例5-86】某事业单位以银行存款购买50 000元的3年期国库券，年利率为3.75%，半年付息一次；支付相关税费500元。

财务会计账务处理：

借：长期债券投资——成本　　　　　　　　　　　　　　　　50 500
　　贷：银行存款　　　　　　　　　　　　　　　　　　　　　　50 500
预算会计账务处理：
借：投资支出　　　　　　　　　　　　　　　　　　　　　　50 500
　　贷：资金结存——货币资金　　　　　　　　　　　　　　　　50 500

【例5-87】 承【例5-86】，事业单位收到上述债券的半年利息937.5元。
财务会计账务处理：
借：银行存款（50 000×3.75%÷12×6）　　　　　　　　　937.5
　　贷：投资收益　　　　　　　　　　　　　　　　　　　　　　937.5
预算会计账务处理：
借：资金结存——货币资金　　　　　　　　　　　　　　　　937.5
　　贷：投资预算收益　　　　　　　　　　　　　　　　　　　　937.5

【例5-88】 年内，事业单位对外转让上述债券，取得价款52 500元收存银行。
财务会计账务处理：
借：银行存款　　　　　　　　　　　　　　　　　　　　　　52 500
　　贷：长期债券投资——成本　　　　　　　　　　　　　　　　50 500
　　　　投资收益（52 500-50 500）　　　　　　　　　　　　2 000
预算会计账务处理：
借：资金结存——货币资金　　　　　　　　　　　　　　　　52 500
　　贷：投资支出　　　　　　　　　　　　　　　　　　　　　　50 500
　　　　投资预算收益　　　　　　　　　　　　　　　　　　　　2 000

三、固定资产

（一）固定资产的概念及分类

固定资产，是指使用期限超过1年（不含1年），单位价值在规定标准以上，且在使用过程中基本保持原有物质形态的资产。按《行政单位财务规则》《事业单位财务规则》单位价值规定：通用设备单价在1 000元以上，专用设备单价在1 500元以上。固定资产一般分为房屋及构筑物，通用设备，专用设备，文物和陈列品，图书、档案，家具、用具、装具及动植物。

（二）固定资产的核算

为核算固定资产，行政事业单位会计应设置"固定资产"科目。本科目应当按照固定资产类别和项目开展明细核算。行政事业单位开展固定资产核算时，应当考虑四种情况：第一，购入需要安装的固定资产，应当先通过"在建工程"科目核算，安装完毕交付使用时再转入本科目核算；第二，以借入、经营租赁方式租入的固定资产，不通过本科目核算，应当设置备查簿进行登记；第三，采用融资租入方式取得的固定资产，通过本科目核算，且在本科目下设置"融资租入固定资产"明细科目；第四，经批准在境外购买具有所有权的土地作为固定资产，通过本科目核算，单位应当在本科目下设置"境外土地"明细科目，开展相应明细核算。"固定资产"科目期末借方余额，反映单位固定资产的原值。

1. 固定资产在取得时，应当按照成本开展初始计量

（1）购入不需安装的固定资产，待验收合格时，按照确定的固定资产成本，借记本科目，贷记"财政拨款收入""零余额账户用款额度""应付账款""银行存款"等科目。

购入需要安装的固定资产，在安装完毕交付使用前通过"在建工程"科目核算，安装完毕交付

使用时再转入本科目。

购入固定资产扣留质量保证金的，应当在取得固定资产时，按照确定的固定资产成本，借记本科目［不需安装］或"在建工程"科目［需要安装］，按照实际支付或应付的金额，贷记"财政拨款收入""零余额账户用款额度""应付账款"［不含质量保证金］、"银行存款"等科目，按照扣留的质量保证金数额，贷记"其他应付款"［扣留期在1年以内（含1年）］或"长期应付款"［扣留期超过1年］科目。

质保期满支付质量保证金时，借记"其他应付款""长期应付款"科目，贷记"财政拨款收入""零余额账户用款额度""银行存款"等科目。

（2）自行建造的固定资产交付使用时，按照在建工程成本，借记本科目，贷记"在建工程"科目。

已交付使用但尚未办理竣工决算手续的固定资产，按照估计价值入账，待办理竣工决算后再按照实际成本调整原来的暂估价值。

（3）融资租赁取得的固定资产，成本按照租赁协议或者合同确定的租赁价款、相关税费以及固定资产交付使用所发生的可归属于该项资产的运输费、途中保险费、安装调试费等确定。

融资租入的固定资产，按照确定的成本，借记本科目［不需安装］或"在建工程"科目［需安装］，按照租赁协议或者合同确定的租赁付款额，贷记"长期应付款"科目，按照支付的运输费、途中保险费、安装调试费等金额，贷记"财政拨款收入""零余额账户用款额度""银行存款"等科目。

定期支付租金时，按照实际支付金额，借记"长期应付款"科目，贷记"财政拨款收入""零余额账户用款额度""银行存款"等科目。

（4）按照规定跨年度分期付款购入固定资产的账务处理，参照融资租入固定资产。

（5）接受捐赠的固定资产，按照确定的固定资产成本，借记本科目［不需安装］或"在建工程"科目［需安装］，按照发生的相关税费、运输费等，贷记"零余额账户用款额度""银行存款"等科目，按照其差额，贷记"捐赠收入"科目。

接受捐赠的固定资产按照名义金额入账的，按照名义金额，借记本科目，贷记"捐赠收入"科目；按照发生的相关税费、运输费等，借记"其他费用"科目，贷记"零余额账户用款额度""银行存款"等科目。

（6）无偿调入的固定资产，按照确定的固定资产成本，借记本科目［不需安装］或"在建工程"科目［需安装］，按照发生的相关税费、运输费等，贷记"零余额账户用款额度""银行存款"等科目，按照其差额，贷记"无偿调拨净资产"科目。

（7）置换取得的固定资产，参照"库存物品"科目中置换取得库存物品的相关规定做账务处理。

固定资产取得时涉及增值税业务的，相关账务处理参见"应交增值税"科目。

【例5-89】某行政单位以财政资金直接支付方式购入一台不需要安装的设备，设备价款为380 000元。假定不考虑其他相关税费。

财务会计账务处理：

借：固定资产　　　　　　　　　　　　　　　　　　　　　　　　　　380 000
　　贷：财政拨款收入　　　　　　　　　　　　　　　　　　　　　　　　380 000

预算会计账务处理：

借：行政支出　　　　　　　　　　　　　　　　　　　　　　　　　　380 000
　　贷：财政拨款预算收入　　　　　　　　　　　　　　　　　　　　　　380 000

【例5-90】某行政单位购入一台需要安装的全新设备，用银行存款支付设备价款100 000元、

包装及运杂费 6 500 元;安装设备支付有关材料费 28 000 元,支付外单位安装人员薪酬 7 500 元;安装完毕,经调试合格后投入使用。

①支付设备价款、包装及运杂费时

财务会计账务处理:

借:在建工程 106 500
　　贷:银行存款 106 500

预算会计账务处理:

借:行政支出 106 500
　　贷:资金结存——货币资金 106 500

②支付安装材料费、安装人员薪酬时

财务会计账务处理:

借:在建工程 35 500
　　贷:银行存款 35 500

预算会计账务处理:

借:行政支出 35 500
　　贷:资金结存——货币资金 35 500

③安装完毕,投入使用时(不做预算会计账务处理)

借:固定资产 142 000
　　贷:在建工程 142 000

【例 5-91】 某行政单位购入一台不需要安装的设备,发票价格 31 500 元,运费 1 200 元、包装费 400 元,已取得固定资产的全部发票;按合同约定,购入该项固定资产扣留 10% 的质量保证金(一年内支付),其余款项以银行存款支付(不考虑税费)。

财务会计账务处理:

借:固定资产 33 100
　　贷:其他应付款 3 310
　　　　银行存款 29 790

预算会计账务处理:

借:行政支出 29 790
　　贷:资金结存——货币资金 29 790

【例 5-92】 某行政单位经批准使用非财政拨款资金加盖一层楼房;采用出包方式委托某建筑公司承建,以银行存款支付工程款 1 500 000 元。

①支付工程价款时

财务会计账务处理:

借:在建工程 1 500 000
　　贷:银行存款 1 500 000

预算会计账务处理:

借:行政支出 1 500 000
　　贷:资金结存——货币资金 1 500 000

②工程完工交付使用时(不做预算会计账务处理)

借:固定资产 1 500 000
　　贷:在建工程 1 500 000

【例 5-93】 某行政单位采用融资租赁方式从某公司租入一台不需安装的专用设备，用于专业业务活动，协议价款为 600 000 元，每年年末支付租金 120 000 元，分五年付清。租入该项专用设备时，行政单位支付了运杂费等 3 900 元。

①租入该项专用设备时：

财务会计账务处理：

借：固定资产——融资租入　　　　　　　　　　　　　　　　603 900
　　贷：长期应付款　　　　　　　　　　　　　　　　　　　　600 000
　　　　银行存款　　　　　　　　　　　　　　　　　　　　　　3 900

预算会计账务处理：

借：行政支出　　　　　　　　　　　　　　　　　　　　　　　3 900
　　贷：资金结存——货币资金　　　　　　　　　　　　　　　　3 900

②每年年末支付租金时

财务会计账务处理：

借：长期应付款　　　　　　　　　　　　　　　　　　　　　120 000
　　贷：银行存款　　　　　　　　　　　　　　　　　　　　　120 000

预算会计账务处理：

借：行政支出　　　　　　　　　　　　　　　　　　　　　　120 000
　　贷：资金结存——货币资金　　　　　　　　　　　　　　　120 000

【例 5-94】 某行政单位接受乙公司捐赠的一台不需要安装的通信设备，未取得相关凭据，同类或类似固定资产的市场价格为 95 000 元，接受捐赠资产发生相关支出 5 000 元，以银行存款付讫。

财务会计账务处理：

借：固定资产　　　　　　　　　　　　　　　　　　　　　　100 000
　　贷：银行存款　　　　　　　　　　　　　　　　　　　　　　5 000
　　　　捐赠收入　　　　　　　　　　　　　　　　　　　　　95 000

预算会计账务处理：

借：其他支出　　　　　　　　　　　　　　　　　　　　　　　5 000
　　贷：资金结存——货币资金　　　　　　　　　　　　　　　　5 000

【例 5-95】 某行政单位根据主管部门的"固定资产调拨单"无偿调入 2 台业务活动用设备，每台价款 30 000 元，运输费、安装费 4 000 元，已用银行存款支付。

财务会计账务处理：

借：固定资产（30 000×2 + 4 000）　　　　　　　　　　　　　64 000
　　贷：银行存款　　　　　　　　　　　　　　　　　　　　　　4 000
　　　　无偿调拨净资产　　　　　　　　　　　　　　　　　　60 000

预算会计账务处理：

借：其他支出　　　　　　　　　　　　　　　　　　　　　　　4 000
　　贷：资金结存——货币资金　　　　　　　　　　　　　　　　4 000

2．与固定资产有关的后续支出

（1）符合固定资产确认条件的后续支出

通常情况下，将固定资产转入改建、扩建时，按照固定资产的账面价值，借记"在建工程"科目；按照固定资产已计提折旧，借记"固定资产累计折旧"科目；按照固定资产的账面余额，贷记本科目。

为增加固定资产使用效能或延长其使用年限而发生的改建、扩建等后续支出，借记"在建工程"科目，贷记"财政拨款收入""零余额账户用款额度""银行存款"等科目。

固定资产改建、扩建等完成交付使用时，按照在建工程成本，借记本科目，贷记"在建工程"科目。

（2）不符合固定资产确认条件的后续支出

为保证固定资产正常使用发生的日常维修等支出，借记"业务活动费用""单位管理费用"等科目，贷记"财政拨款收入""零余额账户用款额度""银行存款"等科目。

【例5-96】 某行政单位扩建一项固定资产，扩建前该固定资产的原价为1 000 000元，已提折旧300 000元，扩建过程中以零余额账户支付相关费用500 000元，工程完工交付使用确定的固定资产成本为1 200 000元。

①将固定资产转入扩建时（不做预算会计账务处理）

借：在建工程　　　　　　　　　　　　　　　　　　　700 000
　　固定资产累计折旧　　　　　　　　　　　　　　　300 000
　　贷：固定资产　　　　　　　　　　　　　　　　　　　　1 000 000

②发生扩建后续支出时

财务会计账务处理：

借：在建工程　　　　　　　　　　　　　　　　　　　500 000
　　贷：零余额账户用款额度　　　　　　　　　　　　　　500 000

预算会计账务处理：

借：行政支出　　　　　　　　　　　　　　　　　　　500 000
　　贷：资金结存——零余额账户用款额度　　　　　　　　500 000

③固定资产扩建完成交付使用时（不做预算会计账务处理）

借：固定资产　　　　　　　　　　　　　　　　　　　1 200 000
　　贷：在建工程　　　　　　　　　　　　　　　　　　　　1 200 000

【例5-97】 某行政单位日常维护现有的业务活动用设备，维护过程中领用一批材料，价值为100 000元，应支付维护人员的工资为28 000元；不考虑其他相关税费（不做预算会计账务处理）。

借：业务活动费用　　　　　　　　　　　　　　　　　128 000
　　贷：库存物品　　　　　　　　　　　　　　　　　　　　100 000
　　　　应付职工薪酬　　　　　　　　　　　　　　　　　　28 000

3. 按照规定报经批准处置固定资产，一般有四种情况

（1）报经批准出售、转让固定资产，按照被出售、转让固定资产的账面价值，借记"资产处置费用"科目，按照固定资产已计提的折旧，借记"固定资产累计折旧"科目，按照固定资产账面余额，贷记本科目；同时，按照收到的价款，借记"银行存款"等科目，按照处置过程中发生的相关费用，贷记"银行存款"等科目，按照其差额，贷记"应缴财政款"科目。

（2）报经批准对外捐赠固定资产，按照固定资产已计提的折旧，借记"固定资产累计折旧"科目；按照被处置固定资产账面余额，贷记本科目；按照捐赠过程中发生的归属于捐出方的相关费用，贷记"银行存款"等科目；按照其差额，借记"资产处置费用"科目。

（3）报经批准无偿调出固定资产，按照固定资产已计提的折旧，借记"固定资产累计折旧"科目；按照被处置固定资产账面余额，贷记本科目，按照其差额，借记"无偿调拨净资产"科目；同时，按照无偿调出过程中发生的归属于调出方的相关费用，借记"资产处置费用"科目，贷记"银行存款"等科目。

（4）报经批准置换换出固定资产，参照"库存物品"中置换换入库存物品的规定做账务处理。固定资产处置时涉及增值税业务的，相关账务处理参见"应交增值税"科目。

【例5-98】 某行政单位经批准将一栋建筑物出售给乙公司，合同价款为680 000元，乙公司用银行存款付清；出售时，该建筑物原值为2 000 000元，已提折旧1 280 000元，以银行存款支付清理费用30 000元；按照规定，建筑物出售净收入应缴国库。

①报经批准出售固定资产时（不做预算会计账务处理）

借：资产处置费用　　　　　　　　　　　　　　　　　　　720 000
　　固定资产累计折旧　　　　　　　　　　　　　　　　1 280 000
　　贷：固定资产　　　　　　　　　　　　　　　　　　2 000 000

②收到出售价款时（不做预算会计账务处理）

借：银行存款（680 000-30 000）　　　　　　　　　　　　650 000
　　贷：应缴财政款　　　　　　　　　　　　　　　　　　650 000

【例5-99】 某行政单位经批准无偿调出一项固定资产，账面原值为150 000元，已提折旧125 000元。无偿调出固定资产发生由行政单位承担的运输费4 500元，款项以零余额账户支付。

财务会计账务处理：

借：固定资产累计折旧　　　　　　　　　　　　　　　　　125 000
　　无偿调拨净资产　　　　　　　　　　　　　　　　　　　25 000
　　资产处置费用　　　　　　　　　　　　　　　　　　　　4 500
　　贷：固定资产　　　　　　　　　　　　　　　　　　　150 000
　　　　零余额账户用款额度　　　　　　　　　　　　　　　4 500

预算会计账务处理：

借：其他支出　　　　　　　　　　　　　　　　　　　　　　4 500
　　贷：资金结存——零余额账户用款额度　　　　　　　　　4 500

4. 单位应当定期清查盘点固定资产，每年至少盘点一次。对固定资产的盘盈、盘亏或毁损、报废，应当先记入"待处理财产损溢"科目，按照规定报经批准后及时做后续账务处理

（1）盘盈的固定资产，成本按照有关凭据注明的金额确定；没有相关凭据但按照规定经过资产评估的，成本按照评估价值确定；没有相关凭据也未经过评估的，成本按照重置成本确定。如无法采用上述方法确定盘盈固定资产成本的，按照名义金额（人民币1元）入账。

盘盈的固定资产，按照确定的入账成本，借记本科目，贷记"待处理财产损溢"科目。

（2）盘亏、毁损或报废的固定资产，按照待处理固定资产的账面价值，借记"待处理财产损溢"科目；按照已提折旧，借记"固定资产累计折旧"科目；按照固定资产的账面余额，贷记本科目。

【例5-100】 某行政单位清查盘点资产，发现有一台正在使用中的设备未入账，该设备存在活跃市场，市场价格为80 000元。当年报经批准后处理（不做预算会计账务处理）。

借：固定资产　　　　　　　　　　　　　　　　　　　　　80 000
　　贷：待处理财产损溢　　　　　　　　　　　　　　　　80 000

借：待处理财产损溢　　　　　　　　　　　　　　　　　　80 000
　　贷：以前年度盈余调整　　　　　　　　　　　　　　　80 000

【例5-101】 某行政单位因遭受水灾而毁损一台设备，报批后处理。该设备原价为220 000元，已计提折旧180 000元；其残料变价收入15 000元存入银行，报废资产发生相关税费20 000元，以现金支付；经保险公司核定应赔偿损失3 000元，尚未收到赔款。假定不考虑相关税费。

①毁损设备的处置过程只做财务会计账务处理，当最后的处理收支结清时，如果处理收入小于相关费用，需要同时做预算会计账务处理

借：待处理财产损溢——待处理财产价值　　　　　　　　　　　　40 000
　　固定资产累计折旧　　　　　　　　　　　　　　　　　　　180 000
　　贷：固定资产　　　　　　　　　　　　　　　　　　　　　　　　220 000
借：银行存款　　　　　　　　　　　　　　　　　　　　　　　　15 000
　　贷：待处理财产损溢——处理净收入　　　　　　　　　　　　　　15 000
借：待处理财产损溢——处理净收入　　　　　　　　　　　　　　20 000
　　贷：库存现金　　　　　　　　　　　　　　　　　　　　　　　　20 000
借：其他应收款　　　　　　　　　　　　　　　　　　　　　　　 3 000
　　贷：待处理财产损溢——处理净收入　　　　　　　　　　　　　　 3 000

②报经批准后，处理收支结清，处理收入小于相关费用

财务会计账务处理：

借：资产处置费用　　　　　　　　　　　　　　　　　　　　　　 2 000
　　贷：待处理财产损溢——处理净收入　　　　　　　　　　　　　　 2 000

预算会计账务处理：

借：其他支出　　　　　　　　　　　　　　　　　　　　　　　　 5 000
　　贷：资金结存——货币资金　　　　　　　　　　　　　　　　　　 5 000

③收到保险公司的赔款

财务会计账务处理：

借：银行存款　　　　　　　　　　　　　　　　　　　　　　　　 3 000
　　贷：其他应收款　　　　　　　　　　　　　　　　　　　　　　　 3 000

预算会计账务处理：

借：资金结存——货币资金　　　　　　　　　　　　　　　　　　 3 000
　　贷：其他支出　　　　　　　　　　　　　　　　　　　　　　　　 3 000

四、固定资产累计折旧

"固定资产折旧"，是指在固定资产的预计使用年限内，按照确定的方法系统分摊应计的折旧额。固定资产应计的折旧额为其成本，计提固定资产折旧时不考虑预计净残值。行政事业单位应设置"固定资产累计折旧"科目，核算行政事业单位计提的固定资产折旧。"固定资产累计折旧"科目期末贷方余额，反映单位计提的固定资产折旧累计数。

（1）按月计提固定资产折旧时，按照应计提折旧金额，借记"业务活动费用""单位管理费用""经营费用""加工物品""在建工程"等科目，贷记本科目。

（2）经批准处置或处理固定资产时，按照所处置或处理固定资产的账面价值，借记"资产处置费用""无偿调拨净资产""待处理财产损溢"等科目；按照已计提折旧，借记本科目；按照固定资产的账面余额，贷记"固定资产"科目。

【例5-102】 某行政单位4月份取得一台设备，原值1 690 000元，预计使用年限7年。从4月份起，每月计提折旧额=（原值1 680 000–预计残值0）/预计使用月份84 = 20 000（元）（不做预算会计账务处理）。

借：业务活动费用　　　　　　　　　　　　　　　　　　　　　　20 000
　　贷：固定资产累计折旧　　　　　　　　　　　　　　　　　　　　20 000

五、工程物资

工程物资是指单位为在建工程准备的各种物资，包括工程用材料、设备等。为核算行政事业单位直接储存管理的工程物资，单位会计应设置"工程物资"科目。本科目应当按照"库存材料""库存设备"等工程物资类别开展明细核算。本科目期末借方余额，反映单位为在建工程准备的各种物资的成本。

（1）购入为工程准备的物资，按照确定的物资成本，借记本科目，贷记"财政拨款收入""零余额账户用款额度""银行存款""应付账款"等科目。

（2）领用工程物资，按照物资成本，借记"在建工程"科目，贷记本科目。工程完工后将剩余物资退库时做相反的会计分录。

（3）工程完工后将剩余的工程物资转作本单位存货等的，按照物资成本，借记"库存物品"等科目，贷记本科目。涉及增值税业务的，相关账务处理参见"应交增值税"科目。

【例5-103】某行政单位通过财政直接支付方式购入工程物资1 000 000元，领用了800 000元，剩余的工程物资全部转为原材料。

①工程物资购入时
财务会计账务处理：
借：工程物资　　　　　　　　　　　　　　　　　　　　1 000 000
　　贷：财政拨款收入　　　　　　　　　　　　　　　　　　1 000 000
预算会计账务处理：
借：行政支出　　　　　　　　　　　　　　　　　　　　1 000 000
　　贷：财政拨款预算收入　　　　　　　　　　　　　　　　1 000 000
②领用工程物资时（不做预算会计账务处理）
借：在建工程　　　　　　　　　　　　　　　　　　　　　800 000
　　贷：工程物资　　　　　　　　　　　　　　　　　　　　800 000
③将剩余的工程物资转作原材料时（不做预算会计账务处理）
借：库存物品　　　　　　　　　　　　　　　　　　　　　200 000
　　贷：工程物资　　　　　　　　　　　　　　　　　　　　200 000

六、在建工程

（一）在建工程的内容

在建工程，是指行政事业单位已经发生必要支出，但尚未完工交付使用的建设工程。行政事业单位在建的信息系统项目工程、公共基础设施项目工程、保障性住房项目工程的实际成本，也通过本科目核算。

（二）在建工程的账户设置

行政事业单位应设置"在建工程"科目，核算行政事业单位已经发生必要支出，但尚未完工交付使用的各种建筑（包括新建、改建、扩建、修缮等）、设备安装工程和信息系统建设工程的实际成本。不能够增加固定资产、公共基础设施使用效能及不能延长其使用寿命的修缮、维护等，不通过"在建工程"科目核算。"在建工程"科目应当设置"建筑安装工程投资""设备投资""待摊投资""其他投资""待核销基建支出""基建转出投资"等明细科目，并按照具体项目开展明细核算。本科目期末借方余额反映行政事业单位在建工程的实际成本。

（1）"建筑安装工程投资"明细科目，核算单位发生的构成建设项目实际支出的建筑工程和安

装工程的实际成本,不包括被安装设备本身的价值以及按照合同规定支付给施工单位的预付备料款和预付工程款。本明细科目应当设置"建筑工程"和"安装工程"两个明细科目开展明细核算。

(2)"设备投资"明细科目,核算单位发生的构成建设项目实际支出的各种设备的实际成本。

(3)"待摊投资"明细科目,核算单位发生的构成建设项目实际支出的、按照规定应当分摊计入有关工程成本和设备成本的各项间接费用和税费支出。本明细科目的具体核算内容包括九个方面。

①勘察费、设计费、研究试验费、可行性研究费及项目其他前期费用。

②土地征用及迁移补偿费、土地复垦及补偿费、森林植被恢复费及其他为取得土地使用权、租用权而发生的费用。

③土地使用税、耕地占用税、契税、车船税、印花税及按照规定缴纳的其他税费。

④项目建设管理费、代建管理费、临时设施费、监理费、招投标费、社会中介审计(审查)费及其他管理性质的费用。

项目建设管理费是指项目建设单位从项目筹建之日起至办理竣工财务决算之日止发生的管理性质的支出,包括不在原单位发工资的工作人员工资及相关费用、办公费、办公场地租用费、差旅交通费、劳动保护费、工具用具使用费、固定资产使用费、招募生产工人费、技术图书资料费(含软件)、业务招待费、施工现场津贴、竣工验收费等。

⑤项目建设期间发生的各类专门借款利息支出或融资费用。

⑥工程检测费、设备检验费、负荷联合试车费及其他检验检测类费用。

⑦固定资产损失、器材处理亏损、设备盘亏及毁损、单项工程或单位工程报废、毁损净损失及其他损失。

⑧系统集成等信息工程的费用支出。

⑨其他待摊性质支出。本明细科目应当按照上述费用项目开展明细核算,其中,有些费用(如项目建设管理费等)还应当按照更为具体的费用项目明细核算。

(4)"其他投资"明细科目,核算单位发生的构成建设项目实际支出的房屋购置支出,基本畜禽、林木等购置、饲养、培育支出,办公生活用家具、器具购置支出,软件研发和不能计入设备投资的软件购置等支出。单位为开展可行性研究而购置的固定资产,以及取得土地使用权支付的土地出让金,也通过本明细科目核算。本明细科目应当设置"房屋购置""基本畜禽支出""林木支出""办公生活用家具、器具购置""可行性研究固定资产购置""无形资产"等明细科目。

(5)"待核销基建支出"明细科目,核算建设项目发生的江河清障、航道清淤、飞播造林、补助群众造林、水土保持、城市绿化、取消项目的可行性研究费以及项目整体报废等不能形成资产部分的基建投资支出。本明细科目应按照待核销基建支出的类别开展明细核算。

(6)"基建转出投资"明细科目,核算为建设项目配套而建成的、产权不归属本单位的专用设施的实际成本。本明细科目应按照转出投资的类别开展明细核算。

(三)在建工程的账务处理

1. 建筑安装工程投资

(1)将固定资产等资产转入改建、扩建等时,按照固定资产等资产的账面价值,借记本科目(建筑安装工程投资),按照已计提的折旧或摊销,借记"固定资产累计折旧"等科目,按照固定资产等资产的原值,贷记"固定资产"等科目。

固定资产等资产改建、扩建过程中涉及替换(或拆除)原资产的某些组成部分的,按照被替换(或拆除)部分的账面价值,借记"待处理财产损溢"科目,贷记本科目(建筑安装工程投资)。

(2)单位对发包建筑安装工程,根据建筑安装工程价款结算账单与施工企业结算工程价款时,按照应承付的工程价款,借记本科目(建筑安装工程投资);按照预付工程款余额,贷记"预付账款"科目；按照其差额，贷记"财政拨款收入""零余额账户用款额度""银行存款""应付账款"等科目。

（3）单位自行施工的小型建筑安装工程，按照发生的各项支出金额，借记本科目（建筑安装工程投资），贷记"工程物资""零余额账户用款额度""银行存款""应付职工薪酬"等科目。

（4）工程竣工，办妥竣工验收交接手续交付使用时，按照建筑安装工程成本（含应分摊的待摊投资），借记"固定资产"等科目，贷记本科目（建筑安装工程投资）。

【例5-104】某行政单位经批准改建、扩建其办公大楼，发生七项交易或事项。

①改建、扩建办公大楼，该大楼的账面价值为98 000 000元，已计提折旧78 000 000元

借：在建工程 20 000 000
　　固定资产累计折旧 78 000 000
　　贷：固定资产 98 000 000

②拆除办公大楼的一部分，其账面价值为8 000 000元（不做预算会计账务处理）

借：待处理财产损溢 8 000 000
　　贷：在建工程 8 000 000

③领用工程物资价值10 000 000元，用于办公大楼的改建、扩建工程（不做预算会计账务处理）

借：在建工程 10 000 000
　　贷：工程物资 10 000 000

④根据工程进度支付首次工程款5 000 000元，款项以财政直接支付方式结算

财务会计账务处理：
借：在建工程 5 000 000
　　贷：财政拨款收入 5 000 000

预算会计账务处理：
借：行政支出 5 000 000
　　贷：财政拨款预算收入 5 000 000

⑤办公大楼改建、扩建工程使用非本单位的资金产生应计利息费用1 000 000元（不做预算会计账务处理）

借：在建工程 1 000 000
　　贷：应付利息 1 000 000

⑥收到工程价款结算单，以零余额账户补付工程款2 000 000元

财务会计账务处理：
借：在建工程 2 000 000
　　贷：零余额账户用款额度 2 000 000

预算会计账务处理：
借：行政支出 2 000 000
　　贷：资金结存——零余额账户用款额度 2 000 000

⑦办公大楼改建、扩建工程完工交付使用时，按照交付使用工程发生的实际成本转账（不做预算会计账务处理）。

借：固定资产 30 000 000
　　贷：在建工程 30 000 000

2. 设备投资

（1）购入设备时，按照购入成本，借记本科目（设备投资），贷记"财政拨款收入""零余额账

户用款额度""银行存款"等科目；采用预付款方式购入设备的，有关预付款的账务处理参照本科目有关"建筑安装工程投资"明细科目的规定。

（2）设备安装完毕，办妥竣工验收交接手续交付使用时，按照设备投资成本（含设备安装工程成本和分摊的待摊投资），借记"固定资产"等科目，贷记本科目（设备投资、建筑安装工程投资——安装工程）。

将不需要安装的设备和达不到固定资产标准的工具、器具交付使用时，按照相关设备、工具、器具的实际成本，借记"固定资产""库存物品"科目，贷记本科目（设备投资）。

【例 5-105】 某行政单位以财政直接支付方式购入一台需要安装的大型设备，价款 334 000 元，支付运输费 6 000 元，设备交付安装；安装过程中，以银行存款支付安装单位材料费 16 000 元、安装人员薪酬 8 000 元；设备安装完毕并交付使用。假定不考虑其他相关税费。

①支付设备价款及相关费用时
财务会计账务处理：
借：在建工程　　　　　　　　　　　　　　　　340 000
　　贷：财政拨款收入　　　　　　　　　　　　　　　340 000
预算会计账务处理：
借：行政支出　　　　　　　　　　　　　　　　340 000
　　贷：财政拨款预算收入　　　　　　　　　　　　　340 000

②支付安装过程中的相关费用时
财务会计账务处理：
借：在建工程　　　　　　　　　　　　　　　　 24 000
　　贷：银行存款　　　　　　　　　　　　　　　　　 24 000
预算会计账务处理：
借：行政支出　　　　　　　　　　　　　　　　 24 000
　　贷：资金结存——货币资金　　　　　　　　　　　 24 000

③安装完毕交付使用时（不做预算会计账务处理）
借：固定资产　　　　　　　　　　　　　　　　364 000
　　贷：在建工程　　　　　　　　　　　　　　　　　364 000

3. 待摊投资

建设工程发生的构成建设项目实际支出的、按照规定应当分摊计入有关工程成本和设备成本的各项间接费用和税费支出，先在本明细科目中归集；建设工程办妥竣工验收手续交付使用时，按照合理的分配方法，摊入相关工程成本、在安装设备成本等。

（1）单位发生的构成待摊投资的各类费用，按照实际发生金额，借记本科目（待摊投资），贷记"财政拨款收入""零余额账户用款额度""银行存款""应付利息""长期借款""其他应交税费""固定资产累计折旧""无形资产累计摊销"等科目。

（2）对建设过程中试生产、设备调试等产生的收入，按照取得的收入金额，借记"银行存款"等科目；按照依据有关规定应当冲减建设工程成本的部分，贷记本科目（待摊投资）；按照其差额贷记"应缴财政款"或"其他收入"科目。

（3）由于自然灾害、管理不善等造成的单项工程或单位工程报废或毁损，扣除残料价值和过失人或保险公司等赔款后的净损失，报经批准后计入继续施工的工程成本的，按照工程成本扣除残料价值和过失人或保险公司等赔款后的净损失，借记本科目（待摊投资）；按照残料变价收入、过失人或保险公司赔款等，借记"银行存款""其他应收款"等科目；按照报废或毁损的工程成本，贷记本科目（建筑安装工程投资）。

（4）工程交付使用时，按照合理的分配方法分配待摊投资，借记本科目（建筑安装工程投资、设备投资），贷记本科目（待摊投资）。

4．其他投资

（1）单位为建设工程发生的房屋购置支出，基本畜禽、林木等的购置、饲养、培育支出，办公生活用家具、器具购置支出，软件研发和不能计入设备投资的软件购置等支出，按照实际发生金额，借记本科目（其他投资），贷记"财政拨款收入""零余额账户用款额度""银行存款"等科目。

（2）工程完成将形成的房屋、基本畜禽、林木等各种财产以及无形资产交付使用时，按照其实际成本，借记"固定资产""无形资产"等科目，贷记本科目（其他投资）。

5．待核销基建支出

（1）建设项目发生的江河清障、航道清淤、飞播造林、补助群众造林、水土保持、城市绿化等不能形成资产的各类待核销基建支出，按照实际发生金额，借记本科目（待核销基建支出），贷记"财政拨款收入""零余额账户用款额度""银行存款"等科目。

（2）取消的建设项目发生的可行性研究费，按照实际发生金额，借记本科目（待核销基建支出），贷记本科目（待摊投资）。

（3）由于自然灾害等发生的建设项目整体报废而形成的净损失，报经批准后转入待核销基建支出，按照项目整体报废而形成的净损失，借记本科目（待核销基建支出）；按照报废工程回收的残料变价收入、保险公司赔款等，借记"银行存款""其他应收款"等科目；按照报废的工程成本，贷记本科目（建筑安装工程投资等）。

（4）建设项目竣工验收交付使用时，冲销发生的待核销基建支出，借记"资产处置费用"科目，贷记本科目（待核销基建支出）。

6．基建转出投资

为建设项目配套而建成的、产权不归属本单位的专用设施，在项目竣工验收交付使用时，按照转出的专用设施的成本，借记本科目（基建转出投资），贷记本科目（建筑安装工程投资）；同时，借记"无偿调拨净资产"科目，贷记本科目（基建转出投资）。

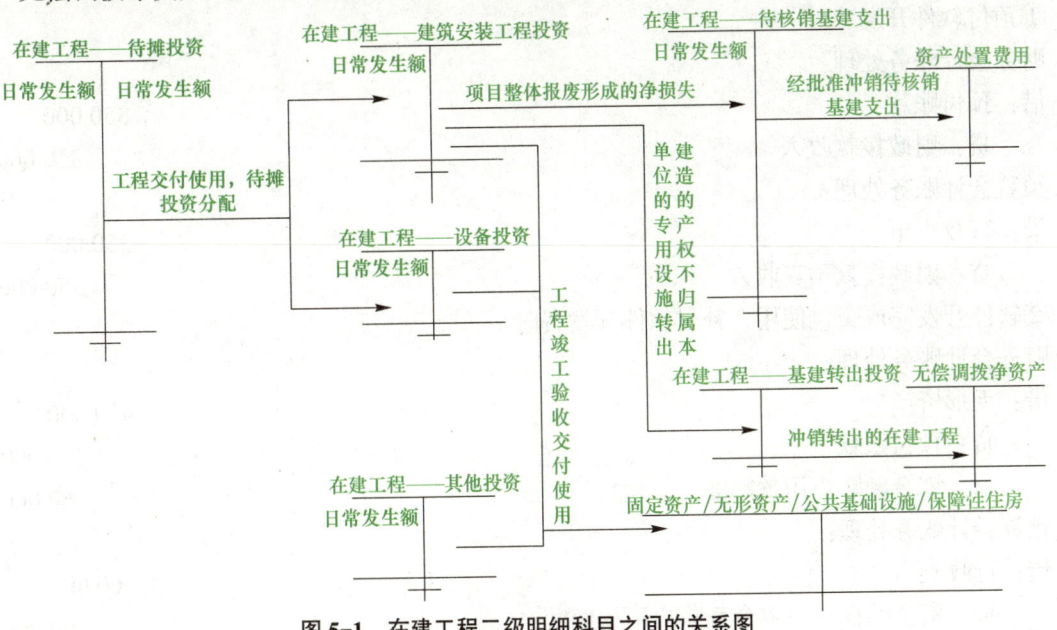

图 5-1　在建工程二级明细科目之间的关系图

七、无形资产

（一）无形资产的内容

无形资产，是指不具有实物形态、能为行政事业单位提供某种权利的非货币性资产，包括著作权、土地使用权、专利权、非专利技术等。行政事业单位购入的不构成相关硬件不可缺少组成部分的软件，应当作为无形资产核算。非大批量购入、单价小于1 000元的无形资产，可以于购买的当期将其成本直接计入当期费用。

（二）无形资产的账户设置

行政事业单位会计应设置"无形资产"科目，核算无形资产的原价。本科目按照无形资产的类别、项目等开展明细核算，期末借方余额反映行政事业单位无形资产的原价。行政事业单位应设置"无形资产累计摊销"科目，核算无形资产的累计摊销额。本科目应按照无形资产的类别、项目等开展明细核算，期末贷方余额反映行政事业单位无形资产摊销累计数。

（三）取得无形资产的核算

（1）外购无形资产，借记"无形资产"科目，贷记"财政拨款收入""零余额账户用款额度""银行存款"和"应付账款"等科目。

【例5-106】 某行政单位购入一项著作权，价款为160 000元，另支付手续费4 800元，款项及手续费都以银行存款支付。

财务会计账务处理：

借：无形资产　　　　　　　　　　　　　　　　　　　　164 800
　　贷：银行存款　　　　　　　　　　　　　　　　　　　　164 800

预算会计账务处理：

借：行政支出　　　　　　　　　　　　　　　　　　　　164 800
　　贷：资金结存——货币资金　　　　　　　　　　　　　　164 800

（2）委托软件公司开发软件，按外购无形资产处理。

【例5-107】 某行政单位委托乙软件公司开发软件，预付软件开发费350 000元，款项通过财政直接支付；软件开发完成交付使用，同时以零余额账户补付软件开发款60 000元。

①预付软件开发费时

财务会计账务处理：

借：预付账款　　　　　　　　　　　　　　　　　　　　350 000
　　贷：财政拨款收入　　　　　　　　　　　　　　　　　　350 000

预算会计账务处理：

借：行政支出　　　　　　　　　　　　　　　　　　　　350 000
　　贷：财政拨款预算收入　　　　　　　　　　　　　　　　350 000

②软件开发完成交付使用，补付软件开发费时

财务会计账务处理：

借：无形资产　　　　　　　　　　　　　　　　　　　　410 000
　　贷：预付账款　　　　　　　　　　　　　　　　　　　　350 000
　　　　零余额账户用款额度　　　　　　　　　　　　　　　 60 000

预算会计账务处理：

借：行政支出　　　　　　　　　　　　　　　　　　　　 60 000
　　贷：资金结存——零余额账户用款额度　　　　　　　　　 60 000

（3）自行研究开发形成的无形资产，按照研究开发项目进入开发阶段后至达到预定用途前发生的支出总额，借记本科目，贷记"研发支出——开发支出"科目。

自行研究开发项目尚未进入开发阶段，或者确实无法区分研究阶段支出和开发阶段支出，但按照法律程序已申请取得无形资产的，按照依法取得时发生的注册费、聘请律师费等费用，借记本科目，贷记"财政拨款收入""零余额账户用款额度""银行存款"等科目；按照依法取得前发生的研究支出，借记"业务活动费用"等科目，贷记"研发支出"科目。

【例 5-108】 某行政单位自行开发研制某项专门技术，申请国家专利时发生注册费、聘请律师费等 18 000 元；研制期间发生的相关支出有实验检验费 6 000 元、研究人员薪酬 10 000 元、消耗材料费 5 000 元，共计 21 000 元。所有款项都以银行存款支付。

①支付研制期间发生的费用时

财务会计账务处理：

借：业务活动费用 21 000
　　贷：银行存款 21 000

预算会计账务处理：

借：行政支出 21 000
　　贷：资金结存——货币资金 21 000

②申请获得专利取得无形资产时

财务会计账务处理：

借：无形资产 18 000
　　贷：银行存款 18 000

预算会计账务处理：

借：行政支出 18 000
　　贷：资金结存——货币资金 18 000

（4）接受捐赠的无形资产，按照确定的无形资产成本，借记本科目，按照发生的相关税费等，贷记"零余额账户用款额度""银行存款"等科目，按照其差额，贷记"捐赠收入"科目。

接受捐赠的无形资产按照名义金额入账的，按照名义金额，借记本科目，贷记"捐赠收入"科目；同时，按照发生的相关税费等，借记"其他费用"科目，贷记"零余额账户用款额度""银行存款"等科目。

【例 5-109】 某行政单位与乙公司签订捐赠协议，协议规定，乙公司向该行政单位捐赠一项著作权，该著作权没有相关凭据，也无法取得同类或类似无形资产的市场价格，其资产按名义金额入账。以零余额账户支付相关费用 5 000 元。

财务会计账务处理：

借：无形资产 1
　　贷：捐赠收入 1
借：其他费用 5 000
　　贷：零余额账户用款额度 5 000

预算会计账务处理：

借：其他支出 5 000
　　贷：资金结存——零余额账户用款额度 5 000

（5）无偿调入的无形资产，按照确定的无形资产成本，借记本科目，按照发生的相关税费等，贷记"零余额账户用款额度""银行存款"等科目，按照其差额，贷记"无偿调拨净资产"科目。

【例 5-110】 某行政单位经财政部门批准,从另一行政单位无偿调入一项专利权,其市场价格为 160 000 元,用零余额账户额度支付有关费用 8 000 元。

财务会计账务处理:
借:无形资产　　　　　　　　　　　　　　　　　　　　　　　　　168 000
　　贷:无偿调拨净资产　　　　　　　　　　　　　　　　　　　　　　160 000
　　　　零余额账户用款额度　　　　　　　　　　　　　　　　　　　　　8 000
预算会计账务处理:
借:其他支出　　　　　　　　　　　　　　　　　　　　　　　　　　8 000
　　贷:资金结存——零余额账户用款额度　　　　　　　　　　　　　　　8 000

(6)置换取得的无形资产,参照"库存物品"科目中置换取得库存物品的相关规定做账务处理。无形资产取得时涉及增值税业务的,相关账务处理参见"应交增值税"科目。

(四)无形资产后续支出的核算

1. 符合无形资产确认条件的后续支出

为增加无形资产的使用效能而对其升级改造或扩展其功能时,如需暂停摊销无形资产的,按照无形资产的账面价值,借记"在建工程"科目;按照无形资产已摊销金额,借记"无形资产累计摊销"科目;按照无形资产的账面余额,贷记本科目。

无形资产后续支出符合无形资产确认条件的,按照支出的金额,借记本科目[无需暂停摊销的]或"在建工程"科目[需暂停摊销的],贷记"财政拨款收入""零余额账户用款额度""银行存款"等科目。暂停摊销的无形资产升级改造或扩展功能等完成交付使用时,按照在建工程成本,借记本科目,贷记"在建工程"科目。

【例 5-111】 某行政单位升级改造其研究工作采用的软件系统,用零余额账户额度支付软件公司劳务费 200 000 元。

财务会计账务处理:
借:无形资产　　　　　　　　　　　　　　　　　　　　　　　　　200 000
　　贷:零余额账户用款额度　　　　　　　　　　　　　　　　　　　　200 000
预算会计账务处理:
借:行政支出　　　　　　　　　　　　　　　　　　　　　　　　　200 000
　　贷:资金结存——零余额账户用款额度　　　　　　　　　　　　　　200 000

2. 不符合无形资产确认条件的后续支出

为保证无形资产正常使用发生的日常维护等支出,借记"业务活动费用""单位管理费用"等科目,贷记"财政拨款收入""零余额账户用款额度""银行存款"等科目。

【例 5-112】 某行政单位对其研究工作使用的软件系统进行技术维护,用零余额账户额度支付软件公司劳务费 50 000 元。

财务会计账务处理:
借:业务活动费用　　　　　　　　　　　　　　　　　　　　　　　　50 000
　　贷:零余额账户用款额度　　　　　　　　　　　　　　　　　　　　　50 000
预算会计账务处理:
借:行政支出　　　　　　　　　　　　　　　　　　　　　　　　　　50 000
　　贷:资金结存——零余额账户用款额度　　　　　　　　　　　　　　　50 000

(五)处置无形资产的核算

(1)报经批准出售、转让无形资产,按照被出售、转让无形资产的账面价值,借记"资产处置费用"科目,按照无形资产已计提的摊销,借记"无形资产累计摊销"科目,按照无形资产账面余额,贷记本科目;同时,按照收到的价款,借记"银行存款"等科目,按照处置过程中发生的相关费用,贷记"银行存款"等科目,按照其差额,贷记"应缴财政款"[按照规定应上缴无形资产转让净收入的]或"其他收入"[按照规定将无形资产转让收入纳入本单位预算管理的]科目。

【例5-113】 某事业单位转让一项商标所有权,取得价款1 800 000元存入银行;该商标权的成本为3 000 000元,已摊销金额为2 500 000元;转让过程中用银行存款支付其他费用32 000元。

①注销无形资产账面余额时(不做预算会计账务处理)

借:资产处置费用　　　　　　　　　　　　　　　　　　　　500 000
　　无形资产累计摊销　　　　　　　　　　　　　　　　　　2 500 000
　　　贷:无形资产　　　　　　　　　　　　　　　　　　　　3 000 000

②收到出售价款大于支付其他费用,转让收入没有纳入本单位预算,而是上缴财政(不做预算会计账务处理)

借:银行存款(1 800 000-32 000)　　　　　　　　　　　　1 768 000
　　　贷:应缴财政款　　　　　　　　　　　　　　　　　　　1 768 000

(2)报经批准对外捐赠无形资产,按照无形资产已计提的摊销,借记"无形资产累计摊销"科目;按照被处置无形资产账面余额,贷记本科目;按照捐赠过程中发生的归属于捐出方的相关费用,贷记"银行存款"等科目;按照其差额,借记"资产处置费用"科目。

【例5-114】 某行政单位对外捐赠一项专利技术,账面价值为185 000元,已摊销金额为130 000元,另以银行存款支付相关费用5 000元。

财务会计账务处理:

借:资产处置费用　　　　　　　　　　　　　　　　　　　　60 000
　　无形资产累计摊销　　　　　　　　　　　　　　　　　　130 000
　　　贷:无形资产　　　　　　　　　　　　　　　　　　　　185 000
　　　　银行存款　　　　　　　　　　　　　　　　　　　　　5 000

预算会计账务处理:

借:其他支出　　　　　　　　　　　　　　　　　　　　　　5 000
　　　贷:资金结存——货币资金　　　　　　　　　　　　　　5 000

(3)报经批准无偿调出无形资产,按照无形资产已计提的摊销,借记"无形资产累计摊销"科目,按照被处置无形资产账面余额,贷记本科目,按照其差额,借记"无偿调拨净资产"科目;同时,按照无偿调出过程中发生的归属于调出方的相关费用,借记"资产处置费用"科目,贷记"银行存款"等科目。

(4)报经批准置换换出无形资产,参照"库存物品"科目中置换换入库存物品的规定做账务处理。

(5)无形资产预期不能为单位带来服务潜力或经济利益,按照规定报经批准核销时,按照待核销无形资产的账面价值,借记"资产处置费用"科目;按照已计提摊销,借记"无形资产累计摊销"科目;按照无形资产的账面余额,贷记本科目。

无形资产处置时涉及增值税业务的,相关账务处理参见"应交增值税"科目。

八、无形资产累计摊销

本科目核算单位对使用年限有限的无形资产计提的累计摊销。本科目应当按照所对应无形资产的明细分类开展明细核算。本科目期末贷方余额,反映单位计提的无形资产摊销累计数。

（1）按月摊销无形资产时，按照应摊销金额，借记"业务活动费用""单位管理费用""加工物品""在建工程"等科目，贷记本科目。

（2）经批准处置无形资产时，按照所处置无形资产的账面价值，借记"资产处置费用""无偿调拨净资产""待处理财产损溢"等科目，按照已计提摊销，借记本科目，按照无形资产的账面余额，贷记"无形资产"科目。

【例5-115】 某行政单位专利权的账面价值为1 200 000元，采用直线法摊销，摊销期限为10年，该专利权无残值；该专利权摊销8年后不能再提供未来服务，予以报废处理。

①按月摊销无形资产时（不做预算会计账务处理）

借：业务活动费用	10 000
贷：无形资产累计摊销	10 000

②报经批准予以报废处理时（不做预算会计账务处理）

借：资产处置费用	240 000
无形资产累计摊销	960 000
贷：无形资产	1 200 000

九、研发支出

研发支出是指行政事业单位自行研究开发项目研究阶段和开发阶段发生的各项支出。建设项目中的软件研发支出，应当通过"在建工程"科目核算，不通过本科目核算。

本科目应当按照自行研究开发项目，分别对"研究支出""开发支出"开展明细核算。本科目期末借方余额，反映单位预计能达到预定用途的研究开发项目在开发阶段发生的累计支出数。

（1）自行研究开发项目研究阶段的支出，应当先在本科目归集。按照从事研究及其辅助活动人员计提的薪酬，研究活动领用的库存物品，发生的与研究活动相关的管理费、间接费和其他各项费用，借记本科目（研究支出），贷记"应付职工薪酬""库存物品""财政拨款收入""零余额账户用款额度""固定资产累计折旧""银行存款"等科目。

期（月）末，应当将本科目归集的研究阶段的支出金额转入当期费用，借记"业务活动费用"等科目，贷记本科目（研究支出）。

（2）自行研究开发项目开发阶段的支出，先通过本科目归集。按照从事开发及其辅助活动人员计提的薪酬，开发活动领用的库存物品，发生的与开发活动相关的管理费、间接费和其他各项费用，借记本科目（开发支出），贷记"应付职工薪酬""库存物品""财政拨款收入""零余额账户用款额度""固定资产累计折旧""银行存款"等科目。自行研究开发项目完成，达到预定用途形成无形资产的，按照本科目归集的开发阶段的支出金额，借记"无形资产"科目，贷记本科目（开发支出）。

单位应于每年年度终了评估研究开发项目是否能达到预定用途，如预计不能达到预定用途（如无法最终完成开发项目且形成无形资产的），应当将已发生的开发支出金额全部转入当期费用，借记"业务活动费用"等科目，贷记本科目（开发支出）。

自行研究开发项目时涉及增值税业务的，相关账务处理参见"应交增值税"科目。

【例5-116】 某事业单位自行研制一项新材料，本月发生研究人员工资8 000元，消耗材料12 000元（不做预算会计账务处理）。

借：研发支出——研究支出	20 000
贷：应付职工薪酬	8 000
库存物品	12 000

期末：

借：业务活动费用 20 000
　　贷：研发支出——研究支出 20 000

【例 5-117】 承【例 5-116】，新材料研究成功后，进入开发阶段，发生的相关支出有研究人员工资 25 000 元，消耗材料 15 000 元，用银行存款支付其他费用 15 000 元。

财务会计账务处理：
借：研发支出——开发支出 55 000
　　贷：库存物品 15 000
　　　　应付职工薪酬 25 000
　　　　银行存款 15 000

预算会计账务处理：
借：事业支出 15 000
　　贷：资金结存——货币资金 15 000

【例 5-118】 承【例 5-117】，该事业单位研制出的新材料申请专利取得专利权，支付的注册费、律师费共 70 000 元。

财务会计账务处理：
借：研发支出——开发支出 70 000
　　贷：银行存款 70 000

预算会计账务处理：
借：事业支出 70 000
　　贷：资金结存——货币资金 70 000

新材料达到预定用途形成无形资产时（不用做预算会计账务处理）：
借：无形资产 125 000
　　贷：研发支出——开发支出 125 000

九、长期待摊费用

长期待摊费用，是指单位已经支出，但应由本期或者以后各期负担的分摊年限在 1 年以上（不含 1 年）的各项费用，如以经营租赁方式租入固定资产发生的改良支出以及分摊期限在 1 年以上的其他待摊费用。长期待摊费用的账务处理与待摊费用基本相同。

（1）单位发生长期待摊费用时，按照支出金额，借记本科目，贷记"财政拨款收入""零余额账户用款额度""银行存款"等科目。

（2）单位按照受益期间摊销长期待摊费用时，按照摊销金额，借记"业务活动费用""单位管理费用""经营费用"等科目，贷记本科目。

（3）如果某项长期待摊费用已经不能使单位受益，单位应当将其摊余金额一次全部转入当期费用，按照摊销金额，借记"业务活动费用""单位管理费用""经营费用"等科目，贷记本科目。

十、待处理财产损溢

待处理财产损溢科目核算单位在资产清查过程中查明的各种资产盘盈、盘亏、损毁或报废的价值。为核算待处理财产损溢业务，应设置"待处理财产损溢"总账科目。本科目应当按照待处理的资产项目开展明细核算；对在资产处理过程中取得收入或发生相关费用的项目，还应当设置"待处理财产价值"和"处理净收入"明细科目，开展明细核算。

（1）发现现金短缺或溢余的，属于现金短缺，按照实际短缺的金额，借记"待处理财产损溢"

科目，贷记"库存现金"科目；属于现金溢余的，按照实际溢余的金额，借记"库存现金"科目，贷记"待处理财产损溢"科目。

（2）现金短缺属于应由责任人赔偿或向有关人员追回的，借记"其他应收款"科目，贷记"待处理财产损溢"科目；属于无法查明原因的，报经批准核销时，借记"资产处置费用"科目，贷记"待处理财产损溢"科目。

（3）现金溢余属于应支付给有关人员或单位的，借记"待处理财产损溢"科目，贷记"其他应付款"科目；属于无法查明原因的，报经批准后，借记"待处理财产损溢"科目，贷记"其他收入"科目。

（4）盘盈的各类资产。

①转入待处理资产时，按照确定的成本，借记"库存物品""固定资产""无形资产""公共基础设施""政府储备物资""文物文化资产""保障性住房"等科目，贷记本科目。

②按照规定报经批准后处理时，对盘盈的流动资产，借记本科目，贷记"单位管理费用"[事业单位]或"业务活动费用"[行政单位]科目。对盘盈的非流动资产，如属本年度取得的，按照当年新取得相关资产做账务处理；如属以前年度取得的，按照前期差错处理，借记本科目，贷记"以前年度盈余调整"科目。

（5）盘亏、损毁或者报废的各类资产。

①报废固定资产转入待处理资产时，借记本科目（待处理财产价值）（盘亏、损毁无形资产、公共基础设施、保障性住房的，还应借记"固定资产累计折旧""公共基础设施累计折旧""无形资产累计摊销""保障性住房累计折旧"科目），贷记"库存物品""固定资产""无形资产""公共基础设施""政府储备物资""文物文化资产""保障性住房""在建工程"等科目。涉及增值税业务的，还应做相应的账务处理。报经批准处理时，借记"资产处置费用"科目，贷记本科目（待处理财产价值）。

②处理毁损、报废实物资产过程中取得的残值或残值变价收入、保险理赔和过失人赔偿等，借记"库存现金""银行存款""库存物品""其他应收款"等科目，贷记本科目——处理净收入；处理毁损、报废实物资产过程中发生的相关费用，借记本科目——处理净收入，贷记"库存现金""银行存款"等科目。

③处理收支结清，如果处理收入大于相关费用，按照处理收入减去相关费用后的净收入，借记本科目——处理净收入，贷记"应缴财政款"等科目；如果处理收入小于相关费用，按照相关费用减去处理收入后的净支出，借记"资产处置费用"科目，贷记本科目——处理净收入。

第三节 经管类资产的核算

经管类资产包括政府储备物资、公共基础设施、文物资源、保障性住房、受托代理资产以及两个备抵资产的公共基础设施累计折旧（摊销）、保障性住房累计折旧。

一、政府储备物资

政府储备物资，是指政府会计主体为满足实施国家安全与发展战略、开展抗灾救灾、应对公共突发事件等特定公共需求而控制的，同时具有下列特征的有形资产：在应对可能发生的特定事件或情形时动用；购入、存储保管、更新（轮换）、动用等遵循政府及相关部门发布的专门管理制度规范。

政府储备物资包括战略及能源物资、抢险抗灾救灾物资、农产品、医药物资和其他重要商品物资，通常情况下由政府会计主体委托承储单位存储。

本科目应当按照政府储备物资的种类、品种、存放地点等明细核算。单位根据需要，可在本科目下设置"在库""发出"等明细科目进行明细核算。本科目期末借方余额，反映政府储备物资的成本。对政府储备物资不负有行政管理职责但接受委托具体负责执行其存储保管等工作的单位，其受托代储的政府储备物资应当通过"受托代理资产"科目核算，不通过本科目核算。

（一）取得政府储备物资

1. 购入的政府储备物资

购入的政府储备物资验收入库时，按照确定的成本，借记本科目，贷记"财政拨款收入""零余额账户用款额度""银行存款"等科目。购入的政府储备物资，成本包括购买价款和单位承担的相关税费、运输费、装卸费、保险费、检测费以及使政府储备物资处于目前场所和状态所发生的归属于政府储备物资成本的其他支出。

2. 委托加工的政府储备物资

涉及委托加工政府储备物资业务的，相关账务处理参照"加工物品"科目。委托加工的政府储备物资，成本包括委托加工前的物料成本、委托加工的成本（如委托加工费以及按规定应计入委托加工政府储备物资成本的相关税费等）以及单位承担的使政府储备物资处于目前场所和状态所发生的归属于政府储备物资成本的其他支出。

3. 接受捐赠的政府储备物资

接受捐赠的政府储备物资验收入库时，按照确定的成本，借记本科目，按照单位承担的相关税费、运输费等，贷记"零余额账户用款额度""银行存款"等科目，按照其差额，贷记"捐赠收入"科目。接受捐赠的政府储备物资，成本按照有关凭据注明的金额加上单位承担的相关税费、运输费等确定；没有相关凭据可供取得，但按规定经过资产评估的，成本按照评估价值加上单位承担的相关税费、运输费等确定；没有相关凭据可供取得也未经资产评估的，成本比照同类或类似资产的市场价格加上单位承担的相关税费、运输费等确定。

【例 5-119】 某行政单位承担政府储备物资任务，采用直接支付方式购入一批政府储备物资，该物资购买价款为 3 000 000 元，以银行存款支付运输费 15 000 元、装卸费 5 000 元、保险费 30 000 元。

财务会计账务处理：

借：政府储备物资　　　　　　　　　　　　　　　　　　　　　　　　3 050 000
　　贷：财政拨款收入　　　　　　　　　　　　　　　　　　　　　　　　3 000 000
　　　　银行存款　　　　　　　　　　　　　　　　　　　　　　　　　　　50 000

预算会计账务处理：

借：行政支出　　　　　　　　　　　　　　　　　　　　　　　　　　3 050 000
　　贷：财政拨款预算收入　　　　　　　　　　　　　　　　　　　　　　3 000 000
　　　　资金结存——货币资金　　　　　　　　　　　　　　　　　　　　　50 000

【例 5-120】 某行政单位接受乙单位无偿调入的一批政府储备物资，有关凭据注明的金额为 9 000 000 元，另以银行存款支付运输费 65 000 元、装卸费 5 000 元。

财务会计账务处理：

借：政府储备物资　　　　　　　　　　　　　　　　　　　　　　　　9 070 000
　　贷：银行存款　　　　　　　　　　　　　　　　　　　　　　　　　　　70 000
　　　　无偿调拨净资产　　　　　　　　　　　　　　　　　　　　　　9 000 000

预算会计账务处理：

借：其他支出 70 000
　　贷：资金结存——货币资金 70 000

（二）发出政府储备物资

政府储备物资发出时，应当根据实际情况采用先进先出法、加权平均法或个别计价法确定发出政府储备物资的实际成本。计价方法一经确定，不得随意变更。

1. 因动用而发出无需收回的政府储备物资的，按照发出物资的账面余额，借记"业务活动费用"科目，贷记本科目。

2. 因动用而发出需要收回或者预期可能收回的政府储备物资的，在发出物资时，按照发出物资的账面余额，借记本科目（发出），贷记本科目（在库）；按照规定的质量验收标准收回物资时，按照收回物资原账面余额，借记本科目（在库），按照未收回物资的原账面余额，借记"业务活动费用"科目，按照物资发出时登记在本科目所属"发出"明细科目中的余额，贷记本科目（发出）。

3. 因行政管理主体变动等原因而将政府储备物资调拨给其他主体的，按照无偿调出政府储备物资的账面余额，借记"无偿调拨净资产"科目，贷记本科目。

4. 对外销售政府储备物资并将销售收入纳入单位预算统一管理的，发出物资时，按照发出物资的账面余额，借记"业务活动费用"科目，贷记本科目；实现销售收入时，按照确认的收入金额，借记"银行存款""应收账款"等科目，贷记"事业收入"等科目。

对外销售政府储备物资并按照规定将销售净收入上缴财政的，发出物资时，按照发出物资的账面余额，借记"资产处置费用"科目，贷记本科目；取得销售价款时，按照实际收到的款项金额，借记"银行存款"等科目，按照发生的相关税费，贷记"银行存款"等科目，按照销售价款大于承担的相关税费后的差额，贷记"应缴财政款"科目。

【例5-121】某行政单位经批准无偿调出一批政府储备物资，价值560 000元；调出手续已经办妥，物资已经出库（不做预算会计账务处理）。

借：无偿调拨净资产 560 000
　　贷：政府储备物资 560 000

【例5-122】某行政单位对外出售一批政府储备物资，成本为250 000元，售价为300 000元，款项已收存入银行，按规定，出售物资的净收入应缴财政（不做预算会计账务处理）。

借：资产处置费用 250 000
　　贷：政府储备物资 250 000
借：银行存款 300 000
　　贷：应缴财政款 300 000

（三）政府储备物资的盘盈、盘亏或损毁、报废

行政事业单位管理的政府储备物资应当定期清查盘点，至少每年盘点一次。对发生的政府储备物资盘盈、盘亏或者损毁、报废，应当先记入"待处理财产损溢"科目，按照规定报经批准后及时进行后续账务处理。

（1）盘盈的政府储备物资，按照确定的入账成本，借记本科目，贷记"待处理财产损溢"科目。盘盈的政府储备物资，成本按照有关凭据注明的金额确定；没有相关凭据，但按规定经过资产评估的，成本按照评估价值确定；没有相关凭据也未经资产评估的，成本按照重置成本确定。

（2）盘亏或者损毁、报废的政府储备物资，按照待处理政府储备物资的账面余额，借记"待处理财产损溢"科目，贷记本科目。

【例5-123】某行政单位政府储备物资盘盈350 000元，当年报经批准后处理（不做预算会计账务处理）。

借：政府储备物资 350 000
　　贷：待处理财产损溢 350 000
借：待处理财产损溢 350 000
　　贷：其他收入 350 000

【例5-124】 某行政单位盘点政府储备物资，盘亏物资120 000元，原因待查。次年年初报经批准后予以处理（不做预算会计账务处理）。

借：待处理财产损溢 120 000
　　贷：政府储备物资 120 000
借：以前年度盈余调整 120 000
　　贷：待处理财产损溢 120 000

二、公共基础设施

公共基础设施，是指政府会计主体为满足社会公共需求而控制的，同时具有下述三个特征的有形资产：一个有形资产系统或网络的组成部分；具有特定用途；一般不可移动。

公共基础设施主要包括市政基础设施（如城市道路、桥梁、隧道、公交场站、路灯、广场、公园绿地、室外公共健身器材，以及排水、供水、供电、供气、供热、污水处理、垃圾处理系统等）、交通基础设施（如公路、航道、港口等）、水利基础设施（如大坝、堤防、水闸、泵站、渠道等）和其他公共基础设施。为核算公共基础设施资产，行政事业单位应设置"公共基础设施"总账科目。本科目核算单位控制的公共基础设施的原值。本科目应当按照公共基础设施的类别、项目等明细核算。

（一）公共基础设施在取得时的账务处理

（1）自行建造的公共基础设施完工交付使用时，按照在建工程的成本，借记本科目，贷记"在建工程"科目。已交付使用但尚未办理竣工决算手续的公共基础设施，按照估计价值入账，待办理竣工决算后再按照实际成本调整原来的暂估价值。

【例5-125】 某行政单位投资建造文化广场及公共建筑物，采用出包方式委托某建筑公司承建。工程款分三次支付，工程开始支付3 500 000元，工程中期支付1 500 000元，工程结束结算尾款50 000元。款项均以财政直接支付方式结算，全部工程完工。

财务会计账务处理：
借：在建工程 3 500 000（1 500 000，50 000）
　　贷：财政拨款收入 3 500 000（1 500 000，50 000）
预算会计账务处理：
借：行政支出 3 500 000（1 500 000，50 000）
　　贷：财政拨款预算收入 3 500 000（1 500 000，50 000）
结转时，只需做财务会计账务处理。
借：公共基础设施 5 050 000
　　贷：在建工程 5 050 000

（2）接受其他单位无偿调入的公共基础设施，按照确定的成本，借记本科目，按照发生的归属于调入方的相关费用，贷记"财政拨款收入""零余额账户用款额度""银行存款"等科目，按照其差额，贷记"无偿调拨净资产"科目。

无偿调入的公共基础设施成本无法可靠取得的，按照发生的相关税费、运输费等金额，借记"其他费用"科目，贷记"财政拨款收入""零余额账户用款额度""银行存款"等科目。

【例5-126】 某行政单位接受无偿调入的公共照明设施，该设施的账面价值为70 000 000元（不做预算会计账务处理）。

借：公共基础设施　　　　　　　　　　　　　　　　　　　70 000 000
　　贷：无偿调拨净资产　　　　　　　　　　　　　　　　　　70 000 000

（3）接受捐赠的公共基础设施，按照确定的成本，借记本科目；按照发生的相关费用，贷记"财政拨款收入""零余额账户用款额度""银行存款"等科目；按照其差额，贷记"捐赠收入"科目。

（4）外购的公共基础设施，按照确定的成本，借记本科目，贷记"财政拨款收入""零余额账户用款额度""银行存款"等科目。

（5）对成本无法可靠取得的公共基础设施，单位应当设置备查簿进行登记，待成本能够可靠确定后按照规定及时入账。

（二）公共基础设施的后续支出

改建、扩建公共基础设施时，按照公共基础设施的账面价值，借记"在建工程"科目，按照公共基础设施已计提折旧，借记"公共基础设施累计折旧（摊销）"科目，按照公共基础设施的账面余额，贷记本科目。

为增加公共基础设施使用效能或延长其使用年限而发生的改建、扩建等后续支出，借记"在建工程"科目，贷记"财政拨款收入""零余额账户用款额度""银行存款"等科目。公共基础设施改建、扩建完成，竣工验收交付使用时，按照在建工程成本，借记本科目，贷记"在建工程"科目。

为保证公共基础设施正常使用发生的日常维修等支出，借记"业务活动费用""单位管理费用"等科目，贷记"财政拨款收入""零余额账户用款额度""银行存款"等科目。

【例5-127】 某行政单位改扩建城市交通设施，改扩建前该交通设施的原价为75 000 000元，已提折旧30 000 000元；本期改扩建支付工程款5 000 000元，款项以财政直接方式结算。

财务会计账务处理：

借：在建工程　　　　　　　　　　　　　　　　　　　　　45 000 000
　　公共基础设施累计折旧　　　　　　　　　　　　　　　　30 000 000
　　贷：公共基础设施　　　　　　　　　　　　　　　　　　75 000 000
借：在建工程　　　　　　　　　　　　　　　　　　　　　　5 000 000
　　贷：财政拨款收入　　　　　　　　　　　　　　　　　　　5 000 000

预算会计账务处理：

借：行政支出　　　　　　　　　　　　　　　　　　　　　　5 000 000
　　贷：财政拨款预算收入　　　　　　　　　　　　　　　　　5 000 000

【例5-128】 某行政单位维护健身设施支出85 000元，款项以零余额账户结算。

财务会计账务处理：

借：业务活动费用　　　　　　　　　　　　　　　　　　　　　85 000
　　贷：零余额账户用款额度　　　　　　　　　　　　　　　　　85 000

预算会计账务处理：

借：行政支出　　　　　　　　　　　　　　　　　　　　　　　85 000
　　贷：资金结存——零余额账户用款额度　　　　　　　　　　　85 000

（三）公共基础设施的处置

行政事业单位管理的公共基础设施向其他单位移交或损毁、报废时，应当按照规定在报经批准后进行账务处理。

（1）报经批准对外捐赠公共基础设施，按照公共基础设施已计提的折旧或摊销，借记"公共基础设施累计折旧（摊销）"科目；按照被处置公共基础设施账面余额，贷记本科目；按照捐赠过程中发生的归属于捐出方的相关费用，贷记"银行存款"等科目；按照其差额，借记"资产处置费用"科目。

（2）报经批准无偿调出公共基础设施，按照公共基础设施已计提的折旧或摊销，借记"公共基础设施累计折旧（摊销）"科目，按照被处置公共基础设施账面余额，贷记本科目，按照其差额，借记"无偿调拨净资产"科目；同时，按照无偿调出过程中发生的归属于调出方的相关费用，借记"资产处置费用"科目，贷记"银行存款"等科目。

【例 5-129】 某行政单位经批准向其他单位移交一批防灾设施，账面价值为 7 000 000 元，累计折旧为 3 500 000 元，移交手续已经办妥（不做预算会计账务处理）。

借：公共基础设施累计折旧　　　　　　　　　　　　　　　3 500 000
　　无偿调拨净资产　　　　　　　　　　　　　　　　　　3 500 000
　　贷：公共基础设施　　　　　　　　　　　　　　　　　　　7 000 000

（四）公共基础设施的清查

对于发生的公共基础设施盘盈、盘亏、毁损或报废，应当先记入"待处理财产损溢"科目，按照规定报经批准后及时做后续账务处理。

（1）盘盈的公共基础设施，成本按照有关凭据注明的金额确定；没有相关凭据但按照规定经过资产评估的，成本按照评估价值确定；没有相关凭据也未经过评估的，成本按照重置成本确定。盘盈的公共基础设施成本无法可靠取得的，单位应当设置备查簿进行登记，待成本确定后按照规定及时入账。盘盈的公共基础设施，按照确定的入账成本，借记本科目，贷记"待处理财产损溢"科目。

（2）盘亏、毁损或报废的公共基础设施，按照待处置公共基础设施的账面价值，借记"待处理财产损溢"科目，按照已计提折旧或摊销，借记"公共基础设施累计折旧（摊销）"科目，按照公共基础设施的账面余额，贷记本科目。

【例 5-130】 某行政单位经批准报废一批公共照明设施，账面价值为 8 800 000 元，已计提折旧 4 200 000 元（不做预算会计账务处理）。

借：待处理财产损溢　　　　　　　　　　　　　　　　　　4 600 000
　　公共基础设施累计折旧　　　　　　　　　　　　　　　4 200 000
　　贷：公共基础设施　　　　　　　　　　　　　　　　　　　8 800 000
借：资产处置费用　　　　　　　　　　　　　　　　　　　　4 600 000
　　贷：待处理财产损溢　　　　　　　　　　　　　　　　　　4 600 000

三、公共基础设施累计折旧（摊销）

为核算公共基础设施折旧或摊销金额，行政事业单位应设置"公共基础设施累计折旧（摊销）"总账科目。本科目应当按照所对应公共基础设施的明细分类账进行明细核算。本科目期末贷方余额，反映单位提取的公共基础设施折旧和摊销的累计数。

（1）按月计提公共基础设施折旧时，按照应计提的折旧额，借记"业务活动费用"科目，贷记本科目。

（2）按月摊销确认为公共基础设施的单独计价入账的土地使用权时，按照应计提的摊销额，借记"业务活动费用"科目，贷记本科目。

（3）处置公共基础设施时，按照所处置公共基础设施的账面价值，借记"资产处置费用""无偿调拨净资产""待处理财产损溢"等科目；按照已提取的折旧和摊销，借记本科目；按照公共基础设施账面余额，贷记"公共基础设施"科目。

【例 5-131】 某行政单位计提公共基础设施折旧 75 000 元（不做预算会计账务处理）。

借：业务活动费用　　　　　　　　　　　　　　　　　　　　　　　　　　75 000
　　贷：公共基础设施累计折旧　　　　　　　　　　　　　　　　　　　　　　75 000

四、文物资源

文物资源，是指按照《中华人民共和国文物保护法》等有关法律、行政法规规定，被认定为文物的有形资产，以及考古发掘品、古籍和按照文物征集尚未入藏的征集物。行政事业单位应设置"文物资源"总账科目，本科目应当按照文物资源的类型、计量属性等进行明细核算。行政事业单位应当根据文物资源的类型设置"可移动文物""不可移动文物""其他藏品"一级明细科目。根据文物资源的计量属性设置"成本""名义金额"二级明细科目。对于可移动文物和其他藏品，根据文物资源的入藏状态，设置"待入藏""馆藏""借出"三级明细科目。对于认定为不可移动文物的公共基础设施，其三级及以下明细科目设置可参照公共基础设施有关规定执行。本科目"成本"明细科目的期末借方余额，反映以成本计量的文物资源成本；"名义金额"明细科目的期末借方余额，反映以名义金额计量的文物资源数量。

（一）文物资源的取得

1. 征集购买的文物资源的账务处理

行政事业单位通过征集购买方式取得的文物资源，应当按照购买价款，在财务会计借记本科目，贷记"财政拨款收入""银行存款"等科目；在预算会计借记"行政支出""事业支出"等科目，贷记"财政拨款预算收入""资金结存"等科目。文物资源在取得后直接入藏的，行政事业单位应当将其记入本科目的"馆藏"明细科目；取得后暂未入藏的，行政事业单位应当将其记入本科目的"待入藏"明细科目，待办理完入藏手续后由本科目"待入藏"明细科目转入"馆藏"明细科目。

2. 调入、依法接收、指定保管的文物资源的账务处理

行政事业单位通过调入、依法接收、指定保管等方式取得的文物资源，应当按照确定的成本或名义金额，借记本科目，贷记"无偿调拨净资产"科目。

3. 考古发掘、接受捐赠的文物资源的账务处理

行政事业单位对于考古发掘、接受捐赠等方式取得的文物资源，应当按照名义金额入账，借记本科目，贷记"累计盈余""捐赠收入"等科目。

4. 其他资产重分类为文物资源的账务处理

其他资产重分类为文物资源的，行政事业单位应当按照该资产的账面价值，借记本科目；按照相关资产科目余额，借记"固定资产累计折旧"等科目，贷记"固定资产"等科目。

5. 盘盈的文物资源的账务处理

文物资源发生盘盈的，行政事业单位应当按照确定的成本或名义金额，借记本科目，贷记"待处理财产损溢"科目。

按照规定报经批准处理后，对属于本年度取得的文物资源，行政事业单位应当按照当年新取得文物资源的情形进行账务处理；对属于以前年度取得的文物资源，行政事业单位应当按照前期差错进行账务处理，借记"待处理财产损溢"科目，贷记"以前年度盈余调整"科目。

6. 为取得文物资源发生的相关费用的账务处理

为取得文物资源发生的相关费用，包括文物资源入藏前发生的保险费、运输费、装卸费以及专业人员服务费等，行政事业单位应当在财务会计按照实际发生的费用，借记"业务活动费用"等科目，贷记"财政拨款收入""银行存款"等科目；在预算会计按照实际支付的金额，借记"行政支出""事业支出"等科目，贷记"财政拨款预算收入""资金结存"科目。

【例5-132】 某博物馆从市场外购文物资源一批，成本为76 000元，已验收入库，另外支付运输费、装卸费、保险费等8 000元。款项采用授权支付方式支付。

财务会计账务处理：

借：文物资源　　　　　　　　　　　　　　　　　　　　　　　　　76 000
　　业务活动费用　　　　　　　　　　　　　　　　　　　　　　　　 8 000
　　贷：零余额账户用款额度　　　　　　　　　　　　　　　　　　　84 000

预算会计账务处理：

借：事业支出　　　　　　　　　　　　　　　　　　　　　　　　　　84 000
　　贷：资金结存——零余额账户用款额度　　　　　　　　　　　　　84 000

【例5-133】 甲单位为降低采购成本，向乙单位一次购进了三种不同类型且具有不同性质的文物资产。甲单位为该批设备共支付货款450万元，发生运输费、安装费、装卸费、包装费等12万元，全部以银行存款支付。假定文物资产A、B和C均满足文物资源的定义及其确认条件，同类或类似资产的市场价格分别为250万元、150万元、100万元。不考虑其他相关税费。

①确认计入文物资源成本的金额，只包括买价450万元。

②确认文物资源A、B和C的价值分配比例。

A应分配的文物资源价值比例为：250÷（250＋150＋100）×100%＝50%

B应分配的文物资源价值比例为：150÷（250＋150＋100）×100%＝30%

C应分配的文物资源价值比例为：100÷（250＋150＋100）×100%＝20%

③确认文物资源A、B和C各自的入账价值。

A文物资源入账价值为：450×50%＝225（万元）

B文物资源入账价值为：450×30%＝135（万元）

C文物资源入账价值为：450×20%＝90（万元）

财务会计账务处理：

借：文物资源——A　　　　　　　　　　　　　　　　　　　　　 2 250 000
　　　　　　——B　　　　　　　　　　　　　　　　　　　　　 1 350 000
　　　　　　——C　　　　　　　　　　　　　　　　　　　　　　 900 000
　　业务活动费用　　　　　　　　　　　　　　　　　　　　　　　 120 000
　　贷：银行存款　　　　　　　　　　　　　　　　　　　　　　 4 620 000

预算会计账务处理：

借：事业支出 4 620 000
　　贷：资金结存——货币资金 4 620 000

【例5-134】 甲单位收到丙单位捐赠文物资源一批。丙单位的文物资源丙产品，其账面价值为50 000元，评估价值为76 800元。甲单位支付运输费666元，已经通过银行存款支付。

财务会计账务处理：

借：文物资源　　　　　　　　　　　　　　　　　　　　　　　　　50 000
　　业务活动费用　　　　　　　　　　　　　　　　　　　　　　　　　666
　　贷：银行存款　　　　　　　　　　　　　　　　　　　　　　　　　666
　　　　捐赠收入　　　　　　　　　　　　　　　　　　　　　　　50 000

预算会计账务处理：

借：事业支出　　　　　　　　　　　　　　　　　　　　　　　　　　　666
　　贷：资金结存——货币资金　　　　　　　　　　　　　　　　　　　666

（二）文物资源保护、利用的账务处理

与文物资源有关的后续支出，参照公共基础设施后续支出的相关规定处理。

1. 文物资源修复修缮支出的账务处理

对于文物资源本体的修复修缮等相关保护支出，行政事业单位应当在财务会计按照实际发生的费用，借记"业务活动费用"科目，贷记"财政拨款收入""银行存款""库存物品"等科目；在预算会计按照实际支付的金额，借记"行政支出""事业支出"等科目，贷记"财政拨款预算收入""资金结存"科目。

2. 文物资源借出和借入的账务处理

（1）行政事业单位将已入藏的文物资源借给外单位的，应当按照规定报经文物行政部门批准，在办理完借出手续时，按照该文物资源账面价值，在财务会计借记本科目的"借出"明细科目，贷记本科目的"馆藏"明细科目；在借出的文物资源收回时做相反会计分录。预算会计不作处理。

（2）行政事业单位从外单位借入文物资源的，在收到借入的文物资源时，按照该文物资源在借出方的账面价值，在财务会计借记"受托代理资产"科目，贷记"受托代理负债"科目；在归还借入的文物资源时做相反会计分录。预算会计不作处理。

（三）文物资源调出、撤销退出等的账务处理

行政事业单位发生文物资源调出、撤销退出等情形的，应当分以下情况进行账务处理。

1. 文物资源调出的账务处理

报经批准无偿调出文物资源的，行政事业单位应当在财务会计按照调出的文物资源的账面价值，借记"无偿调拨净资产"科目，贷记本科目；按照无偿调出过程中发生的归属于调出方的相关费用，借记"资产处置费用"科目，贷记"财政拨款收入""银行存款"等科目。在预算会计按照实际支付的金额，借记"其他支出"科目，贷记"财政拨款预算收入""资金结存"科目。

2. 文物资源被依法拆除或发生毁损丢失的账务处理

文物资源报经文物行政部门批准被依法拆除或者因不可抗力等因素毁损丢失的，行政事业单位应当在按照规定程序核查处理后确认文物资源灭失时，按照该文物资源的账面价值，借记"待处理财产损溢"科目，贷记本科目。

行政事业单位在按照规定程序核查处理过程中依法取得收入的，应当按照有关规定作为应缴款项处理或计入当期收入。对于纳入行政事业单位预算管理的收入，按照收到的金额，在财务会计借记"银行存款"等科目，贷记"其他收入"科目；在预算会计借记"资金结存"等科目，贷记"其他预算收入"科目。对于应当上缴财政的收入，按照收到的金额，在财务会计借记"银行存款"等科目，贷记"应缴财政款"科目；预算会计不作处理。

文物资源报经批准予以核销时，行政事业单位应当借记"资产处置费用"科目，贷记"待处理财产损溢"科目。

3. 文物资源重分类为其他资产的账务处理

文物资源撤销退出后仍作为其他资产进行管理的，行政事业单位应当按照该文物资源的账面价值，借记"固定资产"等科目，贷记本科目。

五、保障性住房

（一）保障性住房的概念

保障性住房，是指行政事业单位为满足社会公共需求而控制的用于保障居住目的的住房，如用于向低收入居民出租的廉租住房、用于向符合特定条件的居民出租的公共租赁住房、人才公寓等。为核算保障性住房价值，行政事业单位会计应设置"保障性住房"总账科目。本科目核算保障性住

房的原值。本科目应当按照保障性住房的类别、项目等明细核算。本科目期末借方余额，反映保障性住房的原值。

（二）保障性住房的核算

1）保障性住房在取得时的核算。

（1）外购的保障性住房，成本包括购买价款、相关税费以及可归属于该项资产达到预定用途前所发生的其他支出。外购的保障性住房，按照确定的成本，借记本科目，贷记"财政拨款收入""零余额账户用款额度""银行存款"等科目。

（2）自行建造的保障性住房交付使用时，按照在建工程成本，借记本科目，贷记"在建工程"科目。已交付使用但尚未办理竣工决算手续的保障性住房，按照估计价值入账，待办理竣工决算后再按照实际成本调整原来的暂估价值。

（3）接受其他单位无偿调入的保障性住房，成本按照该项资产在调出方的账面价值加上归属于调入方的相关费用确定。无偿调入的保障性住房，按照确定的成本，借记本科目，按照发生的归属于调入方的相关费用，贷记"零余额账户用款额度""银行存款"等科目，按照其差额，贷记"无偿调拨净资产"科目。

（4）接受捐赠、融资租赁取得的保障性住房，参照"固定资产"科目相关规定处理。

2）与保障性住房有关的后续支出，参照"固定资产"科目相关规定处理。

3）按照规定出租保障性住房并将出租收入上缴同级财政，按照收取的租金金额，借记"银行存款"等科目，贷记"应缴财政款"科目。

4）按照规定报经批准处置保障性住房，一般有两种情况。

（1）报经批准无偿调出保障性住房，按照保障性住房已计提的折旧，借记"保障性住房累计折旧"科目，按照被处置保障性住房账面余额，贷记本科目，按照其差额，借记"无偿调拨净资产"科目；同时，按照无偿调出过程中发生的归属于调出方的相关费用，借记"资产处置费用"科目，贷记"银行存款"等科目。

（2）报经批准出售保障性住房，按照被出售保障性住房的账面价值，借记"资产处置费用"科目，按照保障性住房已计提的折旧，借记"保障性住房累计折旧"科目，按照保障性住房账面余额，贷记本科目；同时，按照收到的价款，借记"银行存款"等科目，按照出售过程中发生的相关费用，贷记"银行存款"等科目，按照其差额，贷记"应缴财政款"科目。

5）单位应当定期清查盘点保障性住房。对发生的保障性住房盘盈、盘亏、毁损或报废等，参照"固定资产"科目相关规定做账务处理

六、保障性住房累计折旧

保障性住房折旧，是指在保障性住房的预计使用年限内，按照确定的方法系统分摊应计的折旧额。行政事业单位应当参照《政府会计准则第3号——固定资产》及其应用指南的相关规定，按月对其控制的保障性住房计提折旧。单位应设置"保障性住房累计折旧"科目，核算行政事业单位计提的保障性住房折旧。"保障性住房累计折旧"科目期末贷方余额，反映单位计提的固定资产折旧累计数。

（1）按月计提保障性住房折旧时，按照应计提的折旧额，借记"业务活动费用"科目，贷记本科目。

（2）报经批准处置保障性住房时，按照所处置保障性住房的账面价值，借记"资产处置费用""无偿调拨净资产""待处理财产损溢"等科目；按照已计提折旧，借记本科目；按照保障性住房的账面余额，贷记"保障性住房"科目。

七、受托代理资产

受托代理资产，是指行政事业单位接受委托方委托管理的各项资产。为核算单位接受委托方委托管理的各项资产，单位会计应设置"受托代理资产"科目。单位收到受托代理资产为现金和银行存款的，不通过本科目核算，应当通过"库存现金""银行存款"科目核算。单位管理的罚没物资应当通过本科目核算。本科目应当按照资产的种类和委托人明细核算；属于转赠资产的，还应当按照受赠人明细核算。

（一）受托转赠物资

（1）接受委托人委托需要转赠给受赠人的物资，成本按照有关凭据注明的金额确定。接受委托转赠的物资验收入库，按照确定的成本，借记本科目，贷记"受托代理负债"科目。

受托协议约定由受托方承担相关税费、运输费等的，还应当按照实际支付的相关税费、运输费等金额，借记"其他费用"科目，贷记"银行存款"等科目。

（2）将受托转赠物资交付受赠人时，按照转赠物资的成本，借记"受托代理负债"科目，贷记本科目。

（3）转赠物资的委托人取消了对捐赠物资的转赠要求，且不再收回捐赠物资的，应当将转赠物资转为单位的存货、固定资产等。按照转赠物资的成本，借记"受托代理负债"科目，贷记本科目；同时，借记"库存物品""固定资产"等科目，贷记"其他收入"科目。

【例 5-135】 某行政单位接受委托转赠的一批抗旱物资验收入库，该批物资有关凭据注明的金额为 250 000 元，受托协议约定由行政单位承担的运输费、保管费 2 500 元，以银行存款支付。

财务会计账务处理：

借：受托代理资产 250 000
　　贷：受托代理负债 250 000
借：其他费用 2 500
　　贷：银行存款 2 500

预算会计账务处理：

借：其他支出 2 500
　　贷：资金结存——货币资金 2 500

【例 5-136】 承【例 5-135】，将受托转赠物资交付受赠人（不做预算会计账务处理）。

借：受托代理负债 250 000
　　贷：受托代理资产 250 000

【例 5-137】 承【例 5-135】，若委托人取消了对捐赠物资的转赠要求，且不再收回捐赠物资，该行政单位将转赠物资 50 000 元转为存货，其余部分确认为固定资产（不做预算会计账务处理）。

借：受托代理负债 250 000
　　贷：受托代理资产 250 000
借：库存物品 50 000
　　固定资产 200 000
　　贷：其他收入 250 000

（二）受托储存管理物资

（1）接受委托人委托存储保管的物资，成本按照有关凭据注明的金额确定。接受委托储存的物资验收入库，按照确定的成本，借记本科目，贷记"受托代理负债"科目。

（2）发生由受托单位承担的与受托存储保管的物资相关的运输费、保管费等费用时，按照实际发生的费用金额，借记"其他费用"等科目，贷记"银行存款"等科目。

（3）根据委托人要求交付或发出受托存储保管的物资时，按照发出物资的成本，借记"受托代理负债"科目，贷记本科目。

【例5-138】某行政单位接受其他单位委托储存管理一批物资，已验收入库，有关凭据注明物资的成本为1 800 000元，行政单位以银行存款支付由受托单位承担的与受托储存管理物资相关的运输费5 000元、保管费等费用28 000元。

财务会计账务处理：
借：受托代理资产　　　　　　　　　　　　　　　　　　1 800 000
　　贷：受托代理负债　　　　　　　　　　　　　　　　　　1 800 000
借：其他费用　　　　　　　　　　　　　　　　　　　　　　33 000
　　贷：银行存款　　　　　　　　　　　　　　　　　　　　33 000
预算会计账务处理：
借：其他支出　　　　　　　　　　　　　　　　　　　　　　33 000
　　贷：资金结存——货币资金　　　　　　　　　　　　　　33 000

【例5-139】承【例5-138】，交付受托储存管理物资（不做预算会计账务处理）。
借：受托代理负债　　　　　　　　　　　　　　　　　　1 800 000
　　贷：受托代理资产　　　　　　　　　　　　　　　　　　1 800 000

（三）罚没物资

（1）取得罚没物资时，成本按照有关凭据注明的金额确定。罚没物资验收（入库），按照确定的成本，借记本科目，贷记"受托代理负债"科目。罚没物资成本无法可靠确定的，单位应当设置备查簿进行登记。

（2）按照规定处置或移交罚没物资时，按照罚没物资的成本，借记"受托代理负债"科目，贷记本科目。处置时取得款项的，按照实际取得的款项金额，借记"银行存款"等科目，贷记"应缴财政款"等科目。

单位受托代理的其他实物资产，参照本科目有关受托转赠物资、受托存储保管物资的规定做账务处理。

关键名词

资产库存　现金预付账款　其他应收款　存货固定资产　在建工程　无形资产

思考题

1. 资产的分类有哪些？
2. 如何处理零余额账户用款额度的主要账务？
3. 如何处理行政事业单位财政应返还额度的主要账务？
4. 如何处理应收账款的主要账务？
5. 如何处理存货的主要账务？
6. 如何处理固定资产的主要账务？
7. 如何处理长期投资的主要账务？
8. 如何处理公共基础设施和政府储备物资的主要账务？
9. 如何处理文物资源和保障性住房的主要账务？
10. 如何处理受托代理资产、长期待摊费用和待处理财产损溢的主要账务？

PROJECT 6

第六章 行政事业单位负债的核算

学习目标

◎掌握负债的概念及分类。
◎熟练掌握流动负债有关科目的设置及应用方法。
◎熟练掌握非流动负债有关科目的设置及应用方法。
◎掌握受托代理负债科目的设置及应用方法。

第一节 流动负债的核算

负债,是指政府会计主体过去的经济业务或者事项形成的,预期会导致经济资源流出政府会计主体的现时义务。

政府会计主体的负债按照流动性,分为流动负债和非流动负债。流动负债是指预计在1年内(含1年)偿还的负债,包括短期借款、应交款项、应付职工薪酬、应付及预收款项等。非流动负债是指流动负债以外的负债,包括长期借款、长期应付款、预计负债、受托代理负债等。

一、短期借款

短期借款,是指事业单位经批准向银行或其他金融机构等借入的期限在1年内(含1年)的各种借款。本科目期末贷方余额,反映事业单位尚未偿还的短期借款本金。

(1)借入各种短期借款时,按照实际借入的金额,借记"银行存款"科目,贷记本科目。

(2)银行承兑汇票到期,本单位无力支付票款的,按照应付票据的账面余额,借记"应付票据"科目,贷记本科目。

(3)归还短期借款时,借记本科目,贷记"银行存款"科目。

【例6-1】某事业单位从银行贷款200 000元,合同约定借款期9个月,年利率6%,利息每月支付一次。

财务会计账务处理:
借:银行存款 200 000
    贷:短期借款 200 000
预算会计账务处理:
借:资金结存——货币资金 200 000

　　　　贷：债务预算收入　　　　　　　　　　　　　　　　　　　　　200 000

【例6-2】承【例6-1】，本月按规定以银行存款支付贷款利息。

　　　　本月贷款利息＝200 000×6%÷12＝1 000（元）

财务会计账务处理：

　　借：其他费用　　　　　　　　　　　　　　　　　　　　　　　　1 000
　　　　贷：银行存款　　　　　　　　　　　　　　　　　　　　　　　1 000

预算会计账务处理：

　　借：其他支出　　　　　　　　　　　　　　　　　　　　　　　　1 000
　　　　贷：资金结存——货币资金　　　　　　　　　　　　　　　　　1 000

【例6-3】承【例6-1】和【例6-2】，9个月到期后还本付息，且支付最后一个月利息。

财务会计账务处理：

　　借：其他费用　　　　　　　　　　　　　　　　　　　　　　　　1 000
　　　　短期借款　　　　　　　　　　　　　　　　　　　　　　　200 000
　　　　贷：银行存款　　　　　　　　　　　　　　　　　　　　　201 000

预算会计账务处理：

　　借：其他支出　　　　　　　　　　　　　　　　　　　　　　　　1 000
　　　　债务还本支出　　　　　　　　　　　　　　　　　　　　　200 000
　　　　贷：资金结存——货币资金　　　　　　　　　　　　　　　201 000

【例6-4】某事业单位签发的一张银行承兑汇票200 000元到期，无力支付票款（不做预算会计账务处理）。

　　借：应付票据　　　　　　　　　　　　　　　　　　　　　　　200 000
　　　　贷：短期借款　　　　　　　　　　　　　　　　　　　　　200 000

二、应交款项

（一）应交增值税

应交增值税，是指行政事业单位按照税法规定应交纳的增值税。属于增值税一般纳税人的单位，应当在本科目下设置"应交税金""未交税金""预交税金""待抵扣进项税额""待认证进项税额""待转销项税额""简易计税""转让金融商品应交增值税""代扣代交增值税"等明细科目。本科目期末贷方余额，反映单位应交未交的增值税；期末如为借方余额，反映单位尚未抵扣或多交的增值税。

1. 一般纳税人单位取得资产或接受劳务

（1）采购等业务的进项税额允许抵扣。单位购买用于增值税应税项目的资产或服务等时，按照应计入相关成本费用或资产的金额，借记"业务活动费用""在途物品""库存物品""工程物资""在建工程""固定资产""无形资产"等科目，按照当月已认证的可抵扣增值税额，借记本科目（应交税金——进项税额），按照当月未认证的可抵扣增值税额，借记本科目（待认证进项税额），按照应付或实际支付的金额，贷记"应付账款""应付票据""银行存款""零余额账户用款额度"等科目。发生退货的，如原增值税专用发票已做认证，应根据税务机关开具的红字增值税专用发票做相反的会计分录；如原增值税专用发票未做认证，应将发票退回并做相反的会计分录。

小规模纳税人购买资产或服务等时不能抵扣增值税，发生的增值税计入资产成本或相关成本费用。

（2）单位购进资产或接受服务等进项税额不得抵扣。单位购进资产或服务等，用于简易计税方法计税项目、免征增值税项目、集体福利或个人消费等，进项税额按照现行增值税制度规定不得从销项税额中抵扣的，取得增值税专用发票时，应按照增值税发票注明的金额，借记相关成本费用或资产科目，按照待认证的增值税进项税额，借记本科目（待认证进项税额），按照实际支付或应付的金额，贷记"银行存款""应付账款""零余额账户用款额度"等科目。经税务机关认证为不可抵扣进项税时，借记本科目（应交税金——进项税额），贷记本科目（待认证进项税额），同时，将进项税额转出，借记相关成本费用科目，贷记本科目（应交税金——进项税额转出）。

（3）购进不动产或不动产在建工程的进项税额按照规定分年抵扣。单位取得应税项目为不动产或者不动产在建工程，进项税额按照现行增值税制度规定自取得之日起分2年从销项税额中抵扣的，应当按照取得成本，借记"固定资产""在建工程"等科目，按照当期可抵扣的增值税额，借记本科目（应交税金——进项税额），按照以后期间可抵扣的增值税额，借记本科目（待抵扣进项税额），按照应付或实际支付的金额，贷记"应付账款""应付票据""银行存款""零余额账户用款额度"等科目。尚未抵扣的进项税额待以后期间允许抵扣时，按照允许抵扣的金额，借记本科目（应交税金——进项税额），贷记本科目（待抵扣进项税额）。

（4）进项税额抵扣情况发生改变。单位因发生非正常损失或改变用途等，原已计入进项税额、待抵扣进项税额或待认证进项税额，但按照现行增值税制度规定不得从销项税额中抵扣的，借记"待处理财产损溢""固定资产""无形资产"等科目，贷记本科目（应交税金——进项税额转出）、本科目（待抵扣进项税额）或本科目（待认证进项税额）；原不得抵扣且未抵扣进项税额的固定资产、无形资产等，因改变用途等用于允许抵扣进项税额的应税项目的，应按照允许抵扣的进项税额，借记本科目（应交税金——进项税额），贷记"固定资产""无形资产"等科目。固定资产、无形资产等经上述调整后，应按照调整后的账面价值在剩余尚可使用年限内计提折旧或摊销。

单位购进时已全额计入进项税额的货物或服务等转用于不动产在建工程的，对结转以后期间的进项税额，应借记本科目（待抵扣进项税额），贷记本科目（应交税金——进项税额转出）。

（5）购买方作为扣缴义务人。按照现行增值税制度规定，境外单位或个人在境内发生应税行为，在境内未设有经营机构的，以购买方为增值税扣缴义务人。境内一般纳税人购进服务或资产时，按照应计入相关成本费用或资产的金额，借记"业务活动费用""在途物品""库存物品""工程物资""在建工程""固定资产""无形资产"等科目，按照可抵扣的增值税额，借记本科目（应交税金——进项税额）[小规模纳税人应借记相关成本费用或资产科目]，按照应付或实际支付的金额，贷记"银行存款""应付账款"等科目，按照应代扣代缴的增值税额，贷记本科目（代扣代交增值税）。实际缴纳代扣代缴增值税时，按照代扣代缴的增值税额，借记本科目（代扣代交增值税），贷记"银行存款""零余额账户用款额度"等科目。

2. 一般纳税人单位销售资产或提供服务

（1）单位销售货物或提供服务时，应当按照应收或已收的金额，借记"应收账款""应收票据""银行存款"等科目，按照确认的收入金额，贷记"经营收入""事业收入"等科目，按照现行增值税制度规定计算的销项税额或采用简易计税方法计算的应纳增值税额，贷记本科目（应交税金——销项税额）或本科目（简易计税）[小规模纳税人应贷记本科目]。发生销售退回的，应根据按照规定开具的红字增值税专用发票做相反的会计分录。

按照本制度及相关政府会计准则确认收入的时点早于按照增值税制度确认增值税纳税义务发生时点的，应将相关销项税额计入本科目（待转销项税额），待实际发生纳税义务时再转入本科目（应交税金——销项税额）或本科目（简易计税）。

按照增值税制度确认增值税纳税义务发生时点早于按照本制度及相关政府会计准则确认收入的时点的，应按照应纳增值税额，借记"应收账款"科目，贷记本科目（应交税金——销项税额）或本科目（简易计税）。

（2）金融商品转让时，按照规定以盈亏相抵后的余额作为销售额。金融商品实际转让月末，如产生转让收益，则按照应纳税额，借记"投资收益"科目，贷记本科目（转让金融商品应交增值税）；如产生转让损失，则按照可结转下月抵扣税额，借记本科目（转让金融商品应交增值税），贷记"投资收益"科目。交纳增值税时，应借记本科目（转让金融商品应交增值税），贷记"银行存款"等科目。年末，本科目（转让金融商品应交增值税）如有借方余额，则借记"投资收益"科目，贷记本科目（转让金融商品应交增值税）。

3. 月末转出多交增值税和未交增值税

月度终了，单位应当将当月应交未交或多交的增值税自"应交税金"明细科目转入"未交税金"明细科目。当月应交未交的增值税，借记本科目（应交税金——转出未交增值税），贷记本科目（未交税金）；当月多交的增值税，借记本科目（未交税金），贷记本科目（应交税金——转出多交增值税）。

4. 缴纳增值税

（1）交纳当月应交增值税。

单位交纳当月应交的增值税，借记本科目（应交税金——已交税金）[小规模纳税人借记本科目]，贷记"银行存款"等科目。

（2）交纳以前期间未交增值税。

单位交纳以前期间未交的增值税，借记本科目（未交税金）[小规模纳税人借记本科目]，贷记"银行存款"等科目。

（3）预交增值税。

单位预交增值税时，借记本科目（预交税金），贷记"银行存款"等科目。月末，单位应将"预交税金"明细科目余额转入"未交税金"明细科目，借记本科目（未交税金），贷记本科目（预交税金）

（4）减免增值税。

对当期直接减免的增值税，借记本科目（应交税金——减免税款），贷记"业务活动费用""经营费用"等科目。

按照现行增值税制度规定，单位初次购买增值税税控系统专用设备支付的费用以及缴纳的技术维护费允许在增值税应纳税额中全额抵减的，按照规定抵减的增值税应纳税额，借记本科目（应交税金——减免税款）[小规模纳税人借记本科目]，贷记"业务活动费用""经营费用"等科目。

【例6-5】某事业单位为增值税一般纳税人，在开展非独立核算经营活动中购入一批食用盐花费8 000元，当月已认证的可抵扣增值税额为720元，款项合计8 720元，以银行存款支付，货品已验收入库。该事业单位在开展非独立核算经营活动中还销售食用植物油，取得经营收入10 000元，按增值税制度规定计算的销项税额为900元，已收到款项合计10 900元，并存入开户银行。当月末，该事业单位将当月应交未交的增值税400元自"应交税金"明细科目转入"未交税金"明细科目。次月，该事业单位以银行存款缴纳上月未交的增值税 400 元。

编制如下会计分录。

① 购入货品时。

财务会计账务处理：

借：库存物品 8 000
　　应交增值税——应交税金——进项税额 720
　　贷：银行存款 8 720

预算会计账务处理：

借：经营支出 8 720
　　贷：资金结存——货币资金 8 720

② 销售货品时。

财务会计账务处理：

借：银行存款 10 900
　　贷：经营收入 10 000
　　　　应交增值税——应交税金——销项税额 900

预算会计账务处理：

借：资金结存——货币资金 10 900
　　贷：经营预算收入 10 900

③ 月末，将当月应交未交的增值税自"应交税金"明细科目转入"未交税金"明细科目时。

借：应交增值税——应交税金——转出未交增值税 400
　　贷：应交增值税——未交税金 400

④ 次月，以银行存款缴纳上月未交的增值税时。

财务会计账务处理：

借：应交增值税——未交税金 400
　　贷：银行存款 400

预算会计账务处理：

借：经营支出 400
　　贷：资金结存——货币资金 400

（二）其他应交税费

其他应交税费，是指行政事业单位按照税法等规定应缴纳的除增值税以外的各种税费，包括城市维护建设税、教育费附加、地方教育费附加、车船税、房产税、城镇土地使用税和企业所得税等。单位代扣代缴的个人所得税，也通过本科目核算。本科目期末贷方余额，反映单位应交未交的除增值税以外的税费金额；期末如为借方余额，反映单位多交纳的除增值税以外的税费金额。

单位应交纳的印花税不需要预提应交税费，直接通过"业务活动费用""单位管理费用""经营费用"等科目核算，不通过本科目核算。

（1）发生城市维护建设税、教育费附加、地方教育费附加、车船税、房产税、城镇土地使用税等纳税义务的，按照税法规定计算的应缴税费金额，借记"业务活动费用""单位管理费用""经营费用"等科目，贷记本科目（应交城市维护建设税、应交教育费附加、应交地方教育费附加、应交车船税、应交房产税、应交城镇土地使用税等）。

（2）按照税法规定计算应代扣代缴职工（含长期聘用人员）的个人所得税，借记"应付职工薪酬"科目，贷记本科目（应交个人所得税）。

按照税法规定计算应代扣代缴支付给职工（含长期聘用人员）以外人员劳务费的个人所得税，借记"业务活动费用""单位管理费用"等科目，贷记本科目（应交个人所得税）。

(3) 发生企业所得税纳税义务的，按照税法规定计算的应交所得税额，借记"所得税费用"科目，贷记本科目（单位应交所得税）。

(4) 单位实际交纳上述各种税费时，借记本科目（应交城市维护建设税、应交教育费附加、应交地方教育费附加、应交车船税、应交房产税、应交城镇土地使用税、应交个人所得税、单位应交所得税等），贷记"财政拨款收入""零余额账户用款额度""银行存款"等科目。

【例6-6】 某行政事业单位在开展专项业务活动中按税法规定发生应交车船税9 000元，房产税20 000元，城镇土地使用税10 000元，按规定应计入业务活动费用。

借：业务活动费用　　　　　　　　　　　　　　　　　　　　　　　39 000
　　贷：其他应交税费——应交车船税　　　　　　　　　　　　　　　　9 000
　　　　　　　　　　——应交房产税　　　　　　　　　　　　　　　20 000
　　　　　　　　　　——应交城镇土地使用税　　　　　　　　　　　10 000

【例6-7】 承【例6-6】，该行政单位为职工代扣代缴三个月个人所得税22 000元（不做预算会计账务处理）。

借：应付职工薪酬　　　　　　　　　　　　　　　　　　　　　　　22 000
　　贷：其他应交税费——应交个人所得税　　　　　　　　　　　　　22 000

【例6-8】 承【例6-6】、【例6-7】，某行政单位以库存现金支付某服务人员劳务费2 500元，为其代扣个人所得税340元。

财务会计账务处理：
借：业务活动费用　　　　　　　　　　　　　　　　　　　　　　　2 840
　　贷：库存现金　　　　　　　　　　　　　　　　　　　　　　　2 500
　　　　其他应交税费——应交个人所得税　　　　　　　　　　　　340

预算会计账务处理：
借：行政支出　　　　　　　　　　　　　　　　　　　　　　　　　2 500
　　贷：资金结存——货币资金　　　　　　　　　　　　　　　　　2 500

【例6-9】 某事业单位的经营性所得全年应交所得税为70 000元（不做预算会计账务处理）。

借：所得税费用　　　　　　　　　　　　　　　　　　　　　　　　70 000
　　贷：其他应交税费——单位应交所得税　　　　　　　　　　　　70 000

【例6-10】 承【例6-6】、【例6-7】和【例6-8】，该行政单位以银行存款实际交纳车船税9 000元、房产税20 000元、城镇土地使用税10 000元、个人所得税22 340元（不做预算会计账务处理）。

借：其他应交税费——应交车船税　　　　　　　　　　　　　　　　9 000
　　　　　　　　——应交房产税　　　　　　　　　　　　　　　20 000
　　　　　　　　——应交城镇土地使用税　　　　　　　　　　　10 000
　　　　　　　　——应交个人所得税　　　　　　　　　　　　　22 340
　　贷：银行存款　　　　　　　　　　　　　　　　　　　　　　　61 340

(三) 应缴财政款

应缴财政款，是指行政事业单位暂时收取、按规定应当上缴国库或财政专户的款项所形成的

负债,包括罚没收入、行政事业性收费、政府性基金、国有资产处置和出租收入等。为核算应缴财政款,行政事业单位应设置"应缴财政款"总账科目。本科目应当按照应缴财政款项的类别明细核算。本科目期末贷方余额,反映单位应当上缴财政但尚未缴纳的款项。年终清缴后,本科目一般应无余额。

(1)单位取得或应收按照规定应缴财政的款项时,借记"银行存款""应收账款"等科目,贷记本科目。

(2)单位处置资产取得的应上缴财政的处置净收入的账务处理,参见"待处理财产损溢"等科目。

(3)单位上缴应缴财政的款项时,按照实际上缴的金额,借记本科目,贷记"银行存款"科目。

【例6-11】 某行政事业单位在执法过程中取得一笔按照规定应当上缴财政的款项,共计750元,款项已存入开户银行。该行政事业单位按照规定及时将该笔款项上缴财政部门国库,款项以银行存款支付(只做财务会计账务处理)。

①收到应当上缴财政部门的款项时。

财务会计账务处理:
借:银行存款　　　　　　　　　　　　　　　　750
　　贷:应缴财政款　　　　　　　　　　　　　　　　750
②上缴财政部门款项时。
借:应缴财政款　　　　　　　　　　　　　　　750
　　贷:银行存款　　　　　　　　　　　　　　　　　750

三、应付职工薪酬

为获得职工(含长期聘用人员)提供的服务而给予各种形式的报酬或因辞退等原因而给予职工补偿而形成的负债,包括基本工资、国家统一规定的津贴补贴、规范津贴补贴(绩效工资)、改革性补贴、社会保险费(如职工基本养老保险费、职业年金、基本医疗保险费等)、住房公积金等。

本科目应当根据国家有关规定按照"基本工资(含离退休费)""国家统一规定的津贴补贴""规范津贴补贴(绩效工资)""改革性补贴""社会保险费""住房公积金""其他个人收入"等进行明细核算。其中,"社会保险费""住房公积金"明细科目核算内容包括单位从职工工资中代扣代缴的社会保险费、住房公积金,以及单位为职工计算缴纳的社会保险费、住房公积金。本科目期末贷方余额,反映单位应付未付的职工薪酬。

1)计算确认当期应付职工薪酬(含单位为职工计算缴纳的社会保险费、住房公积金)。

(1)计提从事专业及其辅助活动人员的职工薪酬,借记"业务活动费用""单位管理费用"科目,贷记本科目。

(2)计提应由在建工程、加工物品、自行研发无形资产负担的职工薪酬,借记"在建工程""加工物品""研发支出"等科目,贷记本科目。

(3)计提从事专业及其辅助活动之外的经营活动人员的职工薪酬,借记"经营费用"科目,贷记本科目。

(4)因解除与职工的劳动关系而给予的补偿,借记"单位管理费用"等科目,贷记本科目。

2)向职工支付工资、津贴补贴等薪酬时,按照实际支付的金额,借记本科目,贷记"财政拨款收入""零余额账户用款额度""银行存款"等科目。

3)按照税法规定代扣职工个人所得税时,借记本科目(基本工资),贷记"其他应交税费——应交个人所得税"科目。从应付职工薪酬中代扣为职工垫付的水电费、房租等费用时,按照实际扣除的金额，借记本科目（基本工资），贷记"其他应收款"等科目。从应付职工薪酬中代扣社会保险费和住房公积金，按照代扣的金额，借记本科目（基本工资），贷记本科目（社会保险费、住房公积金）。

4）按照国家有关规定缴纳职工社会保险费和住房公积金时，按照实际支付的金额，借记本科目（社会保险费、住房公积金），贷记"财政拨款收入""零余额账户用款额度""银行存款"等科目。

5）从应付职工薪酬中支付的其他款项，借记本科目，贷记"零余额账户用款额度""银行存款"等科目。

【例6-12】某事业单位分配工资360 000元：事业活动业务部门工资250 000元，行政后勤部门工资70 000元，经营人员工资40 000元（不做预算会计账务处理）。

借：业务活动费用	250 000
单位管理费用	70 000
经营费用	40 000
贷：应付职工薪酬——基本工资	360 000

【例6-13】承【例6-12】，该事业单位发放工资360 000元，代扣代缴个人水电费9 000元、房租6 000元、社会保险费14 000元、个人所得税7 000元。

财务会计账务处理：

借：应付职工薪酬——基本工资	360 000
贷：财政拨款收入	324 000
其他应收款——代扣水电费	9 000
——代扣房租	6 000
应付职工薪酬——社会保障	14 000
其他应交税费——应交个人所得税	7 000

预算会计账务处理：

借：事业支出	324 000
贷：财政拨款预算收入	324 000

四、应付及预收款项

应付及预收款项，是指行政事业单位在运营活动中形成的应当支付而尚未支付的款项及预先收到但尚未实现收入的款项，包括应付账款、应付票据、应付政府补贴款、应付利息、预收账款、其他应付款和预提费用等。

（一）应付账款

应付账款，是指行政事业单位因购买物资、接受服务、开展工程建设等而应付的偿还期限在1年以内（含1年）的款项。为核算应付账款，行政事业单位会计应设置"应付账款"总账科目，本科目应当按照债权单位（或个人）明细核算。本科目期末贷方余额，反映单位尚未支付的应付账款金额。

（1）收到所购材料、物资、设备或服务以及确认完成工程进度但尚未付款时，根据发票及账单等有关凭证，按照应付未付款项的金额，借记"库存物品""固定资产""在建工程"等科目，贷记本科目。涉及增值税业务的，相关账务处理参见"应交增值税"科目。

（2）偿付应付账款时，按照实际支付的金额，借记本科目，贷记"财政拨款收入""零余额账户用款额度""银行存款"等科目。

（3）开出、承兑商业汇票抵付应付账款时，借记本科目，贷记"应付票据"科目。

（4）无法偿付或债权人豁免偿还的应付账款，应当按照规定报经批准后做账务处理。经批准核销时，借记本科目，贷记"其他收入"科目。核销的应付账款应在备查簿中保留登记。

【例 6-14】 某行政事业单位购买一批物品，共计 7 650 元，款项尚未支付，存货已验收入库。该行政事业单位后通过财政授权支付方式支付了相应货款。

①购入存货、款项尚未支付时。

借：库存物品　　　　　　　　　　　　　　　　　　　　　　　　　7 650
　　贷：应付账款　　　　　　　　　　　　　　　　　　　　　　　　　　　7 650

②支付货款时。

财务会计账务处理：

借：应付账款　　　　　　　　　　　　　　　　　　　　　　　　　7 650
　　贷：零余额账户用款额度　　　　　　　　　　　　　　　　　　　　　　7 650

预算会计账务处理：

借：事业支出／行政支出　　　　　　　　　　　　　　　　　　　　　7 650
　　贷：资金结存——零余额账户用款额度　　　　　　　　　　　　　　　　7 650

（二）应付票据

应付票据，是指事业单位因购买材料、物资等而开出、承兑的商业汇票，包括银行承兑汇票和商业承兑汇票。为核算应付票据，事业单位会计应设置"应付票据"总账科目。本科目应当按照债权人明细核算。本科目期末贷方余额，反映事业单位开出、承兑的尚未到期的应付票据金额。事业单位会计应当设置"应付票据备查簿"，详细登记每一应付票据的种类、号数、出票日期、到期日、票面金额、交易合同号、收款人姓名或单位名称，以及付款日期和金额等。应付票据到期结清票款后，应当在备查簿内逐笔注销。

（1）开出、承兑商业汇票时，借记"库存物品""固定资产"等科目，贷记本科目。涉及增值税业务的，相关账务处理参见"应交增值税"科目。以商业汇票抵付应付账款时，借记"应付账款"科目，贷记本科目。

（2）支付银行承兑汇票的手续费时，借记"业务活动费用""经营费用"等科目，贷记"银行存款""零余额账户用款额度"等科目。

（3）商业汇票到期时，一般分三种情况。

收到银行支付到期票据的付款通知时，借记本科目，贷记"银行存款"科目。

银行承兑汇票到期，单位无力支付票款的，按照应付票据账面余额，借记本科目，贷记"短期借款"科目。

商业承兑汇票到期，单位无力支付票款的，按照应付票据账面余额，借记本科目，贷记"应付账款"科目。

【例 6-15】 某事业单位因经营活动购入一批原材料，价款 180 000 元，已验收入库。事业单位出具一张不带息商业承兑汇票，票据期限为 2 个月。

①购入原材料时（不做预算会计账务处理）。

借：库存物品　　　　　　　　　　　　　　　　　　　　　　　　　180 000
　　贷：应付票据　　　　　　　　　　　　　　　　　　　　　　　　　　　180 000

②票据到期付款时。

财务会计账务处理：

借：应付票据　　　　　　　　　　　　　　　　　　　　　　　　　180 000

贷：银行存款　　　　　　　　　　　　　　　　　　　　　　　　180 000
预算会计账务处理：
借：经营支出　　　　　　　　　　　　　　　　　　　　　　　　　180 000
　　贷：资金结存——货币资金　　　　　　　　　　　　　　　　　180 000
③票据到期，无力付款时（不做预算会计账务处理）。
借：应付票据　　　　　　　　　　　　　　　　　　　　　　　　　180 000
　　贷：应付账款　　　　　　　　　　　　　　　　　　　　　　　180 000

（三）应付政府补贴款

应付政府补贴款，是指负责发放政府补贴的行政单位，按照有关规定应付给政府补贴接受者的各种政府补贴款。为核算应付政府补贴款，行政单位会计应设置"应付政府补贴款"总账科目，本科目应当按照应支付的政府补贴种类明细核算，行政单位还应当按照补贴接受者建立备查簿，开展相应的明细核算。本科目期末贷方余额，反映行政单位应付未付的政府补贴金额。

（1）发生应付政府补贴时，按照依规定计算确定的应付政府补贴金额，借记"业务活动费用"科目，贷记本科目。

（2）支付应付政府补贴款时，按照支付金额，借记本科目，贷记"零余额账户用款额度""银行存款"等科目。

【例6-16】 某行政事业单位发生应付政府补贴业务，按照规定计算出应付政府补贴金额为67 400元，该行政事业单位后通过单位零余额账户支付了该补贴金。

①发生应付政府补贴时（不做预算会计账务处理）。
借：业务活动费用　　　　　　　　　　　　　　　　　　　　　　　67 400
　　贷：应付政府补贴款　　　　　　　　　　　　　　　　　　　　67 400
②支付应付政府补贴款时。
财务会计账务处理：
借：应付政府补贴款　　　　　　　　　　　　　　　　　　　　　　67 400
　　贷：零余额账户用款额度　　　　　　　　　　　　　　　　　　67 400
预算会计账务处理：
借：事业支出/行政支出　　　　　　　　　　　　　　　　　　　　 67 400
　　贷：资金结存——零余额账户用款额度　　　　　　　　　　　　67 400

（四）应付利息

应付利息，是指事业单位按照合同约定应支付的借款利息，包括短期借款、分期付息到期还本的长期借款等应支付的利息。为核算应付利息，事业单位会计应设置"应付利息"科目。本科目期末贷方余额，反映事业单位应付未付的利息金额。

（1）为建造固定资产、公共基础设施等借入的专门借款的利息，属于建设期间发生的，按期计提利息费用时，按照计算确定的金额，借记"在建工程"科目，贷记本科目；不属于建设期间发生的，按期计提利息费用时，按照计算确定的金额，借记"其他费用"科目，贷记本科目。

（2）对于其他借款，按期计提利息费用时，按照计算确定的金额，借记"其他费用"科目，贷记本科目。

（3）实际支付应付利息时，按照支付的金额，借记本科目，贷记"银行存款"等科目。

【例6-17】 某事业单位计提应由本月承担的短期借款利息300元（不做预算会计账务处理）。
借：其他费用　　　　　　　　　　　　　　　　　　　　　　　　　　300
　　贷：应付利息　　　　　　　　　　　　　　　　　　　　　　　　300

【例 6-18】 承【例 6-17】，季末实际支付三个月的短期借款利息 900 元。

财务会计账务处理：

借：应付利息 900
  贷：银行存款 900

预算会计账务处理：

借：其他支出 900
  贷：资金结存——货币资金 900

（五）预收账款

预收账款，是指事业单位按照货物、服务合同或协议或者相关规定，向接受货物或服务的主体预先收款而形成的负债。本科目应当按照债权人明细核算，期末贷方余额反映事业单位预收但尚未结算的款项金额。

（1）事业单位从付款方预收款项时，按照实际预收的金额，借记"银行存款"等科目，贷记本科目。

（2）事业单位确认有关收入时，按照预收账款账面余额，借记本科目；按照应确认的收入金额，贷记"事业收入""经营收入"等科目；按照付款方补付或退回付款方的金额，借记或贷记"银行存款"等科目。涉及增值税业务的，相关账务处理参见"应交增值税"科目。

（3）事业单位无法偿付或债权人豁免偿还的预收账款，应当按照规定报经批准后做账务处理。经批准核销时，借记本科目，贷记"其他收入"科目。核销的预收账款应在备查簿中保留登记。

【例 6-19】 某事业单位因经营活动预收 A 公司货款 40 000 元，存入银行。

财务会计账务处理：

借：银行存款 40 000
  贷：预收账款 40 000

预算会计账务处理：

借：资金结存——货币资金 40 000
  贷：经营预算收入 40 000

【例 6-20】 承【例 6-19】，该事业单位向 A 公司发出一批价款为 60 000 元的货物，A 公司尚未补付货款（不做预算会计账务处理）。

借：预收账款 60 000
  贷：经营收入 60 000

【例 6-21】 承【例 6-19】和【例 6-20】，A 公司补付货款 20 000 元。

财务会计账务处理：

借：银行存款 20 000
  贷：预收账款 20 000

预算会计账务处理：

借：资金结存——货币资金 20 000
  贷：经营预算收入 20 000

（六）其他应付款

其他应付款，是指行政事业单位除应付账款、应付票据、应付政府补贴款、应付利息、预收账款、预提费用以外的其他各项偿还期在 1 年以内（含 1 年）的应付及暂收款项，如收取的押金、保证金，未纳入行政事业单位预算管理的转拨资金，代扣代缴的职工社会保险费和住房公积金等。同级政府财政部门预拨的下期预算款和没有纳入预算的暂付款项，以及采用实拨资金方式通过本单位转拨给下属单位的财政拨款,也通过本科目核算。

为核算其他应付款,行政事业单位会计应设置"其他应付款"总账科目。本科目应当按照其他应付款的类别以及债权单位(或个人)明细核算。本科目期末贷方余额反映行政事业单位尚未支付的其他应付款。

(1)发生其他应付及暂收款项时,借记"银行存款"等科目,贷记本科目。支付(或退回)其他应付及暂收款项时,借记本科目,贷记"银行存款"等科目。将暂收款项转为收入时,借记本科目,贷记"事业收入"等科目。

(2)收到同级政府财政部门预拨的下期预算款和没有纳入预算的暂付款项,按照实际收到的金额,借记"银行存款"等科目,贷记本科目;待到下一预算期或批准纳入预算时,借记本科目,贷记"财政拨款收入"科目。采用实拨资金方式通过本单位转拨给下属单位的财政拨款,按照实际收到的金额,借记"银行存款"科目,贷记本科目;向下属单位转拨财政拨款时,按照转拨的金额,借记本科目,贷记"银行存款"科目。

(3)本单位公务卡持卡人报销时,按照审核报销的金额,借记"业务活动费用""单位管理费用"等科目,贷记本科目;偿还公务卡欠款时,借记本科目,贷记"零余额账户用款额度"等科目。

(4)涉及质保金形成其他应付款的,相关账务处理参见"固定资产"科目。

(5)无法偿付或债权人豁免偿还的其他应付款项,应当按照规定报经批准后做账务处理。经批准核销时,借记本科目,贷记"其他收入"科目。核销的其他应付款应在备查簿中保留登记。

【例6-22】某行政单位公务卡持卡人报销,经审核报销的金额为6 000元。数日后,该单位会计通过财政授权支付方式向银行偿还了该项公务卡欠款。

①公务卡持卡人报销时。

借:业务活动费用　　　　　　　　　　　　　　　　　　　　　　　　　　6 000
　　贷:其他应付款　　　　　　　　　　　　　　　　　　　　　　　　　　6 000

②向银行偿还公务卡欠款时。

财务会计账务处理:

借:其他应付款　　　　　　　　　　　　　　　　　　　　　　　　　　　　6 000
　　贷:零余额账户用款额度　　　　　　　　　　　　　　　　　　　　　　6 000

预算会计账务处理:

借:行政支出　　　　　　　　　　　　　　　　　　　　　　　　　　　　　6 000
　　贷:资金结存——零余额账户用款额度　　　　　　　　　　　　　　　　6 000

(七)预提费用

预提费用是指行政事业单位预先提取的已经发生但尚未支付的费用,如预提租金费用等。事业单位按规定从科研项目收入中提取的项目间接费用或管理费,也通过本科目核算。事业单位计提的借款利息费用,通过"应付利息""长期借款"科目核算,不通过本科目核算。本科目应当按照预提费用的种类明细核算。对提取的项目间接费用或管理费,应当在本科目下设置"项目间接费用或管理费"明细科目,并按项目明细核算。本科目期末贷方余额,反映单位已预提但尚未支付的各项费用。

(1)项目间接费用或管理费按规定从科研项目收入中提取项目间接费用或管理费时,按照提取的金额,借记"单位管理费用"科目,贷记本科目(项目间接费用或管理费)。实际使用计提的项目间接费用或管理费时,按照实际支付的金额,借记本科目(项目间接费用或管理费),贷记"银行存款""库存现金"等科目。

(2)其他预提费用。按期预提租金等费用时,按照预提的金额,借记"业务活动费用""单位

管理费用""经营费用"等科目，贷记本科目。实际支付款项时，按照支付金额，借记本科目，贷记"零余额账户用款额度""银行存款"等科目。

【例6-23】 某行政单位计提本季度房屋租金50 000元（不做预算会计账务处理）。
借：业务活动费用　　　　　　　　　　　　　　　　　　　　　50 000
　　贷：预提费用　　　　　　　　　　　　　　　　　　　　　　　　50 000

【例6-24】 承【例6-23】，该行政单位通过零余额账户支付本季度房屋租金50 000元。
财务会计账务处理：
借：预提费用　　　　　　　　　　　　　　　　　　　　　　　50 000
　　贷：零余额账户用款额度　　　　　　　　　　　　　　　　　　　50 000
预算会计账务处理：
借：行政支出　　　　　　　　　　　　　　　　　　　　　　　50 000
　　贷：资金结存——零余额账户用款额度　　　　　　　　　　　　　50 000

第二节　非流动负债的核算

非流动负债，是指流动负债以外的负债。行政事业单位的非流动负债包括长期借款、长期应付款、预计负债和受托代理负债。

一、长期借款

长期借款，是指事业单位经批准向银行或其他金融机构等借入的期限超过1年（不含1年）的各种借款本息。为核算长期借款，事业单位会计应设置"长期借款"总账科目，以及"本金"和"应计利息"明细科目，并按照贷款单位和贷款种类明细核算。对建设项目借款，还应按照具体项目明细核算。本科目期末贷方余额反映事业单位尚未偿还的长期借款本息金额。

1）借入各项长期借款时，按照实际借入的金额，借记"银行存款"科目，贷记本科目（本金）。

2）为建造固定资产、公共基础设施等应支付的专门借款利息，按期计提利息时，一般有两种情况。

（1）属于工程项目建设期间发生的利息，计入工程成本，按照计算确定的应支付的利息金额，借记"在建工程"科目，贷记"应付利息"科目。

（2）属于工程项目完工交付使用后发生的利息，计入当期费用，按照计算确定的应支付的利息金额，借记"其他费用"科目，贷记"应付利息"科目。

3）按期计提其他长期借款的利息时，按照计算确定的应支付的利息金额，借记"其他费用"科目，贷记"应付利息"科目［分期付息、到期还本借款的利息］或本科目（应计利息）［到期一次性还本付息借款的利息］。

4）到期归还长期借款本金、利息时，借记本科目（本金、应计利息），贷记"银行存款"科目。

【例6-25】 某事业单位为建造一幢职工宿舍，1月1日借入期限为两年的长期专门借款3 000 000元，款项已存入银行。借款利率按市场利率确定为10%，每年付息一次，期满后一次还清本金。年初，以银行存款支付工程价款共计1 500 000元；年末，以财政授权支付方式支付利息

30万元。第二年年初以银行存款支付工程价款1 500 000元;第二年年末,以财政直接支付方式支付本金和利息3 300 000元。该职工宿舍于第二年年末完工交付使用。

①1月1日,取得借款时。

财务会计账务处理:

借:银行存款 3 000 000
　　贷:长期借款——本金 3 000 000

预算会计账务处理:

借:资金结存——货币资金 3 000 000
　　贷:债务预算收入 3 000 000

②年初支付工程款时。

财务会计账务处理:

借:在建工程 1 500 000
　　贷:银行存款 1 500 000

预算会计账务处理:

借:事业支出 1 500 000
　　贷:资金结存——货币资金 1 500 000

③年末计算并支付第一年应计入工程成本的利息时。

借款利息 = 3 000 000×10% = 300 000(元)

财务会计账务处理:

借:在建工程 300 000
　　贷:零余额账户用款额度 300 000

预算会计账务处理:

借:事业支出 300 000
　　贷:资金结存——零余额账户用款额度 300 000

④第二年年初支付工程款时。

财务会计账务处理:

借:在建工程 1 500 000
　　贷:银行存款 1 500 000

预算会计账务处理:

借:事业支出 1 500 000
　　贷:资金结存——货币资金 1 500 000

⑤第二年年末工程完工时。

该期应计入工程成本的利息 = 3 000 000×10% = 300 000(元),以财政直接支付方式支付本金和利息3 300 000元,该幢职工宿舍完工后总成本为3 600 000元。

财务会计账务处理:

借:在建工程 300 000
　　长期借款——本金 3 000 000
　　贷:财政拨款收入 3 300 000

预算会计账务处理:

借:事业支出 300 000
　　债务还本支出 3 000 000

贷：财政拨款预算收入	3 300 000
借：固定资产	3 600 000
贷：在建工程	3 600 000

二、长期应付款

长期应付款，是指行政事业单位发生的偿还期限超过1年（不含1年）的应付款项，如以融资租赁方式取得固定资产应付的租赁费等。为核算长期应付款，行政事业单位会计应设置"长期应付款"总账科目，并按照长期应付款的类别以及债权单位（或个人）明细核算。本科目期末贷方余额反映行政事业单位尚未支付的长期应付款。

（1）发生长期应付款时，借记"固定资产""在建工程"等科目，贷记本科目。

（2）支付长期应付款时，按照实际支付的金额，借记本科目，贷记"财政拨款收入""零余额账户用款额度""银行存款"等科目。涉及增值税业务的，相关账务处理参见"应交增值税"科目。

（3）无法偿付或债权人豁免偿还的长期应付款，应当按照规定报经批准后做账务处理。经批准核销时，借记本科目，贷记"其他收入"科目。核销的长期应付款应在备查簿中保留登记。

（4）涉及质保金形成长期应付款的，相关账务处理参见"固定资产"科目。

【例6-26】 某事业单位采用分期付款方式购入一项固定资产。按照合同约定，该行政事业单位每年年末支付购买价款40 000元，连续支付三年，共计支付购买价款120 000元（40 000×3）。该单位采用财政直接支付方式支付购买价款，相应固定资产在合同签订日即收到且投入使用。

①购入固定资产时。

借：固定资产	120 000
贷：长期应付款	120 000

②每年年末支付购买价款时。

财务会计账务处理：

借：长期应付款	40 000
贷：财政拨款收入	40 000

预算会计账务处理：

借：事业支出	40 000
贷：财政拨款预算收入	40 000

三、预计负债

预计负债，是指行政事业单位对因或有事项产生的现时义务而确认的负债，如未决诉讼或未决仲裁，对外国政府或国际经济组织的贷款担保、承诺（补贴、代偿），自然灾害或公共事件的救助等。为核算预计负债，行政事业单位会计应设置"预计负债"总账科目，按照预计负债的项目明细核算。本科目期末贷方余额反映单位已确认但尚未支付的预计负债金额。

（1）确认预计负债时，按照预计的金额，借记"业务活动费用""经营费用""其他费用"等科目，贷记本科目。

（2）实际偿付预计负债时，按照偿付的金额，借记本科目，贷记"银行存款""零余额账户用款额度"等科目。

（3）根据确凿证据需要调整已确认的预计负债账面余额的，按照调整增加的金额，借记有关科目，贷记本科目；按照调整减少的金额，借记本科目，贷记有关科目。

【例6-27】 某事业单位在经营活动过程中，向A公司销售一批产品，因产品存在一定的质量问题，导致A公司发生经济损失。但由于购销双方对问题的认识不一致，A公司提起诉讼，请求事业单位赔偿90 000元。事业单位在应诉过程中，发现所售产品确实存在较大的质量问题。会计期末，事业单位预计败诉的可能性在50%以上，最可能赔偿的金额为90 000元（不做预算会计账务处理）。

借：其他费用　　　　　　　　　　　　　　　　　　　　　　　　　90 000
　　贷：预计负债　　　　　　　　　　　　　　　　　　　　　　　　90 000

【例6-28】 承【例6-27】，该事业单位败诉，通过零余额账户赔偿A公司90 000元。

财务会计账务处理：
借：预计负债　　　　　　　　　　　　　　　　　　　　　　　　　90 000
　　贷：零余额账户用款额度　　　　　　　　　　　　　　　　　　　90 000

预算会计账务处理：
借：经营支出　　　　　　　　　　　　　　　　　　　　　　　　　90 000
　　贷：资金结存——零余额账户用款额度　　　　　　　　　　　　　90 000

第三节　受托代理负债的核算

受托代理负债，是指行政事业单位接受委托，取得受托管理资产时形成的负债。受托代理负债应当在行政事业单位收到受托代理资产并产生受托代理义务时确认。

为核算受托代理负债，行政事业单位会计应设置"受托代理负债"总账科目。本科目应当按照委托人等明细核算；属于指定转赠物资和资金的，还应当按照指定受赠人明细核算。本科目的账务处理参见"受托代理资产""库存现金"和"银行存款"等科目。本科目期末贷方余额反映行政事业单位尚未清偿的受托代理负债。

行政事业单位接受委托方委托管理的各项物资时，通过"受托代理资产"和"受托代理负债"科目核算。

【例6-29】 某行政单位收到受托代理的一笔现金，共计8 000元，根据委托人要求，该笔现金应当转赠给有关的受赠人。该行政单位后按照委托人的要求，将受托代理的现金支付给了有关的受赠人（不做预算会计账务处理）。

①收到受托代理的现金时。
借：库存现金　　　　　　　　　　　　　　　　　　　　　　　　　8 000
　　贷：受托代理负债　　　　　　　　　　　　　　　　　　　　　　8 000

②支付受托代理的现金时。
借：受托代理负债　　　　　　　　　　　　　　　　　　　　　　　8 000
　　贷：库存现金　　　　　　　　　　　　　　　　　　　　　　　　8 000

思考题

1. 什么是应缴财政款?
2. 行政事业单位的流动负债包括哪些内容?
3. 什么是非流动负债?
4. 什么是受托代理负债?

第七章 行政事业单位收入与费用的核算

PROJECT 7

学习目标

◎ 熟悉收入和费用的概念及分类。
◎ 熟练掌握收入和费用的账户设置及应用方法。

第一节 行政事业单位收入的核算

收入，是指行政事业单位在履行职责或开展业务活动中依法取得的非偿还性资金。行政事业单位的收入按照不同的来源渠道和资金性质分为财政拨款收入、事业收入、上级补助收入、附属单位上缴收入、经营收入、非同级财政拨款收入、投资收益、捐赠收入、利息收入、租金收入和其他收入等种类。

一、财政拨款收入

财政拨款收入，是指行政事业单位从同级财政部门取得的财政预算资金。为核算行政事业单位从同级财政部门取得的财政预算资金，行政事业单位会计应设置"财政拨款收入"科目。年终结转后，本科目应无余额。

本科目应当设置"基本支出拨款"和"项目支出拨款"两个明细科目，分别核算行政事业单位取得用于基本支出和项目支出的财政拨款资金，并按照《政府收支分类科目》中"支出功能"分类科目的项级科目明细核算。在"基本支出拨款"明细科目下，按照"人员经费"和"日常公用经费"明细核算；在"项目支出拨款"明细科目下，按照具体项目明细核算。

（1）财政直接支付方式下，根据收到的"财政直接支付入账通知书"及相关原始凭证，按照通知书中的直接支付入账金额，借记"库存物品""固定资产""业务活动费用""单位管理费用""应付职工薪酬"等科目，贷记本科目。涉及增值税业务的，相关账务处理参见"应交增值税"科目。年末，根据本年度财政直接支付预算指标数与当年财政直接支付实际支付数的差额，借记"财政应返还额度——财政直接支付"科目，贷记本科目。

【例 7-1】某行政单位收到财政直接支付入账通知书和向职工账户拨付资金的原始凭证，支付本月职工薪酬 512 300 元。

财务会计账务处理：
借：应付职工薪酬　　　　　　　　　　　　　　　　　　　　512 300
　　贷：财政拨款收入——基本支出拨款——人员经费　　　　　　　　512 300

预算会计账务处理：
借：行政支出 512 300
　　贷：财政拨款预算收入 512 300

【例7-2】 某事业单位购入一批办公用品并验收入库，总价款30 000元通过财政直接支付方式支付。

财务会计账务处理：
借：库存物品 30 000
　　贷：财政拨款收入——基本支出拨款——日常公用经费 30 000

预算会计账务处理：
借：事业支出 30 000
　　贷：财政拨款预算收入 30 000

【例7-3】 某行政单位根据本年度财政直接支付预算指标数与财政直接支付实际支出数的差额78 000元，将财政拨款收入结余转入"财政应返还额度——财政直接支付"科目。

财务会计账务处理：
借：财政应返还额度——财政直接支付 78 000
　　贷：财政拨款收入 78 000

预算会计账务处理：
借：资金结存——财政应返还额度 78 000
　　贷：财政拨款预算收入 78 000

（2）财政授权支付方式下，根据收到的"财政授权支付额度到账通知书"，按照通知书中的授权支付额度，借记"零余额账户用款额度"科目，贷记本科目。年末，本年度财政授权支付预算指标数大于零余额账户用款额度下达数的，根据未下达的用款额度，借记"财政应返还额度——财政授权支付"科目，贷记本科目。

【例7-4】 某行政单位收到财政授权支付额度到账通知书，通知书显示单位有400 000元的零余额账户用款额度。

财务会计账务处理：
借：零余额账户用款额度 400 000
　　贷：财政拨款收入 400 000

预算会计账务处理：
借：资金结存——零余额账户用款额度 400 000
　　贷：财政拨款预算收入 400 000

【例7-5】 年末，某市检察院本年度财政授权支付预算指标数大于财政授权支付额度的下达数，检察院会计根据两者间的差额70 000元，确认财政收入。

财务会计账务处理：
借：财政应返还额度——财政授权支付 70 000
　　贷：财政拨款收入 70 000

预算会计账务处理：
借：资金结存——财政应返还额度 70 000
　　贷：财政拨款预算收入 70 000

（3）其他方式下收到财政拨款收入时，按照实际收到的金额，借记"银行存款"等科目，贷记本科目。

【例 7-6】 某事业单位处于边远地区，没有实行国库集中支付制度，仍然沿用实拨资金制度。单位收到财政拨款 80 000 元，存入银行。

财务会计账务处理：
借：银行存款　　　　　　　　　　　　　　　　　　　　　　　　　80 000
　　贷：财政拨款收入　　　　　　　　　　　　　　　　　　　　　　80 000
预算会计账务处理：
借：资金结存——货币资金　　　　　　　　　　　　　　　　　　　 80 000
　　贷：财政拨款预算收入　　　　　　　　　　　　　　　　　　　　80 000

（4）因差错更正或购货退回等发生国库直接支付款项退回的，属于以前年度支付的款项，按照退回金额，借记"财政应返还额度——财政直接支付"科目，贷记"以前年度盈余调整""库存物品"等科目；属于本年度支付的款项，按照退回金额，借记本科目，贷记"业务活动费用""库存物品"等科目。

【例 7-7】 某行政单位因差错更正发生国库直接支付款项退回，且款项属于本年度支付，发生金额为 5 000 元。

财务会计账务处理：
借：财政拨款收入　　　　　　　　　　　　　　　　　　　　　　　 5 000
　　贷：业务活动费用　　　　　　　　　　　　　　　　　　　　　　5 000
预算会计账务处理：
借：财政拨款预算收入　　　　　　　　　　　　　　　　　　　　　 5 000
　　贷：行政支出　　　　　　　　　　　　　　　　　　　　　　　　5 000

（5）期末，将本科目本期发生额转入本期盈余，借记本科目，贷记"本期盈余"科目。

【例 7-8】 年末，某行政单位将"财政拨款收入"科目的本年发生额 875 500 元转入"本期结余"科目。

财务会计账务处理：
借：财政拨款收入　　　　　　　　　　　　　　　　　　　　　　　875 500
　　贷：本期盈余　　　　　　　　　　　　　　　　　　　　　　　　875 500
预算会计账务处理：
借：财政拨款预算收入　　　　　　　　　　　　　　　　　　　　　875 500
　　贷：财政拨款结转——本年收支结转　　　　　　　　　　　　　　875 500

二、事业收入

事业收入，是指事业单位开展专项业务活动及其辅助活动实现的收入，不包括从同级政府财政部门取得的各类财政拨款。为核算事业收入，事业单位会计应设置"事业收入"总账科目。本科目应当按照事业收入的类别、来源等明细核算。对因开展科研及其辅助活动从非同级政府财政部门取得的经费拨款，应当在本科目下单设"非同级财政拨款"明细科目进行核算。期末结转后，本科目应无余额。

（一）采用财政专户返还方式管理的事业收入

（1）实现应上缴财政专户的事业收入时，按照实际收到或应收的金额，借记"银行存款""应收账款"等科目，贷记"应缴财政款"科目。

（2）向财政专户上缴款项时，按照实际上缴的款项金额，借记"应缴财政款"科目，贷记"银行存款"等科目。

（3）收到从财政专户返还的事业收入时，按照实际收到的返还金额，借记"银行存款"等科目，贷记本科目。

【例7-9】 某学校3月10日收到采用财政专户返还方式管理的学杂费收入800 000元，当天上缴财政专户。3月20日，收到从财政专户返还的学杂费收入320 000元。

财务会计账务处理：

①3月10日，收到款项时。

借：银行存款　　　　　　　　　　　　　　　　　　　　　800 000
　　贷：应缴财政款　　　　　　　　　　　　　　　　　　　　　800 000

②上缴财政专户时。

借：应缴财政款　　　　　　　　　　　　　　　　　　　　　800 000
　　贷：银行存款　　　　　　　　　　　　　　　　　　　　　　800 000

③3月20日，收到从财政专户返还的学杂费收入320 000元时。

借：银行存款　　　　　　　　　　　　　　　　　　　　　320 000
　　贷：事业收入　　　　　　　　　　　　　　　　　　　　　320 000

预算会计账务处理：

借：资金结存——货币资金　　　　　　　　　　　　　　　320 000
　　贷：事业预算收入　　　　　　　　　　　　　　　　　　　320 000

（二）采用预收款方式确认的事业收入

（1）实际收到预收款项时，按照收到的款项金额，借记"银行存款"等科目，贷记"预收账款"科目。

（2）以合同完成进度确认事业收入时，按照基于合同完成进度计算的金额，借记"预收账款"科目，贷记本科目。

【例7-10】 某事业单位收到采用预收款方式管理的产品销售款400 000元。

①实际收到款项时。

财务会计账务处理：

借：银行存款　　　　　　　　　　　　　　　　　　　　　400 000
　　贷：预收账款　　　　　　　　　　　　　　　　　　　　　400 000

预算会计账务处理：

借：资金结存——货币资金　　　　　　　　　　　　　　　400 000
　　贷：事业预算收入　　　　　　　　　　　　　　　　　　　400 000

②年底按合同完工进度的60%确认收入。

借：预收账款　　　　　　　　　　　　　　　　　　　　　240 000
　　贷：事业收入　　　　　　　　　　　　　　　　　　　　　240 000

（三）采用应收款方式确认的事业收入

（1）根据合同完成进度计算本期应收的款项，借记"应收账款"科目，贷记本科目。

（2）实际收到款项时，借记"银行存款"等科目，贷记"应收账款"科目。

【例7-11】 某事业单位采用应收款方式核算事业收入。2月份履行某服务合同向A单位提供服务，当月合同完工进度40%，该合同总标的额为3 000 000元。款项暂未收到，暂不考虑税收影响。

①月底记账确认收入时（不做预算会计账务处理）。

借：应收账款　　　　　　　　　　　　　　　　　　　　1 200 000
　　贷：事业收入　　　　　　　　　　　　　　　　　　　　1 200 000

② 3 月份收到 A 单位支付的服务合同进度款 1 200 000 元时。

财务会计账务处理：
借：银行存款　　　　　　　　　　　　　　　　　　　　　　1 200 000
　　贷：应收账款　　　　　　　　　　　　　　　　　　　　　　　1 200 000
预算会计账务处理：
借：资金结存——货币资金　　　　　　　　　　　　　　　　1 200 000
　　贷：事业预算收入　　　　　　　　　　　　　　　　　　　　　1 200 000

（四）其他方式下确认的事业收入

其他方式下确认的事业收入，按照实际收到的金额，借记"银行存款""库存现金"等科目，贷记本科目。上述（二）至（四）中涉及增值税业务的，相关账务处理参见"应交增值税"科目。

【例 7-12】 某事业单位 6 月 2 日财政专户收到 B 公司转来的一笔技术服务款项 300 000 元（含增值税），该单位为一般纳税人。

财务会计账务处理：
借：银行存款　　　　　　　　　　　　　　　　　　　　　　　300 000
　　贷：事业收入　　　　　　　　　　　　　　　　　　　　　　　283 018.25
　　　　应交增值税　　　　　　　　　　　　　　　　　　　　　　 16 981.75
预算会计账务处理：
借：资金结存——货币资金　　　　　　　　　　　　　　　　　300 000
　　贷：事业预算收入　　　　　　　　　　　　　　　　　　　　　 300 000

（五）事业收入期末结转

期末，将本科目本期发生额转入本期盈余，借记本科目，贷记"本期盈余"科目。

【例 7-13】 某事业单位 12 月底事业收入余额 700 000 元、事业预算收入余额 700 000 元，其中，专项资金收入 250 000 元，非专项资金收入 450 000 元。

财务会计账务处理：
借：事业收入　　　　　　　　　　　　　　　　　　　　　　　700 000
　　贷：本期盈余　　　　　　　　　　　　　　　　　　　　　　　 700 000
预算会计账务处理：
借：事业预算收入——专项资金收入　　　　　　　　　　　　　250 000
　　贷：非财政拨款结转——本年收支结转　　　　　　　　　　　　 250 000
借：事业预算收入——非专项资金收入　　　　　　　　　　　　450 000
　　贷：其他结余　　　　　　　　　　　　　　　　　　　　　　　 450 000

三、上级补助收入

上级补助收入，是指事业单位从主管部门和上级单位取得的非财政补助收入。为核算上级补助收入，事业单位会计应设置"上级补助收入"科目。期末结转后，本科目应无余额。

（1）确认上级补助收入时，按照应收或实际收到的金额，借记"其他应收款""银行存款"等科目，贷记本科目。实际收到应收的上级补助款时，按照实际收到的金额，借记"银行存款"等科目，贷记"其他应收款"科目。

（2）期末，将本科目本期发生额转入本期盈余，借记本科目，贷记"本期盈余"科目。

【例 7-14】 2023 年 1 月，某事业单位为修建市民广场，向上级部门申请补助。3 月，该单位银行账户收到上级部门补助专项资金 300 000 元。期末，结转本科目贷方余额 600 000 元，全部为专项补助资金。

①收到上级政府财政补助收入时。

财务会计账务处理：

借：银行存款 300 000
　　贷：上级补助收入 300 000

预算会计账务处理：

借：资金结存——货币资金 300 000
　　贷：上级补助预算收入——专项资金收入 300 000

②期末结转时。

财务会计账务处理：

借：上级补助收入 600 000
　　贷：本期盈余 600 000

预算会计账务处理：

借：上级补助预算收入——专项资金收入 600 000
　　贷：非财政拨款结转——本年收支结转 600 000

四、附属单位上缴收入

附属单位上缴收入，是指事业单位取得的附属独立核算单位按照有关规定上缴的收入。为核算附属单位上缴收入，事业单位会计应设置"附属单位上缴收入"总账科目。本科目应当按照附属单位、缴款项目等明细核算。期末结转后，本科目应无余额。

（1）确认附属单位上缴收入时，按照应收或收到的金额，借记"其他应收款""银行存款"等科目，贷记本科目。实际收到应收附属单位上缴款时，按照实际收到的金额，借记"银行存款"等科目，贷记"其他应收款"科目。

（2）期末，将本科目本期发生额转入本期盈余，借记本科目，贷记"本期盈余"科目。

【例 7-15】某事业单位发生两项业务。

①该单位银行账户收到所属独立核算的 A 单位缴来的非专项资金分成收入 400 000 元。

财务会计账务处理：

借：银行存款 400 000
　　贷：附属单位上缴收入——A 单位 400 000

预算会计账务处理：

借：资金结存——货币资金 400 000
　　贷：附属单位上缴预算收入——非专项资金收入 400 000

②该单位银行账户收到所属独立核算的 B 单位缴来的专项资金分成收入 500 000 元。

财务会计账务处理：

借：银行存款 500 000
　　贷：附属单位上缴收入——B 单位 500 000

预算会计账务处理：

借：资金结存——货币资金 500 000
　　贷：附属单位上缴预算收入——专项资金收入 500 000

五、经营收入

经营收入,是指事业单位在专项业务活动及其辅助活动之外开展非独立核算经营活动取得的收入。为核算经营收入,行政事业单位会计应设置"经营收入"总账科目。本科目应当按照经营活动类别、项目和收入来源等明细核算。期末结转后,本科目应无余额。

(1)实现经营收入时,按照确定的收入金额,借记"银行存款""应收账款""应收票据"等科目,贷记本科目。涉及增值税业务的,相关账务处理参见"应交增值税"科目。

(2)期末,将本科目本期发生额转入本期盈余,借记本科目,贷记"本期盈余"科目。

【例 7-16】某事业单位为一般纳税人,生产某种高新技术产品(非主业),对外销售产品 120 件,每件售价 500 元(不含税),购货单位以支票付款,该事业单位已将提货单和发票联交给购货单位。

财务会计账务处理:
借:银行存款　　　　　　　　　　　　　　　　　　　67 800
　　贷:经营收入　　　　　　　　　　　　　　　　　　60 000
　　　　应交增值税　　　　　　　　　　　　　　　　　7800
预算会计账务处理:
借:资金结存——货币资金　　　　　　　　　　　　　67 800
　　贷:经营预算收入　　　　　　　　　　　　　　　　67 800

六、非同级财政拨款收入

非同级财政拨款收入,是指行政事业单位从非同级政府财政部门取得的经费拨款,包括从同级政府其他部门取得的横向转拨财政款、从上级或下级政府财政部门取得的经费拨款等。为核算此款项,行政事业单位会计应设置"非同级财政拨款收入"总账科目。事业单位因开展科研及其辅助活动从非同级政府财政部门取得的经费拨款,应当通过"事业收入——非同级财政拨款"科目核算,不通过本科目核算。本科目应当按照"本级横向转拨财政款"和"非本级财政拨款"以及收入来源明细核算。期末结转后,本科目应无余额。

(1)确认非同级财政拨款收入时,按照应收或实际收到的金额,借记"其他应收款""银行存款"等科目,贷记本科目。

(2)期末,将本科目本期发生额转入本期盈余,借记本科目,贷记"本期盈余"科目。

【例 7-17】某行政单位从非同级财政部门收到一笔拨款资金,其中,专项财政拨款资金 450 000 元,非专项财政拨款资金 500 000 元,款项已存入单位银行账户。

财务会计账务处理:
借:银行存款　　　　　　　　　　　　　　　　　　　950 000
　　贷:非同级财政拨款收入　　　　　　　　　　　　　950 000
预算会计账务处理:
借:资金结存——货币资金　　　　　　　　　　　　　950 000
　　贷:非同级财政拨款预算收入——专项资金收入　　　450 000
　　　　　　　　　　　　　　　　——非专项资金收入　500 000

【例 7-18】某省管事业单位从当地市级财政部门获得一笔财政资金,共计 40 000 元。该笔资金属于当地市政府支持该事业单位发展的专项资金,款项已存入该单位的银行存款账户。年末,该单位将"非同级财政拨款收入"科目的本年发生额 80 000 元专项资金全数转入"本期盈余"科目。

①确认非同级财政拨款收入时。

财务会计账务处理：
借：银行存款 40 000
　　贷：非同级财政拨款收入 40 000
预算会计账务处理：
借：资金结存——货币资金 40 000
　　贷：非同级财政拨款预算收入——专项资金收入 40 000
②年末结转时。
财务会计账务处理：
借：非同级财政拨款收入 80 000
　　贷：本期盈余 80 000
预算会计账务处理：
借：非同级财政拨款预算收入 80 000
　　贷：非财政拨款结转——本年收支结转 80 000

七、投资收益

投资收益，是指事业单位因股权投资和债券投资实现的收益或发生的损失。为核算投资收益，事业单位会计应设置"投资收益"总账科目。本科目应当按照投资的种类等明细核算。期末结转后，本科目应无余额。

（1）收到短期投资持有期间的利息，按照实际收到的金额，借记"银行存款"科目，贷记"投资收益"科目。

（2）出售或到期收回短期债券本息，按照实际收到的金额，借记"银行存款"科目；按照出售或收回短期投资的成本，贷记"短期投资"科目；按照其差额，贷记或借记本科目。涉及增值税业务的，相关账务处理参见"应交增值税"科目。

（3）持有的分期付息、一次还本的长期债券投资，按期确认利息收入时，按照计算确定的应收未收利息，借记"应收利息"科目，贷记本科目。持有的到期一次还本付息的债券投资，按期确认利息收入时，按照计算确定的应收未收利息，借记"长期债券投资——应计利息"科目，贷记本科目。

（4）出售长期债券投资或到期收回长期债券投资本息，按照实际收到的金额，借记"银行存款"等科目；按照债券初始投资成本和已计未收利息金额，贷记"长期债券投资——成本、应计利息"科目［到期一次还本付息债券］或"长期债券投资""应收利息"科目［分期付息债券］；按照其差额，贷记或借记本科目。涉及增值税业务的，相关账务处理参见"应交增值税"科目。

（5）采用成本法核算的长期股权投资持有期间，被投资单位宣告分派现金股利或利润时，按照宣告分派的现金股利或利润中属于单位应享有的份额，借记"应收股利"科目，贷记本科目。采用权益法核算的长期股权投资持有期间，按照应享有或应分担的被投资单位实现的净损益的份额，借记或贷记"长期股权投资——损益调整"科目，贷记或借记本科目；被投资单位发生净亏损，但以后年度又实现净利润的，单位在其收益分享额弥补未确认的亏损分担额等后，恢复确认投资收益，借记"长期股权投资——损益调整"科目，贷记本科目。

（6）按照规定处置长期股权投资时有关投资收益的账务处理，参见"长期股权投资"科目。

（7）期末，将本科目本期发生额转入本期盈余，借记或贷记本科目，贷记或借记"本期盈余"科目。

【例 7-19】某事业单位发生三项业务。
①出售今年购买并持有的 6 月期凭证式国债，购入成本 300 000 元，年利率 6%，目前已持有

三个月，出售价 310 000 元，款项已收到。

财务会计账务处理：

借：银行存款	310 000	
贷：短期投资		300 000
投资收益		10 000

预算会计账务处理：

借：资金结存——货币资金	310 000	
贷：投资支出		300 000
投资预算收益		10 000

②月末对前年购买并持有的 2 年期凭证式国债 600 000 元计息，年利率 2%，利息收入＝60 000×2%÷12＝1 000 元。

借：长期债券投资——应计利息	1 000	
贷：投资收益		1 000

③上述持有的 2 年期凭证式国债 600 000 元已到期且收回本息。

财务会计账务处理：

借：银行存款	624 000	
贷：长期债券投资——本金		600 000
——应计利息		24 000

预算会计账务处理：

借：资金结存——货币资金	624 000	
贷：其他结余		600 000
投资预算收益		24 000

【例 7-20】某事业单位对 A 公司长期股权投资占比 10%，采用成本法核算。3 月 31 日，A 公司宣告分派上年度利润 2 000 000 元。4 月 15 日，该事业单位银行账户收到 A 公司分派的利润。该事业单位对 B 公司长期股权投资占比 60%，采用权益法核算。本年度 B 公司共实现净收益 500 000 元。5 月 3 日，该事业单位银行账户收到 B 公司发放的现金股利 130 000 元。

①3 月 31 日，A 公司宣告分派利润时，该事业单位应确认投资收益。

财务会计账务处理：2 000 000×10%＝200 000（元）

借：应收股利	200 000	
贷：投资收益		200 000

②4 月 15 日，该事业单位实际收到分派的利润。

借：银行存款	200 000	
贷：应收股利		200 000

预算会计账务处理：

借：资金结存——货币资金	200 000	
贷：投资预算收益		200 000

③本期 B 公司实现净收益 500 000 元。该事业单位按照应享有的份额确认投资收益是 500 000×60%＝300 000（元）。

借：长期股权投资——损益调整	300 000	
贷：投资收益		300 000

④收到 B 公司发放的现金股利 130 000 元。

财务会计账务处理：
借：银行存款 130 000
　　贷：应收股利 130 000
预算会计账务处理：
借：资金结存——货币资金 130 000
　　贷：投资预算收益 130 000

八、捐赠收入

捐赠收入，是指行政事业单位接受其他单位或者个人捐赠取得的收入。为核算捐赠收入，行政事业单位会计应设置"捐赠收入"总账科目。本科目应当按照捐赠资产的用途和捐赠单位等明细核算。期末结转后，本科目应无余额。

（1）接受捐赠的货币资金，按照实际收到的金额，借记"银行存款""库存现金"等科目，贷记本科目。

（2）接受捐赠的存货、固定资产等非现金资产，按照确定的成本，借记"库存物品""固定资产"等科目，按照发生的相关税费、运输费等，贷记"银行存款"等科目，按照其差额，贷记本科目。

（3）接受捐赠的资产按照名义金额入账的，按照名义金额，借记"库存物品""固定资产"等科目，贷记本科目；同时，按照发生的相关税费、运输费等，借记"其他费用"科目，贷记"银行存款"等科目。

（4）期末，将本科目本期发生额转入本期盈余，借记本科目，贷记"本期盈余"科目。

【例7-21】某高校发生两项捐赠业务。

①接受校友捐赠1 200 000元人民币用于设立学生奖学金。
借：银行存款 1 200 000
　　贷：捐赠收入——奖学金 1 200 000
预算会计账务处理：
借：资金结存——货币资金 1 200 000
　　贷：其他预算收入——捐赠收入（奖学金） 1 200 000

②接受某企业捐赠的一批办公用品，价值300 000元，已入库用银行存款支付相关税费51 000元。确定物品成本是300 000 + 51 000 = 351 000（元）。
财务会计账务处理：
借：库存物品 351 000
　　贷：银行存款 51 000
　　　　捐赠收入 300 000
预算会计账务处理：
借：其他支出 51 000
　　贷：资金结存——货币资金 51 000

九、利息收入

利息收入，是指行政事业单位取得的银行存款利息收入。为核算利息收入，行政事业单位会计应设置"利息收入"科目。期末结转后，本科目应无余额。

（1）取得银行存款利息时，按照实际收到的金额，借记"银行存款"科目，贷记本科目。

（2）期末，将本科目本期发生额转入本期盈余，借记本科目，贷记"本期盈余"科目。

【例 7-22】 某事业单位在商业银行存入 8 000 000 元，年利率 3%，利息按月支付。每月应收利息为 8 000 000×3%÷12 = 20 000（元）。

财务会计账务处理：
借：银行存款　　　　　　　　　　　　　　　　　　　　　　　　　20 000
　　贷：利息收入　　　　　　　　　　　　　　　　　　　　　　　　20 000
同时进行预算会计账务处理：
借：资金结存——货币资金　　　　　　　　　　　　　　　　　　　20 000
　　贷：其他预算收入——利息收入　　　　　　　　　　　　　　　　20 000

十、租金收入

租金收入，是指单位经批准利用国有资产出租取得且按规定纳入本单位预算管理的租金收入。为核算租金收入，行政事业单位会计应设置"租金收入"总账科目。本科目应当按照出租国有资产类别和收入来源等明细核算。期末结转后，本科目应无余额。

（1）国有资产出租收入，应当在租赁期内各个期间按照直线法予以确认。

采用预收租金方式的，预收租金时，按照收到的金额，借记"银行存款"等科目，贷记"预收账款"科目；分期确认租金收入时，按照各期租金金额，借记"预收账款"科目，贷记本科目。

采用后付租金方式的，每期确认租金收入时，按照各期租金金额，借记"应收账款"科目，贷记本科目；收到租金时，按照实际收到的金额，借记"银行存款"等科目，贷记"应收账款"科目。

采用分期收取租金方式的，每期收取租金时，按照租金金额，借记"银行存款"等科目，贷记本科目。涉及增值税业务的，相关账务处理参见"应交增值税"科目。

期末，将本科目本期发生额转入本期盈余，借记本科目，贷记"本期盈余"科目。

【例 7-23】 某事业单位将临街门面对外出租，每年租金 240 000 元，采用预收租金方式，年初一次性收取本年租金。

①收到预付的租金时。
财务会计账务处理：
借：银行存款　　　　　　　　　　　　　　　　　　　　　　　　　240 000
　　贷：预收账款　　　　　　　　　　　　　　　　　　　　　　　　240 000
预算会计账务处理：
借：资金结存——货币资金　　　　　　　　　　　　　　　　　　　240 000
　　贷：其他预算收入——租金收入　　　　　　　　　　　　　　　　240 000
②每月确认租金收入时（不做预算会计账务处理）。
借：预收账款　　　　　　　　　　　　　　　　　　　　　　　　　20 000
　　贷：租金收入　　　　　　　　　　　　　　　　　　　　　　　　20 000

【例 7-24】 某事业单位 1 月 1 日出租 3 台打印机给 D 公司使用 1 年，每月租金 300 元。租金结算采用后付租金方式，在设备归还时一次性支付。

①每月确认租金收入时（不做预算会计账务处理）。
借：应收账款　　　　　　　　　　　　　　　　　　　　　　　　　300
　　贷：租金收入　　　　　　　　　　　　　　　　　　　　　　　　300
②年底收到租金时。
财务会计账务处理：
借：银行存款　　　　　　　　　　　　　　　　　　　　　　　　　3 600

  贷：应收账款   3 600
预算会计账务处理：
  借：资金结存——货币资金   3 600
    贷：其他预算收入——租金收入   3 600

十一、其他收入

  其他收入，是指行政事业单位取得的除财政拨款收入、事业收入、上级补助收入、附属单位上缴收入、经营收入、非同级财政拨款收入、投资收益、捐赠收入、利息收入、租金收入以外的各项收入，包括现金盘盈收入、按照规定纳入单位预算管理的科技成果转化收入、行政单位收回的已核销的其他应收款、无法偿付的应付及预收款项、置换换出资产评估增值等收入款项。行政事业单位会计应设置"其他收入"总账科目核算上述内容。本科目应当按照其他收入的类别、来源等进行明细核算。期末结转后，本科目应无余额。

  （1）现金盘盈收入。每日现金账款核对中发现的现金溢余，属于无法查明原因的部分，报经批准后，借记"待处理财产损溢"科目，贷记本科目。

  （2）科技成果转化收入。单位科技成果转化所取得的收入，按照规定留归本单位的，按照取得的收入扣除相关费用之后的净收益，借记"银行存款"等科目，贷记本科目。

  （3）收回的已核销的其他应收款。行政单位已核销的其他应收款在以后期间收回的，按照实际收回的金额，借记"银行存款"等科目，贷记本科目。

  （4）无法偿付的应付及预收款项。无法偿付或债权人豁免偿还的应付账款、预收账款、其他应付款及长期应付款，借记"应付账款""预收账款""其他应付款""长期应付款"等科目，贷记本科目。

  （5）置换换出资产评估增值。资产的置换过程中，换出资产评估增值的，按照评估价值高于资产账面价值或账面余额的金额，借记有关科目，贷记本科目。具体账务处理参见"库存物品"等科目。以未入账的无形资产取得的长期股权投资，按照评估价值加相关税费作为投资成本，借记"长期股权投资"科目，按照发生的相关税费，贷记"银行存款""其他应交税费"等科目，按其差额，贷记本科目。

  （6）确认以上五项以外的其他收入时，按照应收或实际收到的金额，借记"其他应收款""银行存款""库存现金"等科目，贷记本科目。涉及增值税业务的，相关账务处理参见"应交增值税"科目。

  （7）期末，将本科目本期发生额转入本期盈余，借记本科目，贷记"本期盈余"科目。

【例7-25】 某事业单位发生三项业务。

①月末现金盘点，发现盘盈500元，无法查明原因且报经单位领导批准。

  借：待处理财产损溢   500
    贷：其他收入——现金盘盈收入   500

②收到一笔科技成果转化收入80 000元。按规定留归本单位。

财务会计账务处理：
  借：银行存款   80 000
    贷：其他收入——科技成果转化收入   80 000
预算会计账务处理：
  借：资金结存——货币资金   80 000
    贷：其他预算收入——科技成果转化收入   80 000

③月底核销一笔无法偿付的应付款项10 000元。该笔业务系三年前发生，对方目前已破产解散。

  借：其他应付款   10 000

　　　　贷：其他收入　　　　　　　　　　　　　　　　　　　　　　　　　　　10 000

【例 7-26】 某事业单位 9 月 1 日在核对现金账款时，发现现金溢余中有 120 元属于无法查明原因的部分，报经批准后，记入"待处理财产损溢"科目。10 月 20 日，收回已核销的其他应收款 700 元。11 月 10 日，出售废旧报刊获得现金收入 600 元。年末，将"其他收入"科目贷方余额 3 000 元转入本期盈余。

①现金盘盈时（不做预算会计账务处理）。
　　借：待处理财产损溢　　　　　　　　　　　　　　　　　　　　　　　　　　120
　　　　贷：其他收入——现金盘盈收入　　　　　　　　　　　　　　　　　　　　　120

②收回已核销的其他应收款时。
财务会计账务处理：
　　借：银行存款　　　　　　　　　　　　　　　　　　　　　　　　　　　　　700
　　　　贷：其他收入　　　　　　　　　　　　　　　　　　　　　　　　　　　　700
预算会计账务处理：
　　借：资金结存——货币资金　　　　　　　　　　　　　　　　　　　　　　　700
　　　　贷：其他预算收入　　　　　　　　　　　　　　　　　　　　　　　　　　700

③出售废旧报刊时。
财务会计账务处理：
　　借：银行存款　　　　　　　　　　　　　　　　　　　　　　　　　　　　　600
　　　　贷：其他收入　　　　　　　　　　　　　　　　　　　　　　　　　　　　600
预算会计账务处理：
　　借：资金结存——货币资金　　　　　　　　　　　　　　　　　　　　　　　600
　　　　贷：其他预算收入　　　　　　　　　　　　　　　　　　　　　　　　　　600

④年末结转时。
财务会计账务处理：
　　借：其他收入　　　　　　　　　　　　　　　　　　　　　　　　　　　　3 000
　　　　贷：本期盈余　　　　　　　　　　　　　　　　　　　　　　　　　　　3 000
预算会计账务处理：
　　借：其他预算收入　　　　　　　　　　　　　　　　　　　　　　　　　　3 000
　　　　贷：其他结余　　　　　　　　　　　　　　　　　　　　　　　　　　　3 000

第二节　行政事业单位费用的核算

　　费用，是指行政事业单位开展业务及其他活动中耗费的经济资源。单位发生的费用应当在其发生时予以确认，并按实际发生额计量。

一、业务活动费用

　　业务活动费用，是指行政事业单位为实现其职能目标，依法履职或开展专项业务活动及其辅助活动所发生的各项费用。为核算行政事业单位在开展业务活动中发生的各项支出，应设置"业务活动费用"科目。本科目应当按照项目、服务或者业务类别、支付对象等明细核算。为了满足成本核

算需要，本科目下还可按照"工资福利费用""商品和服务费用""对个人和家庭的补助费用""对企业补助费用""固定资产折旧费""无形资产摊销费""公共基础设施折旧（摊销）费""保障性住房折旧费""计提专用基金"等成本项目设置明细科目，归集能够直接计入业务活动或采用一定方法计算后计入业务活动的费用。期末结转后，本科目应无余额。

（1）为履职或开展业务活动人员计提的薪酬，按照计算确定的金额，借记本科目，贷记"应付职工薪酬"科目。

（2）为履职或开展业务活动发生的外部人员劳务费，按照计算确定的金额，借记本科目；按照代扣代缴个人所得税的金额，贷记"其他应交税费——应交个人所得税"科目；按照扣税后应付或实际支付的金额，贷记"其他应付款""财政拨款收入""零余额账户用款额度""银行存款"等科目。

（3）为履职或开展业务活动领用库存物品，以及动用发出相关政府储备物资，按照领用库存物品或发出相关政府储备物资的账面余额，借记本科目，贷记"库存物品""政府储备物资"科目。

（4）为履职或开展业务活动所使用的固定资产、无形资产以及为控制的公共基础设施、保障性住房计提的折旧、摊销，按照计提金额，借记本科目，贷记"固定资产累计折旧""无形资产累计摊销""公共基础设施累计折旧（摊销）""保障性住房累计折旧"科目。

（5）为履职或开展业务活动发生的城市维护建设税、教育费附加、地方教育费附加、车船税、房产税、城镇土地使用税等，按照计算确定应交纳的金额，借记本科目，贷记"其他应交税费"等科目。

（6）为履职或开展业务活动发生其他各项费用时，按照费用确认金额，借记本科目，贷记"财政拨款收入""零余额账户用款额度""银行存款""应付账款""其他应付款""其他应收款"等科目。

（7）按照规定从收入中提取专用基金并计入费用的，一般按照预算会计下基于预算收入计算提取的金额，借记本科目，贷记"专用基金"科目。国家另有规定的，从其规定。

（8）发生当年购货退回等业务，对于已计入本年业务活动费用的，按照收回或应收的金额，借记"财政拨款收入""零余额账户用款额度""银行存款""其他应收款"等科目，贷记本科目。

（9）期末，将本科目本期发生额转入本期盈余，借记"本期盈余"科目，贷记本科目。

【例7-27】某行政单位发生如下业务。

①月底计提本月职工薪酬700 000元，职工都属于财政编制内名额。

借：业务活动费用 700 000
　　贷：应付职工薪酬 700 000

②实际支付给职工并代扣个人所得税32 000元，以财政授权支付方式通知银行付款。

财务会计账务处理：

借：应付职工薪酬 700 000
　　贷：零余额账户用款额度 668 000
　　　　其他应交税费——应交个人所得税 32 000

预算会计账务处理：

借：行政支出 668 000
　　贷：资金结存——零余额账户用款额度 668 000

③购买办公用品一批已入库，价值40 000元，用财政授权方式支付。

财务会计账务处理：

借：库存物品 40 000
　　贷：零余额账户用款额度 40 000

预算会计账务处理：

借：行政支出 40 000

贷：资金结存——零余额账户用款额度　　　　　　　　　　　　　　　　40 000
　　④开展专项业务活动，领用库存物品 10 000 元，动用政府储备物资 90 000 元。
　　借：业务活动费用　　　　　　　　　　　　　　　　　　　　　　　　100 000
　　　贷：库存物品　　　　　　　　　　　　　　　　　　　　　　　　　 10 000
　　　　 政府储备物资　　　　　　　　　　　　　　　　　　　　　　　　 90 000

【例 7-28】 年末，某行政单位"业务活动费用"科目本年的发生额为 850 000 元，其中，财政拨款结转 500 000 元，非同级财政拨款结转 200 000 元，其他结余 150 000 元，将其全数转入"本期盈余"科目。

财务会计账务处理：
借：本期盈余　　　　　　　　　　　　　　　　　　　　　　　　　　　　850 000
　贷：业务活动费用　　　　　　　　　　　　　　　　　　　　　　　　　850 000
预算会计账务处理：
借：财政拨款结转——本年收支结转　　　　　　　　　　　　　　　　　　500 000
　　非财政拨款结转——本年收支结转　　　　　　　　　　　　　　　　　200 000
　　其他结余　　　　　　　　　　　　　　　　　　　　　　　　　　　　150 000
　贷：行政支出　　　　　　　　　　　　　　　　　　　　　　　　　　　850 000

二、单位管理费用

　　单位管理费用，是指事业单位本级行政及后勤管理部门开展管理活动发生的各项费用，包括单位行政及后勤管理部门发生的人员经费、公用经费、资产折旧（摊销）等费用，以及由单位统一负担的离退休人员经费、工会经费、诉讼费、中介费等。事业单位会计应设置"单位管理费用"科目核算上述内容。本科目应当按照项目、费用类别、支付对象等明细核算。为了满足成本核算需要，本科目下还可按照"工资福利费用""商品和服务费用""对个人和家庭的补助费用""固定资产折旧费""无形资产摊销费"等成本项目设置明细科目，归集能够直接计入单位管理活动或采用一定方法计算后计入单位管理活动的费用。期末结转后，本科目应无余额。

　　（1）为管理活动人员计提的薪酬，按照计算确定的金额，借记本科目，贷记"应付职工薪酬"科目。

　　（2）为开展管理活动发生的外部人员劳务费，按照计算确定的费用金额，借记本科目，按照代扣代缴个人所得税的金额，贷记"其他应交税费——应交个人所得税"科目，按照扣税后应付或实际支付的金额，贷记"其他应付款""财政拨款收入""零余额账户用款额度""银行存款"等科目。

　　（3）开展管理活动内部领用库存物品，按照领用物品实际成本，借记本科目，贷记"库存物品"科目。

　　（4）为管理活动所使用固定资产、无形资产计提的折旧、摊销，按照应提折旧、摊销额，借记本科目，贷记"固定资产累计折旧""无形资产累计摊销"科目。

　　（5）为开展管理活动发生城市维护建设税、教育费附加、地方教育费附加、车船税、房产税、城镇土地使用税等，按照计算确定应交纳的金额，借记本科目，贷记"其他应交税费"等科目。

　　（6）为开展管理活动发生的其他各项费用，按照费用确认金额，借记本科目，贷记"财政拨款收入""零余额账户用款额度""银行存款""其他应付款""其他应收款"等科目。

　　（7）发生当年购货退回等业务，对已计入本年单位管理费用的，按照收回或应收的金额，借记"财政拨款收入""零余额账户用款额度""银行存款""其他应收款"等科目，贷记本科目。

　　（8）期末，将本科目本期发生额转入本期盈余，借记"本期盈余"科目，贷记本科目。

【例7-29】 某中学发生五项业务。

①月底计提本月职工薪酬600 000元,其中,行政人员工资200 000元,一线教师工资400 000元。职工都属于财政编制内名额。

借:单位管理费用　　　　　　　　　　　　　　　　　　　　　　200 000
　　业务活动费用　　　　　　　　　　　　　　　　　　　　　　400 000
　　贷:应付职工薪酬　　　　　　　　　　　　　　　　　　　　　600 000

②实际支付给职工并代扣个人所得税3 000元,以财政授权支付方式通知银行付款。

财务会计账务处理:

借:应付职工薪酬　　　　　　　　　　　　　　　　　　　　　　600 000
　　贷:零余额账户用款额度　　　　　　　　　　　　　　　　　　597 000
　　　　其他应交税费——应交个人所得税　　　　　　　　　　　　3 000

预算会计账务处理:

借:事业支出　　　　　　　　　　　　　　　　　　　　　　　　597 000
　　贷:资金结存——零余额账户用款额度　　　　　　　　　　　　597 000

③实际缴纳税款3 000元。

财务会计账务处理:

借:其他应交税费——应交个人所得税　　　　　　　　　　　　　3 000
　　贷:零余额账户用款额度　　　　　　　　　　　　　　　　　　3 000

预算会计账务处理:

借:事业支出　　　　　　　　　　　　　　　　　　　　　　　　3 000
　　贷:资金结存——零余额账户用款额度　　　　　　　　　　　　3 000

④以财政授权支付方式购入一批办公电脑,总计价款600 000元。

财务会计账务处理:

借:固定资产　　　　　　　　　　　　　　　　　　　　　　　　600 000
　　贷:零余额账户用款额度　　　　　　　　　　　　　　　　　　600 000

预算会计账务处理:

借:事业支出　　　　　　　　　　　　　　　　　　　　　　　　600 000
　　贷:资金结存——零余额账户用款额度　　　　　　　　　　　　600 000

⑤本期行政用固定资产应计提折旧300 000元。

借:单位管理费用　　　　　　　　　　　　　　　　　　　　　　300 000
　　贷:固定资产累计折旧　　　　　　　　　　　　　　　　　　　300 000

三、经营费用

经营费用,是事业单位在专业业务活动及其辅助活动之外开展非独立核算经营活动发生的各项费用。为核算经营费用,事业单位会计应设置"经营费用"科目。本科目应当按照经营活动的类别、项目、支付对象等明细核算。为了满足成本核算需要,本科目下还可按照"工资福利费用""商品和服务费用""对个人和家庭的补助费用""固定资产折旧费""无形资产摊销费"等成本项目设置明细科目,归集能够直接计入单位经营活动或采用一定方法计算后计入单位经营活动的费用。期末结转后,本科目应无余额。

(1)为经营活动人员计提的薪酬,按照计算确定的金额,借记本科目,贷记"应付职工薪酬"科目。

（2）开展经营活动领用或发出库存物品，按照物品实际成本，借记本科目，贷记"库存物品"科目。

（3）为经营活动所使用固定资产、无形资产计提的折旧、摊销，按照应提折旧、摊销额，借记本科目，贷记"固定资产累计折旧""无形资产累计摊销"科目。

（4）开展经营活动发生城市维护建设税、教育费附加、地方教育费附加、车船税、房产税、城镇土地使用税等，按照计算确定应交纳的金额，借记本科目，贷记"其他应交税费"等科目。

（5）发生与经营活动相关的其他各项费用时，按照费用确认金额，借记本科目，贷记"银行存款""其他应付款""其他应收款"等科目。涉及增值税业务的，相关账务处理参见"应交增值税"科目。

（6）发生当年购货退回等业务，对已计入本年经营费用的，按照收回或应收的金额，借记"银行存款""其他应收款"等科目，贷记本科目。

（7）期末，将本科目本期发生额转入本期盈余，借记"本期盈余"科目，贷记本科目。

【例7-30】某事业单位非独立核算的附属食品加工厂12月发生六项经营活动业务。

①计提应发放职工工资费用600 000元。

借：经营费用　　　　　　　　　　　　　　　　　　　　　　　　600 000
　　贷：应付职工薪酬　　　　　　　　　　　　　　　　　　　　600 000

②以银行存款实际支付给职工并代扣个人所得税10 000元。

财务会计账务处理：

借：应付职工薪酬　　　　　　　　　　　　　　　　　　　　　　590 000
　　贷：银行存款　　　　　　　　　　　　　　　　　　　　　　580 000
　　　　其他应交税费——应交个人所得税　　　　　　　　　　　 10 000

预算会计账务处理：

借：经营支出　　　　　　　　　　　　　　　　　　　　　　　　590 000
　　贷：资金结存——货币资金　　　　　　　　　　　　　　　　590 000

③实际缴纳税款10 000元。

财务会计账务处理：

借：其他应交税费——应交个人所得税　　　　　　　　　　　　　10 000
　　贷：银行存款　　　　　　　　　　　　　　　　　　　　　　 10 000

预算会计账务处理：

借：经营支出　　　　　　　　　　　　　　　　　　　　　　　　 10 000
　　贷：资金结存——货币资金　　　　　　　　　　　　　　　　 10 000

④为开展生产经营活动购入一批材料，价款为64 000元，已入库，以银行存款支付。

财务会计账务处理：

借：库存物品　　　　　　　　　　　　　　　　　　　　　　　　 64 000
　　贷：银行存款　　　　　　　　　　　　　　　　　　　　　　 64 000

预算会计账务处理：

借：经营支出　　　　　　　　　　　　　　　　　　　　　　　　 64 000
　　贷：资金结存——货币资金　　　　　　　　　　　　　　　　 64 000

⑤因经营需要领用材料一批，价款为36 000元。

借：经营费用　　　　　　　　　　　　　　　　　　　　　　　　 36 000
　　贷：库存物品　　　　　　　　　　　　　　　　　　　　　　 36 000

⑥月末，对经营活动用固定资产计提折旧16 000元，摊销无形资产10 000元。

借：经营费用	26 000
贷：固定资产累计折旧	16 000
无形资产累计摊销	10 000

四、资产处置费用

资产处置费用，是指行政事业单位经批准处置资产时发生的费用，包括转销的被处置资产价值，以及在处置过程中发生的相关费用或者处置收入小于相关费用形成的净支出。资产处置的形式按照规定包括无偿调拨、出售、出让、转让、置换、对外捐赠、报废、毁损以及货币性资产损失核销等。单位在资产清查中查明的资产盘亏、毁损以及资产报废等，应当先通过"待处理财产损溢"科目核算，再将处理资产价值和处理净支出计入本科目。短期投资、长期股权投资、长期债券投资的处置，按照相关资产科目的规定做账务处理。本科目应当按照处置资产的类别、资产处置的形式等进行明细核算。期末结转后，本科目应无余额。

（一）不通过"待处理财产损溢"科目核算的资产处置

（1）按照规定报经批准处置资产时，按照处置资产的账面价值，借记本科目处置固定资产、无形资产、公共基础设施、保障性住房的，还应借记"固定资产累计折旧""无形资产累计摊销""公共基础设施累计折旧（摊销）""保障性住房累计折旧"科目，按照处置资产的账面余额，贷记"库存物品""固定资产""无形资产""公共基础设施""政府储备物资""文物资源""保障性住房""其他应收款""在建工程"等科目。

（2）处置资产过程中仅发生相关费用的，按照实际发生金额，借记本科目，贷记"银行存款""库存现金"等科目。

（3）处置资产过程中取得收入的，按照取得的价款，借记"库存现金""银行存款"等科目；按照处置资产过程中发生的相关费用，贷记"银行存款""库存现金"等科目；按照其差额，借记本科目或贷记"应缴财政款"等科目。涉及增值税业务的，相关账务处理参见"应交增值税"科目。

（二）通过"待处理财产损溢"科目核算的资产处置

（1）单位账款核对中发现的现金短缺，属于无法查明原因的，报经批准核销时，借记本科目，贷记"待处理财产损溢"科目。

（2）单位资产清查过程中盘亏或者毁损、报废的存货、固定资产、无形资产、公共基础设施、政府储备物资、文物资源、保障性住房等，报经批准处理时，按照处理资产价值，借记本科目，贷记"待处理财产损溢——待处理财产价值"科目。处理收支结清时，处理过程中取得的收入小于发生的相关费用的，按照相关费用减去处理收入后的净支出，借记本科目，贷记"待处理财产损溢——处理净收入"科目。

（三）资产处置费用期末结转

期末，将本科目本期发生额转入本期盈余，借记"本期盈余"科目，贷记本科目。

【例7-31】 某事业单位发生了三项资产处置业务。

①处置的资产：已报废的固定资产，账面余额600 000元，已计提累计折旧400 000元；已失效的无形资产，账面余额120 000元，累计摊销70 000元。

借：资产处置费用	200 000
固定资产累计折旧	400 000
贷：固定资产	600 000
借：资产处置费用	50 000
无形资产累计摊销	70 000

贷：无形资产　　　　　　　　　　　　　　　　　　　　　　　　　　120 000
　②上述资产处置共发生费用4 000元，以现金支付。
　　财务会计账务处理：
　　借：资产处置费用　　　　　　　　　　　　　　　　　　　　　　　　4 000
　　　　贷：库存现金　　　　　　　　　　　　　　　　　　　　　　　　　4 000
　　预算会计账务处理：
　　借：其他支出　　　　　　　　　　　　　　　　　　　　　　　　　　4 000
　　　　贷：资金结存——货币资金　　　　　　　　　　　　　　　　　　　4 000
　③对外捐赠一项文物资源，账面价值50 000元。捐赠过程中发生相关费用2 000元，以银行存款支付。
　　财务会计账务处理：
　　借：资产处置费用　　　　　　　　　　　　　　　　　　　　　　　　52 000
　　　　贷：文物资源　　　　　　　　　　　　　　　　　　　　　　　　50 000
　　　　　　银行存款　　　　　　　　　　　　　　　　　　　　　　　　2 000
　　预算会计账务处理：
　　借：其他支出　　　　　　　　　　　　　　　　　　　　　　　　　　2 000
　　　　贷：资金结存——货币资金　　　　　　　　　　　　　　　　　　　2 000

【例7-32】 某事业单位发生两项资产处置业务。
　①现金盘点中发现现金短缺600元，无法查明原因经批准核销。
　　借：资产处置费用　　　　　　　　　　　　　　　　　　　　　　　　600
　　　　贷：待处理财产损溢　　　　　　　　　　　　　　　　　　　　　600
　②清查资产经批准核销时发现一批毁损的存货，价值70 000元；报废的设备一批，价值220 000元，已累计计提折旧120 000元；清理过程中一共收到处置收入的现金1 100元。处置过程中以银行存款支付了发生的相关费用4 000元。
　　资产清查后。
　　借：待处理财产损溢——待处理财产价值（存货）　　　　　　　　　　70 000
　　　　　　　　　　　　——待处理财产价值（固定资产）　　　　　　　100 000
　　　　固定资产累计折旧　　　　　　　　　　　　　　　　　　　　　　120 000
　　　　贷：存货　　　　　　　　　　　　　　　　　　　　　　　　　　70 000
　　　　　　固定资产　　　　　　　　　　　　　　　　　　　　　　　　220 000
　　经批准处理时。
　　财务会计账务处理：
　　借：资产处置费用　　　　　　　　　　　　　　　　　　　　　　　　170 000
　　　　贷：待处理财产损溢——待处理财产价值（存货）　　　　　　　　 70 000
　　　　　　　　　　　　　——待处理财产价值（固定资产）　　　　　　100 000
　　借：资产处置费用　　　　　　　　　　　　　　　　　　　　　　　　2 900
　　　　库存现金　　　　　　　　　　　　　　　　　　　　　　　　　　1 100
　　　　贷：银行存款　　　　　　　　　　　　　　　　　　　　　　　　4 000
　　预算会计账务处理：
　　借：其他支出　　　　　　　　　　　　　　　　　　　　　　　　　　2 900
　　　　贷：资金结存——货币资金　　　　　　　　　　　　　　　　　　　2 900

【例7-33】 某事业单位（为增值税小规模纳税人）盘点固定资产时，发现丢失1台笔记本电脑，账面余额为10 000元，已提折旧3 000元，报经批准后应由单位职工张三赔偿4 000元，款项已收到且须上缴财政，其他损失由单位承担。财会部门根据有关凭证，应做账务处理。

①固定资产转入待处置资产时。

借：待处理财产损溢——待处理财产价值　　　　　　　　　　　　7 000
　　固定资产累计折旧　　　　　　　　　　　　　　　　　　　　3 000
　　贷：固定资产　　　　　　　　　　　　　　　　　　　　　　10 000

②收到张三赔偿款时（不做预算会计账务处理）。

借：库存现金　　　　　　　　　　　　　　　　　　　　　　　　4 000
　　贷：待处理财产损溢——处理净收入　　　　　　　　　　　　4 000

③固定资产报经批准予以核销时。

借：资产处置费用　　　　　　　　　　　　　　　　　　　　　　7 000
　　贷：待处理财产损溢——待处理财产价值　　　　　　　　　　7 000
借：待处理财产损溢——处理净收入　　　　　　　　　　　　　　4 000
　　贷：应缴财政款　　　　　　　　　　　　　　　　　　　　　4 000

五、上缴上级费用

上缴上级费用，是事业单位按照财政部门和主管部门的规定上缴上级单位款项发生的费用。为了核算上缴上级费用，事业单位会计应设置"上缴上级费用"科目，核算上述内容。本科目应当按照收缴款项单位、缴款项目等明细核算。期末结转后，本科目应无余额。

（1）单位发生上缴上级支出的，按照实际上缴的金额或者按照规定计算出应当上缴上级单位的金额，借记本科目，贷记"银行存款""其他应付款"等科目。

（2）期末，将本科目本期发生额转入本期盈余，借记"本期盈余"科目，贷记本科目。

【例7-34】 某事业单位按规定上缴上级单位60 000元的费用，已从银行存款支付。

财务会计账务处理：

借：上缴上级费用　　　　　　　　　　　　　　　　　　　　　　60 000
　　贷：银行存款　　　　　　　　　　　　　　　　　　　　　　60 000

预算会计账务处理：

借：上缴上级支出　　　　　　　　　　　　　　　　　　　　　　60 000
　　贷：资金结存——货币资金　　　　　　　　　　　　　　　　60 000

六、对附属单位补助费用

对附属单位补助费用，是指事业单位用财政拨款收入之外的收入对附属单位补助发生的费用。对附属单位补助费用与上级补助收入，在上下级单位间的业务内容上形成对应关系。为核算对附属单位的补助费用，事业单位会计应设置"对附属单位补助费用"总账科目。本科目应当按照接受补助的单位、补助项目等明细核算。期末结转后，本科目应无余额。

（1）单位发生对附属单位补助支出的，按照实际补助的金额或者按照规定计算出应当对附属单位补助的金额，借记本科目，贷记"银行存款""其他应付款"等科目。

（2）期末，将本科目本期发生额转入本期盈余，借记"本期盈余"科目，贷记本科目。

【例7-35】 某事业单位发生两项补助附属单位费用的业务。

①对附属A单位拨付补助款50 000元，已从银行转账支付。

财务会计账务处理：

借：对附属单位补助费用——A 单位 50 000
　　贷：银行存款 50 000

预算会计账务处理：

借：对附属单位补助支出 50 000
　　贷：资金结存——货币资金 50 000

②年终结账时，"对附属单位补助费用"账户借方余额 180 000 元，属于非专项资金。

财务会计账务处理：

借：本期盈余 180 000
　　贷：对附属单位补助费用 180 000

预算会计账务处理：

借：其他结余 180 000
　　贷：对附属单位补助支出 180 000

七、所得税费用

所得税费用，是指有企业所得税缴纳义务的事业单位按规定缴纳企业所得税而形成的费用。为核算所得税费用，事业单位会计应设置"所得税费用"总账科目。年末结转后，本科目应无余额。

（1）发生企业所得税纳税义务的，按照税法规定计算的应交税金数额，借记本科目，贷记"其他应交税费——单位应交所得税"科目。实际缴纳时，按照缴纳金额，借记"其他应交税费——单位应交所得税"科目，贷记"银行存款"科目。

（2）年末，将本科目本年发生额转入本期盈余，借记"本期盈余"科目，贷记本科目。

【例 7-36】 某事业单位为一般纳税人，本年度共实现利润 400 000 元，所得税税率 25%，应交税金额为 400 000×0.25 = 100 000（元）

①计算应交税金金额时。

财务会计账务处理：

借：所得税费用 100 000
　　贷：其他应交税费——单位应交所得税 100 000

②实际缴纳时。

财务会计账务处理：

借：其他应交税费——单位应交所得税 100 000
　　贷：银行存款 100 000

预算会计账务处理：

借：非财政拨款结余——累计结余 100 000
　　贷：资金结存——货币资金 100 000

【例 7-37】 某事业单位 5 月 4 日代扣代缴上月职工发生的个人所得税 162 300 元，以银行存款支付。

财务会计账务处理：

借：其他应交税费——个人应交所得税 162 300
　　贷：银行存款 162 300

预算会计账务处理：

借：事业支出 162 300
　　贷：资金结存——货币资金 162 300

八、其他费用

其他费用，是指行政事业单位发生的除业务活动费用、单位管理费用、经营费用、资产处置费用、上缴上级费用、对附属单位补助费用、所得税费用以外的各项费用，包括利息费用、坏账损失、罚没支出、现金资产捐赠支出以及相关税费、运输费等。为核算其他费用，行政事业单位会计应设置"其他费用"总账科目。本科目应当按照其他费用的类别等明细核算。单位发生的利息费用较多的，可以单独设置"5701 利息费用"科目。年末结转后，本科目应无余额。

（1）利息费用。按期计算确认借款利息费用时，按照计算确定的金额，借记"在建工程"科目或本科目，贷记"应付利息""长期借款——应计利息"科目。

（2）坏账损失。年末，事业单位按照规定对收回后不需上缴财政的应收账款和其他应收款计提坏账准备时，按照计提金额，借记本科目，贷记"坏账准备"科目；冲减多提的坏账准备时，按照冲减金额，借记"坏账准备"科目，贷记本科目。

（3）罚没支出。单位发生罚没支出的，按照实际缴纳或应当缴纳的金额，借记本科目，贷记"银行存款""库存现金""其他应付款"等科目。

（4）现金资产捐赠支出。单位对外捐赠现金资产的，按照实际捐赠的金额，借记本科目，贷记"银行存款""库存现金"等科目。

（5）其他相关费用支出。单位接受捐赠（或无偿调入）以名义金额计量的存货、固定资产、无形资产，以及成本无法可靠取得的公共基础设施、文物资源等发生的相关税费、运输费等，按照实际支付的金额，借记本科目，贷记"财政拨款收入""零余额账户用款额度""银行存款""库存现金"等科目。单位发生的与受托代理资产相关的税费、运输费、保管费等，按照实际支付或应付的金额，借记本科目，贷记"零余额账户用款额度""银行存款""库存现金""其他应付款"等科目。

（6）期末，将本科目本期发生额转入本期盈余，借记"本期盈余"科目，贷记本科目。

【例 7-38】 某事业单位计提短期借款利息 35 000 元。

借：其他费用——利息费用   35 000
    贷：应付利息   35 000

【例 7-39】 某事业单位向灾区捐赠 100 000 元，已从银行转账支付。

财务会计账务处理：

借：其他费用   100 000
    贷：银行存款   100 000

预算会计账务处理：

借：其他支出   100 000
    贷：资金结存——货币资金   100 000

思考题

1. 财务会计中的收入和预算会计中的预算收入的区别是什么？
2. 核算财政拨款收入、事业收入、上级补助收入、附属单位上缴收入、经营收入、非同级财政拨款收入、投资收益、捐赠收入、利息收入、租金收入和其他收入等科目如何设置？
3. 财务会计中的费用和预算会计中的预算支出的区别是什么？
4. 如何处理行政事业单位业务活动费用的主要账务？
5. 如何处理单位管理费用的主要账务？
6. 如何处理上缴上级费用的主要账务？
7. 如何处理所得税费用的主要账务？

第八章 行政事业单位净资产的核算与财务会计报表

PROJECT 8

学习目标

- ◎熟悉净资产的概念和分类。
- ◎熟练掌握有财政拨款结转、结余、其他结余核算的科目设置及应用方法。
- ◎了解行政事业单位财务报表的作用及体系构成。
- ◎熟悉行政事业单位财务报表的编制要求。
- ◎掌握资产负债表、收入费用表、净资产变动表、现金流量表的编制方法。

第一节 行政事业单位净资产的核算

净资产,是指行政事业单位资产扣除负债后的余额。从数量上看,净资产是行政事业单位会计期末资产总额与负债总额相减后的数额;从内容上看,行政事业单位的净资产来源于一定期间收入与支出相抵后的结转结余累积。行政事业单位的净资产包括累计盈余、专用基金、权益法调整、本期盈余、本年盈余分配、无偿调拨净资产、以前年度盈余调整等。

一、累计盈余

累计盈余,是指行政事业单位历年实现的盈余扣除盈余分配后滚存的金额,以及因无偿调入调出资产产生的净资产变动额。为核算累计盈余,行政事业单位会计应设置"累计盈余"科目。按照规定上缴、缴回及单位间调剂结转结余资金产生的净资产变动额,以及对以前年度盈余的调整金额,也通过本科目核算。本科目年末余额,反映单位未分配盈余(或未弥补亏损)以及无偿调拨净资产变动的累计数。

(1)年末,将"本年盈余分配"科目的余额转入累计盈余,借记或贷记"本年盈余分配"科目,贷记或借记本科目。

(2)年末,将"无偿调拨净资产"科目的余额转入累计盈余,借记或贷记"无偿调拨净资产"科目,贷记或借记本科目。

(3)按照规定上缴财政拨款结转结余、缴回非财政拨款结转资金、向其他单位调出财政拨款结转资金时,按照实际上缴、缴回、调出金额,借记本科目,贷记"财政应返还额度""零余额账户用款额度""银行存款"等科目。按照规定从其他单位调入财政拨款结转资金时,按照实际调入金额,借记"零余额账户用款额度""银行存款"等科目,贷记本科目。

（4）将"以前年度盈余调整"科目的余额转入本科目，借记或贷记"以前年度盈余调整"科目，贷记或借记本科目。

（5）按照规定使用专用基金购置固定资产、无形资产的，按照固定资产、无形资产成本金额，借记"固定资产""无形资产"科目，贷记"银行存款"等科目；同时，按照专用基金使用金额，借记"专用基金"科目，贷记本科目。

【例8-1】 年末，某市行政单位"本年盈余分配"科目有贷方余额240 000元，"无偿调拨净资产"科目有借方余额90 000元，"以前年度盈余调整"科目有贷方余额16 000元，转入"累计盈余"科目（240 000+16 000-90 000=166 000）。

借：本年盈余分配　　　　　　　　　　　　　　　　240 000
　　以前年度盈余调整　　　　　　　　　　　　　　 16 000
　　贷：无偿调拨净资产　　　　　　　　　　　　　　　90 000
　　　　累计盈余　　　　　　　　　　　　　　　　　 166 000

【例8-2】 某市行政单位收到一笔财政授权支付额度700 000元，为本级财政从其他单位调入给本单位的财政拨款结转资金。

财务会计账务处理：
借：零余额账户用款额度　　　　　　　　　　　　　700 000
　　贷：累计盈余　　　　　　　　　　　　　　　　　 700 000

预算会计账务处理：
借：资金结存——零余额账户用款额度　　　　　　　700 000
　　贷：财政拨款结转——归集调入　　　　　　　　　 700 000

【例8-3】 某市行政单位按照规定上缴财政拨款结余资金65 000元，并已核销相应数额的财政直接支付额度。

财务会计账务处理：
借：累计盈余　　　　　　　　　　　　　　　　　　 65 000
　　贷：财政应返还额度　　　　　　　　　　　　　　 65 000

预算会计账务处理：
借：财政拨款结余——归集上缴　　　　　　　　　　 65 000
　　贷：资金结存——财政应返还额度　　　　　　　　 65 000

【例8-4】 某高校动用职工福利资金购买一批福利设施，该福利设备作为固定资产入账，价值60 000元，该单位福利基金从经营结余中提取。

财务会计账务处理：
借：固定资产　　　　　　　　　　　　　　　　　　 60 000
　　贷：银行存款　　　　　　　　　　　　　　　　　 60 000
借：专用基金　　　　　　　　　　　　　　　　　　 60 000
　　贷：累计盈余　　　　　　　　　　　　　　　　　 60 000

预算会计账务处理：
借：专用结余　　　　　　　　　　　　　　　　　　 60 000
　　贷：资金结存——货币资金　　　　　　　　　　　 60 000

二、专用基金

专用基金，是指事业单位按照规定提取或设置的具有专门用途的净资产，主要包括职工福利基金、科技成果转换基金等。为核算专用基金，事业单位会计应设置"专用基金"总账科目。本科目应当按照专用基金的类别明细核算。本科目期末贷方余额，反映事业单位累计提取或设置的尚未使用的专用基金。

（1）年末，根据有关规定从本年度非财政拨款结余或经营结余中提取专用基金的，按照预算会计下计算的提取金额，借记"本年盈余分配"科目，贷记本科目。

（2）根据有关规定从收入中提取专用基金并计入费用的，一般按照预算会计下基于预算收入计算提取的金额，借记"业务活动费用"等科目，贷记本科目。国家另有规定的，从其规定。

（3）根据有关规定设置的其他专用基金，按照实际收到的基金金额，借记"银行存款"等科目，贷记本科目。

（4）按照规定使用提取的专用基金时，借记本科目，贷记"银行存款"等科目。使用提取的专用基金购置固定资产、无形资产的，按照固定资产、无形资产成本金额，借记"固定资产""无形资产"科目，贷记"银行存款"等科目；同时，按照专用基金使用金额，借记本科目，贷记"累计盈余"科目。

【例8-5】 某事业单位年末根据预算会计下结转结余金额，从本年度的非财政拨款结余中提取专用基金310 500元。

财务会计账务处理：
借：本年盈余分配　　　　　　　　　　　　　　　　　　　　　　　310 500
　　贷：专用基金——非财政拨款结余　　　　　　　　　　　　　　　310 500
预算会计账务处理：
借：非财政拨款结余分配　　　　　　　　　　　　　　　　　　　　310 500
　　贷：专用结余　　　　　　　　　　　　　　　　　　　　　　　　310 500

【例8-6】 某公立医院按照一定比例从医疗收入中提取医疗风险基金210 000元，并同步计入费用（不做预算会计账务处理）。

借：业务活动费用　　　　　　　　　　　　　　　　　　　　　　　210 000
　　贷：专用基金　　　　　　　　　　　　　　　　　　　　　　　　210 000

【例8-7】 某事业单位用从收入中提取的专用基金购置一批材料，价款3 500元。

财务会计账务处理：
借：专用基金　　　　　　　　　　　　　　　　　　　　　　　　　3 500
　　贷：银行存款　　　　　　　　　　　　　　　　　　　　　　　　3 500
预算会计账务处理：
借：事业支出　　　　　　　　　　　　　　　　　　　　　　　　　3 500
　　贷：资金结存　　　　　　　　　　　　　　　　　　　　　　　　3 500

三、权益法调整

权益法调整，是指事业单位持有的长期股权投资采用权益法核算时，按照被投资单位除净损益和利润分配以外的所有者权益变动份额调整长期股权投资账面余额而计入净资产的金额。为核算权益法调整，事业单位会计应设置"权益法调整"总账科目，并按照被投资单位明细核算。

（1）年末，按照被投资单位除净损益和利润分配以外的所有者权益变动应享有（或应分担）的份额，借记或贷记"长期股权投资——其他权益变动"科目，贷记或借记本科目。

（2）采用权益法核算的长期股权投资，因被投资单位除净损益和利润分配以外的所有者权益变动而将应享有（或应分担）的份额计入单位净资产的，处置该项投资时，按照原计入净资产的相应部分金额，借记或贷记本科目，贷记或借记"投资收益"科目。

【例8-8】某事业单位投资A厂，持股比例为40%，能够管理与监督A厂。2022年资产负债表日，A厂除净损益和利润分配以外的所有者权益变动的份额（增加）8 000 000元。该事业单位应享有的份额为8 000 000×40%＝3 200 000（元）。

借：长期股权投资——其他权益变动　　　　　　　　　　　　　　3 200 000
　　贷：权益法调整　　　　　　　　　　　　　　　　　　　　　　　　　　3 200 000

【例8-9】承【例8-8】，2023年3月，该事业单位处置所持有的A厂的长期股权投资的一半份额，现对权益法调整做相应的账务处理。

借：权益法调整　　　　　　　　　　　　　　　　　　　　　　　1 600 000
　　贷：投资收益　　　　　　　　　　　　　　　　　　　　　　　　　　　1 600 000

四、本期盈余

本期盈余，是指行政事业单位本期各项收入、费用相抵后的余额。为核算本期盈余，行政事业单位会计应设置"本期盈余"科目。年末结账后，本科目应无余额。

（1）期末，将各类收入科目的本期发生额转入本期盈余，借记"财政拨款收入""事业收入""上级补助收入""附属单位上缴收入""经营收入""非同级财政拨款收入""投资收益""捐赠收入""利息收入""租金收入""其他收入"科目，贷记本科目；将各类费用科目本期发生额转入本期盈余，借记本科目，贷记"业务活动费用""单位管理费用""经营费用""所得税费用""资产处置费用""上缴上级费用""对附属单位补助费用""其他费用"科目。

（2）年末，完成上述结转后，将本科目余额转入"本年盈余分配"科目，借记或贷记本科目，贷记或借记"本年盈余分配"科目。

【例8-10】2022年12月末，某市博物馆分析收入、费用类账户，数据显示各损益类账户金额中："事业收入"贷方余额156 000元，"财政拨款收入"贷方余额705 500元，"投资收益"贷方余额100 000元，"租金收入"贷方余额300 000元，"其他收入"贷方余额45 000元，"经营收入"贷方余额36 500元；同时，"业务活动费用"借方余额800 800元，"单位管理费用"借方余额470 500元，"所得税费用"借方余额23 870元，"其他费用"借方余额21 450元，"经营费用"借方余额10 720元。

①结转收入类账户余额时。

借：事业收入　　　　　　　　　　　　　　　　　　　　　　　　156 000
　　财政拨款收入　　　　　　　　　　　　　　　　　　　　　　　705 500
　　投资收益　　　　　　　　　　　　　　　　　　　　　　　　　100 000
　　租金收入　　　　　　　　　　　　　　　　　　　　　　　　　300 000
　　其他收入　　　　　　　　　　　　　　　　　　　　　　　　　 45 000
　　经营收入　　　　　　　　　　　　　　　　　　　　　　　　　 36 500
　　贷：本期盈余　　　　　　　　　　　　　　　　　　　　　　　　　 1 343 000

②结转费用类账户余额时。

借：本期盈余　　　　　　　　　　　　　　　　　　　　　　　 1 327 340
　　贷：业务活动费用　　　　　　　　　　　　　　　　　　　　　　　 800 800
　　　　单位管理费用　　　　　　　　　　　　　　　　　　　　　　　 470 500
　　　　所得税费用　　　　　　　　　　　　　　　　　　　　　　　　 23 870

其他费用	21 450
经营费用	10 720

③结转"本期盈余":"本期盈余"贷方余额为 1 343 000–1 327 340 = 15 660(元)。

借:本期盈余　　　　　　　　　　　　　　　　　　　　　　　　　15 660
　　贷:本年盈余分配　　　　　　　　　　　　　　　　　　　　　　　　15 660

五、本年盈余分配

本年盈余分配是指行政事业单位本年度盈余分配的情况和结果。为核算单位本年度盈余,行政事业单位会计应设置"本年盈余分配"科目。年末结账后,本科目应无余额。

(1)年末,将"本期盈余"科目余额转入本科目,借记或贷记"本期盈余"科目,贷记或借记本科目。

(2)年末,根据有关规定从本年度非财政拨款结余或经营结余中提取专用基金的,按照预算会计下计算的提取金额,借记本科目,贷记"专用基金"科目。

(3)年末,按照规定完成上述处理后,将本科目余额转入累计盈余,借记或贷记本科目,贷记或借记"累计盈余"科目。

【例8-11】 某事业单位年末从本期盈余贷方余额转入本年盈余分配 810 000 元,按照有关规定提取专用基金 81 000 元。

①将本期盈余贷方余额转入本年盈余分配时。

借:本期盈余　　　　　　　　　　　　　　　　　　　　　　　　　810 000
　　贷:本年盈余分配　　　　　　　　　　　　　　　　　　　　　　　810 000

②按照有关规定提出专用基金时。

财务会计账务处理:

借:本年盈余分配　　　　　　　　　　　　　　　　　　　　　　　　81 000
　　贷:专用基金　　　　　　　　　　　　　　　　　　　　　　　　　81 000

预算会计账务处理:

借:非财政拨款结余分配　　　　　　　　　　　　　　　　　　　　　81 000
　　贷:专用结余　　　　　　　　　　　　　　　　　　　　　　　　　81 000

③年末,将本年盈余分配科目余额转入累计盈余:累计盈余为 810 000–81 000 = 729 000(元)。

借:本年盈余分配　　　　　　　　　　　　　　　　　　　　　　　　729 000
　　贷:累计盈余　　　　　　　　　　　　　　　　　　　　　　　　　729 000

六、无偿调拨净资产

无偿调拨净资产,是指行政事业单位无偿调入或调出非现金资产而引起的净资产变动金额。为核算无偿调拨净资产,行政事业单位会计应设置"无偿调拨净资产"科目。年末结账后,本科目应无余额。

(1)按照规定取得无偿调入的存货、长期股权投资、固定资产、无形资产、公共基础设施、政府储备物资、文物资源、保障性住房等,按照确定的成本,借记"库存物品""长期股权投资""固定资产""无形资产""公共基础设施""政府储备物资""文物资源""保障性住房"等科目,按照调入过程中发生的归属于调入方的相关费用,贷记"零余额账户用款额度""银行存款"等科目,按照其差额,贷记本科目。

(2)按照规定经批准无偿调出存货、长期股权投资、固定资产、无形资产、公共基础设施、政府储备物资、文物资源、保障性住房等，按照调出资产的账面余额或账面价值，借记本科目，按照固定资产累计折旧、无形资产累计摊销、公共基础设施累计折旧或摊销、保障性住房累计折旧的金额，借记"固定资产累计折旧""无形资产累计摊销""公共基础设施累计折旧（摊销）""保障性住房累计折旧"科目，按照调出资产的账面余额，贷记"库存物品""长期股权投资""固定资产""无形资产""公共基础设施""政府储备物资""文物资源""保障性住房"等科目；同时，按照调出过程中发生的归属于调出方的相关费用，借记"资产处置费用"科目，贷记"零余额账户用款额度""银行存款"等科目。

（3）年末，将本科目余额转入累计盈余，借记或贷记本科目，贷记或借记"累计盈余"科目。

【例8-12】 2023年6月5日，某行政单位接受其他部门无偿调入的一批物资，该批物资在调出方的账面价值为15 000元，经验收合格后入库。物资调入过程中该单位以银行存款支付了运输费1 000元。财会部门根据有关凭证，不考虑相关税费。

财务会计账务处理：
借：库存物品　　　　　　　　　　　　　　　　　　　　　　　　　16 000
　　贷：银行存款　　　　　　　　　　　　　　　　　　　　　　　　1 000
　　　　无偿调拨净资产　　　　　　　　　　　　　　　　　　　　　15 000

预算会计账务处理：
借：其他支出　　　　　　　　　　　　　　　　　　　　　　　　　　1 000
　　贷：资金结存——货币资金　　　　　　　　　　　　　　　　　　1 000

【例8-13】 2023年7月5日，某行政单位经批准对外无偿调出一套设备，该设备账面余额为240 000元，已计提折旧60 000元。设备调出过程中该单位以现金支付了运输费3 000元。财会部门根据有关凭证，不考虑相关税费。

财务会计账务处理：
借：无偿调拨净资产　　　　　　　　　　　　　　　　　　　　　180 000
　　固定资产累计折旧　　　　　　　　　　　　　　　　　　　　　60 000
　　贷：固定资产　　　　　　　　　　　　　　　　　　　　　　　240 000
借：资产处置费用　　　　　　　　　　　　　　　　　　　　　　　3 000
　　贷：库存现金　　　　　　　　　　　　　　　　　　　　　　　　3 000

预算会计账务处理：
借：其他支出　　　　　　　　　　　　　　　　　　　　　　　　　　3 000
　　贷：资金结存——货币资金　　　　　　　　　　　　　　　　　　3 000

【例8-14】 承【例8-13】，年末，该行政单位将其上述无偿调拨净资产的借方余额180 000元，转入"累计盈余"科目。

借：累计盈余　　　　　　　　　　　　　　　　　　　　　　　　180 000
　　贷：无偿调拨净资产　　　　　　　　　　　　　　　　　　　180 000

七、以前年度盈余调整

以前年度盈余调整，是指行政事业单位本年度发生的调整以前年度盈余的事项，包括本年度发生的重要前期差错更正涉及调整以前年度盈余的事项。为核算上述事项，行政事业单位应设置"以前年度盈余调整"科目。本科目结转后应无余额。

（1）调整增加以前年度收入时，按照调整增加的金额，借记有关科目，贷记本科目。调整减少的，做相反会计分录。

（2）调整增加以前年度费用时，按照调整增加的金额，借记本科目，贷记有关科目。调整减少的，做相反会计分录。

（3）盘盈的各种非流动资产，报经批准后处理时，借记"待处理财产损溢"科目，贷记本科目。

（4）经上述调整后，应将本科目的余额转入累计盈余，借记或贷记"累计盈余"科目，贷记或借记本科目。

【例 8-15】 某事业单位属于增值税一般纳税人，适用的增值税税率为13%，所得税税率为25%。2023年1月25日，收到退货一批（已验收入库），该批退货系2022年11月销售给甲公司的某产品，销售收入为3 000 000元，增值税销项税额390 000元。结转的产品销售成本1 800 000元，此项销售收入已在销售当月确认，款项至2023年1月25日尚未收到。2022年年末，该事业单位对该项应收甲公司的账款按账面余额的5%计提了坏账准备。2023年1月25日，相关调整。

①调减以前年度收入时。

借：以前年度盈余调整　　　　　　　　　　　　　　　　　　3 000 000
　　应交税费——应交增值税（销项转出）　　　　　　　　　　390 000
　　　贷：应收账款　　　　　　　　　　　　　　　　　　　　　　3 390 000

②货物入库，且调减以前年度费用时。

借：库存物品　　　　　　　　　　　　　　　　　　　　　　1 800 000
　　　贷：以前年度盈余调整　　　　　　　　　　　　　　　　　　1 800 000

③调减以前年度计提的坏账准备时。

借：坏账准备　　　　　　　　　　　　　　　　　　169 500（3 390 000×5%）
　　　贷：以前年度盈余调整　　　　　　　　　　　　　　　　　　169 500

④调减报告年度应交所得税的金额时。

由于上述销售退回，该事业单位应调减报告年度应交所得税的金额为：（3 000 000−1 800 000）×25%＝300 000（元）。

借：其他应交税费——单位应交所得税　　　　　　　　　　　300 000
　　　贷：以前年度盈余调整　　　　　　　　　　　　　　　　　　300 000

⑤结转以前年度余额调整的余额：（3 000 000−1 800 000−169 500−300 000=730 500）。

借：累计盈余　　　　　　　　　　　　　　　　　　　　　　730 500
　　　贷：以前年度盈余调整　　　　　　　　　　　　　　　　　　730 500

【例 8-16】 某行政单位以财政授权支付方式使用以前年度非财政拨款资金购买了一台办公设备，花费70 000元。因该产品存在严重的质量问题，经与卖家协商于2023年1月8日全额退款、退货，款项已按原途径收回。

财务会计账务处理：

借：零余额账户用款额度　　　　　　　　　　　　　　　　　70 000
　　　贷：以前年度盈余调整　　　　　　　　　　　　　　　　　　70 000

预算会计账务处理：

借：资金结存——零余额账户用款额度　　　　　　　　　　　70 000
　　　贷：非财政拨款结余——年初余额调整　　　　　　　　　　　70 000

【例 8-17】 某行政单位盘盈一台以前年度的办公电脑，账面余额2 500元（不做预算会计账务处理）

借：待处理财产损溢　　　　　　　　　　　　　　　　2 500
　　贷：以前年度盈余调整　　　　　　　　　　　　　　　　2500

第二节　行政事业单位的财务会计报表

行政事业单位财务会计报表，包括资产负债表、收入费用表、净资产变动表、现金流量表。

一、资产负债表

（一）资产负债表的概念

资产负债表，是指反映行政事业单位在某一特定日期财务状况的报表。通过资产负债表可以了解下述信息：行政事业单位所掌握的经济资源及这些资源的分布和结构，行政事业单位负债总额及负债的构成，行政事业单位的净资产情况。另外，通过分析该表，可以了解行政事业单位的财务实力、短期偿债能力和支付能力；通过对照分析前后期资产负债表的内容，可以了解行政事业单位资产负债表变化情况及财务状况的发展趋势。

（二）资产负债表的格式

行政事业单位的资产负债表采用账户式结构，报表分为左右两方，左方列示资产各项目，反映全部资产的分布及存在形态；右方列示负债和净资产各项目，反映全部负债和净资产的内容及构成情况。具体格式见表 8-1。

表 8-1　资产负债表

会政财 01 表

编制单位：　　　　　　　　　　　　　年　月　日　　　　　　　　　　　　单位：元

资产	年初余额	期末余额	负债和净资产	年初余额	期末余额
流动资产：			流动负债：		
货币资金			短期借款		
短期投资			应交增值税		
财政应返还额度			其他应交税费		
应收票据			应缴财政款		
应收账款净额			应付职工薪酬		
预付账款			应付票据		
应收股利			应付账款		
应收利息			应付政府补贴款		
其他应收款净额			应付利息		
存货			预收账款		
待摊费用			其他应付款		
一年内到期的非流动资产			预提费用		
其他流动资产			一年内到期的非流动负债		

续表

资产	年初余额	期末余额	负债和净资产	年初余额	期末余额
流动资产合计			其他流动负债		
非流动资产：			流动负债合计		
长期股权投资			非流动负债：		
长期债券投资			长期借款		
固定资产原值			长期应付款		
减：固定资产累计折旧			预计负债		
固定资产净值			其他非流动负债		
工程物资			非流动负债合计		
在建工程			受托代理负债		
无形资产原值			负债合计		
减：无形资产累计摊销					
无形资产净值					
研发支出					
公共基础设施原值					
减：公共基础设施累计折旧（摊销）					
公共基础设施净值					
政府储备物资					
文物资源					
保障性住房原值					
减：保障性住房累计折旧			净资产：		
保障性住房净值			累计盈余		
长期待摊费用			专用基金		
待处理财产损溢			权益法调整		
其他非流动资产			无偿调拨净资产*		
非流动资产合计			本期盈余*		
受托代理资产			净资产合计		
资产总计			负债和净资产总计		

注：带"*"标识项目为月报项目，年报中不须列示。

（三）资产负债表的编制

1."年初余额"的填列方法

"年初余额"栏内的各项数字应当根据上年末资产负债表"期末余额"栏内数字填列。如果本年度资产负债表规定的各个项目的名称和内容同上年度不一致，应按照本年度的规定调整上年末资产负债表各项目的名称和数字，填入本表"年初余额"栏内。如果本年度单位发生因前期差错更正、会计政策变更等调整以前年度盈余的事项，还应当相应调整"年初余额"栏中的有关项目金额。在资产负债表中，"资产总计"项目期末（年初）余额应当与"负债和净资产总计"项目期末（年初）余额相等。

2."期末余额"的填列方法

（1）"货币资金"项目，反映单位期末库存现金、银行存款、零余额账户用款额度、其他货币资金的合计数。本项目应当根据这些科目期末余额的合计数填列。若单位存在通过"库存现金"和"银行存款"科目核算的受托代理资产，应当按照前述合计数扣减"库存现金"和"银行存款"科目下"受托代理资产"明细科目期末余额后的金额填列。

（2）"短期投资"项目，反映单位期末持有的短期投资账面余额。本项目应当根据"短期投资"科目的期末余额填列。

（3）"财政应返还额度"项目，反映单位期末财政应返还额度的金额。本项目应当根据"财政应返还额度"科目的期末余额填列。

（4）"应收票据"项目，反映单位期末持有的应收票据的票面金额。本项目应当根据"应收票据"科目的期末余额填列。

（5）"应收账款净额"项目，反映单位期末尚未收回的应收账款减去已计提坏账准备后的净额。本项目应当根据"应收账款"科目的期末余额，减去"坏账准备"科目中对应收账款计提坏账准备的期末余额后的金额填列。

（6）"预付账款"项目，反映单位期末预付给商品或者劳务供应单位的款项。本项目应当根据"预付账款"科目的期末余额填列。

（7）"应收股利"项目，反映单位期末因股权投资而应收取的现金股利或应当分得的利润。本项目应当根据"应收股利"科目的期末余额填列。

（8）"应收利息"项目，反映单位期末因债券投资等而应收取的利息。单位购入的到期一次还本付息的长期债券投资持有期间应收的利息不包括在本项目内。本项目应当根据"应收利息"科目的期末余额填列。

（9）"其他应收款净额"项目，反映单位期末尚未收回的其他应收款减去已计提坏账准备后的净额。本项目应当根据"其他应收款"科目的期末余额减去"坏账准备"科目中对其他应收款计提坏账准备的期末余额后的金额填列。

（10）"存货"项目，反映单位期末存储的货物的实际成本。本项目应当根据"在途物品""库存物品"和"加工物品"科目期末余额的合计数填列。

（11）"待摊费用"项目，反映单位期末已经支出但应当由本期和以后各期负担的分摊期在1年以内（含1年）的各项费用。本项目应当根据"待摊费用"科目的期末余额填列。

（12）"一年内到期的非流动资产"项目，反映单位期末非流动资产项目中将在1年内（含1年）到期的金额，如单位将在1年内（含1年）到期的长期债券投资金额。本项目应当根据"长期债券投资"等科目的明细科目的期末余额分析填列。

（13）"其他流动资产"项目，反映单位期末除资产负债表中上述各项之外的其他流动资产的合计金额。本项目应当根据有关科目期末余额的合计数填列。

（14）"流动资产合计"项目，反映单位期末流动资产的合计数。本项目应当根据资产负债表中"货币资金""短期投资""财政应返还额度""应收票据""应收账款净额""预付账款""应收股利""应收利息""其他应收款净额""存货""待摊费用""一年内到期的非流动资产"和"其他流动资产"项目金额的合计数填列。

（15）"长期股权投资"项目，反映单位期末持有的长期股权投资的账面余额。本项目应当根据"长期股权投资"科目的期末余额填列。

（16）"长期债券投资"项目，反映单位期末持有的长期债券投资的账面余额。本项目应当根据"长期债券投资"科目的期末余额减去其中将于1年内（含1年）到期的长期债券投资余额后的金额填列。

（17）"固定资产原值"项目，反映单位期末固定资产的原值。本项目应当根据"固定资产"科目的期末余额填列。"固定资产累计折旧"项目，反映单位期末固定资产已计提的累计折旧金额。本项目应当根据"固定资产累计折旧"科目的期末余额填列。"固定资产净值"项目，反映单位期末固定资产的账面价值。本项目应当根据"固定资产"科目期末余额减去"固定资产累计折旧"科目期末余额后的金额填列。

（18）"工程物资"项目，反映单位期末为在建工程准备的各种物资的实际成本。本项目应当根据"工程物资"科目的期末余额填列。

（19）"在建工程"项目，反映单位期末所有建设工程项目的实际成本。本项目应当根据"在建工程"科目的期末余额填列。

（20）"无形资产原值"项目，反映单位期末无形资产的原值。本项目应当根据"无形资产"科目的期末余额填列。"无形资产累计摊销"项目，反映单位期末无形资产已计提的累计摊销金额。本项目应当根据"无形资产累计摊销"科目的期末余额填列。"无形资产净值"项目，反映单位期末无形资产的账面价值。本项目应当根据"无形资产"科目期末余额减去"无形资产累计摊销"科目期末余额后的金额填列。

（21）"研发支出"项目，反映单位期末正在进行的无形资产开发项目开发阶段发生的累计支出。本项目应当根据"研发支出"科目的期末余额填列。

（22）"公共基础设施原值"项目，反映单位期末控制的公共基础设施的原值。本项目应当根据"公共基础设施"科目的期末余额填列。"公共基础设施累计折旧（摊销）"项目，反映单位期末控制的公共基础设施已计提的累计折旧和累计摊销金额。本项目应当根据"公共基础设施累计折旧（摊销）"科目的期末余额填列。"公共基础设施净值"项目，反映单位期末控制的公共基础设施的账面价值。本项目应当根据"公共基础设施"科目期末余额减去"公共基础设施累计折旧（摊销）"科目期末余额后的金额填列。

（23）"政府储备物资"项目，反映单位期末控制的政府储备物资的实际成本。本项目应当根据"政府储备物资"科目的期末余额填列。

（24）"文物资源"项目，反映单位期末控制的文物资源的成本。本项目应当根据"文物资源"科目的期末余额填列。

（25）"保障性住房原值"项目，反映单位期末控制的保障性住房的原值。本项目应当根据"保障性住房"科目的期末余额填列。"保障性住房累计折旧"项目，反映单位期末控制的保障性住房已计提的累计折旧金额。本项目应当根据"保障性住房累计折旧"科目的期末余额填列。"保障性住房净值"项目，反映单位期末控制的保障性住房的账面价值。本项目应当根据"保障性住房"科目期末余额减去"保障性住房累计折旧"科目期末余额后的金额填列。

（26）"长期待摊费用"项目，反映单位期末已经支出但应由本期和以后各期负担的分摊期限在1年以上（不含1年）的各项费用。本项目应当根据"长期待摊费用"科目的期末余额填列。

（27）"待处理财产损溢"项目，反映单位期末尚未处理完毕的各种资产的净损失或净溢余。本项目应当根据"待处理财产损溢"科目的期末借方余额填列。如"待处理财产损溢"科目期末为贷方余额，以"－"号填列。

（28）"其他非流动资产"项目，反映单位期末除资产负债表中上述各项外其他非流动资产的合计数。本项目应当根据有关科目的期末余额合计数填列。

（29）"非流动资产合计"项目，反映单位期末非流动资产的合计数。本项目应当根据资产负债表中"长期股权投资""长期债券投资""固定资产净值""工程物资""在建工程""无形资产净值""研发支出""公共基础设施净值""政府储备物资""文物资源""保障性住房净值""长期待摊费用""待处理财产损溢"和"其他非流动资产"项目金额的合计数填列。

（30）"受托代理资产"项目，反映单位期末受托代理资产的价值。本项目应当根据"受托代理资产"科目的期末余额与"库存现金""银行存款"科目下"受托代理资产"明细科目期末余额的合计数填列。

（31）"资产总计"项目，反映单位期末资产的合计数。本项目应当根据资产负债表中"流动资产合计""非流动资产合计"和"受托代理资产"项目金额的合计数填列。

（32）"短期借款"项目，反映事业单位期末短期借款的余额。本项目应当根据"短期借款"科目的期末余额填列。

（33）"应交增值税"项目，反映单位期末应缴未缴的增值税税额。本项目应当根据"应交增值税"科目的期末余额填列。如"应交增值税"科目期末为借方余额，以"－"号填列。

（34）"其他应交税费"项目，反映单位期末应缴未缴的除增值税以外的税费金额。本项目应当根据"其他应交税费"科目的期末余额填列。如"其他应交税费"科目期末为借方余额，以"－"号填列。

（35）"应缴财政款"项目，反映单位期末应当上缴财政但尚未缴纳的款项。本项目应当根据"应缴财政款"科目的期末余额填列。

（36）"应付职工薪酬"项目，反映单位期末按有关规定应付给职工及为职工支付的各种薪酬。本项目应当根据"应付职工薪酬"科目的期末余额填列。

（37）"应付票据"项目，反映事业单位期末应付票据的金额。本项目应当根据"应付票据"科目的期末余额填列。

（38）"应付账款"项目，反映单位期末应当支付但尚未支付的偿还期限在1年以内（含1年）的应付账款的金额。本项目应当根据"应付账款"科目的期末余额填列。

（39）"应付政府补贴款"项目，反映负责发放政府补贴的行政单位期末按照规定应当支付给政府补贴接受者的各种政府补贴款余额。本项目应当根据"应付政府补贴款"科目的期末余额填列。

（40）"应付利息"项目，反映单位期末按照合同约定应支付的借款利息。单位到期一次性还本付息的长期借款利息不包括在本项目内。本项目应当根据"应付利息"科目的期末余额填列。

（41）"预收账款"项目，反映事业单位期末预先收取但尚未确认收入和实际结算的款项余额。本项目应当根据"预收账款"科目的期末余额填列。

（42）"其他应付款"项目，反映单位期末其他各项偿还期限在1年内（含1年）的应付及暂收款项余额。本项目应当根据"其他应付款"科目的期末余额填列。

（43）"预提费用"项目，反映单位期末已预先提取的已经发生但尚未支付的各项费用。本项目应当根据"预提费用"科目的期末余额填列。

（44）"一年内到期的非流动负债"项目，反映单位期末将于1年内（含1年）偿还的非流动负债的余额。本项目应当根据"长期应付款""长期借款"等科目的明细科目的期末余额分析填列。

（45）"其他流动负债"项目，反映单位期末除资产负债表中上述各项外其他流动负债的合计数。本项目应当根据有关科目期末余额的合计数填列。

（46）"流动负债合计"项目，反映单位期末流动负债的合计数。本项目应当根据资产负债表中"短期借款""应交增值税""其他应交税费""应缴财政款""应付职工薪酬""应付票据""应付账款""应付政府补贴款""应付利息""预收账款""其他应付款""预提费用""一年内到期的非流动负债"和"其他流动负债"项目金额的合计数填列。

（47）"长期借款"项目，反映单位期末长期借款的余额。本项目应当根据"长期借款"科目的期末余额减去其中将于1年内（含1年）到期的长期借款余额后的金额填列。

（48）"长期应付款"项目，反映单位期末长期应付款的余额。本项目应当根据"长期应付款"科目的期末余额减去其中将于1年内（含1年）到期的长期应付款余额后的金额填列。

（49）"预计负债"项目，反映单位期末已确认但尚未偿付的预计负债的余额。本项目应当根据"预计负债"科目的期末余额填列。

（50）"其他非流动负债"项目，反映单位期末除资产负债表中上述各项之外的其他非流动负债的合计数。本项目应当根据有关科目的期末余额合计数填列。

（51）"非流动负债合计"项目，反映单位期末非流动负债的合计数。本项目应当根据资产负债表中"长期借款""长期应付款""预计负债"和"其他非流动负债"项目金额的合计数填列。

（52）"受托代理负债"项目，反映单位期末受托代理负债的金额。本项目应当根据"受托代理负债"科目的期末余额填列。

（53）"负债合计"项目，反映单位期末负债的合计数。本项目应当根据资产负债表中"流动负债合计""非流动负债合计"和"受托代理负债"项目金额的合计数填列。

（54）"累计盈余"项目，反映单位期末未分配盈余（或未弥补亏损）以及无偿调拨净资产变动的累计数。本项目应当根据"累计盈余"科目的期末余额填列。

（55）"专用基金"项目，反映事业单位期末累计提取或设置但尚未使用的专用基金余额。本项目应当根据"专用基金"科目的期末余额填列。

（56）"权益法调整"项目，反映事业单位期末在被投资单位除净损益和利润分配外所有者权益变动中累计享有的份额。本项目应当根据"权益法调整"科目的期末余额填列。如"权益法调整"科目期末为借方余额，以"－"号填列。

（57）"无偿调拨净资产"项目，反映单位本年度截至报告期末无偿调入的非现金资产价值扣减无偿调出的非现金资产价值后的净值。本项目仅在月度报表中列示，年度报表中不列示。月度报表中本项目应当根据"无偿调拨净资产"科目的期末余额填列。"无偿调拨净资产"科目期末为借方余额时，以"－"号填列。

（58）"本期盈余"项目，反映单位本年度截至报告期末实现的累计盈余或亏损。本项目仅在月度报表中列示，年度报表中不列示。月度报表中本项目应当根据"本期盈余"科目的期末余额填列。"本期盈余"科目期末为借方余额时，以"－"号填列。

（59）"净资产合计"项目，反映单位期末净资产合计数。本项目应当根据资产负债表中"累计盈余""专用基金""权益法调整""无偿调拨净资产（月度报表）""本期盈余（月度报表）"项目金额的合计数填列。

（60）"负债和净资产总计"项目，应当按照资产负债表中"负债合计""净资产合计"项目金额的合计数填列。

二、收入费用表

（一）收入费用表的概念

收入费用表是反映行政事业单位在一定会计期间运行情况即行政事业单位在某一会计期间内发生的收入、费用及当期盈余情况的表。

收入费用表的作用主要表现在以下三个方面：

（1）可以提供某一会计期间收入总额及其构成情况的信息。例如，可以提供某一会计期间的收入合计和财政拨款收入、事业收入、投资收益等信息。

（2）可以提供某一会计期间费用总额及其构成情况的信息。例如，可以提供某一会计期间费用合计和业务活动费用、单位管理费用、经营费用等信息。

（3）可以提供某一会计期间本期盈余信息。

（二）收入费用表的格式

行政事业单位的收入费用表格式见表 8-2。

表 8-2 收入费用表 会政财 02 表

编制单位：　　　　　　　　　　　　　　年　月　日　　　　　　　　　　　　　　单位：元

项目	本月数	本年累计数
一、本期收入		
（一）财政拨款收入		
其中，政府性基金收入		
（二）事业收入		
（三）上级补助收入		
（四）附属单位上缴收入		
（五）经营收入		
（六）非同级财政拨款收入		
（七）投资收益		
（八）捐赠收入		
（九）利息收入		
（十）租金收入		
（十一）其他收入		
二、本期费用		
（一）业务活动费用		
（二）单位管理费用		
（三）经营费用		
（四）资产处置费用		
（五）上缴上级费用		
（六）对附属单位补助费用		
（七）所得税费用		
（八）其他费用		
三、本期盈余		

（三）收入费用表的编制

收入费用表"本月数"栏反映各项目的本月实际发生数。在编制年度收入费用表时，应当将本栏改为"本年数"，反映本年度各项目的实际发生数。

"本年累计数"栏反映各项目自年初起至报告期末止的累计实际发生数。编制年度收入费用表时，应当将本栏改为"上年数"，反映上年度各项目的实际发生数，"上年数"栏应当根据上年度收入费用表中"本年数"栏内所列数字填列。

如果本年度收入费用表规定的各个项目的名称和内容同上年度不一致，应按照本年度的规定调整上年度收入费用表各项目的名称和数字，填入本年度收入费用表的"上年数"栏。

（1）"本期收入"项目，反映单位本期收入总额。本项目应当根据收入费用表中"财政拨款收入""事业收入""上级补助收入""附属单位上缴收入""经营收入""非同级财政拨款收入""投资收益""捐赠收入""利息收入""租金收入"和"其他收入"项目的合计数填列。

（2）"财政拨款收入"项目，反映单位本期从同级政府财政部门取得的各类财政拨款。本项目应当根据"财政拨款收入"科目的本期发生额填列。"政府性基金收入"项目，反映单位本期取得的财政拨款收入中属于政府性基金预算拨款的金额。本项目应当根据"财政拨款收入"相关明细科目的本期发生额填列。

（3）"事业收入"项目，反映事业单位本期开展专项业务活动及其辅助活动实现的收入。本项目应当根据"事业收入"科目的本期发生额填列。

（4）"上级补助收入"项目，反映事业单位本期从主管部门和上级单位收到或应收的非财政拨款收入。本项目应当根据"上级补助收入"科目的本期发生额填列。

（5）"附属单位上缴收入"项目，反映事业单位本期收到或应收独立核算的附属单位按照有关规定上缴的收入。本项目应当根据"附属单位上缴收入"科目的本期发生额填列。

（6）"经营收入"项目，反映事业单位本期在专项业务活动及其辅助活动之外开展非独立核算经营活动实现的收入。本项目应当根据"经营收入"科目的本期发生额填列。

（7）"非同级财政拨款收入"项目，反映单位本期从非同级政府财政部门取得的财政拨款，不包括事业单位因开展科研及其辅助活动从非同级财政部门取得的经费拨款。本项目应当根据"非同级财政拨款收入"科目的本期发生额填列。

（8）"投资收益"项目，反映事业单位本期股权投资和债券投资所实现的收益或发生的损失。本项目应当根据"投资收益"科目的本期发生额填列。如为投资净损失，以"－"号填列。

（9）"捐赠收入"项目，反映单位本期接受捐赠取得的收入。本项目应当根据"捐赠收入"科目的本期发生额填列。

（10）"利息收入"项目，反映单位本期取得的银行存款利息收入。本项目应当根据"利息收入"科目的本期发生额填列。

（11）"租金收入"项目，反映单位本期经批准利用国有资产出租取得且按规定纳入本单位预算管理的租金收入。本项目应当根据"租金收入"科目的本期发生额填列。

（12）"其他收入"项目，反映单位本期取得的除上述收入项目外的其他收入总额。本项目应当根据"其他收入"科目的本期发生额填列。

（13）"本期费用"项目，反映单位本期费用的总额。本项目应当根据收入费用表中"业务活动费用""单位管理费用""经营费用""资产处置费用""上缴上级费用""对附属单位补助费用""所得税费用"和"其他费用"项目金额的合计数填列。

（14）"业务活动费用"项目，反映单位本期为实现其职能目标，依法履职或开展专项业务活动及其辅助活动发生的各项费用。本项目应当根据"业务活动费用"科目本期发生额填列。

(15)"单位管理费用"项目,反映事业单位本期本级行政及后勤管理部门开展管理活动发生的各项费用,以及由单位统一负担的离退休人员经费、工会经费、诉讼费、中介费等。本项目应当根据"单位管理费用"科目的本期发生额填列。

(16)"经营费用"项目,反映事业单位本期在专项业务活动及其辅助活动之外开展非独立核算经营活动发生的各项费用。本项目应当根据"经营费用"科目的本期发生额填列。

(17)"资产处置费用"项目,反映单位本期经批准处置资产时转销的资产价值以及在处置过程中发生的相关费用或者处置收入小于处置费用形成的净支出。本项目应当根据"资产处置费用"科目的本期发生额填列。

(18)"上缴上级费用"项目,反映单位按照规定上缴上级单位款项发生的费用。本项目应当根据"上缴上级费用"科目的本期发生额填列。

(19)"对附属单位补助费用"项目,反映事业单位用财政拨款收入之外的收入对附属单位补助发生的费用。本项目应当根据"对附属单位补助费用"科目的本期发生额填列。

(20)"所得税费用"项目,反映有企业所得税缴纳义务的单位本期应计算缴纳的企业所得税。本项目应当根据"所得税费用"科目的本期发生额填列。

(21)"其他费用"项目,反映单位本期发生的除上述费用项目外的其他费用的总额。本项目应当根据"其他费用"科目的本期发生额填列

(22)"本期盈余"项目,反映单位本期收入扣除本期费用后的净额。本项目应当根据收入费用表中"本期收入"项目金额减去"本期费用"项目金额后的金额填列。如为负数,以"-"号填列。

三、净资产变动表

(一)净资产变动表的概念和格式

净资产变动表,是指反映单位在某一会计期间内净资产项目变动情况的报表。按照规定,行政事业单位的净资产变动表应当按年度编制。行政事业单位净资产变动表的格式见表8-3。

表8-3 净资产变动表

会政财03表

编制单位:　　　　　　　　　　　　年　月　日　　　　　　　　　　　　单位:元

项目	本年数				上年数			
	累计盈余	专用基金	权益法调整	净资产合计	累计盈余	专用基金	权益法调整	净资产合计
一、上年年末余额								
二、以前年度盈余调整(减少以"-"号填列)		—	—			—	—	
三、本年年初余额								
四、本年变动金额(减少以"-"号填列)								
(一)本年盈余		—	—		—	—	—	—
(二)无偿调拨净资产								
(三)归集调整预算结转结余								
(四)提取或设置专用基金								

续表

项目	本年数				上年数			
	累计盈余	专用基金	权益法调整	净资产合计	累计盈余	专用基金	权益法调整	净资产合计
其中，从预算收入中提取		—	—			—	—	
从预算结余中提取			—	—			—	—
设置的专用基金	—		—	—	—		—	—
（五）使用专用基金			—				—	
（六）权益法调整	—	—			—	—		
五、本年年末余额								

注：带"—"的单元格不需填列。

（二）净资产变动表的编制

净资产变动表"本年数"栏，反映本年度各项目的实际变动数。

本表"上年数"栏，反映上年度各项目的实际变动数，应当根据上年度净资产变动表中"本年数"栏内所列数字填列。如果上年度净资产变动表规定项目的名称和内容与本年度不一致，应调整上年度净资产变动表项目的名称和数字按照本年度的规定进行，将调整后金额填入本年度净资产变动表"上年数"栏内。

（1）"上年年末余额"行，反映单位净资产各项目上年年末的余额。本行各项目应当根据"累计盈余""专用基金""权益法调整"科目上年年末的余额填列。

（2）"以前年度盈余调整"行，反映单位本年度调整以前年度盈余事项调整累计盈余的金额。本行"累计盈余"项目，应当根据本年度"以前年度盈余调整"科目转入"累计盈余"科目的金额填列。如调整减少累计盈余，以"—"号填列。

（3）"本年年初余额"行，反映经过以前年度盈余调整后，单位净资产各项目的本年年初余额。本行"累计盈余""专用基金""权益法调整"项目应当根据其各自在"上年年末余额"和"以前年度盈余调整"行对应项目金额的合计数填列。

（4）"本年变动金额"行，反映单位净资产各项目本年变动的总金额。本行"累计盈余""专用基金""权益法调整"项目应当根据其各自在"本年盈余""无偿调拨净资产""归集调整预算结转结余""提取或设置专用基金""使用专用基金""权益法调整"行对应项目金额的合计数填列。

①"本年盈余"行，反映单位本年发生的收入、费用对净资产的影响。本行"累计盈余"项目应当根据年末由"本期盈余"科目转入"本年盈余分配"科目的金额填列。如转入时借记"本年盈余分配"科目，则以"—"号填列。

②"无偿调拨净资产"行，反映单位本年无偿调入、调出非现金资产事项对净资产的影响。本行"累计盈余"项目应当根据年末由"无偿调拨净资产"科目转入"累计盈余"科目的金额填列。如转入时借记"累计盈余"科目，则以"—"号填列。

③"归集调整预算结转结余"行，反映单位本年财政拨款结转结余资金归集调入、归集上缴或调出，以及非财政拨款结转资金缴回对净资产的影响。本行"累计盈余"项目应当根据"累计盈余"科目明细账的记录分析填列。如归集调整减少预算结转结余，则以"—"号填列。

④"提取或设置专用基金"行，反映单位本年提取或设置专用基金对净资产的影响。本行"累计盈余"项目应当根据"从预算结余中提取"行的"累计盈余"项目的金额填列。本行"专用基金"项目应当根据"从预算收入中提取""从预算结余中提取"和"设置的专用基金"行的"专用基金"

项目金额的合计数填列。

"从预算收入中提取"行，反映单位本年从预算收入中提取专用基金对净资产的影响。本行"专用基金"项目应当通过分析"专用基金"科目的明细账记录，根据本年按有关规定从预算收入中提取基金的金额填列。

"从预算结余中提取"行，反映单位本年根据有关规定从本年度非财政拨款结余或经营结余中提取专用基金对净资产的影响。本行"累计盈余""专用基金"项目应当通过分析"专用基金"科目明细账记录，根据本年按有关规定从本年度非财政拨款结余或经营结余中提取专用基金的金额填列。本行"累计盈余"项目以"－"号填列。

"设置的专用基金"行，反映单位本年根据有关规定设置的其他专用基金对净资产的影响。本行"专用基金"项目应当通过分析"专用基金"科目的明细账记录，根据本年按有关规定设置的其他专用基金的金额填列。

⑤"使用专用基金"行，反映单位本年按规定使用专用基金对净资产的影响。本行"累计盈余""专用基金"项目应当通过分析"专用基金"科目的明细账记录，根据本年按规定使用专用基金的金额填列。本行"专用基金"项目以"－"号填列。

⑥"权益法调整"行，反映单位本年按照被投资单位除净损益和利润分配以外的所有者权益变动份额调整长期股权投资账面余额对净资产的影响。本行"权益法调整"项目应当根据"权益法调整"科目本年发生额填列。若本年净发生额为借方，以"－"号填列。

（5）"本年年末余额"行，反映单位本年各净资产项目的年末余额。本行"累计盈余""专用基金"和"权益法调整"项目应当根据其各自在"本年年初余额""本年变动金额"行对应项目金额的合计数填列。

净资产变动表各行"净资产合计"项目应当根据所在行"累计盈余""专用基金"和"权益法调整"项目金额的合计数填列。

四、现金流量表

（一）现金流量表的概念和格式

现金流量表是反映行政事业单位在一定会计期间现金及现金等价物流入和流出情况的报表。行政事业单位的现金流量表应当按年度编制。采用的计算公式为"现金流入－现金流出＝现金流量净额"。行政事业单位现金流量表的格式，见表8-4。

表8-4 现金流量表

会政财04表

编制单位： 年 月 日 单位：元

项目	本年金额	上年金额
一、日常活动产生的现金流量		
财政基本支出拨款收到的现金		
财政非资本性项目拨款收到的现金		
事业活动收到的除财政拨款以外的现金		
收到的其他与日常活动有关的现金		
日常活动现金流入小计		
购买商品、接受劳务支付的现金		

续表

项目	本年金额	上年金额
支付给职工以及为职工支付的现金		
支付的各项税费		
支付的其他与日常活动有关的现金		
日常活动现金流出小计		
日常活动产生的现金流量净额		
二、投资活动产生的现金流量		
收回投资收到的现金		
取得投资收益收到的现金		
处置固定资产、无形资产、公共基础设施等收回的现金净额		
收到的其他与投资活动有关的现金		
投资活动现金流入小计		
购建固定资产、无形资产、公共基础设施等支付的现金		
对外投资支付的现金		
上缴处置固定资产、无形资产、公共基础设施等净收入支付的现金		
支付的其他与投资活动有关的现金		
投资活动现金流出小计		
投资活动产生的现金流量净额		
三、筹资活动产生的现金流量		
财政资本性项目拨款收到的现金		
取得借款收到的现金		
收到的其他与筹资活动有关的现金		
筹资活动现金流入小计		
偿还借款支付的现金		
偿还利息支付的现金		
支付的其他与筹资活动有关的现金		
筹资活动现金流出小计		
筹资活动产生的现金流量净额		
四、汇率变动对现金的影响额		
五、现金净增加额		

（二）现金流量表的编制

现金流量表中"本年金额"栏反映各项目的本年实际发生数。

现金流量表中"上年金额"栏反映各项目的上年实际发生数,应当根据上年现金流量表中"本年金额"栏内所列数字填列。行政事业单位应当采用直接法编制现金流量表。

1. 日常活动产生的现金流量

(1)"财政基本支出拨款收到的现金"项目,反映单位本年接受财政基本支出拨款取得的现金。本项目应当根据"零余额账户用款额度""财政拨款收入""银行存款"等科目及其所属明细科目的记录分析填列。

(2)"财政非资本性项目拨款收到的现金"项目,反映单位本年接受除用于购建固定资产、无形资产、公共基础设施等资本性项目外的财政项目拨款取得的现金。本项目应当根据"银行存款""零余额账户用款额度""财政拨款收入"等科目及其所属明细科目的记录分析填列。

(3)"事业活动收到的除财政拨款以外的现金"项目,反映单位本年开展专项业务活动及其辅助活动取得的除财政拨款以外的现金。本项目应当根据"库存现金""银行存款""其他货币资金""应收账款""应收票据""预收账款"和"事业收入"等科目及其所属明细科目的记录分析填列。

(4)"收到的其他与日常活动有关的现金"项目,反映单位本年收到的除上述项目之外的与日常活动有关的现金。本项目应当根据"库存现金""银行存款""其他货币资金""上级补助收入""附属单位上缴收入""经营收入""非同级财政拨款收入""捐赠收入""利息收入""租金收入""其他收入"等科目及其所属明细科目的记录分析填列。

(5)"日常活动现金流入小计"项目,反映单位本年日常活动产生的现金流入的合计数。本项目应当根据现金流量表中"财政基本支出拨款收到的现金""财政非资本性项目拨款收到的现金""事业活动收到的除财政拨款以外的现金"和"收到的其他与日常活动有关的现金"项目金额的合计数填列。

(6)"购买商品、接受劳务支付的现金"项目,反映单位本年在日常活动中用于购买商品、接受劳务支付的现金。本项目应当根据"库存现金""银行存款""财政拨款收入""零余额账户用款额度""预付账款""在途物品""库存物品""应付账款""应付票据""业务活动费用""单位管理费用""经营费用"等科目及其所属明细科目的记录分析填列。

(7)"支付给职工以及为职工支付的现金"项目,反映单位本年支付给职工以及为职工支付的现金。本项目应当根据"库存现金""银行存款""零余额账户用款额度""财政拨款收入""应付职工薪酬""业务活动费用""单位管理费用"和"经营费用"等科目及其所属明细科目的记录分析填列。

(8)"支付的各项税费"项目,反映单位本年用于缴纳日常活动相关税费而支付的现金。本项目应当根据"库存现金""银行存款""零余额账户用款额度""应交增值税""其他应交税费""业务活动费用""单位管理费用""经营费用""所得税费用"等科目及其所属明细科目的记录分析填列。

(9)"支付的其他与日常活动有关的现金"项目,反映单位本年支付的除上述项目之外与日常活动有关的现金。本项目应当根据"库存现金""银行存款""零余额账户用款额度""财政拨款收入""其他应付款""业务活动费用""单位管理费用""经营费用""其他费用"等科目及其所属明细科目的记录分析填列。

(10)"日常活动现金流出小计"项目,反映单位本年日常活动产生的现金流出的合计数。本项目应当根据现金流量表中"购买商品、接受劳务支付的现金""支付给职工以及为职工支付的现金""支付的各项税费"和"支付的其他与日常活动有关的现金"项目金额的合计数填列。

(11)"日常活动产生的现金流量净额"项目,应当按照现金流量表中"日常活动现金流入小计"项目金额减去"日常活动现金流出小计"项目金额后的金额填列。如为负数,以"-"号填列。

2. 投资活动产生的现金流量

（1）"收回投资收到的现金"项目，反映单位本年出售、转让或收回投资收到的现金。本项目应该根据"库存现金""银行存款""短期投资""长期股权投资""长期债券投资"等科目的记录分析填列。

（2）"取得投资收益收到的现金"项目，反映单位本年因对外投资而收到被投资单位分配的股利或利润以及收到投资利息而取得的现金。本项目应当根据"库存现金""银行存款""应收股利""应收利息""投资收益"等科目的记录分析填列。

（3）"处置固定资产、无形资产、公共基础设施等收回的现金净额"项目，反映单位本年处置固定资产、无形资产、公共基础设施等非流动资产所取得的现金，减去为处置这些资产而支付的有关费用后的净额。由于自然灾害造成固定资产等长期资产损失而收到的保险赔款收入也在本项目反映。本项目应当根据"库存现金""银行存款""待处理财产损溢"等科目的记录分析填列。

（4）"收到的其他与投资活动有关的现金"项目，反映单位本年收到的除上述项目外与投资活动有关的现金。对金额较大的现金流入，应当单列项目反映。本项目应当根据"库存现金""银行存款"等有关科目的记录分析填列。

（5）"投资活动现金流入小计"项目，反映单位本年投资活动产生的现金流入的合计数。本项目应当根据现金流量表中"收回投资收到的现金""取得投资收益收到的现金""处置固定资产、无形资产、公共基础设施等收回的现金净额"和"收到的其他与投资活动有关的现金"项目金额的合计数填列。

（6）"购建固定资产、无形资产、公共基础设施等支付的现金"项目，反映单位本年购买和建造固定资产、无形资产、公共基础设施等非流动资产所支付的现金；融资租入固定资产支付的租赁费不在本项目反映，在筹资活动的现金流量中反映。本项目应当根据"库存现金""银行存款""固定资产""工程物资""在建工程""无形资产""研发支出""公共基础设施"和"保障性住房"等科目的记录分析填列。

（7）"对外投资支付的现金"项目，反映单位本年为取得短期投资、长期股权投资、长期债券投资而支付的现金。本项目应当根据"库存现金""银行存款""短期投资""长期股权投资"和"长期债券投资"等科目的记录分析填列。

（8）"上缴处置固定资产、无形资产、公共基础设施等净收入支付的现金"项目，反映单位本年将处置固定资产、无形资产、公共基础设施等非流动资产收回的现金净额用于上缴财政部门支付的现金。本项目应当根据"库存现金""银行存款""应缴财政款"等科目的记录分析填列。

（9）"支付的其他与投资活动有关的现金"项目，反映单位本年支付的除上述项之外与投资活动有关的现金。对金额较大的现金流出，应当单列项目反映。本项目应当根据"库存现金""银行存款"等有关科目的记录分析填列。

（10）"投资活动现金流出小计"项目，反映单位本年投资活动产生的现金流出的合计数。本项目应当根据现金流量表中"购建固定资产、无形资产、公共基础设施等支付的现金""对外投资支付的现金""上缴处置固定资产、无形资产、公共基础设施等净收入支付的现金"和"支付的其他与投资活动有关的现金"项目金额的合计数填列。

（11）"投资活动产生的现金流量净额"项目，应当按照现金流量表中"投资活动现金流入小计"项目金额减去"投资活动现金流出小计"项目金额后的金额填列。如为负数，以"－"号填列。

3. 筹资活动产生的现金流量

（1）"财政资本性项目拨款收到的现金"项目，反映单位本年接受用于购建固定资产、无形资产、公共基础设施等资本性项目的财政项目拨款取得的现金。本项目应当根据"银行存款""零余额账户用款额度""财政拨款收入"等科目及其所属明细科目的记录分析填列。

（2）"取得借款收到的现金"项目，反映单位本年举借短期、长期借款所收到的现金。本项目应当根据"库存现金""银行存款""短期借款"和"长期借款"等科目的记录分析填列。

（3）"收到的其他与筹资活动有关的现金"项目，反映单位本年收到的除上述项目之外与筹资活动有关的现金。对金额较大的现金流入，应当单列项目反映。本项目应当根据"库存现金""银行存款"等有关科目的记录分析填列。

（4）"筹资活动现金流入小计"项目，反映单位本年筹资活动产生的现金流入的合计数。本项目应当根据现金流量表中"财政资本性项目拨款收到的现金""取得借款收到的现金"和"收到的其他与筹资活动有关的现金"项目金额的合计数填列。

（5）"偿还借款支付的现金"项目，反映事业单位本年偿还借款本金所支付的现金。本项目应当根据"库存现金""银行存款""短期借款"和"长期借款"等科目的记录分析填列。

（6）"偿还利息支付的现金"项目，反映事业单位本年支付的借款利息等。本项目应当根据"库存现金""银行存款""应付利息"和"长期借款"等科目的记录分析填列。

（7）"支付的其他与筹资活动有关的现金"项目，反映单位本年支付的除上述项目之外与筹资活动有关的现金，如融资租入固定资产所支付的租赁费。本项目应当根据"库存现金""银行存款"和"长期应付款"等科目的记录分析填列。

（8）"筹资活动现金流出小计"项目，反映单位本年筹资活动产生的现金流出的合计数。本项目应当根据现金流量表中的"偿还借款支付的现金""偿付利息支付的现金"和"支付的其他与筹资活动有关的现金"项目金额的合计数填列。

（9）"筹资活动产生的现金流量净额"项目，应当按照现金流量表中的"筹资活动现金流入小计"项目金额减去"筹资活动现金流出小计"金额后的金额填列。如为负数，以"－"号填列。

4. 汇率变动对现金的影响额

"汇率变动对现金的影响额"项目，反映单位本年外币现金流量折算为人民币时，采用的以现金流量发生日的汇率折算的人民币金额与以外币现金流量净额按期末汇率折算的人民币金额之间的差额。

5. 现金净增加额

"现金净增加额"项目，反映单位本年现金变动的净额。本项目应当根据现金流量表中的"日常活动产生的现金流量净额""投资活动产生的现金流量净额""筹资活动产生的现金流量净额"和"汇率变动对现金的影响额"项目金额的合计数填列。如为负数，以"－"号填列。

1. 资金结存的内容有哪些？
2. 如何确认财政拨款结转？
3. 如何冲减财政拨款结余？
4. 行政事业单位的财务会计报表有哪些？
5. 行政事业单位资产负债表采用什么平衡等式？

第三篇

财政总会计

思政资料

财政资金一箭四雕

2012年5月17日,美国商务部公布对中国输美光伏产品反倾销初裁决定,税率为31.14%～249.96%。英利、无锡尚德、天合光能将分别被征收31.18%、31.22%、31.14%的反倾销税,未应诉中国光伏企业的税率为249.96%。

美国时间2014年7月24日,美国商务部正式公布对中国输美光伏产品第二次"双反"(反倾销和反补贴)调查反倾销初裁决定。中国大陆光伏企业将被征收26.33%至165.04%的临时反倾销税。2012—2015年,我国光伏产业低迷,有些企业倒闭,国内的江苏阳光、无锡尚德、青海亚洲硅业等不少公司宣布破产,而江西赛维等一度风光无限的光伏巨头也岌岌可危,更有大量的企业停产,大量银行贷款即将形成坏账。

2016年3月,国家发展改革委、国务院扶贫办、国家能源局、国家开发银行、中国农业发展银行共同发布《关于实施光伏发电扶贫工作的意见》,提出在2020年之前,重点在前期开展试点的、光照条件较好的16个省的471个县,以整村推进的方式,保障200万建档立卡无劳动能力贫困户(包括残疾人)每年每户增加收入3 000元以上。地方政府可整合产业扶贫和其他相关涉农资金,统筹解决光伏扶贫工程建设资金问题,政府筹措资金可折股量化给贫困村和贫困户。对村级光伏电站,贷款部分可由省扶贫资金给予贴息。集中式电站由地方政府指定的投融资主体与商业化投资企业共同筹措资本金,其余资金由国家开发银行、中国农业发展银行为主提供优惠贷款。鼓励国有企业、民营企业积极参与光伏扶贫工程投资、建设和管理。

2020年,我国完成了一项伟大壮举——全国脱贫。同年,我国光伏新增和累计装机容量继续保持了全球第一,全年光伏发电量2 605亿千瓦时,同比增长16.2%,占我国全年总发电量的3.5%。在我国光伏产业低迷时,国家拿出大量的扶贫资金在西部贫困地区建立光伏电站,既解决了光伏产能过剩和银行坏账的问题,又帮助了贫困户和提高了绿色能源,可以说财政资金起到了"一箭四雕"的作用。

思考题:
1. 国家财政资金是如何扶贫的?
2. 国家财政资金如何起到"一箭四雕"作用的?

PROJECT 9

第九章 财政总会计概述

学习目标

◎ 了解财政总预算的组成体系及财政总预算的编制形式。
◎ 熟悉财政总预算的收支分类。
◎ 熟悉财政总会计的特点。
◎ 了解财政总会计管理的基础工作。
◎ 熟悉财政总会计科目表。

第一节 财政总会计的概念

一、财政总预算概述

(一)财政总预算的概念

政府预算是政府的年度财务收支计划,是政府履行职责、向社会提供公共服务的财力保障。政府预算按照预算编制主体不同,由财政总预算和部门预算两大类组成。其中,财政总预算是以一级政府作为编制主体编制的政府预算,部门预算是以政府部门作为预算主体编制的政府预算。

(二)财政总预算的组成体系

我国的政府财政总预算按照"统一领导,分级管理,分工负责"的原则,实行一级政府一级财政、一级财政总预算,设立中央,省、自治区、直辖市,设立区的市、自治州,自治县、不设区的市、市辖区,乡、民族乡、镇五级财政总预算,简称"中央、省、市、县、乡"五级财政总预算。其中,省、市、县、乡级财政总预算可统称为"地方财政总预算"。这样,我国的政府财政总预算也可以说成由中央财政总预算和地方财政总预算组成,或简称由中央预算和地方预算组成。各级政府的财政总预算相对独立完整,同时,各级政府的财政总预算又在全国组成一个财政总预算管理体系。

(三)财政总预算的编制形式

政府财政总预算的编制形式有单式预算和复式预算两种。其中,单式预算是指将政府全部预算收入和预算支出汇集编入单一的总预算内,不区分各类预算收支的经济性质。我国政府财政总预算采用复式预算的编制形式,即将各种财政收支按照其性质分别编入两个或两个以上的预算内。

目前,我国各级政府的财政总预算分为公共财政预算、政府性基金预算、国有资本经营预算和社会保险基金预算四个种类。"公共财政预算"是指政府凭借国家政治权力，以社会管理者身份筹集以税收为主体的财政收入，用于维持国家行政职能正常运转、保障和改善民生、维护国家安全等方面的财政收支预算。"政府性基金预算"是指政府通过向社会征收基金、费用，以及出让土地、发行彩票等方式取得收入，且专项用于支持特定基础设施建设和社会事业发展的财政收支预算。"国有资本经营预算"是指国家以所有者身份依法取得国有资本收益，且安排使用于国有企业改革、国有经济结构调整等方面的财政收支预算。"社会保险基金预算"是指依据有关社会保险和预算管理法律法规建立的各项社会保险基金的财政收支预算。

在我国现行政府复式预算的种类中，公共财政预算是最基本的一种预算，涉及政府活动的各个领域，且在政府财政资金总额中占据最大的份额。与公共财政预算相比，政府性基金预算处于补充位置，是对公共财政预算资金不足的领域的必要补充，且资金都具有专款专用的性质，如政府征收的水利建设基金、残疾人保障金等。国有资本经营预算主要适用于国有资本经营领域，为国有资本实现保值增值和国有经济结构调整提供稳定可靠的资金保障，同时又可以不增加公共财政预算的支出压力，使公共财政预算更好地用于民生等社会公共需求领域。社会保险基金预算具体可细分为养老保险基金预算、医疗保险基金预算、失业保险基金预算、工伤保险基金预算等种类，对促进经济社会协调发展、明确政府责任、保障民生等具有重要意义。与公共财政预算、政府性基金预算和国有资本经营预算不同，社会保险基金预算中的资金实际上是政府受托管理的资金，归参加社会保险的公民所有，用于向参加社会保险的公民支付养老金、医疗费等社会保险领域，不可以用于其他由政府安排的公共支出如国防、外交、义务教育、公安、城乡建设等领域。

复式预算是在政府职能逐渐扩大、预算收支规模不断增大以及收支性质日趋复杂的情况下，政府为进一步加强预算管理和监督而产生的。政府财政总预算按照复式预算的形式编制，有利于提高预算编制的质量和透明度，满足社会各方对预算收支的信息需求。

（四）财政总预算的收支分类

政府财政总预算按预算内容分，有收入预算和支出预算两种。收入预算和支出预算的具体分类是政府财政总预算编制、执行、决算以及会计核算、财政统计分析的基础。在我国现行会计实务中，政府财政总预算的收支分类以财政部每年制定发布的《政府收支分类科目》为依据。按照我国现行《政府收支分类科目》，政府的收支科目分别按照公共财政预算、政府性基金预算、国有资本经营预算和社会保险基金预算制定。收入科目按照来源渠道设置，分设"类""款""项"和"目"四级，各级科目在内容上逐级细化；支出科目同时按照功能和经济用途设置。财政总会计一般适用支出功能分类科目，行政事业单位会计一般适用支出经济分类科目。支出的功能分类科目分设"类""款""项"三级，各级科目在内容上逐级细化。

以一般公共预算收入科目为例，收入设置四级科目，如"税收收入——增值税——国内增值税——国有企业增值税""非税收入——罚没收入————般罚没收入——交通罚没收入"等；以一般公共预算支出功能分类科目为例，支出设置三级科目，如"一般公共服务支出——人大事务——行政运行""教育支出——普通教育——高等教育"等。财政总预算支出经济分类科目的设置，如"机关工资福利支出——工资奖金津贴补贴"和"机关商品和服务支出——办公经费"等。

二、财政总会计及其特点

财政总会计（简称总会计）是各级政府财政核算、反映、监督一般公共预算资金、政府性基金预算资金、国有资本经营预算资金、社会保险基金预算资金以及财政专户管理资金、专用基金和代

管资金等与资金有关的经济活动或事项的专业会计。社会保险基金预算资金会计核算的制度，由财政部另行规定。

财政总会计在政府会计体系中居主导地位，它具有六个主要特点。

（1）财政总会计的主体是一级政府，如省政府、市政府、区政府、县政府等。

（2）财政总会计核算政府财政预算收支情况、财务状况、运行情况和现金流量。

（3）财政总预算的编制形式和收支分类是财政总会计组织会计核算的主要依据。

（4）财政总会计核算的对象是各级政府发生的各项经济业务或事项。

（5）财政总会计除了须核算财政总预算收入和财政总预算支出的内容外，还须核算有关资产和负债的内容。

（6）财政总会计是政府财政总预算的一个组成部分，其组成体系与政府财政总预算组成体系相一致。由于我国的政府财政总预算设立中央、省、市、县、乡五级，各级政府财政总预算也要设立相应的财政总会计岗位，负责核算、反映和监督本级政府财政总预算的执行，因此，财政总会计也有中央、省、市、县、乡五级之分。

第二节　财政总会计的管理基础工作

做好财政总会计管理的基础工作是做好财政总会计工作的基本保证，主要包括财政总预算会计的岗位设置及其职责分工、银行账户管理、财政资金管理、会计核算管理以及会计监督检查等内容。

一、财政总会计的主要职责

（1）会计核算。办理政府财政各项预算收支、资产负债以及财政运行的会计核算工作，反映政府财政预算执行情况、财务状况、运行情况和现金流量等。

（2）严格财政资金收付调度管理。组织办理财政资金的收付、调拨，在确保资金安全性、规范性、流动性前提下，合理调度管理资金，提高资金使用效益。

（3）规范账户管理。加强对国库单一账户、财政专户、零余额账户和预算单位银行账户等的管理。

（4）实行会计监督，参与预算管理和财务管理。通过会计核算和反映，开展预算执行情况、财务状况、运行情况和现金流量情况分析，并对财政部门及其所属单位的预算执行和财务管理情况实行会计监督。

（5）协调预算收入征收部门、国家金库、国库集中收付代理银行、财政专户开户银行和其他有关部门之间的业务关系。

（6）组织本地区财政总决算、部门决算、政府财务报告编审和汇总工作。

（7）组织和指导下级财政总会计工作。

二、银行账户管理

各级财政部门应当按照财政国库管理制度和银行账户管理的有关规定，加强对国库单一账户、财政专户、零余额账户和预算单位银行账户等银行账户的管理。各种银行账户应当按照规定的程序开设和使用。

（1）国库单一账户：在人民银行国库部门开设，未设人民银行机构的地方，应当在商业银行、信用社代理国库开设。国库单一账户为实存财政资金账户。

（2）财政专户：在有关商业银行开设。财政部门开立财政专户应当按规定办理审批手续。选择财政专户的开户银行时，应当遵循公开、公平、公正的原则，综合考量银行资质、偿债能力、营利能力、运营情况、内部控制水平、信息化管理水平及服务水平等因素。财政专户也为实存财政资金账户，用以存放未存入国库单一账户的各项财政资金，如公立学校收取的学费等。

（3）零余额账户：在有关商业银行开设。零余额账户主要包括财政零余额账户和预算单位零余额账户。其中，财政零余额账户用于财政直接支付，预算单位零余额账户用于财政授权支付。零余额账户的开立须经同级财政部门批准，且按照财政国库管理制度的要求使用。零余额账户为非实存财政资金账户，有关商业银行在按财政部门或预算单位开具的支付指令支付资金后，即通过国库单一账户体系清算资金，从国库单一账户收回同数额的垫付资金。因此，该类账户的余额始终为零。

（4）预算单位银行账户：在有关商业银行开设。在财政国库管理制度下，预算单位银行账户中不存放财政资金，只存放非财政资金。在尚未实行财政国库管理制度的情况下，财政部门将预算资金拨入预算单位银行账户，供其使用。各级财政部门应当建立预算单位银行账户审批、备案、年检等管理制度，按规定加强对预算单位银行账户的管理。

三、财政资金管理

各级财政部门应当按照国库集中收付制度的规定，建立科学规范的财政资金收付管理流程，将所有财政资金收付纳入信息系统管理，实现资金收付各环节之间的有效制衡。财政资金在支付过程中有五项具体管理要求。

（1）审核人员应当依据经批准的预算审核预算单位提交的用款计划，依据预算、用款计划，财政收入缴库进度等审核预算单位提出的支付申请。审定无误后，在信息系统中进行确认并提交支付人员，由支付人员处理后续事宜。

（2）支付人员应当复核审核后的支付申请等相关单据。经复核无误后，在信息系统中确认并开具相应的支付凭证。支付凭证不可以手工填制。

（3）支付凭证经复核无误后，由管理支付印章的人员加盖支付印章。支付印章包括支付业务专用章、法定代表人或经授权的法人代表人姓名章。

（4）各级财政部门应当指定专人负责与银行交接支付凭证等原始单据，传输相关电子数据，确保原始单据及相关电子数据传递安全。与支付相关的银行回单等原始单据应由专人传递给会计核算人员保管，并由会计核算人员开展相应的会计核算。

（5）完全采用无纸化支付方式的，应当按照《中华人民共和国电子签名法》的有关规定建立完善的系统安全控制机制。有关各方应当预先签订协议，明确电子签名、电子印章、电子凭证的使用规范，明确无纸化支付程序及管理责任，保障财政资金和信息的安全。

四、会计核算管理

各级财政部门应当按照现行法律法规和国家统一的会计制度的有关规定建立会计账册，开展会计核算，及时提供真实完整的会计信息。财政总会计在会计核算过程中有七项具体管理要求。

（1）各级财政部门或各级财政总会计应负责对下列事项开展会计核算：各类财政资金收支、财政债权债务的发生和结算、往来款项的发生和结算、上下级财政间的结算，其他需要会计核算的事项。

（2）会计核算人员收到财政资金收付凭证等原始单据后应及时审核，且在相关信息核对无误

后，通过信息系统生成记账凭证。另外，还要根据复核无误的记账凭证，登记相应的会计账簿。各级财政部门应当采用信息系统做账务处理。

（3）会计核算人员应当按月会计结账，计算出当月实现的财政资金收入和当月发生的财政资金支出，并计算出相应的财政资金收支结转和结余数额。

（4）各级财政部门应当建立并严格执行对账制度，采用网上对账、交叉对账、后台对账等方式，确保账证相符、账账相符、账实相符和账表相符。财政部门须要核对资金账。财政部门内部的国库机构须要与业务管理机构核对资金账；财政部门须要与本级各预算单位核对资金账，与征收机关核对资金账，与同级人民银行国库核对资金账，与财政专户开户银行核对专户资金账，等等。财政部门内部的业务管理机构，如科教司、农业农村部、行政政法司、社会保障司、经济建设司等，分别负责对相应行业或部门单位的财政资金的管理。

（5）各级财政部门应当根据登记完整、核对无误的会计账簿记录和其他有关资料，定期编制和汇总会计报告，做到数字真实、计算正确、内容完整、说明清楚。

（6）各级财政部门应当指导本级预算单位做好日常会计管理工作，组织年度财政决算、部门决算的编审和汇总工作。

（7）各级财政部门对财政总会计凭证、会计账簿、会计报表和其他会计资料，应当建立档案并由专人妥善保管；财政总会计档案的具体保管要求应当依据有关会计档案管理办法的规定执行；信息系统存储的财政总会计原始数据应当由专人定期备份至机房专用存储设备。

五、会计监督检查

监督检查相对独立于具体业务工作，目的是确保各项具体业务工作规范运行。各级财政部门在实施会计监督检查过程中有三项具体管理要求。

（1）各级财政部门应当建立内部监督检查制度，对账户管理、财政资金管理、会计核算管理等日常工作实施定期检查和不定期抽查。

（2）县级以上财政部门应当加强对下级财政总会计管理基础工作的指导，定期检查下级财政部门账户管理、财政资金管理、会计核算管理等工作的开展情况，及时通报检查结果。

（3）各级财政部门应当对所属预算单位财政资金的使用实施会计监督，确保预算单位按照经批准的部门或单位预算、用款计划和支付申请中核定的用途使用财政资金。

第三节　财政总会计的科目

一、财政总会计科目表

财政总会计科目是对财政总会计要素作的进一步分类，是财政总会计设置账户、核算和归集经济业务的依据，也是汇总和检查财政总预算资金活动情况及其结果的依据。财政总会计要素包括财务会计要素和预算会计要素。财务会计要素包括资产、负债、净资产、收入和费用；预算会计要素包括预算收入、预算支出和预算结余。按照财政总会计要素的类别，财政总会计科目分为资产、负债、净资产、收入、费用、预算收入、预算支出和预算结余八类。根据现行《财政总会计制度》的有关规定，各级财政总会计统一适用的会计科目，见表9-1。

表 9-1 财政总会计科目

序号	科目编号	会计科目名称
一、财务会计科目		
（一）资产类		
1	1001	国库存款
2	1002	其他财政存款
3	1003	国库现金管理资产
	100301	商业银行定期存款
	100399	其他国库现金管理资产
4	1011	有价证券
5	1021	应收非税收入
6	1022	应收股利
7	1031	借出款项
8	1032	与下级往来
9	1033	预拨经费
10	1034	在途款
11	1035	其他应收款
12	1041	应收地方政府债券转贷款
	104101	应收本金
	104102	应收利息
13	1042	应收主权外债转贷款
	104201	应收本金
	104202	应收利息
14	1061	股权投资
	106101	国际金融组织股权投资
	106102	政府投资基金股权投资
	106103	企业股权投资
（二）负债类		
15	2001	应付短期政府债券
	200101	应付国债
	200102	应付地方政府一般债券
	200103	应付地方政府专项债券
16	2011	应付国库集中支付结余
17	2012	与上级往来

续表

序号	科目编号	会计科目名称
18	2013	其他应付款
19	2014	应付代管资金
20	2015	应付利息
	201501	应付国债利息
	201502	应付地方政府债券利息
	201503	应付地方政府主权外债利息
21	2021	应付长期政府债券
	202101	应付国债
	202102	应付地方政府一般债券
	202103	应付地方政府专项债券
22	2022	借入款项
23	2031	应付地方政府债券转贷款
	203101	应付本金
	203102	应付利息
24	2032	应付主权外债转贷款
	203201	应付本金
	203202	应付利息
25	2041	其他负债
（三）净资产类		
26	3001	累计盈余
	300101	预算管理资金累计盈余
	300102	财政专户管理资金累计盈余
	300103	专用基金累计盈余
27	3011	本期盈余
	301101	预算管理资金本期盈余
	301102	财政专户管理资金本期盈余
	301103	专用基金本期盈余
28	3021	预算稳定调节基金
29	3022	预算周转金
30	3041	权益法调整
31	3051	以前年度盈余调整
	305101	预算管理资金以前年度盈余调整

续表

序号	科目编号	会计科目名称
	305102	财政专户管理资金以前年度盈余调整
	305103	专用基金以前年度盈余调整
（四）收入类		
32	4001	税收收入
33	4002	非税收入
34	4011	投资收益
35	4021	补助收入
36	4022	上解收入
37	4023	地区间援助收入
38	4031	其他收入
39	4041	财政专户管理资金收入
40	4042	专用基金收入
（五）费用类		
41	5001	政府机关商品和服务拨款费用
42	5002	政府机关工资福利拨款费用
43	5003	对事业单位补助拨款费用
44	5004	对企业补助拨款费用
45	5005	对个人和家庭补助拨款费用
46	5006	对社会保障基金补助拨款费用
47	5007	资本性拨款费用
48	5008	其他拨款费用
49	5011	财务费用
	501101	利息费用
	501102	债务发行兑付费用
	501103	汇兑损益
50	5021	补助费用
51	5022	上解费用
52	5023	地区间援助费用
53	5031	其他费用
54	5041	财政专户管理资金支出
55	5042	专用基金支出
二、预算会计科目		

续表

序号	科目编号	会计科目名称
（一）预算收入类		
56	6001	一般公共预算收入
57	6002	政府性基金预算收入
58	6003	国有资本经营预算收入
59	6005	财政专户管理资金收入
60	6007	专用基金收入
61	6011	补助预算收入
	601101	一般公共预算补助收入
	601102	政府性基金预算补助收入
	601103	国有资本经营预算补助收入
	601111	上级调拨
62	6012	上解预算收入
	601201	一般公共预算上解收入
	601202	政府性基金预算上解收入
	601203	国有资本经营预算上解收入
63	6013	地区间援助预算收入
64	6021	调入预算资金
	602101	一般公共预算调入资金
	602102	政府性基金预算调入资金
65	6031	动用预算稳定调节基金
66	6041	债务预算收入
	604101	国债收入
	604102	一般债务收入
	604103	专项债务收入
67	6042	债务转贷预算收入
	604201	一般债务转贷收入
	604202	专项债务转贷收入
68	6051	待处理收入
	605101	库款资金待处理收入
	605102	专户资金待处理收入
（二）预算支出类		
69	7001	一般公共预算支出

续表

序号	科目编号	会计科目名称
70	7002	政府性基金预算支出
71	7003	国有资本经营预算支出
72	7005	财政专户管理资金支出
73	7007	专用基金支出
74	7011	补助预算支出
	701101	一般公共预算补助支出
	701102	政府性基金预算补助支出
	701103	国有资本经营预算补助支出
	701111	调拨下级
75	7012	上解预算支出
	701201	一般公共预算上解支出
	701202	政府性基金预算上解支出
	701203	国有资本经营预算上解支出
76	7013	地区间援助预算支出
77	7021	调出预算资金
	702101	一般公共预算调出资金
	702102	政府性基金预算调出资金
	702103	国有资本经营预算调出资金
78	7031	安排预算稳定调节基金
79	7041	债务还本预算支出
	704101	国债还本支出
	704102	一般债务还本支出
	704103	专项债务还本支出
80	7042	债务转贷预算支出
	704201	一般债务转贷支出
	704202	专项债务转贷支出
81	7051	待处理支出
（三）预算结余类		
82	8001	一般公共预算结转结余
83	8002	政府性基金预算结转结余
84	8003	国有资本经营预算结转结余
85	8005	财政专户管理资金结余

续表

序号	科目编号	会计科目名称
86	8007	专用基金结余
87	8031	预算稳定调节基金
88	8033	预算周转金
89	8041	资金结存
	804101	库款资金结存
	804102	专户资金结存
	804103	在途资金结存
	804104	集中支付结余结存
	804105	上下级调拨结存
	804106	待发国债结存
	804107	零余额账户结存
	804108	已结报支出
	804109	待处理结存

二、财政总会计科目的使用要求

（1）财政总会计应当对有关法律、法规允许开展的经济活动，按照《财政总会计制度》的规定使用会计科目进行核算；不得以该制度规定的会计科目及使用说明作为开展有关经济活动的依据。

（2）财政总会计应当按照《财政总会计制度》的规定设置和使用会计科目，无需使用的总账科目可以不使用；在不影响会计处理和编报会计报表的前提下，各级总会计可以根据实际情况在该套科目体系下自行增设下级明细科目。

（3）财政总会计应当执行《财政总会计制度》统一规定的会计科目编号，不得随意打乱重编，以便填制会计凭证、登记账簿、查阅账目，实行会计信息化管理。

（4）财政总会计在填制会计凭证、登记会计账簿时，应同时填列会计科目的名称及编号。

（5）财政总会计设置明细科目或明细核算，除遵循《财政总会计制度》规定外，还应当满足政府财政预算管理和财务管理的需要。

思考题

1. 财政总预算的概念及组成体系是什么？
2. 财政总会计有哪些特点？
3. 财政总会计科目的使用有哪些要求？

第十章 财政总会计的预算会计

PROJECT 10

学习目标

◎ 了解财政总会计预算收入类科目的核算。
◎ 了解财政总会计预算支出类科目的核算。
◎ 了解财政总会计预算结余类科目的核算。
◎ 了解财政总会计预算会计报表的编制。

财政总会计应当具备财务会计与预算会计双重功能,实现财务会计与预算会计适度区分且相互衔接,全面清晰地反映政府财政财务信息和预算执行信息。对纳入预算管理的财政资金收支业务,在采用预算会计核算的同时应当做财务会计核算;对不同预算类型资金间的调入调出、待发国债等业务,仅需做预算会计核算;对其他业务,仅需做财务会计核算。为了和实际工作相适应,在财务会计的例题中,同一预算管理的财政资金收支业务既有财务会计分录,同时也给出预算会计的分录,在本章只列举仅需做预算会计核算的例题,不涉及财务会计的核算。

第一节 财政总会计预算收入类科目的核算

财政总会计核算的预算收入包括一般公共预算收入、政府性基金预算收入、国有资本经营预算收入、财政专户管理资金收入、专用基金收入、转移性预算收入、动用预算稳定调节基金、债务预算收入、债务转贷预算收入和待处理收入等。

预算收入一般在实际取得时予以确认,以实际取得的金额计量。一般公共预算收入、政府性基金预算收入、国有资本经营预算收入、财政专户管理资金收入和专用基金收入应当按照实际收到的金额入账。中央政府财政年末可按有关规定对部分收入事项采用权责发生制核算。转移性预算收入是指在各级政府财政之间进行资金调拨以及在本级政府财政不同类型资金之间调剂所形成的收入,包括补助预算收入、上解预算收入、地区间援助预算收入和调入预算资金等。转移性预算收入应当按照财政体制的规定和预算管理需要,按实际发生的金额入账。债务预算收入应当按照实际发行额或借入的金额入账,债务转贷预算收入应当按照实际收到的转贷金额入账。待处理收入应当按照实际收到的金额入账。

已建乡(镇)国库的地区,乡(镇)财政的本级收入以乡(镇)国库收到数为准。县(含县本级)以上各级财政的各项预算收入(含固定收入与共享收入)以缴入基层国库数额为准。

未建乡（镇）国库的地区，乡（镇）财政的本级收入以乡（镇）总会计收到县级财政返回数额为准。

一、一般公共预算收入

一般公共预算收入，是指政府财政筹集的纳入本级一般公共预算管理的税收收入和非税收入。财政总会计应当设置"一般公共预算收入"总账科目进行核算，本科目应根据《政府收支分类科目》中"一般公共预算收入"科目明细核算。本科目平时贷方余额反映本级一般公共预算收入的累计数，期末结转后，本科目应无余额。

（1）收到款项时，根据当日预算收入日报表所列一般公共预算的本级收入数，借记"资金结存——库款资金结存"科目，贷记本科目。

（2）年终转账时，本科目贷方余额转入一般公共预算结转结余，借记本科目，贷记"一般公共预算结转结余"科目。

二、政府性基金预算收入

政府性基金预算收入，是指政府财政筹集纳入本级政府性基金预算管理的非税收入。财政总会计应当设置"政府性基金预算收入"总账科目核算，本科目应根据《政府收支分类科目》中"政府性基金预算收入"科目明细核算。本科目平时贷方余额反映本级政府性基金预算收入的累计数，期末结转后，本科目应无余额。

（1）收到款项时，根据当日预算收入日报表所列政府性基金预算的本级收入数，借记"资金结存——库款资金结存"科目，贷记本科目。

（2）年终转账时，本科目贷方余额转入政府性基金预算结转结余，借记本科目，贷记"政府性基金预算结转结余"科目。

三、国有资本经营预算收入

国有资本经营预算收入是指政府财政筹集纳入本级国有资本经营预算管理的非税收入。财政总会计应当设置"国有资本经营预算收入"总账科目进行核算，本科目应根据《政府收支分类科目》中"国有资本经营预算收入"科目明细核算。本科目平时贷方余额反映本级国有资本经营预算收入的累计数，期末结转后，本科目应无余额。

（1）收到款项时，根据当日预算收入日报表所列国有资本经营预算的本级收入数，借记"资金结存——库款资金结存"科目，贷记本科目。

（2）年终转账时，本科目贷方余额转入国有资本经营预算结转结余，借记本科目，贷记"国有资本经营预算结转结余"科目。

四、财政专户管理资金收入

财政专户管理资金收入，是指政府财政纳入财政专户管理的教育收费等资金收入。财政总会计应当设置"财政专户管理资金收入"总账科目进行核算，本科目应根据《政府收支分类科目》中收入分类科目明细核算。同时，根据管理需要，按预算单位等明细核算。本科目平时贷方余额反映财政专户管理资金收入的累计数，期末结转后，本科目应无余额。

（1）收到财政专户管理资金收入时，借记"资金结存——专户资金结存"科目，贷记本科目。

（2）年终转账时，本科目贷方余额转入财政专户管理资金结余，借记本科目，贷记"财政专户管理资金结余"科目。

五、专用基金收入

专用基金收入，是指政府财政根据法律法规等规定设立各项专用基金（包括粮食风险基金等）取得的资金收入。财政总会计应当设置"专用基金收入"总账科目核算本级政府财政按照法律法规和国务院、财政部规定设置或取得的粮食风险基金等专用基金收入。本科目应按照专用基金种类明细核算。本科目平时贷方余额反映取得专用基金收入的累计数，期末结转后，本科目应无余额。

（1）通过预算支出安排取得专用基金收入并将资金转入财政专户的，借记"资金结存——专户资金结存"科目，贷记本科目；同时，借记"一般公共预算支出"等科目，贷记"资金结存——库款资金结存"等科目。退回专用基金收入时，做相反的会计分录。

（2）通过预算支出安排取得专用基金收入，资金仍留存国库的，借记"一般公共预算支出"等科目，贷记本科目。

（3）年终转账时，本科目贷方余额转入专用基金结余，借记本科目，贷记"专用基金结余"科目。

六、补助预算收入

补助预算收入是指上级政府财政按照财政体制规定或专项需要补助给本级政府财政的款项，包括返还性收入、一般性转移支付收入和专项转移支付收入等。财政总会计应当设置"补助预算收入"总账科目进行核算，本科目下应设置"一般公共预算补助收入""政府性基金预算补助收入""国有资本经营预算补助收入""上级调拨"明细科目，可根据《政府收支分类科目》规定明细核算。其中，"一般公共预算补助收入"科目核算本级政府财政收到上级政府财政的一般公共预算转移支付收入；"政府性基金预算补助收入"科目核算本级政府财政收到上级政府财政的政府性基金转移支付收入；"国有资本经营预算补助收入"科目核算本级政府财政收到上级政府财政的国有资本经营预算转移支付收入；"上级调拨"科目核算年度执行中，本级政府财政收到暂不能明确资金类别的上级政府财政调拨资金或按年终结算应确认事项金额。本科目平时贷方余额反映本级政府财政收到上级政府财政调拨资金的累计数，期末结转后，本科目应无余额。

（1）年度执行中，收到上级政府财政调拨的资金时，按照实际收到的金额，借记"资金结存——库款资金结存"科目，贷记"补助预算收入——上级调拨"等科目。

专项转移支付资金实行特设专户管理的，收到资金时按照实际收到的金额，借记"资金结存——专户资金结存"科目，贷记"补助预算收入——上级调拨"科目。

有主权外债业务的财政部门，贷款资金由本级政府财政同级预算单位使用，且贷款的最终还款责任由上级政府财政承担的，本级政府财政部门收到贷款资金时，借记"资金结存——专户资金结存"科目，贷记"补助预算收入——上级调拨"科目；外方或上级政府财政将贷款资金直接支付给供应商或用款单位时，借记"一般公共预算支出"科目，贷记"补助预算收入——上级调拨"等科目；上级政府财政豁免本级政府财政主权外债，根据债务管理部门提供的有关资料和有关预算文件，借记"资金结存——上下级调拨结存"科目，贷记"补助预算收入——上级调拨"科目。

（2）根据预算管理需要，本级政府财政向上级政府财政归还资金时，按照实际转出的金额，借记"补助预算收入——上级调拨"科目，贷记"资金结存——库款资金结存"科目。

（3）年终两级财政办理结算以后，根据预算管理部门提供的结算单确认上级补助预算收入，借记"补助预算收入——上级调拨"科目，贷记"补助预算收入——一般公共预算补助收入""补助预算收入——政府性基金预算补助收入""补助预算收入——国有资本经营预算补助收入"等科目；两级财政年终结算中发生应上交上级政府财政款项时，借记"上解预算支出"等科目，贷记"补助预算收入——上级调拨"等科目。

（4）完成上述结转后，将本科目下各明细科目余额分别结转至相应的预算结余类科目，借记本科目，贷记"一般公共预算结转结余""政府性基金预算结转结余""国有资本经营预算结转结余""资金结存——上下级调拨结存"等科目。

七、上解预算收入

上解预算收入是指按照财政体制规定或专项需要由下级政府财政上交给本级政府财政的款项。财政总会计应当设置"上解预算收入"总账科目进行核算，本科目下应按照不同资金性质设置"一般公共预算上解收入""政府性基金预算上解收入""国有资本经营预算上解收入"明细科目，并按照上解地区明细核算。本科目平时贷方余额反映上解收入的累计数，期末结转后，本科目应无余额。

（1）年终与下级政府财政结算时，根据预算管理部门提供的有关资料，按照尚未收到的上解款金额，借记"补助预算支出——调拨下级"科目，贷记本科目。

（2）年终转账时，本科目贷方余额应根据不同资金性质分别转入相应的结转结余科目，借记本科目，贷记"一般公共预算结转结余""政府性基金预算结转结余""国有资本经营预算结转结余"等科目。

八、地区间援助预算收入

地区间援助预算收入是指受援方政府财政收到援助方政府财政转来的可统筹使用的各类援助、捐赠等资金收入。财政总会计应当设置"地区间援助预算收入"总账科目进行核算，本科目应根据管理需要，按照援助地区等明细核算。本科目平时贷方余额反映地区间援助收入的累计数，期末结转后，本科目应无余额。

（1）收到援助方政府财政转来的资金时，借记"资金结存——库款资金结存"科目，贷记本科目。

（2）年终转账时，本科目贷方余额转入一般公共预算结转结余，借记本科目，贷记"一般公共预算结转结余"科目。

九、调入预算资金

调入预算资金是指政府财政为平衡某类预算收支，从其他类型预算资金及其他渠道调入的资金。财政总会计应当设置"调入预算资金"总账科目进行核算，本科目下应按照不同资金性质设置"一般公共预算调入资金""政府性基金预算调入资金"明细科目。本科目平时贷方余额反映调入预算资金的累计数，期末结转后，本科目应无余额。

（1）从其他类型预算资金及其他渠道调入一般公共预算时，按照调入或实际收到的金额，借记"调出预算资金——政府性基金预算调出资金""调出预算资金——国有资本经营预算调出资金""资金结存——库款资金结存"等科目，贷记"调入预算资金——一般公共预算调入资金"科目。

（2）从其他类型预算资金及其他渠道调入政府性基金预算时，按照调入或实际收到的资金金额，借记"资金结存——库款资金结存"等科目，贷记"调入预算资金——政府性基金预算调入资金"科目。

（3）年终转账时，本科目贷方余额按明细科目分别转入相应的结转结余科目，借记本科目，贷记"一般公共预算结转结余""政府性基金预算结转结余"等科目。

【例10-1】 某市财政部门为平衡一般公共预算，从政府性基金预算中调入一笔资金60 000元。

借：调出预算资金——政府性基金预算调出资金　　　　　　　　　　　　　60 000
　　贷：调入预算资金——一般公共预算调入资金　　　　　　　　　　　　　　60 000

十、动用预算稳定调节基金

动用预算稳定调节基金是指政府财政为弥补一般公共预算收支缺口动用的基金。财政总会计应当设置"动用预算稳定调节基金"总账科目进行核算，本科目平时贷方余额反映动用预算稳定调节基金的累计数，期末结转后，本科目应无余额。

（1）动用预算稳定调节基金时，借记"预算稳定调节基金"科目，贷记本科目。

（2）年终转账时，本科目贷方余额转入一般公共预算结转结余，借记本科目，贷记"一般公共预算结转结余"科目。

【例10-2】某省财政部门为了平衡本级预算、弥补收支缺口，从预算稳定调节基金中调入资金400 000元。

借：预算稳定调节基金　　　　　　　　　　　　　　　　　　　　　　　　400 000
　　贷：动用预算稳定调节基金　　　　　　　　　　　　　　　　　　　　　　400 000

十一、债务预算收入

债务预算收入是指政府财政根据法律法规等规定，通过发行债券、向外国政府和国际金融组织借款等方式筹集的纳入预算管理的资金收入。财政总会计应当设置"债务预算收入"总账科目进行核算，本科目应设置"国债收入""一般债务收入"和"专项债务收入"明细科目，并根据《政府收支分类科目》中"债务收入"科目明细核算。本科目平时贷方余额反映债务预算收入的累计数，期末结转后，本科目应无余额。

（1）省级以上（含省级）政府财政收到政府债券发行收入时，按照实际收到的金额，借记"资金结存——库款资金结存"科目；按照政府债券实际发行额，贷记本科目；按照其差额，借记或贷记有关支出科目。

（2）中央财政发生国债随卖业务时，按照实际收到的金额，借记"资金结存——库款资金结存"科目；根据国债随卖确认文件等相关债券管理资料，按照国债随卖面值，贷记本科目，按照实际收到金额与面值的差额，借记或贷记"一般公共预算支出"科目。

（3）按定向承销方式发行的政府债券，根据债务管理部门转来的债券发行文件等有关资料进行确认，由本级政府财政承担还款责任。贷款资金由本级政府财政同级部门使用的，借记"债务还本预算支出"科目，贷记本科目；转贷下级政府财政的，借记"债务转贷预算支出"科目，贷记本科目。

（4）政府财政向外国政府、国际金融组织等机构借款时，按照实际提款的外币金额，借记"资金结存——库款资金结存""资金结存——专户资金结存"等科目，贷记本科目。

（5）本级政府财政借入主权外债，且由外方或上级政府财政将贷款资金直接支付给用款单位或供应商时，一般有三种情况。

①本级政府财政承担还款责任，贷款资金由本级政府财政同级部门使用的，本级政府财政根据贷款资金支付有关资料，借记"一般公共预算支出"科目，贷记本科目。

②本级政府财政承担还款责任，贷款资金由下级政府财政同级部门使用的，本级政府财政根据贷款资金支付有关资料及预算文件，借记"补助预算支出——调拨下级"等科目，贷记本科目。

③下级政府财政承担还款责任，贷款资金由下级政府财政同级部门使用的，本级政府财政根据贷款资金支付有关资料，借记"债务转贷预算支出"科目，贷记本科目。

（6）年终转账时，本科目下"国债收入""一般债务收入"的贷方余额转入一般公共预算结转结余，借记"债务预算收入——国债收入""债务预算收入——一般债务收入"科目，贷记"一般公共预算结转结余"科目；本科目下的"专项债务收入"的贷方余额转入政府性基金预算结转结余，借记"债务预算收入——专项债务收入"科目，贷记"政府性基金预算结转结余"科目，可根据预算管理需要，按照专项债务对应的政府性基金预算收入科目分别转入"政府性基金预算结转结余"等相应的明细科目。

十二、债务转贷预算收入

债务转贷预算收入是指本级政府财政收到上级政府财政转贷的债务收入。财政总会计应当设置"债务转贷预算收入"总账科目进行核算，本科目应设置"一般债务转贷收入""专项债务转贷收入"明细科目，并根据《政府收支分类科目》中"债务转贷收入"科目明细核算。本科目平时贷方余额反映债务转贷预算收入的累计数，期末结转后，本科目应无余额。

（1）省级以下（不含省级）政府财政收到地方政府债券转贷收入时，按照实际收到的金额或债务管理部门确认的金额，借记"资金结存——库款资金结存""补助预算收入——上级调拨"等科目，贷记本科目；实际收到的金额与债务管理部门确认的到期应偿还转贷款本金之间的差额，借记或贷记有关支出科目。

（2）实行定向承销方式转贷的地方政府债券，省级以下（不含省级）政府财政根据债务管理部门提供的有关资料进行确认，借记"债务还本预算支出"科目，贷记本科目。

（3）省级以下（不含省级）政府财政收到主权外债转贷收入的具体账务时，一般有两种情况。

本级财政收到主权外债转贷资金时，借记"资金结存——库款资金结存""资金结存——专户资金结存"科目，贷记本科目。

从上级政府财政借入主权外债转贷款，且由外方或上级政府财政将贷款资金直接支付给用款单位或供应商时，应根据三种情况分别处理。

①本级政府财政承担还款责任，贷款资金由本级政府财政同级部门使用的，本级政府财政根据贷款资金支付有关资料，借记"一般公共预算支出"科目，贷记本科目。

②本级政府财政承担还款责任，贷款资金由下级政府财政同级部门使用的，本级政府财政根据贷款资金支付有关资料及预算文件，借记"补助预算支出——调拨下级"等科目，贷记本科目。

③下级政府财政承担还款责任，贷款资金由下级政府财政同级部门使用的，本级政府财政根据转贷资金支付有关资料，借记"债务转贷预算支出"科目，贷记本科目；下级政府财政根据贷款资金支付有关资料，借记"一般公共预算支出"科目，贷记本科目。

（4）年终转账时，本科目下的"一般债务转贷收入"的贷方余额转入一般公共预算结转结余，借记本科目，贷记"一般公共预算结转结余"科目；本科目下的"专项债务转贷收入"的贷方余额转入政府性基金预算结转结余，借记本科目，贷记"政府性基金预算结转结余"科目，可根据预算管理需要，按照专项债务对应的政府性基金预算收入科目分别转入"政府性基金预算结转结余"相应明细科目。

十三、待处理收入

待处理收入是指本级政府财政收回的部门预算结转结余资金和转移支付结转资金。财政总会计应当设置"待处理收入"总账科目进行核算，本科目下应设置"库款资金待处理收入""专户资金待处理收入"明细科目。本科目平时贷方余额反映待处理收入的累计数，期末结转后，本科目应无余额。

（1）收到收回的结转结余资金时，借记"资金结存——库款资金结存"等科目，贷本科目。

（2）收回的结转结余资金，财政部门按原预算科目使用的，实际安排支出时，借记本科目或"资金结存——待处理结存"科目，贷记"资金结存——库款资金结存"科目。

（3）收回的结转结余资金，财政部门调整预算科目使用的，实际安排支出时，借记本科目或"资金结存——待处理结存"科目，按原结转预算科目，贷记"一般公共预算支出"等科目；同时，按实际支出预算科目，借记"一般公共预算支出"等科目，贷记"资金结存——库款资金结存"等科目。

（4）年终，本科目贷方余额转入资金结存，借记本科目，贷记"资金结存——待处理结存"科目。

第二节 财政总会计预算支出类科目的核算

财政总会计核算的预算支出包括一般公共预算支出、政府性基金预算支出、国有资本经营预算支出、财政专户管理资金支出、专用基金支出、转移性预算支出、安排预算稳定调节基金、债务还本预算支出、债务转贷预算支出和待处理支出等。

预算支出一般在实际发生时予以确认，以实际发生的金额计量。一般公共预算支出、政府性基金预算支出、国有资本经营预算支出一般应当按照实际支付的金额入账。省级以上（含省级）政府财政年末可按规定采用权责发生制将国库集中支付结余列支入账。中央政府财政年末可按有关规定对部分支出事项采用权责发生制核算。从本级预算支出中安排提取的专用基金，按照实际提取金额列支入账。财政专户管理资金支出、专用基金支出应当按照实际支付的金额入账。转移性预算支出，是指各级政府财政之间进行资金调拨以及在本级政府财政不同类型资金之间调剂所形成的支出，包括补助预算支出、上解预算支出、地区间援助预算支出和调出预算资金等。转移性预算支出应当根据财政体制的规定和预算管理需要，按实际发生的金额入账。债务转贷预算支出应当按照实际转贷的金额入账。债务还本预算支出应当按照实际偿还的金额入账。待处理支出应当按照实际支付的金额入账。

对收回当年已列支出的款项，应冲销当年预算支出；对收回以前年度已列支出的款项，通常冲销当年预算支出。

一、一般公共预算支出

一般公共预算支出，是指政府财政管理的由本级政府安排使用的列入一般公共预算的支出。财政总会计应当设置"一般公共预算支出"总账科目进行核算，本科目应根据《政府收支分类科目》中支出功能分类科目和支出经济分类科目明细核算。同时，可根据预算管理需要，按照预算单位和项目等明细核算。本科目平时借方余额反映一般公共预算支出的累计数，期末结转后，本科目应无余额。

（1）实际发生一般公共预算支出时，借记本科目，贷记"资金结存——库款资金结存"等科目。

（2）已支出事项发生退回时，借记"资金结存——库款资金结存"等科目，贷记本科目。

（3）年终转账时，本科目借方余额转入一般公共预算结转结余，借记"一般公共预算结转结余"科目，贷记本科目。

二、政府性基金预算支出

政府性基金预算支出，是指政府财政管理的由本级政府安排使用的列入政府性基金预算的支出。财政总会计应当设置"政府性基金预算支出"总账科目进行核算，本科目应根据《政府收支分类科目》中支出功能分类科目和支出经济分类科目明细核算。同时，可根据预算管理需要，按照预算单位和项目等明细核算。本科目平时借方余额反映政府性基金预算支出的累计数，期末结转后，本科目应无余额。

（1）实际发生政府性基金预算支出时，借记本科目，贷记"资金结存——库款资金结存"等科目。

（2）已支出事项发生退回时，借记"资金结存——库款资金结存"等科目，贷记本科目。

（3）年终转账时，本科目借方余额转入政府性基金预算结转结余，借记"政府性基金预算结转结余"科目，贷记本科目。

三、国有资本经营预算支出

国有资本经营预算支出，是指政府财政管理的由本级政府安排使用的列入国有资本经营预算的支出。财政总会计应当设置"国有资本经营预算支出"总账科目进行核算，本科目应根据《政府收支分类科目》中支出功能分类科目和支出经济分类科目明细核算。同时，根据预算管理需要，按照预算单位和项目等明细核算。本科目平时借方余额反映国有资本经营预算支出的累计数，期末结转后，本科目应无余额。

（1）实际发生国有资本经营预算支出时，借记本科目，贷记"资金结存——库款资金结存"等科目。

（2）已支出事项发生退回时，借记"资金结存——库款资金结存"等科目，贷记本科目。

（3）年终转账时，本科目借方余额转入国有资本经营预算结转结余，借记"国有资本经营预算结转结余"科目，贷记本科目。

四、财政专户管理资金支出

财政专户管理资金支出，是指政府财政用纳入财政专户管理的教育收费等资金安排的支出。财政总会计应当设置"财政专户管理资金支出"总账科目进行核算，本科目应根据《政府收支分类科目》中支出功能分类科目和支出经济分类科目明细核算。同时，可根据管理需要，按照预算单位和项目等明细核算。本科目平时借方余额反映财政专户管理资金支出的累计数，期末结转后，本科目应无余额。

（1）发生财政专户管理资金支出时，借记本科目，贷记"资金结存——专户资金结存"等科目。

（2）已支出事项发生退回时，借记"资金结存——专户资金结存"等科目，贷记本科目。

（3）年终转账时，本科目借方余额转入财政专户管理资金结余，借记"财政专户管理资金结余"科目，贷记本科目。

五、专用基金支出

专用基金支出，是指政府财政用专用基金收入安排的支出。财政总会计应当设置"专用基金支出"总账科目进行核算，本科目应根据专用基金的种类设置明细科目。同时，根据预算管理需要，按预算单位等明细核算。本科目平时借方余额反映专用基金支出的累计数，期末结转后，本科目应无余额。

（1）发生专用基金支出时，借记本科目，贷记"资金结存——库款资金结存""资金结存——专户资金结存"等科目。

（2）已支出事项发生退回时，借记"资金结存——库款资金结存""资金结存——专户资金结存"等科目，贷记本科目。

（3）年终转账时，本科目借方余额转入专用基金结余，借记"专用基金结余"科目，贷记本科目。

六、补助预算支出

补助预算支出是指本级政府财政按财政体制规定或专项需要补助给下级政府财政的款项，包括对下级的税收返还、一般性转移支付和专项转移支付等。财政总会计应当设置"补助预算支出"总账科目进行核算，本科目应按照不同资金性质设置"一般公共预算补助支出""政府性基金预算补助支出""国有资本经营预算补助支出"和"调拨下级"明细科目。同时，可根据管理需要，按照补助地区和《政府收支分类科目》中支出功能分类科目明细核算。其中，"一般公共预算补助支出"科目核算本级政府财政对下级政府财政的一般性转移支付支出；"政府性基金预算补助支出"科目核算本级政府财政对下级政府财政的政府性基金预算转移支付支出；"国有资本经营预算补助支出"科目核算本级政府财政对下级政府财政的国有资本经营预算转移支付支出；"调拨下级"科目核算年度执行中，本级政府财政调拨给下级政府财政的尚未指定资金性质的资金或结算应确认事项金额。本科目平时借方余额反映补助预算支出的累计数，期末结转后，本科目应无余额。

（1）年度执行中，调拨资金给下级政府财政，根据实际调拨的金额借记"补助预算支出——调拨下级"等科目，贷记"资金结存——库款资金结存""资金结存——专户资金结存"科目。

（2）两级财政年终结算中应当由下级政府财政上交的款项，借记"补助预算支出——调拨下级"等科目，贷记"上解预算收入"科目。

（3）专项转移支付资金实行特设专户管理的，根据有关支出管理部门下达的预算文件和拨款依据确认支出，借记"补助预算支出——调拨下级"等科目；资金由本级政府财政拨付给下级的，贷记"资金结存——专户资金结存"等科目；资金由上级政府财政直接拨给下级的，贷记"补助预算收入——上级调拨"科目。

（4）本级政府财政借入或收到转贷的主权外债，贷款资金由下级政府财政同级部门使用，且贷款最终还款责任由本级政府财政承担的，根据债务管理部门提供的有关资料，借记"补助预算支出——调拨下级"等科目，贷记"资金结存——库款资金结存""资金结存——专户资金结存"科目；

外方或上级政府财政将贷款资金直接支付给用款单位或供应商时，借记"补助预算支出——调拨下级"等科目，贷记"债务预算收入""债务转贷预算收入"等科目；本级政府财政豁免下级政府财政主权外债，根据债务管理部门提供的有关资料和有关预算文件，借记"补助预算支出——调拨下级"等科目，贷记"资金结存——上下级调拨结存"科目。

（5）根据预算管理需要，收回已调拨下级政府财政资金时，按照实际收到的金额，借记"资金结存——库款资金结存""资金结存——专户资金结存"等科目，贷记"补助预算支出——调拨下级"等科目。

（6）发生上解多交应当退回的，按照应当退回的金额，借记"上解预算收入"科目，贷记"补助预算支出——调拨下级"等科目。

（7）年终两级财政办理结算以后，根据预算管理部门提供的结算单确认补助下级预算支出，借记"补助预算支出——一般公共预算补助支出""补助预算支出——政府性基金预算补助支出""补助预算支出——国有资本经营预算补助支出"等科目，贷记"补助预算支出——调拨下级"科目。

（8）完成上述结转后，将本科目下各明细科目余额分别结转至相应的预算结余类科目。借记"资金结存——上下级调拨结存""一般公共预算结转结余""政府性基金预算结转结余""国有资本经营预算结转结余"等科目，贷记本科目。

七、上解预算支出

上解预算支出，是指按照财政体制规定或专项需要由本级政府财政上交给上级政府财政的款项。财政总会计应当设置"上解预算支出"总账科目进行核算，本科目应按照不同资金性质设置"一般公共预算上解支出""政府性基金预算上解支出""国有资本经营预算上解支出"明细科目。本科目平时借方余额反映上解支出的累计数，期末结转后，本科目应无余额。

（1）发生上解预算支出时，借记本科目，贷记"资金结存——库款资金结存""补助预算收入——上级调拨"等科目。

（2）年终与上级政府财政结算时，按照尚未支付的上解金额，借记本科目，贷记"补助预算收入——上级调拨"等科目；退还或核减上解支出时，借记"资金结存——库款资金结存""补助预算收入——上级调拨"等科目，贷记本科目。

（3）年终转账时，本科目借方余额应根据不同资金性质分别转入相应的结转结余科目，借记"一般公共预算结转结余""政府性基金预算结转结余"等科目，贷记本科目。

八、地区间援助预算支出

地区间援助预算支出，是指援助方政府财政安排用于受援方政府财政统筹使用的各类援助、捐赠等资金支出。财政总会计应当设置"地区间援助预算支出"总账科目进行核算，本科目应按照受援地区等相应明细核算。本科目平时借方余额反映地区间援助支出的累计数，期末结转后，本科目应无余额。

（1）发生地区间援助预算支出时，借记本科目，贷记"资金结存——库款资金结存"科目。

（2）年终转账时，本科目借方余额转入一般公共预算结转结余，借记"一般公共预算结转结余"科目，贷记本科目。

九、调出预算资金

调出预算资金，是指政府财政为平衡预算收支，在不同类型预算资金之间的调出支出。财政总会计应当设置"调出预算资金"总账科目进行核算，本科目应设置"一般公共预算调出资金""政府性基金预算调出资金"和"国有资本经营预算调出资金"明细科目。本科目平时借方余额反映调出预算资金的累计数，期末结转后，本科目应无余额。

（1）从一般公共预算调出资金时，按照调出的金额，借记"调出预算资金——一般公共预算调出资金"科目，贷记"调入预算资金"有关明细科目。

（2）从政府性基金预算调出资金时，按照调出的金额，借记"调出预算资金——政府性基金预算调出资金"科目，贷记"调入预算资金"有关明细科目。

（3）从国有资本经营预算调出资金时，按照调出的金额，借记"调出预算资金——国有资本经营预算调出资金"科目，贷记"调入预算资金"有关明细科目。

（4）年终转账时，本科目借方余额分别转入相应的结转结余科目，借记"一般公共预算结转结余""政府性基金预算结转结余"和"国有资本经营预算结转结余"等科目，贷记本科目。

例题见【例 10-1】。

十、安排预算稳定调节基金

安排预算稳定调节基金，是指政府财政安排用于弥补以后年度预算资金不足的储备性资金。财政总会计应当设置"安排预算稳定调节基金"总账科目进行核算，本科目平时借方余额反映安排预算稳定调节基金的累计数，期末结转后，本科目应无余额。

（1）安排预算稳定调节基金时，借记本科目，贷记"预算稳定调节基金"科目。

（2）年终转账时，本科目借方余额转入一般公共预算结转结余，借记"一般公共预算结转结余"科目，贷记本科目。

【例 10-3】某市财政部门年终发生财政超收，即财政收入大于财政支出，决定安排预算稳定调节基金 500 900 元。

借：安排预算稳定调节基金　　　　　　　　　　　　　　　　　　　　500 900
　　贷：预算稳定调节基金　　　　　　　　　　　　　　　　　　　　　　500 900

【例 10-4】年终，某市财政部门将"安排预算稳定调节基金"科目借方余额 500 900 元，全数转入"一般公共预算结转结余"科目。

借：一般公共预算结转结余　　　　　　　　　　　　　　　　　　　　　500 900
　　贷：安排预算稳定调节基金　　　　　　　　　　　　　　　　　　　　500 900

十一、债务还本预算支出

债务还本预算支出，是指政府财政偿还本级政府承担的债务本金支出。财政总会计应当设置"债务还本预算支出"总账科目进行核算，本科目应设置"国债还本支出""一般债务还本支出""专项债务还本支出"明细科目，并根据《政府收支分类科目》中"债务还本支出"科目进行明细核算。本科目平时借方余额反映本级政府财政债务还本预算支出的累计数，期末结转后，本科目应无余额。

债务还本预算支出的主要账务处理如下：

（1）偿还本级政府财政承担的政府债券、主权外债等纳入预算管理的债务本金时，借记本科目，贷记"资金结存——库款资金结存""资金结存——专户资金结存""补助预算收入——上级调拨"等科目。

（2）中央财政发生国债随买业务时，根据国债随买确认文件等相关债券管理资料，按照国债随买面值，借记本科目；按照实际支付的金额，贷记"资金结存——库款资金结存"科目；按照其差额，借记或贷记"一般公共预算支出"科目。

（3）年终转账时，本科目下"国债还本支出""一般债务还本支出"的借方余额转入一般公共预算结转结余，借记"一般公共预算结转结余"科目，贷记"债务还本预算支出——国债还本支出""债务还本预算支出——一般债务还本支出"科目；本科目下"专项债务还本支出"的借方余额转入政府性基金预算结转结余，借记"政府性基金预算结转结余"科目，贷记"债务还本预算支出——专项债务还本支出"科目，可根据预算管理需要，按照专项债务对应的政府性基金预算支出科目分别转入"政府性基金预算结转结余"相应明细科目。

十二、债务转贷预算支出

债务转贷预算支出，是指本级政府财政向下级政府财政转贷的债务支出。财政总会计应当设置

"债务转贷预算支出"总账科目进行核算，本科目应设置"一般债务转贷支出""专项债务转贷支出"明细科目，并根据《政府收支分类科目》中"债务转贷支出"科目和转贷地区明细核算。本科目平时借方余额反映债务转贷支出的累计数，期末结转后，本科目应无余额。

（1）本级政府财政向下级政府财政转贷地方政府债券资金时，借记本科目，贷记"资金结存——库款资金结存""补助预算支出——调拨下级"等科目。

（2）本级政府财政向下级政府财政转贷主权外债资金，且主权外债最终还款责任由下级政府财政承担。

①支付转贷资金时，根据外债管理部门提交的转贷业务有关资料，借记本科目，贷记"资金结存——库款资金结存""资金结存——专户资金结存"科目。

②外方或上级政府财政将贷款资金直接支付给用款单位或供应商时，根据外债管理部门提交的转贷业务有关资料，借记本科目，贷记"债务预算收入""债务转贷预算收入"科目。

（3）年终转账时，本科目下的"一般债务转贷支出"的借方余额转入一般公共预算结转结余，借记"一般公共预算结转结余"科目，贷记"债务转贷预算支出——一般债务转贷支出"科目；本科目下的"专项债务转贷支出"的借方余额转入政府性基金预算结转结余，借记"政府性基金预算结转结余"科目，贷记"债务转贷预算支出——专项债务转贷支出"科目，可根据预算管理需要，按照专项债务对应的政府性基金预算支出科目分别转入"政府性基金预算结转结余"相应明细科目。

十三、待处理支出

待处理支出，是指政府财政按照预拨经费管理有关规定，预拨给预算单位尚未列为预算支出的款项。待处理支出（不含预拨下年度预算资金）应在年终前转列支出或清理收回。财政总会计应当设置"待处理支出"总账科目进行核算，本科目应当按照预算单位进行明细核算。本科目平时借方余额反映政府财政尚未转列支出或尚待收回的待处理支出数，期末结转后，本科目应无余额。

（1）拨出款项时，借记本科目，贷记"资金结存——库款资金结存"等科目。

（2）转列预算支出时，借记"一般公共预算支出""政府性基金预算支出""国有资本经营预算支出"等科目，贷记本科目。

（3）收回预拨款项时，借记"资金结存——库款资金结存"等科目，贷记本科目。

（4）年终，本科目借方余额转入资金结存，借记"资金结存——待处理结存"科目，贷记本科目。

第三节　财政总会计预算结余类科目的核算

预算结余，是指预算年度内政府预算收入扣除预算支出后的余额，以及历年滚存的库款和专户资金余额。

财政总会计核算的预算结余包括一般公共预算结转结余、政府性基金预算结转结余、国有资本经营预算结转结余、财政专户管理资金结余、专用基金结余、预算稳定调节基金、预算周转金和资金结存等。各项结转结余应每年结算一次。

一、一般公共预算结转结余

一般公共预算结转结余是指本级政府财政一般公共预算收支的执行结果。财政总会计应当设置"一般公共预算结转结余"总账科目进行核算，本科目期末贷方余额反映一般公共预算收支相抵后的滚存结转结余。

（1）年终转账时，将一般公共预算的有关收入科目贷方余额转入本科目的贷方，借记"一般公共预算收入""补助预算收入——一般公共预算补助收入""上解预算收入——一般公共预算上解收入""地区间援助预算收入""调入预算资金——一般公共预算调入资金""债务预算收入——国债收入""债务预算收入——一般债务收入""债务转贷预算收入——一般债务转贷收入""动用预算稳定调节基金"科目，贷记本科目；将一般公共预算的有关支出科目借方余额转入本科目的借方，借记本科目，贷记"一般公共预算支出""补助预算支出——一般公共预算补助支出""上解预算支出——一般公共预算上解支出""地区间援助预算支出""调出预算资金——一般公共预算调出资金""安排预算稳定调节基金""债务还本预算支出——国债还本支出""债务还本预算支出——一般债务还本支出""债务转贷预算支出——一般债务转贷支出"科目。

（2）设置或补充预算周转金时，借记本科目，贷记"预算周转金"科目。

【例10-5】某县财政部门年终结转时，一般公共预算收入科目的贷方余额，见表10-1，一般公共预算支出科目的借方余额，见表10-2。

表10-1 一般公共预算收入科目贷方余额表　　　　　　　　　　　　单位：元

一般公共预算收入	500 000
补助预算收入——一般公共预算补助收入	100 000
上解预算收入——一般公共预算上解收入	3 000
调入预算资金——一般公共预算调入资金	3 000
动用预算稳定调节基金	4 000
合计	610 000

表10-2 一般公共预算支出科目借方余额表　　　　　　　　　　　　单位：元

一般公共预算支出	400 000
补助预算支出——一般公共预算补助支出	80 000
上解预算支出——一般公共预算上解支出	20 000
债务还本预算支出——一般债务还本支出	50 000
合计	550 000

①根据表10-1数据编制预算会计分录。

借：一般公共预算收入　　　　　　　　　　　　　　　　　500 000
　　补助预算收入——一般公共预算补助收入　　　　　　　100 000
　　上解预算收入——一般公共预算上解收入　　　　　　　　3 000
　　调入预算资金——一般公共预算调入资金　　　　　　　　3 000

　　动用预算稳定调节基金　　　　　　　　　　　　　　　　　　4 000
　　贷：一般公共预算结转结余　　　　　　　　　　　　　　　　610 000
②根据表 10-2 数据编制预算会计分录。
　借：一般公共预算结转结余　　　　　　　　　　　　　　　　　550 000
　　贷：一般公共预算支出　　　　　　　　　　　　　　　　　　400 000
　　　　补助预算支出——一般公共预算补助支出　　　　　　　　 80 000
　　　　上解预算支出——一般公共预算上解支出　　　　　　　　 20 000
　　　　债务还本预算支出——一般债务还本支出　　　　　　　　 50 000

二、政府性基金预算结转结余

政府性基金预算结转结余，是指本级政府财政政府性基金预算收支的执行结果。财政总会计应当设置"政府性基金预算结转结余"总账科目进行核算，本科目可根据管理需要，按照政府性基金的项目明细核算。本科目期末贷方余额反映政府性基金预算收支相抵后的滚存结转结余。

年终转账时，将政府性基金预算的有关收入科目贷方余额转入本科目的贷方，按照政府性基金项目分别转入本科目的贷方，借记"政府性基金预算收入""补助预算收入——政府性基金预算补助收入""上解预算收入——政府性基金预算上解收入""调入预算资金——政府性基金预算调入资金""债务预算收入——专项债务收入""债务转贷预算收入——专项债务转贷收入"科目，贷记本科目；将政府性基金预算的有关支出科目借方余额转入本科目的借方，借记本科目，贷记"政府性基金预算支出""补助预算支出——政府性基金预算补助支出""上解预算支出——政府性基金预算上解支出""调出预算资金——政府性基金预算调出资金""债务还本预算支出——专项债务还本支出""债务转贷预算支出——专项债务转贷支出"科目。

三、国有资本经营预算结转结余

国有资本经营预算结转结余，是指本级政府财政国有资本经营预算收支的执行结果。财政总会计应当设置"国有资本经营预算结转结余"总账科目进行核算，本科目期末贷方余额反映国有资本经营预算收支相抵后的滚存结转结余。

年终转账时，将国有资本经营预算的有关收入科目贷方余额转入本科目的贷方，借记"国有资本经营预算收入""补助预算收入——国有资本经营预算补助收入""上解预算收入——国有资本经营预算上解收入"科目，贷记本科目；将国有资本经营预算的有关支出科目借方余额转入本科目的借方，借记本科目，贷记"国有资本经营预算支出""补助预算支出——国有资本经营预算补助支出""上解预算支出——国有资本经营预算上解支出""调出预算资金——国有资本经营预算调出资金"科目。

四、财政专户管理资金结余

财政专户管理资金结余，是指本级政府财政纳入财政专户管理的教育收费等资金收支的执行结果。财政总会计应当设置"财政专户管理资金结余"总账科目进行核算，本科目期末贷方余额反映政府财政纳入财政专户管理的资金收支相抵后的滚存结转结余。

年终转账时，将财政专户管理资金的有关收入科目贷方余额转入本科目的贷方，借记"财政专户管理资金收入"科目，贷记本科目；将财政专户管理资金的有关支出科目借方余额转入本科目的借方，借记本科目，贷记"财政专户管理资金支出"科目。

五、专用基金结余

专用基金结余,是指本级政府财政专用基金收支的执行结果。财政总会计应当设置"专用基金结余"总账科目进行核算,本科目应根据专用基金的种类明细核算。本科目期末贷方余额反映政府财政管理的专用基金收支相抵后的滚存结余。

年终转账时,将专用基金的有关收入科目贷方余额转入本科目的贷方,借记"专用基金收入"科目,贷记本科目;将专用基金的有关支出科目借方余额转入本科目的借方,借记本科目,贷记"专用基金支出"科目。

六、预算稳定调节基金

预算稳定调节基金,是指本级政府财政为保持年度间预算的衔接和稳定,在一般公共预算中设置的储备性资金。财政总会计应当设置"预算稳定调节基金"总账科目进行核算,本科目期末贷方余额反映预算稳定调节基金的累计规模。

(1)使用超收收入或一般公共预算结余设置或补充预算稳定调节基金时,借记"安排预算稳定调节基金"科目,贷记本科目。

(2)将预算周转金调入预算稳定调节基金时,借记"预算周转金"科目,贷记本科目。

(3)动用预算稳定调节基金时,借记本科目,贷记"动用预算稳定调节基金"科目。

例题见【例10-2】。

七、预算周转金

预算周转金,是指本级政府财政为调剂预算年度内季节性收支差额,保证及时用款而设置的周转资金。财政总会计应当设置"预算周转金"总账科目进行核算,本科目期末贷方余额反映预算周转金的累计规模。

(1)设置或补充预算周转金时,借记"一般公共预算结转结余"科目,贷记本科目。

(2)将预算周转金调入预算稳定调节基金时,借记本科目,贷记"预算稳定调节基金"科目。

【例10-6】 某市财政部门年终用一般公共财政预算结余30 000元补充预算周转金。

借:一般公共预算结转结余 30 000
　　贷:预算周转金 30 000

【例10-7】 年终,某市财政部门将一部分预算周转金调入预算稳定调节基金,调入金额为300 000元。

借:预算周转金 300 000
　　贷:预算稳定调节基金 300 000

八、资金结存

资金结存,是指政府财政纳入预算管理资金的流入、流出、调整和滚存的结果。财政总会计应当设置"资金结存"总账科目进行核算,本科目应设置"库款资金结存""专户资金结存""在途资金结存""集中支付结余结存""上下级调拨结存""待发国债结存""零余额账户结存""已结报支出""待处理结存"明细科目。

1)"库款资金结存"科目核算政府财政以国库存款形态存在的资金。本科目期末应为借方余额。

(1)收到预算收入时,根据当日预算收入日报表所列预算收入数,借记本科目,贷记有关预算

收入科目。

已入库款项发生退库（付）的，资金划出时，借记有关预算收入科目，贷记本科目。

（2）发生预算支出时，按照实际支付的金额，借记有关预算支出科目，贷记本科目。

预算支出发生退回的，资金划出时，借记本科目，贷记有关预算支出科目。

2)"专户资金结存"科目核算政府财政以财政专户存款形态存在的资金。本科目期末应为借方余额。

（1）收到预算收入时，按照有关收入凭证，借记本科目，贷记有关预算收入科目。

已收到款项发生退付的，资金划出时，借记有关预算收入科目，贷记本科目。

（2）发生预算支出时，按照实际支付的金额，借记有关预算支出科目，贷记本科目。

预算支出发生退回的，资金划出时，借记本科目，贷记有关预算支出科目。

3)"在途资金结存"科目核算决算报告清理期和库款报解整理期内发生的需要通过本科目过渡处理的属于上年度收入、支出等业务的款项。本科目期末余额反映政府财政持有的在途款金额。

（1）决算报告清理期和库款报解整理期内收到属于上年度收入时，在上年度账务中，借记本科目，贷记有关收入科目。

收回属于上年度支出时，在上年度账务中，借记本科目，贷记"预拨经费"或有关支出科目。

（2）冲转在途款时，在本年度账务中，借记"资金结存——库款资金结存"科目，贷记本科目。

4)"集中支付结余结存"科目核算省级以上（含省级）政府财政国库集中支付中，应列为当年支出，但年末尚未支付需结转下一年度支付的款项。本科目期末应为贷方余额，反映政府财政尚未支付的国库集中支付结余。

（1）年末，对当年发生的应付国库集中支付结余，借记有关支出科目，贷记本科目。

（2）实际支付应付国库集中支付结余资金时，借记本科目，贷记"资金结存——库款资金结存"科目。

（3）收回尚未支付的应付国库集中支付结余时，借记本科目，贷记有关支出科目。

5)"上下级调拨结存"科目核算上下级政府财政之间资金调拨和资金结算等事项。本科目期末余额反映政府财政上下级往来款项的净额。

（1）年终转账时，将"补助预算收入——上级调拨"科目贷方余额转入资金结存，借记"补助预算收入——上级调拨"科目，贷记本科目。

（2）年终转账时，将"补助预算支出——调拨下级"科目借方余额转入资金结存，借记本科目，贷记"补助预算支出——调拨下级"科目。

6)"待发国债结存"科目核算为弥补中央财政预算收支差额，中央财政预计发行国债与实际发行国债之间的差额。本科目期末应为借方余额，反映中央财政尚未使用的国债发行额度。

年度终了，实际发行国债收入用于债务还本支出后，小于为弥补中央财政预算收支差额中央财政预计发行国债时，按照其差额，借记本科目，贷记"债务预算收入"科目；实际发行国债收入用于债务还本支出后，大于为弥补中央财政预算收支差额中央财政预计发行国债时，按照其差额，借记"债务预算收入"科目，贷记本科目。

7)"零余额账户结存"科目核算政府财政国库支付执行机构在代理银行开设的财政零余额账户发生的支付和清算业务。财政国库支付执行机构未单设的地区不使用本科目。本科目年末应无余额。

（1）财政国库支付执行机构通过财政零余额账户支付款项时，借记有关预算支出科目，贷记本科目。

（2）根据每日清算的金额，借记本科目，贷记"资金结存——已结报支出"科目。

8）"已结报支出"科目核算政府财政国库支付执行机构已清算的国库集中支付支出数额。财政国库支付执行机构未单设的地区不使用本科目。本科目年末应无余额。

（1）财政国库集中支付执行机构根据每日清算的金额，借记"资金结存——零余额账户结存"科目，贷记本科目。

（2）财政国库集中支付执行机构按照国库集中支付制度有关规定办理资金支付时，借记相关预算支出科目，贷记本科目。

（3）年终财政国库集中支付执行机构按照累计结清的预算支出金额，与有关方面核对一致后转账，借记本科目，贷记有关预算支出科目。

9）"待处理结存"科目核算结转下年度的待处理收入和待处理支出等。本科目期末余额反映尚未清理的以前年度待处理收支的金额。

（1）年终转账时，将"待处理收入"科目贷方余额转入资金结存，借记"待处理收入"科目，贷记本科目。

（2）年终转账时，将"待处理支出"科目借方余额转入资金结存，借记本科目，贷记"待处理支出"科目。

（3）将以前年度结转的待处理收入转列预算收入或退回时，借记本科目，贷记有关预算收入科目、"资金结存——库款资金结存"等科目。

（4）将以前年度结转的待处理支出转列预算支出或收回时，借记有关预算支出科目、"资金结存——库款资金结存"等科目，贷记本科目。

第四节　财政总会计的预算会计报表

预算会计报表包括预算收入支出表、一般公共预算执行情况表、政府性基金预算执行情况表、国有资本经营预算执行情况表、财政专户管理资金收支情况表、专用基金收支情况表等会计报表和附注。

一、预算会计报表的概念和格式

（一）预算会计报表的概念

预算收入支出表，是反映政府财政在某一会计期间各类财政资金收支余情况的报表。预算收入支出表根据资金性质按照收入、支出、结转结余的构成分类、分项列示。预算收入支出表的格式，见表10-3。

一般公共预算执行情况表，是反映政府财政在某一会计期间一般公共预算收支执行结果的报表，按照《政府收支分类科目》中一般公共预算收支科目列示。一般公共预算执行情况表的格式，见表10-4。

政府性基金预算执行情况表，是反映政府财政在某一会计期间政府性基金预算收支执行结果的报表，按照《政府收支分类科目》中政府性基金预算收支科目列示。政府性基金预算执行情况表的格式，见表10-5。

国有资本经营预算执行情况表，是反映政府财政在某一会计期间国有资本经营预算收支执行结

果的报表,按照《政府收支分类科目》中国有资本经营预算收支科目列示。国有资本经营预算执行情况表的格式,见表 10-6。

财政专户管理资金收支情况表,是反映政府财政在某一会计期间纳入财政专户管理的资金收支情况的报表,按照相关政府收支分类科目列示。财政专户管理资金收支情况表的格式,见表 10-7。

专用基金收支情况表,是反映政府财政在某一会计期间专用基金收支情况的报表,按照专用基金类型分别列示。专用基金收支情况表的格式,见表 10-8。

附注,是指对在会计报表中列示项目的文字描述或其明细资料,以及对未能在会计报表中列示项目的说明。

(二)预算会计报表的格式

表 10-3 预算收入支出表　　　　　　　　　　　总会预 01 表

编制单位:　　　　　　　　　　年　月　日　　　　　　　　　　　单位:元

项目	一般公共预算		政府性基金预算		国有资本经营预算		财政专户管理资金		专用基金	
	本月数	本年累计数	本月数	本年累计数	本月数	本年累计数	本月数	本年累计数	本月数	本年累计数
年初结转结余										
收入合计										
本级收入										
其中,来自预算安排的收入	—	—					—	—	—	—
补助预算收入							—	—	—	—
上解预算收入							—	—	—	—
地区间援助预算收入							—	—	—	—
债务预算收入							—	—	—	—
债务转贷预算收入							—	—	—	—
动用预算稳定调节基金			—	—	—	—	—	—	—	—
调入预算资金										
支出合计										
本级支出										
其中,权责发生制列支							—	—	—	—
预算安排专用基金的支出	—	—	—	—						
补助预算支出							—	—	—	—
上解预算支出							—	—	—	—
地区间援助预算支出			—	—			—	—	—	—
债务还本预算支出							—	—	—	—
债务转贷预算支出							—	—	—	—
安排预算稳定调节基金							—	—	—	—
调出预算资金										

续表

项目	一般公共预算		政府性基金预算		国有资本经营预算		财政专户管理资金		专用基金	
	本月数	本年累计数	本月数	本年累计数	本月数	本年累计数	本月数	本年累计数	本月数	本年累计数
结余转出			—	—	—	—	—	—	—	—
其中，增设预算周转金			—	—	—	—	—	—	—	—
年末结转结余										

注：表中有"—"的部分不必填列。

表10-4 一般公共预算执行情况表　　　　　　　　　　　　　总会预02-1表

编制单位：　　　　　　　　　　　　年　月　日　　　　　　　　　　　　单位：元

项目	本月（旬）数	本年（月）累计数
一般公共预算收入		
101 税收收入		
10101 增值税		
1010101 国内增值税		
……		
一般公共预算支出		
201 一般公共服务支出		
20101 人大事务		
2010101 行政运行		
……		

表10-5 政府性基金预算执行情况表　　　　　　　　　　　　总会预02-2表

编制单位：　　　　　　　　　　　　年　月　日　　　　　　　　　　　　单位：元

项目	本月（旬）数	本年（月）累计数
政府性基金预算收入		
10301 政府性基金收入		
1030102 农网还贷资金收入		
103010201 中央农网还贷资金收入		
……		
政府性基金预算支出		
206 科学技术支出		
20610 核电站乏燃料处理处置基金支出		
2061001 乏燃料运输		
……		

表 10-6　国有资本经营预算执行情况表　　　　　　　　总会预 02-3 表

编制单位：　　　　　　　　　　年　月　日　　　　　　　　　单位：元

项目	本月（旬）数	本年（月）累计数
国有资本经营预算收入		
10306 国有资本经营收入		
1030601 利润收入		
103060103 烟草企业利润收入		
……		
国有资本经营预算支出		
208 社会保障和就业支出		
20804 补充全国社会保障基金		
2080451 国有资本经营预算补充社保基金支出		
……		

表 10-7　财政专户管理资金收支情况表　　　　　　　　总会预 03 表

编制单位：　　　　　　　　　　年　月　日　　　　　　　　　单位：元

项目	本月（旬）数	本年（月）累计数
财政专户管理资金收入		
财政专户管理资金支出		

表 10-8　专用基金收支情况表　　　　　　　　　　　　总会预 04 表

编制单位：　　　　　　　　　　年　月　日　　　　　　　　　单位：元

项目	本月（旬）数	本年（月）累计数
专用基金收入		
粮食风险基金		
……		
专用基金支出		
粮食风险基金		
……		

二、预算会计报表的编制规定

总会计应当按照三项规定编制预算会计报表。

（1）预算收入支出表应当按月度和年度编制，一般公共预算执行情况表、政府性基金预算执行情况表、国有资本经营预算执行情况表应当按旬、月度和年度编制，财政专户管理资金收支情况表、专用基金收支情况表应当按月度和年度编制。旬报、月报的报送期限及编报内容应当根据上级政府财政具体要求和本行政区域预算管理的需要办理。

（2）总会计应当根据《财政总会计制度》编制并提供真实、完整的会计报表，切实做到账表一致，不得估列代编，弄虚作假。

（3）总会计要严格按照统一规定的种类、格式、内容、计算方法和编制口径填制会计报表，以保证全国统一汇总和分析。汇总报表的单位，要把所属单位的报表汇集齐全，防止漏报。

三、预算会计报表的编制说明

（一）预算收入支出表的编制说明

1. 本表"本月数"栏反映各项目的本月实际发生数。

在编制年度预算收入支出表时，应将本栏改为"上年数"栏，反映上年度各项目的实际发生数；如果本年度预算收入支出表规定的各个项目的名称和内容同上年度不一致，应按照本年度的规定调整上年度预算收入支出表各项目的名称和数字，填入本年度预算收入支出表的"上年数"栏。

本表"本年累计数"栏反映各项目自年初起至报告期末止的累计实际发生数。编制年度预算收入支出表时，应当将本栏改为"本年数"。

2. 本表"本月数"栏各项目的内容和填列方法

（1）"年初结转结余"项目，反映政府财政本年初各类资金结转结余金额。其中，一般公共预算的"年初结转结余"应当根据"一般公共预算结转结余"科目的年初余额填列；政府性基金预算的"年初结转结余"应当根据"政府性基金预算结转结余"科目的年初余额填列；国有资本经营预算的"年初结转结余"应当根据"国有资本经营预算结转结余"科目的年初余额填列；财政专户管理资金的"年初结转结余"应当根据"财政专户管理资金结转"科目的年初余额填列；专用基金的"年初结转结余"应当根据"专用基金结余"科目的年初余额填列。

（2）"收入合计"项目，反映政府财政本期取得的各类资金的收入合计金额。其中，一般公共预算的"收入合计"应当根据属于一般公共预算的"本级收入""补助预算收入""上解预算收入""地区间援助预算收入""债务预算收入""债务转贷预算收入""动用预算稳定调节基金"和"调入预算资金"各项目金额的合计填列；政府性基金预算的"收入合计"应当根据属于政府性基金预算的"本级收入""补助预算收入""上解预算收入""债务预算收入""债务转贷预算收入"和"调入预算资金"各项目金额的合计填列；国有资本经营预算的"收入合计"应当根据属于国有资本经营预算的"本级收入""补助预算收入""上解预算收入"项目的金额填列；财政专户管理资金的"收入合计"应当根据属于财政专户管理资金的"本级收入"项目的金额填列；专用基金的"收入合计"应当根据属于专用基金的"本级收入"项目的金额填列。

（3）"本级收入"项目，反映政府财政本期取得的各类资金的本级收入金额。其中，一般公共预算的"本级收入"应当根据"一般公共预算收入"科目的本期发生额填列；政府性基金预算的"本级收入"应当根据"政府性基金预算收入"科目的本期发生额填列；国有资本经营预算的"本级收入"应当根据"国有资本经营预算收入"科目的本期发生额填列；财政专户管理资金的"本级收入"应当根据"财政专户管理资金收入"科目的本期发生额填列；专用基金的"本级收入"应当根据"专用基金收入"科目的本期发生额填列。

（4）"来自预算安排的收入"项目，反映政府财政本期通过预算安排取得专用基金收入的金额。本项目应当根据"专用基金收入"科目的本期发生额分析填列。

（5）"补助预算收入"项目，反映政府财政本期取得的各类资金的补助收入金额。其中，一般公共预算的"补助预算收入"应当根据"补助预算收入"科目下的"一般公共预算补助预算收入"明细科目的本期发生额填列；政府性基金预算的"补助预算收入"应当根据"补助预算收入"科目下的"政府性基金预算补助收入"明细科目的本期发生额填列；国有资本经营预算的"补助预算收入"应当根据"补助预算收入"科目下的"国有资本经营预算补助收入"明细科目的本期发生额填列。

（6）"上解预算收入"项目，反映政府财政本期取得的各类资金的上解预算收入金额。其中，一般公共预算的"上解预算收入"应当根据"上解预算收入"科目下的"一般公共预算上解收入"明细科目的本期发生额填列；政府性基金预算的"上解收入"应当根据"上解收入"科目下的"政府性基金预算上解收入"明细科目的本期发生额填列；国有资本经营预算的"上解收入"应当根据"上解预算收入"科目下的"国有资本经营预算上解收入"明细科目的本期发生额填列。

（7）"地区间援助预算收入"项目，反映政府财政本期取得的地区间援助预算收入金额。本项目应当根据"地区间援助预算收入"科目的本期发生额填列。

（8）"债务预算收入"项目，反映政府财政本期取得的债务预算收入金额。其中，一般公共预算的"债务预算收入"应当根据"债务预算收入"科目下除"专项债务收入"以外的其他明细科目的本期发生额填列；政府性基金预算的"债务预算收入"应当根据"债务预算收入"科目下的"专项债务收入"明细科目的本期发生额填列。

（9）"债务转贷预算收入"项目，反映政府财政本期取得的债务转贷预算收入金额。其中，一般公共预算的"债务转贷预算收入"应当根据"债务转贷预算收入"科目下"一般债务转贷收入"明细科目的本期发生额填列；政府性基金预算的"债务转贷预算收入"应当根据"债务转贷预算收入"科目下的"专项债务转贷收入"明细科目的本期发生额填列。

（10）"动用预算稳定调节基金"项目，反映政府财政本期动用的预算稳定调节基金金额。本项目应当根据"动用预算稳定调节基金"科目的本期发生额填列。

（11）"调入预算资金"项目，反映政府财政本期取得的调入预算资金金额。其中，一般公共预算的"调入预算资金"应当根据"调入预算资金"科目下"一般公共预算调入资金"明细科目的本期发生额填列；政府性基金预算的"调入预算资金"应当根据"调入预算资金"科目下"政府性基金预算调入资金"明细科目的本期发生额填列。

（12）"支出合计"项目，反映政府财政本期发生的各类资金的支出合计金额。其中，一般公共预算的"支出合计"应当根据属于一般公共预算的"本级支出""补助预算支出""上解预算支出""地区间援助预算支出""债务还本预算支出""债务转贷预算支出""安排预算稳定调节基金"和"调出预算资金"各项目金额的合计填列；政府性基金预算的"支出合计"应当根据属于政府性基金预算的"本级支出""补助预算支出""上解预算支出""债务还本预算支出""债务转贷预算支出"和"调出预算资金"各项目金额的合计填列；国有资本经营预算的"支出合计"应当根据属于国有资本经营预算的"本级支出""补助预算支出""上解预算支出"和"调出预算资金"项目金额的合计填列；财政专户管理资金的"支出合计"应当根据属于财政专户管理资金的"本级支出"项目的金额填列；专用基金的"支出合计"应当根据属于专用基金的"本级支出"项目的金额填列。

（13）"本级支出"项目，反映政府财政本期发生的各类资金的本级支出金额。其中，一般公共预算的"本级支出"应当根据"一般公共预算支出"科目的本期发生额填列；政府性基金预算的"本级支出"应当根据"政府性基金预算支出"科目的本期发生额填列；国有资本经营预算的"本级支出"应当根据"国有资本经营预算支出"科目的本期发生额填列；财政专户管理资金的"本级支出"应当根据"财政专户管理资金支出"科目的本期发生额填列；专用基金的"本级支出"应当根据"专用基金支出"科目的本期发生额填列。

（14）"权责发生制列支"项目，反映省级以上（含省级）政府财政国库的集中支付中，应列为当年费用但年末尚未支付需结转下一年度支付的款项。其中，一般公共预算的"权责发生制列支"项目应当根据"一般公共预算支出"科目的本期发生额分析填列；政府性基金预算的"权责发生制列支"项目应当根据"政府性基金预算支出"科目的本期发生额分析填列；国有资本经营预算的"权责发生制列支"项目应当根据"国有资本经营预算支出"科目的本期发生额分析填列。

（15）"预算安排专用基金的支出"项目，反映政府财政本期通过预算安排取得专用基金收入的金额。本项目应当根据"一般公共预算支出"科目的本期发生额分析填列。

（16）"补助预算支出"项目，反映政府财政本期发生的各类资金的补助预算支出金额。其中，一般公共预算的"补助预算支出"应当根据"补助预算支出"科目下的"一般公共预算补助支出"明细科目的本期发生额填列；政府性基金预算的"补助预算支出"应当根据"补助预算支出"科目下的"政府性基金预算补助支出"明细科目的本期发生额填列；国有资本经营预算的"补助预算支出"应当根据"补助预算支出"科目下的"国有资本经营预算补助支出"明细科目的本期发生额填列。

（17）"上解预算支出"项目，反映政府财政本期发生的各类资金的上解预算支出金额。其中，一般公共预算的"上解预算支出"应当根据"上解预算支出"科目下的"一般公共预算上解支出"明细科目的本期发生额填列；政府性基金预算的"上解预算支出"应当根据"上解预算支出"科目下的"政府性基金预算上解支出"明细科目的本期发生额填列；国有资本经营预算的"上解预算支出"应当根据"上解预算支出"科目下的"国有资本经营预算上解支出"明细科目的本期发生额填列。

（18）"地区间援助预算支出"项目，反映政府财政本期发生的地区间援助预算支出金额。本项目应当根据"地区间援助预算支出"科目的本期发生额填列。

（19）"债务还本预算支出"项目，反映政府财政本期发生的债务还本预算支出金额。其中，一般公共预算的"债务还本预算支出"应当根据"债务还本预算支出"科目下除"专项债务还本支出"以外的其他明细科目的本期发生额填列；政府性基金预算的"债务还本预算支出"应当根据"债务还本预算支出"科目下的"专项债务还本支出"明细科目的本期发生额填列。

（20）"债务转贷预算支出"项目，反映政府财政本期发生的债务转贷预算支出金额。其中，一般公共预算的"债务转贷预算支出"应当根据"债务转贷预算支出"科目下的"一般债务转贷支出"明细科目的本期发生额填列；政府性基金预算的"债务转贷预算支出"应当根据"债务转贷预算支出"科目下的"专项债务转贷支出"明细科目的本期发生额填列。

（21）"安排预算稳定调节基金"项目，反映政府财政本期安排的预算稳定调节基金金额。本项目根据"安排预算稳定调节基金"科目的本期发生额填列。

（22）"调出预算资金"项目，反映政府财政本期发生的各类资金的调出资金金额。其中，一般公共预算的"调出预算资金"应当根据"调出预算资金"科目下的"一般公共预算调出资金"明细科目的本期发生额填列；政府性基金预算的"调出预算资金"应当根据"调出预算资金"科目下的"政府性基金预算调出资金"明细科目的本期发生额填列；国有资本经营预算的"调出预算资金"应当根据"调出预算资金"科目下的"国有资本经营预算调出资金"明细科目的本期发生额填列。

（23）"增设预算周转金"项目，反映政府财政本期设置或补充预算周转金的金额。本项目应当根据"预算周转金"科目的本期贷方发生额填列。

（24）"年末结转结余"项目，反映政府财政本年末的各类资金的结转结余金额。其中，一般公共预算的"年末结转结余"应当根据"一般公共预算结转结余"科目的年末余额填列；政府性基金预算的"年末结转结余"应当根据"政府性基金预算结转结余"科目的年末余额填列；国有资本经营预算的"年末结转结余"应当根据"国有资本经营预算结转结余"科目的年末余额填列；财政专户管理资金的"年末结转结余"应当根据"财政专户管理资金结余"科目的年末余额填列；专用基金的"年末结转结余"应当根据"专用基金结余"科目的年末余额填列。

（二）一般公共预算执行情况表的编制说明

（1）"一般公共预算收入"项目及其所属各明细项目，应当根据"一般公共预算收入"科目及其所属各明细科目的本期发生额填列。

（2）"一般公共预算支出"项目及其所属各明细项目，应当根据"一般公共预算支出"科目及其所属各明细科目的本期发生额填列。

（三）政府性基金预算执行情况表的编制说明

（1）"政府性基金预算收入"项目及其所属各明细项目，应当根据"政府性基金预算收入"科目及其所属各明细科目的本期发生额填列。

（2）"政府性基金预算支出"项目及其所属各明细项目，应当根据"政府性基金预算支出"科目及其所属各明细科目的本期发生额填列。

（四）国有资本经营预算执行情况表的编制说明

（1）"国有资本经营预算收入"项目及其所属各明细项目，应当根据"国有资本经营预算收入"科目及其所属各明细科目的本期发生额填列。

（2）"国有资本经营预算支出"项目及其所属各明细项目，应当根据"国有资本经营预算支出"科目及其所属各明细科目的本期发生额填列。

（五）财政专户管理资金收支情况表的编制说明

（1）"财政专户管理资金收入"项目及其所属各明细项目，应当根据"财政专户管理资金收入"科目及其所属各明细科目的本期发生额填列。

（2）"财政专户管理资金支出"项目及其所属各明细项目，应当根据"财政专户管理资金支出"科目及其所属各明细科目的本期发生额填列。

（六）专用基金收支情况表的编制说明

（1）"专用基金收入"项目及其所属各明细项目，应当根据"专用基金收入"科目及其所属各明细科目的本期发生额填列。

（2）"专用基金支出"项目及其所属各明细项目，应当根据"专用基金支出"科目及其所属各明细科目的本期发生额填列。

（七）会计报表附注

总会计预算会计报表附注应当至少披露以下四项内容：

（1）遵循《财政总会计制度》的声明；

（2）本级政府财政预算执行情况的说明；

（3）会计报表中列示的重要项目的进一步说明，包括主要构成、增减变动情况等；

（4）有助于理解和分析会计报表的其他需要说明的事项。

 **思考题**

1. 财政总会计预算收入支出类科目的期末余额有何特点?
2. 财政总会计预算结余类科目的期末余额一般在哪一方?哪些科目与此相反?
3. 财政总会计的预算会计报表主要包括哪些?
4. 如何编制预算收入支出表?
5. 财政总会计如何编制国有资本经营预算执行情况表?
6. 财政总会计如何编制财政专户管理资金收支情况表?
7. 财政总会计如何编制专用基金收支情况表?

PROJECT 11

第十一章 财政总会计资产与负债的核算

学习目标

◎ 掌握资产和负债的概念、分类。
◎ 熟练掌握资产和负债有关账户的设置及应用方法。

第一节 财政总会计资产的核算

资产,是指政府财政部门代表政府占有或使用的,能以货币计量的经济资源。资产按流动性可以分为流动资产和非流动资产。流动资产是指预计在1年内(含1年)耗用或者可以变现的资产;非流动资产是指流动资产以外的资产。财政总会计核算的资产具体包括财政存款、国库现金管理资产、有价证券、应收非税收入、应收股利、应收及暂付款项、应收转贷款和股权投资等。

一、财政存款

财政存款,是指政府财政部门代表政府管理的国库存款和其他财政存款等。财政存款的支配权属于同级政府财政部门,且由总会计负责管理,统一在国库或选定的银行开立存款账户,统一收付,不得透支,不得提取现金。

(一)国库存款

财政总会计应当设置"国库存款"总账科目进行核算,本科目核算政府财政存放在国库单一账户的款项,本科目期末借方余额反映政府财政国库存款的结存数。

(1)国库存款增加时,按照实际收到的金额,借记本科目,贷记有关科目。
(2)国库存款减少时,按照实际支付的金额,借记有关科目,贷记本科目。

【例11-1】 2023年3月5日,某市财政局收到人民银行国库报来的预算收入日报表等凭证,共收到财政收入483 800元。其中,一般公共财政预算本级收入属于税收收入354 000元,政府性基金预算本级收入属于税收收入66 500元,国有资本经营预算本级收入属于非税收入24 300元,上级财政补助收入39 000元。

财务会计账务处理:
借:国库存款　　　　　　　　　　　　　　　　　　　　　　　483 800
　　贷:税收收入　　　　　　　　　　　　　　　　　　　　　　420 500
　　　　非税收入　　　　　　　　　　　　　　　　　　　　　　 24 300
　　　　补助收入　　　　　　　　　　　　　　　　　　　　　　 39 000

预算会计账务处理：
借：资金结存——库款资金结存　　　　　　　　　　　　　　483 800
　　贷：一般公共预算收入　　　　　　　　　　　　　　　　　354 000
　　　　政府性基金预算收入　　　　　　　　　　　　　　　　 66 500
　　　　国有资本经营预算收入　　　　　　　　　　　　　　　 24 300
　　　　补助预算收入　　　　　　　　　　　　　　　　　　　 39 000

【例 11-2】 2023 年 3 月 5 日，某市财政总会计收到财政国库支付执行机构报来的预算支出结算清单。国库以财政直接支付的方式支付有关预算单位的属于一般公共预算本级支出的款项 137 000 元用于支付工资，属于政府性基金预算本级支出的款项 56 000 元用于购买商品，属于国有资本经营预算本级支出的款项共计 15 300 元用于对企业的补助。有关预算单位通过财政授权支付方式从预算单位零余额账户中支付属于一般公共预算本级支出的款项共计 52 000 元用于购买服务。财政总会计还通过财政国库账户向所属下级财政部门拨付财政补助资金 32 000 元。

财务会计账务处理：
借：政府机关商品和服务拨款费用　　　　　　　　　　　　　108 000
　　政府机关工资福利拨款费用　　　　　　　　　　　　　　 137 000
　　对企业补助拨款费用　　　　　　　　　　　　　　　　　　15 300
　　补助费用　　　　　　　　　　　　　　　　　　　　　　　32 000
　　贷：国库存款　　　　　　　　　　　　　　　　　　　　 292 300

预算会计账务处理：
借：一般公共预算支出　　　　　　　　　　　　　　　　　　189 000
　　政府性基金预算支出　　　　　　　　　　　　　　　　　　56 000
　　国有资本经营预算支出　　　　　　　　　　　　　　　　　15 300
　　补助预算支出　　　　　　　　　　　　　　　　　　　　　32 000
　　贷：资金结存——库款资金结存　　　　　　　　　　　　 292 300

（二）其他财政存款

财政总会计应当设置"其他财政存款"总账科目进行核算，本科目核算政府财政未列入"国库存款"科目反映的各项财政存款。本科目应按照存款资金的性质和存款银行等明细核算。本科目期末借方余额反映政府财政持有的其他财政存款。

（1）财政专户收到款项时，按照实际收到的金额，借记本科目，贷记有关科目。

（2）其他财政存款产生的利息收入，除规定作为专户资金收入外，其他利息收入都应缴入国库。

取得其他财政存款利息收入时，按照实际获得的利息金额，分两种情况处理：

（1）按规定作为专户资金收入的，借记本科目，贷记"应付代管资金"或有关收入科目。

（2）按规定应缴入国库的，借记本科目，贷记"其他应付款"科目。将其他财政存款利息收入缴入国库时，借记"其他应付款"科目，贷记本科目；同时，借记"国库存款"科目，贷记"非税收入"科目。

其他财政存款减少时，按照实际支付的金额，借记有关科目，贷记本科目。

【例 11-3】 某市财政部门收到上级某省财政部门拨入的粮食风险基金 45 000 元，相应款项已存入粮食风险基金财政专户。

财务会计账务处理：
借：其他财政存款　　　　　　　　　　　　　　　　　　　　 45 000

  贷：专用基金收入   45 000

 预算会计账务处理：

 借：资金结存——专户资金结存   45 000

  贷：专用基金收入   45 000

【例11-4】 某市财政部门通过财政专户向有关教育单位拨付教育费用共计134 000元。

 财务会计账务处理：

 借：财政专户管理资金支出   134 000

  贷：其他财政存款   134 000

 预算会计账务处理：

 借：财政专户管理资金支出   134 000

  贷：资金结存——专户资金结存   134 000

【例11-5】 某县财政部门根据中央专项资金特设账户代理银行转来的收款凭证，收到农村义务教育中央专项资金315 000元。

 财务会计账务处理：

 借：其他财政存款   315 000

  贷：与上级往来   315 000

 预算会计账务处理：

 借：资金结存——专户资金结存   315 000

  贷：补助预算收入——上级调拨   315 000

二、国库现金管理资产

  国库现金管理资产，是指政府财政在确保支付需要的前提下，将暂时闲置的国库存款存放商业银行或投资于货币市场形成的资产，包括国库现金管理商业银行定期存款以及国库现金管理其他资产。财政总会计应当设置"国库现金管理资产"总账科目进行核算，本科目应按照业务种类设置"商业银行定期存款""其他国库现金管理资产"明细科目，并可根据管理需要进行明细核算。本科目期末借方余额反映政府财政开展国库现金管理业务形成的资产。

  1）商业银行定期存款。

  （1）根据国库现金管理有关规定开展商业银行定期存款时，将国库存款转存商业银行，按照存入商业银行的金额，借记本科目，贷记"国库存款"科目。

  （2）商业银行定期存款收回国库时，按照实际收回的金额，借记"国库存款"科目；按照原存入商业银行的存款本金金额，贷记本科目；按照其差额，贷记"非税收入"科目。

  2）其他国库现金管理业务可根据管理条件和管理需要，参照商业银行定期存款的账务处理。

  【例11-6】 某省财政总会计根据国库现金管理的有关规定，将一般公共预算资金600 000元转存商业银行。转存期满后，将国库现金管理存款收回国库，实际收到金额606 000元。

  ①转存商业银行时的业务处理。

 财务会计账务处理：

 借：国库现金管理资产   600 000

  贷：国库存款   600 000

 预算会计账务处理：

 借：资金结存——专户资金结存   600 000

  贷：资金结存——库款资金结存   600 000

②期满后收回国库时的业务处理。
财务会计账务处理：
借：国库存款　　　　　　　　　　　　　　　　　　　　　　　606 000
　　贷：国库现金管理资产　　　　　　　　　　　　　　　　　　　　600 000
　　　　非税收入　　　　　　　　　　　　　　　　　　　　　　　　　6 000
预算会计账务处理：
借：资金结存——库款资金结存　　　　　　　　　　　　　　　606 000
　　贷：资金结存——专户资金结存　　　　　　　　　　　　　　　　600 000
　　　　一般公共预算收入　　　　　　　　　　　　　　　　　　　　　6 000

三、有价证券

有价证券，是指政府财政按照有关规定取得并持有的证券。财政总会计应当设置"有价证券"总账科目进行核算，本科目应按照有价证券种类明细核算。本科目期末借方余额反映政府财政持有的有价证券金额。

（1）购入有价证券时，按照实际支付的金额，借记本科目，贷记"国库存款""其他财政存款"等科目。

（2）转让或到期兑付有价证券时，按照实际收到的金额，借记"国库存款""其他财政存款"等科目；按照该有价证券的账面余额，贷记本科目；按照其差额，贷记或借记有关收入或费用科目。

【例11-7】　某市财政部门用一般公共财政预算结余购买有价证券79 000元。
财务会计账务处理：
借：有价证券　　　　　　　　　　　　　　　　　　　　　　　79 000
　　贷：国库存款　　　　　　　　　　　　　　　　　　　　　　　　79 000
预算会计账务处理：
借：一般公共预算支出　　　　　　　　　　　　　　　　　　　79 000
　　贷：资金结存——库款资金结存　　　　　　　　　　　　　　　　79 000

【例11-8】　承【例11-7】，同年某市财政部门收到上述用公共财政预算结余购入的有价证券部分到期兑付的本金50 000元，利息7 000元。
财务会计账务处理：
借：国库存款　　　　　　　　　　　　　　　　　　　　　　　57 000
　　贷：有价证券　　　　　　　　　　　　　　　　　　　　　　　　50 000
　　　　投资收益　　　　　　　　　　　　　　　　　　　　　　　　7 000
预算会计账务处理：
借：资金结存——库款资金结存　　　　　　　　　　　　　　　57 000
　　贷：一般公共预算支出　　　　　　　　　　　　　　　　　　　　50 000
　　　　一般公共预算收入　　　　　　　　　　　　　　　　　　　　7 000

四、应收非税收入

应收非税收入，是指政府财政应向缴款人收取但实际尚未缴入国库的非税收入款项。财政总会计应当设置"应收非税收入"总账科目进行核算。本科目应参照《政府收支分类科目》中"非税收入"科目明细核算，同时可根据管理需要，参照实际情况，按执收部门（单位）明细核算。本科目期末借方余额反映政府财政尚未入库的应收非税收入。

（1）确认取得非税收入时，按照非税收入管理部门提供的已开具缴款票据、尚未缴入本级国库的非税收入金额，借记本科目，贷记"非税收入"科目。

（2）实际收到非税收入款项时，按照实际收到的非税收入金额，借记"国库存款"科目，已列应收非税收入部分金额，贷记本科目；未列入应收非税收入部分金额，贷记"非税收入"科目。

（3）期末，非税收入管理部门应全面核查未入库的应收非税收入，总会计根据核查结果确认应收非税收入余额，确保应收非税收入核算准确。

【例 11-9】 2023 年年末某市财政局收到税务局报来当地企业应缴未缴水利基金 500 000 元。

借：应收非税收入　　　　　　　　　　　　　　　　　　500 000
　　贷：非税收入　　　　　　　　　　　　　　　　　　　　500 000

五、应收股利

应收股利，是指政府因持有股权投资应当收取的现金股或应当分得的利润。财政总会计应当设置"应收股利"总账科目进行核算，本科目应根据管理需要，按照被投资主体明细核算。本科目期末借方余额反映政府财政应当收取但尚未收到的现金股利或利润。

（一）采用权益法核算

（1）持有股权投资期间，被投资主体宣告发放现金股利或利润的，根据股权管理部门提供的资料，按照应上缴政府财政的部分，借记本科目，贷记"股权投资（损益调整）"科目。

（2）收到现金股利或利润时，按照实际收到的金额，借记"国库存款"科目，贷记本科目；按照实际收到金额中未宣告发放的现金股利或利润，借记本科目，贷记"股权投资（损益调整）"科目。

【例 11-10】 某市政府持有大华企业 80% 的股权，有权决定大华企业的财务和经营政策，将该股权投资作为长期股权投资管理，采用权益法核算。大华企业宣告发放现金股利 120 000 元，该市政府财政部门按持股比例应分得其中的 96 000 元。一个月后，大华企业支付宣告的现金股利 96 000 元，市政府财政部门收到国库日报表反映收到该股利 96 000 元。根据相关规定，该部分现金股利纳入该市政府财政的国有资本经营预算。

①大华企业宣告现金股利时（不做预算会计账务处理）。

借：应收股利　　　　　　　　　　　　　　　　　　　　96 000
　　贷：股权投资——损益调整　　　　　　　　　　　　　　96 000

②市政府财政部门收到现金股利时。

财务会计账务处理：

借：国库存款　　　　　　　　　　　　　　　　　　　　96 000
　　贷：应收股利　　　　　　　　　　　　　　　　　　　　96 000

预算会计账务处理：

借：资金结存——库款资金结存　　　　　　　　　　　　96 000
　　贷：国有资本经营预算收入　　　　　　　　　　　　　　96 000

（二）采用成本法核算

（1）持有股权投资期间，被投资主体宣告发放现金股利或利润时，根据股权管理部门提供的资料，按照应上缴政府财政的部分，借记本科目，贷记"投资收益"科目。

（2）收到现金股利或利润时，按照实际收到的金额，借记"国库存款"科目，贷记本科目；按照实际收到金额中未宣告发放的现金股利或利润，借记本科目，贷记"投资收益"科目。

例题见【例 12-6】。

六、应收及暂付款项

应收及暂付款项，是指政府财政业务活动中形成的债权，包括借出款项、预拨经费、与下级往来、在途款和其他应收款等。应收及暂付款项应当及时清理结算，不得长期挂账。

（一）借出款项

借出款项是指政府财政按照对外借款管理有关规定借给预算单位临时急需，并按期收回的款项。借出款项仅限于政府财政对纳入本级预算管理的一级预算单位（不含企业）安排借款，不得经预算单位再转借企业。借款资金仅限于临时性资金周转或应对社会影响较大突发事件的临时急需垫款，借款期限不得超过1年，借款时应明确还款来源。财政总会计应当设置"借出款项"总账科目进行核算，本科目应按照借款单位明细核算。本科目期末借方余额反映政府财政借给预算单位尚未收回的款项。

（1）将款项借出时，按照实际支付的金额，借记本科目，贷记"国库存款"等科目。

（2）收回借款时，按照实际收到的金额，借记"国库存款"等科目，贷记本科目。

【例11-11】 某市财政部门因某所属单位临时急需资金，借给该单位一般公共预算款项20 000元。半个月后，该市财政部门全额收回了该借款。

①借给所属单位资金时（不做预算会计账务处理）。

借：借出款项　　　　　　　　　　　　　　　　　　　　　　20 000
　　贷：国库存款　　　　　　　　　　　　　　　　　　　　　　20 000

②收回了向该所属单位借出款项时（不做预算会计账务处理）。

借：国库存款　　　　　　　　　　　　　　　　　　　　　　20 000
　　贷：借出款项　　　　　　　　　　　　　　　　　　　　　　20 000

（二）与下级往来

与下级往来，是指本级政府财政与下级政府财政的往来待结算款项。财政总会计应当设置"与下级往来"总账科目进行核算，本科目应按照下级政府财政明细核算。本科目期末借方余额反映下级政府财政欠本级政府财政的款项，期末贷方余额反映本级政府财政欠下级政府财政的款项。

（1）拨付下级政府财政款项时，借记本科目，贷记"国库存款"科目。

（2）有主权外债业务的财政部门，贷款资金由下级政府财政同级部门（单位）使用，且贷款的最终还款责任由本级政府财政承担的，本级政府财政部门支付贷款资金时，借记本科目或"补助费用"科目，贷记"国库存款""其他财政存款"等科目；外方将贷款资金直接支付给供应商或用款单位时，借记本科目或"补助费用"科目，贷记"借入款项"或"应付主权外债转贷款"科目。

（3）两级财政年终结算时，确认应当由下级政府财政上交的收入数，借记本科目，贷记"上解收入"科目。

（4）两级财政年终结算时，确认应补助下级政府财政的费用数，借记"补助费用"科目，贷记本科目。

（5）收到下级政府财政缴入国库的往来待结算款项时，借记"国库存款"科目，贷记本科目。

（6）扣缴下级政府财政资金时，借记本科目，贷记"其他应付款"等科目。

【例11-12】 在财政体制结算中，某县财政部门应上解上级某市财政部门款项55 000元。

财务会计账务处理：

借：与下级往来　　　　　　　　　　　　　　　　　　　　　55 000
　　贷：上解收入　　　　　　　　　　　　　　　　　　　　　　55 000

预算会计账务处理：
借：资金结存——上下级调拨结存 55 000
　　贷：上解预算收入 55 000

【例11-13】 在财政体制结算中，某市财政部门应补助所属某县财政部门款项，共计87 000元。

财务会计账务处理：
借：补助费用 87 000
　　贷：与下级往来 87 000
预算会计账务处理：
借：补助预算支出 87 000
　　贷：资金结存——上下级调拨结存 87 000

（三）预拨经费

预拨经费，是指政府财政在本级人民代表大会批准年度预算前，可以提前拨付已经列入年度预算的各部门基本支出、项目支出和对下级转移支付支出，以及法律规定必须履行支付义务的支出和用于自然灾害等突发事件处理的支出。

除上述支出事项及财政部另有规定外，其他支出均不得提前拨付。预拨经费（不含预拨下年度预算资金）应在年终前转列费用或清理收回。财政总会计应当设置"预拨经费"总账科目进行核算，本科目应当按照预算单位明细核算。本科目期末借方余额反映政府财政年末尚未转列费用或尚待收回的预拨经费款项。

（1）拨出款项时，借记本科目，贷记"国库存款"等科目。
（2）转列费用时，借记有关费用科目，贷记本科目。
（3）收回预拨款项时，借记"国库存款"等科目，贷记本科目。

【例11-14】 某县财政部门尚未进行国库单一账户制度改革。该县财政部门7月末按照经批准的预算采用财政实拨资金方式，预拨给其所属某行政单位8月份的日常运行经费30 000元（不做预算账务处理）。

借：预拨经费 30 000
　　贷：国库存款 30 000

【例11-15】 某县财政部门8月份经审核，核销其在上月末预拨给所属某行政单位日常购买商品服务的运行经费30 000元，将其转为一般公共财政预算本级支出。

财务会计账务处理：
借：政府机关商品和服务拨款费用 30 000
　　贷：预拨经费 30 000
预算会计账务处理：
借：一般公共预算支出 30 000
　　贷：资金结存——库款资金结存 30 000

（四）在途款

在途款，是指决算报告清理期和库款报解整理期内发生的需要通过本科目过渡处理的属于上年度收入、费用等业务的款项。财政总会计应当设置"在途款"总账科目进行核算，本科目期末借方余额反映政府财政持有的在途款。

（1）报告清理期和库款报解整理期内收到属于上年度收入等款项时，在上年度账务中，借记本科目，贷记有关收入科目或"应收非税收入"科目；收回属于上年度费用等款项时，在上年度账务中，借记本科目，贷记"预拨经费"或有关费用科目。

（2）冲转在途款时，在本年度账务中，借记"国库存款"科目，贷记本科目。

【例11-16】 某市财政部门在库款报解整理期内收到属于上一年度的一般公共财政预算本级税收收入 30 000 元。

①在上年度账上编制时。

财务会计账务处理：

借：在途款	30 000
贷：税收收入	30 000

预算会计账务处理：

借：资金结存——在途资金结存	30 000
贷：一般公共预算收入	30 000

②在新年度账上编制时。

财务会计账务处理：

借：国库存款	30 000
贷：在途款	30 000

预算会计账务处理：

借：资金结存——库款资金结存	30 000
贷：资金结存——在途资金结存	30 000

【例11-17】 某市财政部门在报告清理期内收回上一年度已列支的行政单位一般公共财政预算本级工资支出 23 200 元。

①在上年度账上编制时。

财务会计账务处理：

借：在途款	23 200
贷：政府机关工资福利拨款费用	23 200

预算会计账务处理：

借：资金结存——在途资金结存	23 200
贷：一般公共预算支出	23 200

②在新年度账上编制时。

财务会计账务处理：

借：国库存款	23 200
贷：在途款	23 200

预算会计账务处理：

借：资金结存——库款资金结存	23 200
贷：资金结存——在途资金结存	23 200

（五）其他应收款

其他应收款，是指政府财政临时发生的其他应收、暂付、垫付款项。财政总会计应当设置"其他应收款"总账科目进行核算，本科目应按照资金类别、债务单位等明细核算。本科目应及时清理结算，期末原则上应无余额。项目单位拖欠外国政府和国际金融组织贷款本息和有关费用导致有关政府财政履行担保责任，代偿的贷款本息费，也通过本科目核算。

（1）发生其他应收款项时，借记本科目，贷记"国库存款""其他财政存款"等科目。

（2）收回其他应收款项时，借记"国库存款""其他财政存款"科目，贷记本科目。

(3)其他应收款项转列费用时,借记有关费用科目,贷记本科目。

(4)政府财政对使用外国政府和国际金融组织贷款资金的项目单位履行担保责任,代偿贷款本息费时,借记本科目,贷记"国库存款""其他财政存款"等科目。政府财政行使追索权,收回项目单位贷款本息费时,借记"国库存款""其他财政存款"等科目,贷记本科目。政府财政最终未收回项目单位贷款本息费,经核准转列费用时,借记有关费用科目,贷记本科目。

【例11-18】某省财政部门代所属某市财政部门发行一批地方债券。该批市政府债券由该市财政部门负责偿付本息,但由省财政部门负责统一办理,即偿付债券的资金由市财政负责提供,由省财政提供垫付利息的资金。省财政通过国库垫付资金的方式向市政府债券投资者支付到期利息42 000元。两个月后,该市财政向省财政偿还了其垫付的市政府债券利息42 000元。

①省财政垫付利息时(不做预算会计账务处理)。

借:其他应收款 42 000
    贷:国库存款 42 000

②省财政收回垫付利息时(不做预算会计账务处理)。

借:国库存款 42 000
    贷:其他应收款 42 000

七、应收转贷款

应收转贷款,是指政府财政将借入的资金转贷给下级政府财政的款项,包括应收地方政府债券转贷款、应收主权外债转贷款等。

(一)应收地方政府债券转贷款

应收地方政府债券转贷款,是指本级政府财政转贷给下级政府财政的地方政府债券资金的本金及利息。财政总会计应当设置"应收地方政府债券转贷款"总账科目进行核算。本科目应设置"应收本金"和"应收利息"明细科目,并按照转贷对象明细核算,其下应根据管理规定设置"一般债券""专项债券"等明细科目。其中,"应收利息"科目通常应根据债务管理部门计算并提供的政府债券转贷款的应收利息情况,按期核算。本科目期末借方余额反映政府财政应收未收的地方政府债券转贷款本金及利息。

(1)向下级政府财政转贷地方政府债券资金时,按照转贷的本金,借记本科目;按照实际拨付的金额或债务管理部门确认的转贷金额,贷记"国库存款"或"与下级往来"等科目;按照其差额,借记或贷记有关费用科目。

(2)按期确认地方政府债券转贷款的应收利息时,根据债务管理部门计算确认的转贷款本期应收未收利息金额,借记本科目,贷记"财务费用——利息费用"等有关科目。

(3)收到下级政府财政偿还的地方政府债券转贷款本息时,按照收到的金额,借记"国库存款""其他财政存款"等科目,贷记本科目。

(4)扣缴下级政府财政应偿还的地方政府债券转贷款本息时,按照扣缴的金额,借记"与下级往来"等科目,贷记本科目。

(5)豁免下级政府财政应偿还的地方政府债券转贷款本息时,根据债务管理部门转来的有关资料及有关预算文件,按照豁免金额,借记"补助费用""与下级往来"等科目,贷记本科目。

【例11-19】某省财政部门发行一批地方政府债券。同时,向所属下级某市财政部门转贷400 000元,用以支持该市政府的公共基础设施建设。该债券每年利息费用为5 000元。

①向下级市政府财政部门转贷地方政府债券款项时。

财务会计账务处理:

借：应收地方政府债券转贷款——应收本金　　　　　　　　　　　　　　400 000
　　贷：国库存款　　　　　　　　　　　　　　　　　　　　　　　　　　　400 000
预算会计账务处理：
借：债务转贷预算支出　　　　　　　　　　　　　　　　　　　　　　　　400 000
　　贷：资金结存——库款资金结存　　　　　　　　　　　　　　　　　　　400 000
②每年确认省政府债券转贷款的应收利息时（不做预算会计账务处理）。
借：应收地方政府债券转贷款——应收利息　　　　　　　　　　　　　　　5 000
　　贷：财务费用——利息费用　　　　　　　　　　　　　　　　　　　　　5 000
③按时收到下级市政府财政部门支付的地方政府债券转贷款利息时。
财务会计账务处理：
借：国库存款　　　　　　　　　　　　　　　　　　　　　　　　　　　　5 000
　　贷：应收地方政府债券转贷款——应收利息　　　　　　　　　　　　　　5 000
预算会计账务处理：
借：资金结存——库款资金结存　　　　　　　　　　　　　　　　　　　　5 000
　　贷：一般公共预算支出　　　　　　　　　　　　　　　　　　　　　　　5 000

（二）应收主权外债转贷款

应收主权外债转贷款，是指本级政府财政转贷给下级政府财政的外国政府、国际金融组织贷款等主权外债资金的本金及利息。财政总会计应当设置"应收主权外债转贷款"总账科目进行核算，本科目应设置"应收本金"和"应收利息"明细科目，并按照转贷对象明细核算。其中，"应收利息"科目通常应根据债务管理部门计算并提供的主权外债转贷款的应收利息情况，按期核算。本科目期末借方余额反映政府财政应收未收的主权外债转贷款本金及利息。

1）向下级政府财政转贷主权外债资金，且主权外债最终还款责任由下级政府财政承担的，一般有两种情况。

（1）本级政府财政支付转贷资金时，借记本科目，贷记"国库存款""其他财政存款"科目。

（2）外方或上级政府财政将贷款资金直接拨付给用款单位或供应商时，根据债务管理部门转来的有关资料，按照实际拨付的金额，借记本科目，贷记"借入款项"或"应付主权外债转贷款"科目。

2）按期确认主权外债转贷款的应收利息时，根据债务管理部门计算确认的转贷款本期应收未收利息金额，借记本科目，贷记"财务费用——利息费用"等科目。

3）收回下级政府财政偿还的主权外债转贷款本息时，按照收回的金额，借记"国库存款""其他财政存款"等科目，贷记本科目。

4）扣缴下级政府财政应偿还的主权外债转贷款本息时，按照扣缴的金额，借记"与下级往来"等科目，贷记本科目。

5）债权人豁免下级政府财政应偿还的主权外债转贷款本息时，根据债务管理部门转来的有关资料及有关预算文件，按照豁免转贷款的金额，借记"应付主权外债转贷款""借入款项""应付利息"等科目，贷记本科目。

6）本级政府财政豁免下级政府财政应偿还的主权外债转贷款本息时，根据债务管理部门转来的有关资料及有关预算文件，按照豁免金额，借记"补助费用""与下级往来"等科目，贷记本科目。

7）年末，根据债务管理部门提供的应收主权外债转贷款因汇率变动产生的期末人民币余额与账面余额之间的差额资料，借记或贷记"财务费用——汇兑损益"科目，贷记或借记本科目。

8）本级政府财政首次确认以前年度转贷给下级政府财政的主权外债时，根据债务管理部门提供的有关资料，按照转贷主权外债本息余额，借记本科目，贷记"以前年度盈余调整"科目。

【例 11-20】 某省财政部门向某国际金融组织贷款用于该省范围内的公共基础设施建设。该省财政将一部分资金共计 300 000 元通过银行专户转贷给所属某市政府，用在该市范围内的相应建设项目上。根据约定，相应贷款期限为 5 年，每年的贷款利息为 4 000 元，该市政府应按期向省财政部门偿付贷款本息。

①向下级市政府财政部门转贷主权外债资金时。

财务会计账务处理：

借：应收主权外债转贷款——应收本金　　　　　　　　　　300 000
　　贷：其他财政存款　　　　　　　　　　　　　　　　　　　　300 000

预算会计账务处理：

借：债务转贷预算支出　　　　　　　　　　　　　　　　　300 000
　　贷：资金结存——专户资金结存　　　　　　　　　　　　　　300 000

②每年确认主权外债转贷款的应收利息时（不做预算会计账务处理）。

借：应收主权外债转贷款——应收利息　　　　　　　　　　4 000
　　贷：财务费用——利息费用　　　　　　　　　　　　　　　　4 000

③按时收到下级市政府财政部门支付的主权外债转贷款利息时。

财务会计账务处理：

借：其他财政存款　　　　　　　　　　　　　　　　　　　4 000
　　贷：应收主权外债转贷款——应收利息　　　　　　　　　　　4 000

预算会计账务处理：

借：资金结存——专户资金结存　　　　　　　　　　　　　4 000
　　贷：一般公共预算支出　　　　　　　　　　　　　　　　　　4 000

④主权外债转贷款到期，所属市政府财政部门未按时偿还贷款本金，省财政部门予以扣缴时。

借：与下级往来　　　　　　　　　　　　　　　　　　　300 000
　　贷：应收主权外债转贷款——应收本金　　　　　　　　　　　300 000

八、股权投资

政府持有的各类股权投资，包括国际金融组织股权投资、政府投资基金股权投资和企业股权投资等。财政总会计应当设置"股权投资"总账科目进行核算，本科目应当按照"国际金融组织股权投资""政府投资基金股权投资""企业股权投资"设置一级明细科目，在一级明细科目下，分别设置"投资成本""损益调整""其他权益变动"明细科目，同时应根据管理需要，按照被投资主体明细核算。本科目期末借方余额反映政府持有的各类股权投资的价值。股权投资在持有期间，通常采用权益法核算。政府无权决定被投资主体的财务和经营政策或无权参与被投资主体的财务和经营政策决策的，应当采用成本法核算。

（一）采用权益法核算

（1）政府财政以现金取得股权投资时，按照实际支付的金额，借记本科目（投资成本），贷记"国库存款"科目。

实际支付的金额中包含的已宣告但尚未发放的现金股利，应当单独确认为应收股利。

（2）政府财政以现金以外其他资产置换取得股权投资时，按照股权管理部门确认的金额，借记本科目（投资成本），贷记相关资产类科目。

（3）通过清查发现以前年度取得、尚未纳入财政总会计核算的股权投资时，根据股权管理部门提供的资料，按照股权投资的投资成本，借记本科目（投资成本），按照以前年度实现的损益中应享有的份额，借记本科目（损益调整），按照二者合计金额贷记"以前年度盈余调整"科目；按照确定的其他权益变动金额，借记本科目（其他权益变动），贷记"权益法调整"科目。已宣告但尚未发放的现金股利，应当单独确认为应收股利。

（4）无偿划入股权投资时，根据股权管理部门提供的资料，按照股权投资的投资成本，借记本科目（投资成本），按照以前年度实现的损益中应享有的份额，借记本科目（损益调整），按照二者合计金额贷记"其他收入"科目；按照确定的其他权益变动金额，借记本科目（其他权益变动），贷记"权益法调整"科目。

（5）被投资主体实现净利润的，根据股权管理部门提供的资料，按照应享有的份额，借记本科目（损益调整），贷记"投资收益"科目。

被投资主体发生净亏损的，根据股权管理部门提供的资料，按照应分担的份额，借记"投资收益"科目，贷记本科目（损益调整），但以"股权投资"的账面余额减记至0为限。发生亏损的被投资主体以后年度又实现净利润的，按照收益分享额弥补未确认的亏损分担额等后的金额，借记本科目（损益调整），贷记"投资收益"科目。

（6）被投资主体宣告发放现金股利或利润的，根据股权管理部门提供的资料，按照应上缴政府财政的部分，借记"应收股利"科目，贷记本科目（损益调整）。

（7）收到现金股利或利润时，按照实际收到的金额，借记"国库存款"科目，贷记"应收股利"科目；按照实际收到金额中未宣告发放的现金股利或利润，借记"应收股利"科目，贷记本科目（损益调整）。

（8）被投资主体发生除净损益和利润分配以外的所有者权益变动的，根据股权管理部门提供的资料，按照应享有或应分担的份额，借记或贷记本科目（其他权益变动），贷记或借记"权益法调整"科目。

（9）股权投资持有期间，被投资主体以收益转增投资的，根据股权管理部门提供的资料，按照收益转增投资的金额，借记本科目（投资成本），贷记本科目（损益调整）。

（10）处置股权投资时，根据股权管理部门提供的资料，按照被处置股权投资对应的"权益法调整"科目账面余额，借记或贷记"权益法调整"科目，贷记或借记本科目（其他权益变动）；按照处置收回的金额，借记"国库存款"科目，按照已宣告但尚未领取的现金股利或利润，贷记"应收股利"科目，按照被处置股权投资的账面余额，贷记本科目（投资成本、损益调整），按照其差额，贷记或借记"投资收益"科目。

（11）无偿划出股权投资时，根据股权管理部门提供的资料，按照被划出股权投资对应的"权益法调整"科目账面余额，借记或贷记"权益法调整"科目，贷记或借记本科目（其他权益变动）；按照被划出股权投资的账面余额，借记"其他费用"科目，贷记本科目（投资成本、损益调整）。

（12）企业破产清算时，根据股权管理部门提供的资料，按照破产清算企业股权投资对应的"权益法调整"科目账面余额，借记或贷记"权益法调整"科目，贷记或借记本科目（其他权益变动）；按照缴入国库清算收入的金额，借记"国库存款"科目，按照破产清算股权投资的账面余额，贷记本科目（投资成本、损益调整），按照其差额，借记或贷记"投资收益"科目。

【例11-21】某省政府财政部门向某基金公司投资，以180 000 000元购入该基金面值200 000 000元股权，用一般公共预算资金从国库支付。

财务会计账务处理：

借：股权投资　　　　　　　　　　　　　　　　　　　　　　200 000 000
　　　贷：国库存款　　　　　　　　　　　　　　　　　　　180 000 000
　　　　　权益法调整　　　　　　　　　　　　　　　　　　 20 000 000
预算会计账务处理：
借：一般公共预算支出　　　　　　　　　　　　　　　　　　180 000 000
　　　贷：资金结存——库款资金结存　　　　　　　　　　　180 000 000

（二）采用成本法核算

（1）政府财政以现金取得股权投资时，按照实际支付的金额，借记本科目（投资成本），贷记"国库存款"科目。

实际支付的金额中包含的已宣告但尚未发放的现金股利，应当单独确认为应收股利。

（2）政府财政以现金以外其他资产置换取得股权投资时，按照股权管理部门确认的金额，借记本科目（投资成本），贷记相关资产类科目。

（3）通过清查发现以前年度取得、尚未纳入财政总会计核算的股权投资时，根据股权管理部门提供的资料，按照其确定的投资成本，借记本科目（投资成本），贷记"以前年度盈余调整"科目。已宣告但尚未发放的现金股利，应当单独确认为应收股利。

（4）无偿划入股权投资时，根据股权管理部门提供的资料，按照其确定的投资成本，借记本科目（投资成本），贷记"其他收入"科目。

（5）处置股权投资时，按照收回的金额，借记"国库存款"科目，按照已宣告但尚未领取的现金股利或利润，贷记"应收股利"科目；按照被处置股权投资账面余额，贷记本科目（投资成本），按照其差额，贷记或借记"投资收益"科目。

（6）无偿划出股权投资时，按照被划出股权投资的账面余额，借记"其他费用"科目，贷记本科目（投资成本）。

（7）企业破产清算时，根据股权管理部门提供的资料，按照缴入国库清算收入的金额，借记"国库存款"科目；按照破产清算股权投资的账面余额，贷记本科目（投资成本）；按照其差额，借记或贷记"投资收益"科目。

【例11-22】某省政府财政部门向某基金公司投资，以180 000 000元购入该基金面值200 000 000元股权，用一般公共预算资金从国库支付。

财务会计账务处理：
借：股权投资　　　　　　　　　　　　　　　　　　　　　　180 000 000
　　　贷：国库存款　　　　　　　　　　　　　　　　　　　180 000 000
预算会计账务处理：
借：一般公共预算支出　　　　　　　　　　　　　　　　　　180 000 000
　　　贷：资金结存——库款资金结存　　　　　　　　　　　180 000 000

（三）成本法与权益法的转换

（1）对股权投资的核算从成本法改为权益法的，应按照成本法下本科目（投资成本）账面余额与追加投资成本的合计金额，借记本科目（投资成本）；按照成本法下本科目（投资成本）账面余额，贷记本科目（投资成本）；按照追加投资的金额，贷记"国库存款"科目。

（2）对股权投资的核算从权益法改为成本法的，按照"权益法调整"科目账面余额，借记或贷记"权益法调整"科目，贷记或借记本科目（其他权益变动）；按照权益法下本科目（投资成本、损益调整）账面余额作为成本法下投资成本账面余额，借记本科目（投资成本），贷记本科目（投资成本、损益调整）。

其后,被投资单位宣告分派现金股利或利润时,属于已记入投资成本账面余额的部分,按照应分得的现金股利或利润份额,借记"应收股利"科目,贷记本科目(投资成本)。

第二节 财政总会计负债的核算

负债,是指政府财政部门代表政府过去的经济业务或者事项形成的,预期会导致经济资源流出政府会计主体的现时义务。财政总会计核算的负债按照流动性,分为流动负债和非流动负债。流动负债是指预计在1年内(含1年)偿还的负债;非流动负债是指流动负债以外的负债。总会计核算的负债具体包括应付短期政府债券、应付国库集中支付结余、应付及暂收款项、应付利息、应付代管资金、应付长期政府债券、借入款项、应付地方政府债券转贷款、应付主权外债转贷款和其他负债等。

一、应付短期政府债券

应付短期政府债券,是指政府财政以政府名义发行的期限不超过1年(含1年)的国债和地方政府债券的应付本金,其中,国债包括中央政府财政发行的国内政府债券和境外发行的主权债券等。财政总会计应当设置"应付短期政府债券"总账科目进行核算,本科目应设置"应付国债""应付地方政府一般债券""应付地方政府专项债券"明细科目。债务管理部门应当设置辅助明细账,主要包括政府债券金额、种类、期限、发行日、到期日、票面利率、偿还本金及付息情况等内容,并按期计算债券存续期应付利息。本科目期末贷方余额反映政府财政尚未偿还的短期政府债券本金。

(1)实际收到短期政府债券发行收入时,按照实际收到的金额,借记"国库存款"科目;按照短期政府债券实际发行额,贷记本科目;按照发行收入和发行额的差额,借记或贷记有关费用科目。

(2)中央财政发生国债随卖业务时,按照实际收到的金额,借记"国库存款"等科目;根据国债随卖确认文件等相关债券管理资料;按照国债随卖面值,贷记本科目或"应付长期政府债券"科目;按照其差额,借记或贷记"财务费用——利息费用"科目。

(3)中央财政发生国债随买业务时,根据国债随买确认文件等相关债券管理资料,按照国债随买面值,借记本科目或"应付长期政府债券"科目;按照实际支付的金额,贷记"国库存款"等科目;按照其差额,借记或贷记"财务费用——利息费用"科目。

(4)实际偿还本级政府财政承担的短期政府债券本金时,借记本科目,贷记"国库存款"等科目。

【例11-23】某省财政厅发行一批6个月期记账式贴现政府债券,用于一般公共预算开支,确定的发行价格为90元/100元面值。实际发行债券面值金额为300 000元,省国库实际收到债券发行收入220 000元,经确认的到期应付债券本金额为300 000元。六个月后,该期国债到期,省财政部门按债券面值偿还300 000元。该期债券的发行日期与偿还日期在同一财政年度,到期实际支付的利息金额中没有已确认的应付利息。

①实际收到短期政府债券发行收入时。
财务会计账务处理:
借:国库存款 220 000
　　财务费用 80 000
　　　贷:应付短期政府债券 300 000
预算会计账务处理:

```
借：资金结存——库款资金结存                    220 000
    一般公共预算支出                            80 000
  贷：债务预算收入                                      300 000
```

②实际偿付短期政府债券本息时。

财务会计账务处理：
```
借：应付短期政府债券                            300 000
  贷：国库存款                                           300 000
```
预算会计账务处理：
```
借：债务还本预算支出                            300 000
  贷：资金结存——库款资金结存                           300 000
```

二、应付国库集中支付结余

应付国库集中支付结余是指，省级以上（含省级）政府财政国库集中支付中应列为当年费用但年末未支付需结转下一年度支付的款项。财政总会计应当设置"应付国库集中支付结余"总账科目进行核算。本科目应按照预算单位明细核算；同时可根据管理需要，参照《政府收支分类科目》中支出经济分类科目明细核算。本科目期末贷方余额反映政府财政尚未支付的国库集中支付结余。

应付国库集中支付结余的主要账务处理如下：

（1）年末，对当年发生的应付国库集中支付结余，借记有关费用科目，贷记本科目。
（2）实际支付应付国库集中支付结余资金时，借记本科目，贷记"国库存款"科目。
（3）收回尚未支付的应付国库集中支付结余时，借记本科目，贷记"以前年度盈余调整"等科目。

【例11-24】某市财政部门实行国库集中支付。年末，所属某预算单位存在尚未使用的国库集中支付结余资金70 000元，资金性质为一般公共预算资金。市财政部门经分析后决定，所属预算单位的结余资金次年继续用于相应项目购买商品。次年3月，市财政部门通过财政直接支付方式将该结余资金全额用于所属预算单位相应项目购买商品支出。

①年末，市财政部门对当年形成的国库集中支付结余采用权责发生制列支时（不做预算会计财务处理）。
```
借：政府机关商品和服务拨款费用                   70 000
  贷：应付国库集中支付结余                              70 000
```

②次年3月，市财政部门实际支付国库集中支付结余资金时。

财务会计账务处理：
```
借：应付国库集中支付结余                         70 000
  贷：国库存款                                           70 000
```
预算会计账务处理
```
借：一般公共预算支出                             70 000
  贷：资金结存——库款资金结存                           70 000
```

三、应付及暂收款项

应付及暂收款项是指政府财政业务活动中形成的支付义务，包括与上级往来和其他应付款等。应付及暂收款项应当及时清理结算。

（一）与上级往来

与上级往来是指本级政府财政与上级政府财政的往来待结算款项。财政总会计应当设置"与上级往来"总账科目进行核算，本科目可根据管理需要，按照往来款项的类别和项目等明细核算。本科目期末贷方余额反映本级政府财政欠上级政府财政的款项，借方余额反映上级政府财政欠本级政府财政的款项。

（1）收到上级政府财政拨付的款项时，借记"国库存款""其他财政存款"科目，贷记本科目。

（2）有主权外债业务的财政部门，贷款资金由本级政府财政同级部门使用，且贷款的最终还款责任由上级政府财政承担的，本级政府财政收到贷款资金时，借记"国库存款""其他财政存款"等科目，贷记本科目或"补助收入"科目；外方或上级政府财政将贷款资金直接支付给供应商或用款单位时，借记有关费用科目，贷记本科目或"补助收入"科目。

（3）两级财政年终结算中确认的应当上交上级政府财政的款项，借记"上解费用"科目，贷记本科目。

（4）两级财政年终结算中确认的应当由上级政府财政补助的款项，借记本科目，贷记"补助收入"科目。

（5）上级政府财政扣缴有关款项时，借记有关科目，贷记本科目。

（6）归还上级政府财政的往来性款项时，按照实际归还的金额，借记本科目，贷记"国库存款""其他财政存款"等科目。

【例11-25】 在财政体制结算中，某市财政部门应上交上级某省财政部门公共财政预算款项45 000元。

财务会计账务处理：
借：上解费用　　　　　　　　　　　　　　　　　　　　　　　　　　45 000
　　贷：与上级往来　　　　　　　　　　　　　　　　　　　　　　　　45 000
预算会计账务处理：
借：上解预算支出　　　　　　　　　　　　　　　　　　　　　　　　45 000
　　贷：资金结存——上下级调拨结存　　　　　　　　　　　　　　　　45 000

【例11-26】 在财政体制结算中，某省财政部门应对所属某市财政部门做公共财政预算补助238 000元。

财务会计账务处理：
借：与上级往来　　　　　　　　　　　　　　　　　　　　　　　　　238 000
　　贷：补助收入　　　　　　　　　　　　　　　　　　　　　　　　　238 000
预算会计账务处理：
借：资金结存——上下级调拨结存　　　　　　　　　　　　　　　　　238 000
　　贷：补助预算收入　　　　　　　　　　　　　　　　　　　　　　　238 000

（二）其他应付款

其他应付款，是指政府财政临时发生的暂收、应付、收到的不明性质款项和收回的结转结余资金等。税务机关代征入库的社会保险费，也通过本科目核算。财政总会计应当设置"其他应付款"总账科目进行核算，本科目应按照债权人或资金来源等明细核算。本科目应当及时清理结算，期末贷方余额反映政府财政尚未结清的其他应付款项。

（1）收到不明性质款项及收回结转结余资金时，借记"国库存款""其他财政存款"等科目，贷记本科目。

（2）将有关款项清理退还、划转、转作收入时，借记本科目，贷记"国库存款""其他财政存款"或有关收入科目。

（3）社会保险费代征入库时，借记"国库存款"科目，贷记本科目。入库的社会保险费划转社

保基金专户时，借记本科目，贷记"国库存款"科目。

（4）收回的结转结余资金，财政部门按原预算科目使用的，实际安排支出时，借记本科目，贷记"国库存款""其他财政存款"等科目。

收回的结转结余资金，财政部门调整预算科目使用的，实际安排支出时，借记本科目，贷记"以前年度盈余调整——预算管理资金以前年度盈余调整"等科目；同时，借记有关费用科目，贷记"国库存款"等科目。

（5）有关款项确认冲减当年费用时，借记本科目，贷记有关费用科目；有关款项确认冲减以前年度有关费用事项的，借记本科目，贷记"以前年度盈余调整——预算管理资金以前年度盈余调整"等科目。

【例11-27】某市财政部门国库存款账户收到某单位性质不明的缴款9 000元。经查明，该单位性质不明的缴款9 000元属于误人，该市财政部门予以退回。

①收到某单位性质不明的缴款时（不做预算会计账务处理）。

财务会计账务处理：

借：国库存款　　　　　　　　　　　　　　　　　　　　　　　　　9 000
　　贷：其他应付款　　　　　　　　　　　　　　　　　　　　　　　9 000

②退回误存入款项时（不做预算会计账务处理）。

财务会计账务处理：

借：其他应付款　　　　　　　　　　　　　　　　　　　　　　　　9 000
　　贷：国库存款　　　　　　　　　　　　　　　　　　　　　　　　9 000

四、应付代管资金

应付代管资金，是指政府财政代为管理的，使用权属于被代管主体的资金。财政总会计应当设置"应付代管资金"总账科目进行核算，本科目应根据管理需要明细核算。本科目期末贷方余额反映政府财政尚未支付的代管资金。

（1）收到代管资金时，借记"其他财政存款"等科目，贷记本科目。

（2）支付代管资金时，借记本科目，贷记"其他财政存款"等科目。

（3）代管资金产生的利息收入按照有关规定仍属于代管资金的，借记"其他财政存款"等科目，贷记本科目。

【例11-28】某市财政部门代管一项社会公益基金，现收到社会捐赠款项60 000元存入财政专户（不做预算会计账务处理）。

借：其他财政存款　　　　　　　　　　　　　　　　　　　　　　　60 000
　　贷：应付代管资金　　　　　　　　　　　　　　　　　　　　　　60 000

五、应付利息

应付利息，是指政府财政以政府名义发行的政府债券及借入款项应支付的利息。财政总会计应当设置"应付利息"总账科目进行核算，本科目应根据管理需要设置"应付国债利息""应付地方政府债券利息""应付地方政府主权外债利息"明细科目。本科目应根据债务管理部门计算并提供的政府债务及借入款项的应付利息情况，按期核算。本科目期末贷方余额反映政府财政应付未付的利息金额。

（1）根据债务管理部门计算确定的本期应付未付利息金额，借记"财务费用——利息费用"科目，贷记本科目。

（2）实际支付利息时，支付金额中已计提的部分，借记本科目，未计提的部分，借记"财务费用——利息费用"科目，贷记"国库存款""其他财政存款"等科目。

（3）提前赎回已发行的政府债券、豁免政府财政承担的主权外债应付利息时，按照减少的当年已计提应付利息金额，借记本科目，贷记"财务费用——利息费用"等科目。

减少以前年度已计提但尚未支付的利息金额，借记本科目，贷记"以前年度盈余调整"科目。

（4）期末，政府发行的以外币计价的政府债券及借入款项由于汇率变化产生的应付利息折算差额，借记或贷记"财务费用——汇兑损益"科目，贷记或借记本科目。

例题见【例11-29】和【11-30】。

六、应付长期政府债券

应付长期政府债券，是指政府财政以政府名义发行的期限超过1年的国债和地方政府债券的应付本金。其中，国债包括中央政府财政发行的国内政府债券和境外发行的主权债券等。财政总会计应当设置"应付长期政府债券"总账科目进行核算，本科目应设置"应付国债""应付地方政府一般债券""应付地方政府专项债券"明细科目。债务管理部门应设置辅助明细账，主要包括政府债券金额、种类、期限、发行日、到期日、票面利率、实际偿还本金及付息情况等内容，并按期计算债券存续期应负担的利息金额。本科目期末贷方余额反映政府财政尚未偿还的长期政府债券本金。

（1）实际收到长期政府债券发行收入时，按照实际收到的金额，借记"国库存款""其他财政存款"科目，按照长期政府债券实际发行额，贷记本科目，按照其差额，借记或贷记有关费用科目。

（2）中央财政发生国债随卖业务时，账务处理参照"应付短期政府债券"科目使用说明中国债随卖业务的账务处理。

（3）中央财政发生国债随买业务时，账务处理参照"应付短期政府债券"科目使用说明中国债随买业务的账务处理。

（4）政府财政以定向承销方式发行长期政府债券时，根据债务管理部门转来的债券发行文件等有关资料，借记"以前年度盈余调整""应收地方政府债券转贷款"等科目，按照长期政府债券实际发行额，贷记本科目，按照发行收入和发行额的差额，借记或贷记有关费用科目。

（5）实际偿还长期政府债券本金时，借记本科目，贷记"国库存款""其他财政存款"等科目。

【例11-29】某省财政部门偿还所属某市政府财政部门承担的地方政府长期债券本息89 600 000元，其中本金80 000 000元，利息9 600 000元（已计提利息8 800 000元）。

财务会计账务处理：
借：应付长期政府债券　　　　　　　　　　　　　　　　　　　　　80 000 000
　　应付利息　　　　　　　　　　　　　　　　　　　　　　　　　　8 800 000
　　财务费用　　　　　　　　　　　　　　　　　　　　　　　　　　　800 000
　　贷：国库存款　　　　　　　　　　　　　　　　　　　　　　　　89 600 000
预算会计账务处理：
借：债务还本预算支出　　　　　　　　　　　　　　　　　　　　　80 000 000
　　一般公共预算支出　　　　　　　　　　　　　　　　　　　　　　9 600 000
　　贷：资金结存——库款资金结存　　　　　　　　　　　　　　　　89 600 000

七、借入款项

借入款项，是指政府财政以政府名义向外国政府和国际金融组织等借入的款项，以及经国务院批准的其他方式借入的款项。财政总会计应当设置"借入款项"总账科目进行核算,本科目应按照债权人明细核算。债务管理部门应设置辅助明细账,主要包括借入款项对应的项目、期限、借入日期、实际偿还及付息情况等内容,并按期计算借款存续期应负担的利息金额。本科目期末贷方余额反映本级政府财政尚未偿还的借入款项本金。

1)借入主权外债的主要账务处理。

(1)本级政府财政收到借入的主权外债资金时,按照实际收到的金额借记"国库存款""其他财政存款"科目,按照实际承担的债务金额贷记本科目,按照实际收到的金额与承担的债务之间的差额,借记或贷记有关费用科目。

(2)本级政府财政借入主权外债,且由外方或上级政府财政将贷款资金直接支付给用款单位或供应商时,一般有三种情况。

①本级政府财政承担还款责任,贷款资金由本级政府财政同级部门使用的,根据债务管理部门转来的有关资料,按照实际承担的债务金额,借记有关费用科目,贷记本科目。

②本级政府财政承担还款责任,贷款资金由下级政府财政同级部门使用的,根据债务管理部门转来的有关资料及有关预算文件,借记"补助费用"科目或"与下级往来"科目,贷记本科目。

③下级政府财政承担还款责任,贷款资金由下级政府财政同级部门使用的,根据债务管理部门转来的有关资料,借记"应收主权外债转贷款"科目,贷记本科目。

(3)偿还主权外债本金时,按照实际支付的金额,借记本科目,贷记"国库存款""其他财政存款"等科目。

(4)债权人豁免本级政府财政承担偿还责任的借入主权外债本金时,根据债务管理部门转来的有关资料,按照被豁免的本金,借记本科目,贷记"其他收入"等科目。

(5)债权人豁免下级政府财政承担偿还责任的借入主权外债本金时,根据债务管理部门转来的有关资料,按照被豁免的本金,借记本科目,贷记"应收主权外债转贷款"科目。

2)年末,根据债务管理部门提供的借入款项因汇率变动产生的期末人民币余额与账面余额之间的差额资料,借记或贷记"财务费用——汇兑损益"科目,贷记或借记本科目。

3)其他借入款项账务处理参照本科目使用说明中借入主权外债业务的账务处理。

4)本级政府财政首次确认以前年度借入的主权外债时,根据债务管理部门提供的有关资料,按照借入主权外债的余额,借记"以前年度盈余调整"科目,贷记本科目。

【例11-30】某省政府财政部门从欧盟借入外债资金用于机场建设(属于政府性基金),折合人民币金额为2 000 000 000元,款项已经存入财政专户。年末,财政部门核算的该主权外债年度利息为40 000 000元。该主权外债五年后到期,省政府财政部门偿还了借款本金2 000 000 000元。

①收到主权外债资金时:

财务会计账务处理:

借:其他财政存款 2 000 000 000
  贷:借入款项 2 000 000 000

预算会计账务处理:

借:资金结存——专户资金结存 2 000 000 000
  贷:债务预算收入 2 000 000 000

②年末,确认借入主权外债的年度应付利息时(不做预算会计账务处理):

财务会计账务处理:

借:财务费用 40 000 000
  贷:应付利息 40 000 000

③支付借入主权外债年度利息时。

财务会计账务处理：

借：应付利息　　　　　　　　　　　　　　　　　　　　　　40 000 000
　　贷：其他财政存款　　　　　　　　　　　　　　　　　　　　　　40 000 000

预算会计账务处理：

借：政府性基金预算支出　　　　　　　　　　　　　　　　　40 000 000
　　贷：资金结存——专户资金结存　　　　　　　　　　　　　　　　40 000 000

④到期偿还借入主权外债本金时。

财务会计账务处理：

借：借入款项　　　　　　　　　　　　　　　　　　　　　2 000 000 000
　　贷：其他财政存款　　　　　　　　　　　　　　　　　　　　　2 000 000 000

预算会计账务处理：

借：债务还本预算支出　　　　　　　　　　　　　　　　　2 000 000 000
　　贷：资金结存——专户资金结存　　　　　　　　　　　　　　　2 000 000 000

八、应付地方政府债券转贷款

应付地方政府债券转贷款，是指地方政府财政从上级政府财政借入地方政府债券转贷款的本金和利息。财政总会计应当设置"应付地方政府债券转贷款"总账科目进行核算。本科目应设置"应付本金"和"应付利息"明细科目，其下可根据管理规定设置"地方政府一般债券""地方政府专项债券"等明细科目。其中，"应付利息"科目通常应根据债务管理部门计算并提供的政府债券转贷款的应付利息情况，按期核算。本科目期末贷方余额反映本级政府财政尚未偿还的地方政府债券转贷款本金和利息。

（1）上级政府财政转贷地方政府债券资金时，按照实际收到的金额或债务管理部门转来的相关资料，借记"国库存款"或"与上级往来"等科目，按照转贷本金金额，贷记本科目，按照其差额，借记或贷记有关费用科目。

（2）按期确认地方政府债券转贷款的应付利息时，根据债务管理部门计算确定的本期应付未付利息金额，借记"财务费用——利息费用"科目，贷记本科目。

（3）偿还本级政府财政承担的地方政府债券转贷款本息时，借记本科目，贷记"国库存款"等科目。

（4）上级政府财政扣缴地方政府债券转贷款本息时，借记本科目，贷记"与上级往来"等科目。

（5）上级政府财政豁免转贷款本息时，根据债务管理部门转来的有关资料及有关预算文件，按照豁免金额，借记本科目，贷记"补助收入"或"与上级往来"等科目。

【例11-31】　某省财政部门发行一批地方政府一般债券，同时，向所属下级某市财政部门转贷400 000元，用以支持该市政府的一项公共设施建设（属于一般公共预算支出）。该转贷款项每年利息费用为5 000元，转贷期限为3年，每年支付一次利息。

①某市国库收到上级省政府财政部门转贷的地方政府债券资金时。

财务会计账务处理：

借：国库存款　　　　　　　　　　　　　　　　　　　　　　　400 000
　　贷：应付地方政府债券转贷款——应付本金　　　　　　　　　　　400 000

预算会计账务处理：

借：资金结存——库款资金结存　　　　　　　　　　　　　　　400 000
　　贷：债务转贷预算收入　　　　　　　　　　　　　　　　　　　　400 000

②每年确认债券转贷款利息时(不做预算会计账务处理):
财务会计账务处理:
借:财务费用 5 000
　　贷:应付地方政府债券转贷款——应付利息 5 000
③按时支付由市政府财政部门承担的债券转贷款利息时。
财务会计账务处理:
借:应付地方政府债券转贷款——应付利息 5 000
　　贷:国库存款 5 000
预算会计账务处理:
借:一般公共预算支出 5 000
　　贷:资金结存——库款资金结存 5 000
④按时偿还由市政府财政部门承担的债券转贷款本金时。
财务会计账务处理:
借:应付地方政府债券转贷款——应付本金 400 000
　　贷:国库存款 400 000
预算会计账务处理:
借:债务还本预算支出 400 000
　　贷:资金结存——库款资金结存 400 000

九、应付主权外债转贷款

应付主权外债转贷款,是指本级政府财政从上级政府财政借入主权外债转贷款的本金和利息。财政总会计应当设置"应付主权外债转贷款"总账科目进行核算,本科目应设置"应付本金"和"应付利息"明细科目。债务管理部门应当设置辅助明细账,主要包括应付主权外债对应的项目、期限、借入日期、实际偿还及付息情况等内容,并按期计算外债存续期应负担的利息金额。本科目期末贷方余额反映本级政府财政尚未偿还的主权外债转贷款本金和利息。

1)收到上级政府财政转贷款的主权外债资金时,按照实际收到的金额借记"国库存款""其他财政存款"科目,按照实际承担的债务金额贷记本科目,按照实际收到的金额和承担的债务金额之间的差额,借记或贷记有关费用科目。

2)从上级政府财政借入主权外债转贷款,且由外方或上级政府财政将贷款资金直接支付给用款单位或供应商时,一般有三种情况。

(1)本级政府财政承担还款责任,贷款资金由本级政府财政同级部门使用的,根据债务管理部门转来的有关资料,借记有关费用科目,贷记本科目。

(2)本级政府财政承担还款责任,贷款资金由下级政府财政同级部门使用的,根据债务管理部门转来的有关资料及有关预算文件,借记"补助费用"或"与下级往来"等科目,贷记本科目。

(3)下级政府财政承担还款责任,贷款资金由下级政府财政同级部门使用的,根据债务管理部门转来的有关资料,借记"应收主权外债转贷款"科目,贷记本科目。

3)按期确认主权外债转贷款的应付利息时,根据债务管理部门计算确认的转贷款本期应付未付利息金额,借记"财务费用——利息费用"科目,贷记本科目。

4)偿还主权外债转贷款的本息时,借记本科目,贷记"国库存款""其他财政存款"等科目。

5)上级政府财政扣缴借入主权外债转贷款的本息时,借记本科目,贷记"与上级往来"科目。

6)上级政府财政豁免主权外债转贷款本息时,一般有两种情况。

（1）豁免本级政府财政承担偿还责任的主权外债转贷款本息时，根据债务管理部门转来的有关资料及有关预算文件，按照豁免转贷款的金额，借记本科目，贷记"补助收入"或"与上级往来"等科目。

（2）豁免下级政府财政承担偿还责任的主权外债转贷款本息时，根据债务管理部门转来的有关资料及有关预算文件，按照豁免转贷款的金额，借记本科目，贷记"应收主权外债转贷款"科目，同时借记"补助费用"或"与下级往来"等科目，贷记"补助收入"或"与上级往来"科目。

7）年末，根据债务管理部门提供的应付主权外债转贷款因汇率变动产生的期末人民币余额与账面余额之间的差额资料，借记或贷记"财务费用——汇兑损益"科目，贷记或借记本科目。

8）本级政府财政首次确认以前年度转贷的主权外债时，根据债务管理部门提供的有关资料，按照转贷主权外债本息余额，借记"以前年度盈余调整"科目，贷记本科目。

【例 11-32】 某省政府财政专户收到中央政府财政部门转贷的主权外债资金 600 000 000 元，用于该省范围内的公共基础设施建设。该项贷款期限为 6 年，每年支付利息费用为 1 000 000 元。

①省财政部门收到转贷的主权外债资金时。

财务会计账务处理：

借：其他财政存款　　　　　　　　　　　　　　　　　　　　　　　　600 000 000
　　贷：应付主权外债转贷款——应付本金　　　　　　　　　　　　　　　600 000 000

预算会计账务处理：

借：资金结存——专户资金结存　　　　　　　　　　　　　　　　　　　600 000 000
　　贷：债务转贷预算收入　　　　　　　　　　　　　　　　　　　　　　600 000 000

②省财政部门每年确认该主权外债的利息费用 100 万元时（不做预算会计账务处理）。

借：财务费用　　　　　　　　　　　　　　　　　　　　　　　　　　　1 000 000
　　贷：应付主权外债转贷款——应付利息　　　　　　　　　　　　　　　1 000 000

③省财政部门按时支付主权外债转贷款利息时。

财务会计账务处理：

借：应付主权外债转贷款——应付利息　　　　　　　　　　　　　　　　1 000 000
　　贷：其他财政存款　　　　　　　　　　　　　　　　　　　　　　　　1 000 000

预算会计账务处理：

借：一般公共预算支出　　　　　　　　　　　　　　　　　　　　　　　1 000 000
　　贷：资金结存——专户资金结存　　　　　　　　　　　　　　　　　　1 000 000

十、其他负债

其他负债，是指政府财政因有关政策明确要求其承担支出责任的事项而形成的支付义务。财政总会计应当设置"其他负债"总账科目进行核算，本科目可根据管理需要，按照项目等明细核算。本科目贷方余额反映政府财政承担的尚未支付的其他负债余额。

（1）政策明确由政府财政承担支出责任的其他负债，按照确定应承担的负债金额，借记"其他费用"科目，贷记本科目。

（2）期末，根据债务管理部门转来的其他负债期末余额与账面余额的差额，借记或贷记本科目，贷记或借记"其他费用"科目。

思考题

1. 政府资产的分类有哪些?
2. 如何处理财政存款的主要账务?
3. 如何处理国库现金管理资产的主要账务?
4. 如何处理有价证券的主要账务?
5. 如何处理应收非税收入的主要账务?
6. 如何处理应收股利的主要账务?
7. 如何处理应收及暂付款项的主要账务?
8. 如何处理应收转贷款的主要账务?
9. 如何处理股权投资的主要账务?
10. 政府负债的分类有哪些?
11. 如何处理应付短期政府债券的主要账务?
12. 如何处理应付国库集中支付结余的主要账务?
13. 如何处理应付及暂收款项的主要账务?
14. 如何处理应付代管资金的主要账务?
15. 如何处理应付长期政府债券的主要账务?
16. 如何处理应付地方政府债券转贷款的主要账务?
17. 如何处理应付主权外债转贷款的主要账务?

第十二章
财政总会计收入与费用的核算

PROJECT 12

学习目标

◎ 掌握收入和费用的种类。
◎ 熟练掌握收入和费用有关账户的设置及应用方法。

第一节 财政总会计收入的核算

财政总会计核算的收入，应当按照开具票据金额或实际取得金额计量。财政总会计核算的收入包括税收收入、非税收入、投资收益、转移性收入、其他收入、财政专户管理资金收入和专用基金收入等。本科目平时贷方余额反映本级政府财政税收收入的累计数。期末结转后，本科目应无余额。

一、税收收入

税收收入，是指政府财政筹集的纳入本级财政管理的税收收入。财政总会计应当设置"税收收入"总账科目进行核算，本科目应参照《政府收支分类科目》中"税收收入"科目明细核算。

（1）收到款项时，根据当日收入日报表所列本级税收收入数，借记"国库存款"科目，贷记本科目。

（2）年终转账时，本科目贷方余额转入本期盈余，借记本科目，贷记"本期盈余——预算管理资金本期盈余"科目。

【例12-1】 某市财政局收到国库报来的预算收入日报表，列示纳入一般公共预算本级收入的国有企业增值税收入为 1 200 000 元。

财务会计账务处理：
借：国库存款　　　　　　　　　　　　　　　　　　　　　　　　　1 200 000
　　贷：税收收入　　　　　　　　　　　　　　　　　　　　　　　　　　1 200 000
预算会计账务处理：
借：资金结存——库款资金结存　　　　　　　　　　　　　　　　　1 200 000
　　贷：一般公共预算收入　　　　　　　　　　　　　　　　　　　　　　1 200 000

【例12-2】 某政府财政部门收到国库报送的预算收入日报表，由于发生退库，本日纳入一般公共预算本级收入的消费税收入减少 150 000 元。

财务会计账务处理：

借：国库存款 150 000（红字）
　　贷：税收收入 150 000（红字）

预算会计账务处理：

借：资金结存——库款资金结存 150 000（红字）
　　贷：一般公共预算收入 150 000（红字）

二、非税收入

非税收入，是指政府财政筹集的纳入本级财政管理的非税收入。财政总会计应当设置"非税收入"总账科目进行核算，本科目应参照《政府收支分类科目》中"非税收入"科目明细核算。本科目平时贷方余额反映本级政府财政非税收入的累计数。期末结转后，本科目应无余额。

（1）确认取得非税收入时：

按照实际收到的非税收入金额，借记"国库存款"科目，贷记本科目。

全部实行非税收入电子化管理，非税收入管理部门具备条件提供已开具缴款票据、尚未缴入本级国库的非税收入数据的地区，按照本级应收的非税收入金额，借记"应收非税收入"科目，贷记本科目。

（2）期末，非税收入管理部门应提供已列应收非税收入中确认不能缴库的金额，借记本科目，贷记"应收非税收入"科目。

（3）年终转账时，本科目贷方余额转入本期盈余，借记本科目，贷记"本期盈余——预算管理资金本期盈余"科目。

【例 12-3】 某市财政局收到国库报来的预算收入日报表，列示纳入一般公共预算本级收入的行政性收费收入为 300 000 元。

财务会计账务处理：

借：国库存款 300 000
　　贷：非税收入 300 000

预算会计账务处理：

借：资金结存——库款资金结存 300 000
　　贷：一般公共预算收入 300 000

【例 12-4】 某市财政局收到国库报来的政府性基金收入日报表，列示国有土地收益基金收入 800 000 元。

财务会计账务处理：

借：国库存款 800 000
　　贷：非税收入 800 000

预算会计账务处理：

借：资金结存——库款资金结存 800 000
　　贷：政府性基金预算收入 800 000

三、投资收益

投资收益，是指政府持有股权投资实现的收益或发生的损失。财政总会计应当设置"投资收益"总账科目进行核算，本科目可根据管理需要，按照被投资主体明细核算。期末结转后，本科目应无余额。

（一）采用权益法核算

（1）股权投资持有期间，被投资主体实现净损益的，根据股权管理部门提供的资料，按照应享有或应分担的被投资主体实现净损益的份额，借记或贷记"股权投资（损益调整）"科目，贷记或借记本科目。

（2）处置股权投资时，根据股权管理部门提供的资料，按照处置收回的金额，借记"国库存款"科目，按照已宣告但尚未领取的现金股利或利润，贷记"应收股利"科目，按照被处置股权投资的账面余额，贷记"股权投资（投资成本、损益调整）"科目，按照借贷方差额，贷记或借记本科目；同时，按照被处置股权投资对应的"权益法调整"科目账面余额，借记或贷记"权益法调整"科目，贷记或借记"股权投资（其他权益变动）"科目。

（3）企业破产清算时，按照缴入国库清算收入的金额，借记"国库存款"科目，按照破产清算股权投资的账面余额，贷记"股权投资（投资成本、损益调整）"科目，按照其差额，借记或贷记本科目；同时，按照破产清算企业股权投资对应的"权益法调整"科目账面余额，借记或贷记"权益法调整"科目，贷记或借记"股权投资（其他权益变动）"科目。

【例12-5】 某市政府持有大华企业80%的股权，有权决定大华企业的财务和经营政策，将该股权投资作为长期股权投资管理，采用权益法核算。2023年4月，大华企业公布其2022年报表，显示净利润为200 000元。该市政府财政部门按持股比例应享有大华企业实现的净利润为160 000元（不做预算会计账务处理）。

借：股权投资——损益调整　　　　　　　　　　　　　　　　160 000
　　贷：投资收益　　　　　　　　　　　　　　　　　　　　　　　　160 000

（二）采用成本法核算

（1）股权投资持有期间，被投资主体宣告发放现金股利或利润的，根据股权管理部门提供的资料，按照应上缴政府财政的部分，借记"应收股利"科目，贷记本科目。

（2）收到现金股利或利润时，按照实际收到的金额，借记"国库存款"科目，贷记"应收股利"科目；按照实际收到金额中未宣告发放的现金股利或利润，借记"应收股利"科目，贷记本科目。

（3）处置股权投资时，按照收回的金额，借记"国库存款"科目；按照已宣告但尚未领取的现金股利或利润，贷记"应收股利"科目；按照股权投资账面余额，贷记"股权投资（投资成本）"科目；按照借贷方差额，贷记或借记本科目。

（4）企业破产清算时，根据股权管理部门提供的资料，按照缴入国库清算收入的金额，借记"国库存款"科目；按照破产清算股权投资的账面余额，贷记"股权投资（投资成本）"科目；按照其差额，借记或贷记本科目。

（三）投资收益结转

年终结转时，本科目余额转入本期盈余，借记或贷记本科目，贷记或借记"本期盈余——预算管理资金本期盈余"科目。

【例12-6】 某市政府持有A企业10%的股权，无权决定A企业的财务和经营政策，将该股权投资采用成本法核算。A企业宣告发放现金股利120 000元，该市政府财政部门按持股比例应分得12 000元。1个月后，市政府财政部门收到国库日报表反映收到A企业支付股利12 000元。根据相关规定，该部分现金股利纳入该市政府财政的国有资本经营预算。

① A企业宣告现金股利时（不做预算会计账务处理）。

借：应收股利　　　　　　　　　　　　　　　　　　　　　　12 000
　　贷：投资收益　　　　　　　　　　　　　　　　　　　　　　　　12 000

② 市政府财政部门收到现金股利时。

财务会计账务处理：

借：国库存款 12 000
　　贷：应收股利 12 000

预算会计账务处理：

借：资金结存——库款资金结存 12 000
　　贷：国有资本经营预算收入 12 000

四、转移性收入

转移性收入，是指在各级政府财政之间因资金调拨而形成的收入，包括补助收入、上解收入和地区间援助收入等。

（一）补助收入

补助收入是指上级政府财政按照财政体制规定或专项需要补助给本级政府财政的款项，包括税收返还、转移支付等。财政总会计应当设置"补助收入"总账科目进行核算。本科目平时贷方余额反映本级政府财政取得补助收入的累计数。期末结转后，本科目应无余额。

（1）年终与上级政府财政结算时，按照结算确认的应当由上级政府补助的收入数，借记"与上级往来"科目，贷记本科目。退还或核减补助收入时，借记本科目，贷记"与上级往来"科目。

（2）年终转账时，本科目贷方余额转入本期盈余，借记本科目，贷记"本期盈余——预算管理资金本期盈余"科目。

【例12-7】 某市财政部门收到国库报来的预算收入日报表，当日共收到省一般公共预算补助收入 300 500 元。另外，该市财政部门因资金周转困难向省财政部门借的资金 600 000 元，经省领导批准转为对本级市财政一般公共预算的补助。

账务会计账务处理：

借：国库存款 300 500
　　与上级往来 600 000
　　贷：补助收入 900 500

预算会计账务处理：

借：资金结存——库款资金结存 300 500
　　资金结存——上下级调拨结存 600 000
　　贷：补助预算收入 900 500

（二）上解收入

上解收入，是指按照财政体制规定或专项需要由下级政府财政上交给本级政府财政的款项。财政总会计应当设置"上解收入"总账科目进行核算，本科目可根据管理需要，按照上解地区明细核算。本科目平时贷方余额反映上解收入的累计数。期末结转后，本科目应无余额。

（1）年终与下级政府财政结算时，按照结算确认的应上解金额，借记"与下级往来"科目，贷记本科目。退还或核减上解收入时，借记本科目，贷记"与下级往来"科目。

（2）年终转账时，本科目贷方余额转入本期盈余，借记本科目，贷记"本期盈余——预算管理资金本期盈余"科目。

【例12-8】 某市国库报财政部门收到某县按规定上解的某项政府性基金款项 300 000 元。

财务会计账务处理：

借：国库存款 300 000
　　贷：上解收入 300 000

预算会计账务处理：
借：资金结存——库款资金结存　　　　　　　　　　　　　　　　　300 000
　　贷：上解预算收入　　　　　　　　　　　　　　　　　　　　　　300 000

（三）地区间援助收入

地区间援助收入，是指受援方政府财政收到援助方政府财政转来的可统筹使用的各类援助、捐赠等资金收入。财政总会计应当设置"地区间援助收入"总账科目进行核算，本科目可根据管理需要，按照援助地区等明细核算。本科目平时贷方余额反映地区间援助收入的累计数。期末结转后，本科目应无余额。

（1）收到援助方政府财政转来的资金时，借记"国库存款"科目，贷记本科目。

（2）年终转账时，本科目贷方余额转入本期盈余，借记本科目，贷记"本期盈余——预算管理资金本期盈余"科目。

【例12-9】 A市国库报财政部门收到B市财政部门转来的一笔可统筹使用的援助资金，具体情况为"转移性收入——接受其他地区援助收入"700 000元。

财务会计账务处理：
借：国库存款　　　　　　　　　　　　　　　　　　　　　　　　　700 000
　　贷：地区间援助收入　　　　　　　　　　　　　　　　　　　　　700 000
预算会计账务处理：
借：资金结存——库款资金结存　　　　　　　　　　　　　　　　　700 000
　　贷：地区间援助预算收入　　　　　　　　　　　　　　　　　　　700 000

五、其他收入

其他收入，是指政府财政从其他渠道调入资金、豁免主权外债偿还责任，以及无偿取得股权投资等产生的收入。财政总会计应当设置"其他收入"总账科目进行核算，本科目可根据管理需要，按照其他收入类别等明细核算。本科目平时贷方余额反映本级政府财政其他收入的累计数。期末结转后，本科目应无余额。

（1）从其他渠道调入资金时，按照调入的金额，借记"国库存款"科目，贷记本科目。

（2）债权人豁免政府财政承担的主权外债时，政府财政按照减少的债务金额，借记"借入款项"等科目，贷记本科目。

（3）无偿划入股权投资时，账务处理参照"股权投资"科目使用说明中权益法和成本法下对应业务的账务处理。

（4）年终转账时，本科目贷方余额转入本期盈余。借记本科目，贷记"本期盈余——预算管理资金本期盈余"科目。

六、财政专户管理资金收入

财政专户管理资金收入，是指政府财政纳入财政专户管理的教育收费等资金收入。财政总会计应当设置"财政专户管理资金收入"总账科目进行核算，本科目可根据管理需要，按照预算单位等明细核算。本科目平时贷方余额反映财政专户管理资金收入的累计数。期末结转后，本科目应无余额。

（1）收到财政专户管理资金时，借记"其他财政存款"科目，贷记本科目。

（2）年终转账时，本科目贷方余额转入本期盈余，借记本科目，贷记"本期盈余——财政专户管理资金本期盈余"科目。

【例12-10】 某市财政部门财政专户收到某学校学生交来的学费共计7 604 000元。

财务会计账务处理：
借：其他财政存款　　　　　　　　　　　　　　　　　　　7 604 000
　　贷：财政专户管理资金收入　　　　　　　　　　　　　　　　7 604 000
预算会计账务处理：
借：资金结存——专户资金结存　　　　　　　　　　　　　7 604 000
　　贷：财政专户管理资金收入　　　　　　　　　　　　　　　　7 604 000

七、专用基金收入

专用基金收入，是指政府财政根据法律法规等规定设立的各项专用基金（包括粮食风险基金等）取得的资金收入。财政总会计应当设置"专用基金收入"总账科目进行核算，本科目可根据管理需要，按照专用基金的种类明细核算。本科目平时贷方余额反映本级政府财政专用基金收入的累计数。期末结转后，本科目应无余额。

（1）取得专用基金收入转入财政专户时，借记"其他财政存款"科目，贷记本科目。退回取得的专用基金收入时，借记本科目，或"以前年度盈余调整——专用基金以前年度盈余调整"科目，贷记"其他财政存款"科目。

（2）通过费用安排取得专用基金收入仍留存国库的，借记有关费用科目，贷记"专用基金收入"科目。

（3）年终转账时，本科目贷方余额转入本期盈余，借记本科目，贷记"本期盈余——专用基金本期盈余"科目。

【例12-11】 某省财政部门通过本级一般公共预算安排取得粮食风险基金70 000元，从国库拨出款项，并转入粮食风险基金财政专户。

财务会计账务处理：
借：其他财政存款　　　　　　　　　　　　　　　　　　　　　70 000
　　贷：专用基金收入　　　　　　　　　　　　　　　　　　　　　70 000
预算会计账务处理：
借：资金结存——专户资金结存　　　　　　　　　　　　　　70 000
　　贷：专用基金收入　　　　　　　　　　　　　　　　　　　　　70 000

第二节　财政总会计费用的核算

财政总会计核算的费用，应当按照承担支付义务金额或实际发生金额计量。财政总会计核算的费用包括政府机关商品和服务拨款费用、政府机关工资福利拨款费用、对事业单位补助拨款费用、对企业补助拨款费用、对个人和家庭补助拨款费用、对社会保障基金补助拨款费用、资本性拨款费用、其他拨款费用、财务费用、转移性费用、其他费用、财政专户管理资金支出和专用基金支出等。对收回本年度已列费用的款项，应冲减当期费用；对收回以前年度已列费用的款项，通常记入以前年度盈余调整。

一、政府机关商品和服务拨款费用

政府机关商品和服务拨款费用，是指本级政府财政拨付给机关和参照《中华人民共和国公务员法》管理的事业单位（简称"参公事业单位"）购买商品和服务的各类费用，不包括用于购置固定资产、战略性和应急性物资储备等的资本性拨款费用。财政总会计应当设置"政府机关商品和服务拨款费用"总账科目进行核算，本科目可根据管理需要，参照《政府收支分类科目》中支出经济分类科目，按照预算单位和项目等明细核算。本科目平时借方余额反映本级政府机关商品和服务拨款费用的累计数。期末结转后，本科目应无余额。

（1）实际发生政府机关商品和服务拨款费用时，借记本科目，贷记"国库存款"科目。

（2）当年政府机关商品和服务拨款费用发生退回时，按照实际收到的退回金额，借记"国库存款"科目，贷记本科目。

（3）年终转账时，本科目借方余额转入本期盈余，借记"本期盈余——预算管理资金本期盈余"科目，贷记本科目。

【例 12-12】 某市财政总会计开出拨款凭证，对市检察院办公大楼改造项目通过国库以实拨资金的方式拨付专项支出 2 000 000 元。

财务会计账务处理：
借：政府机关商品和服务拨款费用　　　　　　　　　　　　　　　　　　2 000 000
　　贷：国库存款　　　　　　　　　　　　　　　　　　　　　　　　　　　2 000 000
预算会计账务处理：
借：一般公共预算支出　　　　　　　　　　　　　　　　　　　　　　　　2 000 000
　　贷：资金结存——库款资金结存　　　　　　　　　　　　　　　　　　　2 000 000

二、政府机关工资福利拨款费用

政府机关工资福利拨款费用，是指本级政府财政拨付给机关和参公事业单位在职职工和编制外长期聘用人员的各类劳动报酬，及为上述人员缴纳的各项社会保险费等费用。财政总会计应当设置"政府机关工资福利拨款费用"总账科目进行核算，本科目可根据管理需要，参照《政府收支分类科目》中支出经济分类科目，按照预算单位和项目等明细核算。本科目平时借方余额反映本级政府机关工资福利拨款费用的累计数。期末结转后，本科目应无余额。

（1）实际发生政府机关工资福利拨款费用时，借记本科目，贷记"国库存款"科目。

（2）当年政府机关工资福利拨款费用发生退回时，按照实际收到的退回金额，借记"国库存款"科目，贷记本科目。

（3）年终转账时，本科目借方余额转入本期盈余，借记"本期盈余——预算管理资金本期盈余"科目，贷记本科目。

【例 12-13】 某市财政通过国库直接支付方式，支付市政务中心人员实发工资 1 500 000 元。

财务会计账务处理：
借：政府机关工资福利拨款费用　　　　　　　　　　　　　　　　　　　　1 500 000
　　贷：国库存款　　　　　　　　　　　　　　　　　　　　　　　　　　　1 500 000
预算会计账务处理：
借：一般公共预算支出　　　　　　　　　　　　　　　　　　　　　　　　1 500 000
　　贷：资金结存——库款资金结存　　　　　　　　　　　　　　　　　　　1 500 000

三、对事业单位补助拨款费用

对事业单位补助拨款费用，是指本级政府财政拨付的对事业单位（不含参公事业单位）的经常性补助费用，不包括对事业单位的资本性拨款费用。财政总会计应当设置"对事业单位补助拨款费用"总账科目进行核算，本科目可根据管理需要，参照《政府收支分类科目》中支出经济分类科目，按照预算单位和项目等明细核算。本科目平时借方余额反映本级政府财政对事业单位补助拨款费用的累计数。期末结转后，本科目应无余额。

（1）实际发生对事业单位补助拨款费用时，借记本科目，贷记"国库存款"科目。

（2）当年对事业单位补助拨款费用发生退回时，按照实际收到的退回金额，借记"国库存款"科目，贷记本科目。

（3）年终转账时，本科目借方余额转入本期盈余，借记"本期盈余——预算管理资金本期盈余"科目，贷记本科目。

【例12-14】 某省财政从水利基金中通过国库拨付给省某研究院一笔水利工程设计补助经费300 000元。

财务会计账务处理：

借：对事业单位补助拨款费用　　　　　　　　　　　　300 000
　　贷：国库存款　　　　　　　　　　　　　　　　　　　　300 000

预算会计账务处理：

借：政府性基金预算支出　　　　　　　　　　　　　　300 000
　　贷：资金结存——库款资金结存　　　　　　　　　　　　300 000

四、对企业补助拨款费用

对企业补助拨款费用，是指本级政府财政拨付的对各类企业的补助费用，不包括对企业的资本金注入和资本性拨款费用。财政总会计应当设置"对企业补助拨款费用"总账科目进行核算，本科目可根据管理需要，参照《政府收支分类科目》中支出经济分类科目，按照预算单位和项目等明细核算。本科目平时借方余额反映本级政府财政对企业补助拨款费用的累计数。期末结转后，本科目应无余额。

（1）实际发生对企业补助拨款费用时，借记本科目，贷记"国库存款"科目。

（2）当年对企业补助拨款费用发生退回时，按照实际收到的退回金额，借记"国库存款"科目，贷记本科目。

（3）年终转账时，本科目借方余额转入本期盈余，借记"本期盈余——预算管理资金本期盈余"科目，贷记本科目。

【例12-15】 某市财政从一般公共预算经费中通过国库拨付给某锅炉企业节能奖励金2 000 000元。

财务会计账务处理：

借：对企业补助拨款费用　　　　　　　　　　　　　　2 000 000
　　贷：国库存款　　　　　　　　　　　　　　　　　　　　2 000 000

预算会计账务处理：

借：一般公共预算支出　　　　　　　　　　　　　　　2 000 000
　　贷：资金结存——库款资金结存　　　　　　　　　　　　2 000 000

五、对个人和家庭补助拨款费用

对个人和家庭补助拨款费用，是指本级政府财政拨付的对个人和家庭的补助费用。财政总会计应当设置"对个人和家庭补助拨款费用"总账科目进行核算，本科目可根据管理需要，参照《政府收支分类科目》中支出经济分类科目，按照预算单位和项目等明细核算。本科目平时借方余额反映本级政府财政对个人和家庭补助拨款费用的累计数。期末结转后，本科目应无余额。

（1）实际发生对个人和家庭补助拨款费用时，借记本科目，贷记"国库存款"科目。

（2）当年对个人和家庭补助拨款费用发生退回时，按照实际收到的金额，借记"国库存款"科目，贷记本科目。

（3）年终转账时，本科目借方余额转入本期盈余，借记"本期盈余——预算管理资金本期盈余"科目，贷记本科目。

【例 12-16】 某市财政局从一般公共预算经费中通过国库拨付给民政局一笔困难群众节日慰问金 500 000 元。

财务会计账务处理：
借：对个人和家庭补助拨款费用 500 000
　　贷：国库存款 500 000
预算会计账务处理：
借：一般公共预算支出 500 000
　　贷：资金结存——库款资金结存 500 000

六、对社会保障基金补助拨款费用

对社会保障基金补助拨款费用，是指本级政府财政拨付的对社会保险基金的补助，以及补充全国社会保障基金的费用。财政总会计应当设置"对社会保障基金补助拨款费用"总账科目进行核算，本科目可根据管理需要，参照《政府收支分类科目》中支出经济分类科目，按照预算单位和项目等明细核算。本科目平时借方余额反映本级政府财政对社会保障基金补助拨款费用的累计数。期末结转后，本科目应无余额。

（1）实际发生对社会保障基金补助拨款费用时，借记本科目，贷记"国库存款"科目。

（2）当年对社会保障基金补助拨款费用发生退回时，按照实际收到的金额，借记"国库存款"科目，贷记本科目。

（3）年终转账时，本科目借方余额转入本期盈余，借记"本期盈余——预算管理资金本期盈余"科目，贷记本科目。

【例 12-17】 某市财政局从一般公共预算经费中通过国库拨付给社会保障基金补充养老金的款项 2 200 000 元。

财务会计账务处理：
借：对社会保障基金补助拨款费用 2 200 000
　　贷：国库存款 2 200 000
预算会计账务处理：
借：一般公共预算支出 2 200 000
　　贷：资金结存——库款资金结存 2 200 000

七、资本性拨款费用

资本性拨款费用，是指本级政府财政拨付给行政事业单位和企业的资本性费用，不包括对企业的资本金注入。财政总会计应当设置"资本性拨款费用"总账科目进行核算，本科目可根据管理需要，参照《政府收支分类科目》中支出经济分类科目，按照预算单位和项目等明细核算。本科目平时借方余额反映本级政府财政资本性拨款费用的累计数。期末结转后，本科目应无余额。

（1）实际发生资本性拨款费用时，借记本科目，贷记"国库存款"科目。

（2）当年资本性拨款费用发生退回时，按照实际退回的金额，借记"国库存款"科目，贷记本科目。

（3）年终转账时，本科目借方余额转入本期盈余，借记"本期盈余——预算管理资金本期盈余"科目，贷记本科目。

【例 12-18】 为防治新冠病毒，某市财政局从一般公共预算中由国库拨款 100 000 000 元建设一家医院。

财务会计账务处理：

借：资本性拨款费用　　　　　　　　　　　　　　　　　　　　　　　100 000 000
　　贷：国库存款　　　　　　　　　　　　　　　　　　　　　　　　　　　100 000 000

预算会计账务处理：

借：一般公共预算支出　　　　　　　　　　　　　　　　　　　　　　　100 000 000
　　贷：资金结存——库款资金结存　　　　　　　　　　　　　　　　　　　100 000 000

八、其他拨款费用

其他拨款费用，是指本级政府财政拨付的经常性赠予、国家赔偿费用、对民间非营利组织和群众性自治组织补贴等费用。财政总会计应当设置"其他拨款费用"总账科目进行核算，本科目可根据管理需要，参照《政府收支分类科目》中支出经济分类科目，按照预算单位和项目等明细核算。本科目平时借方余额反映本级政府财政其他拨款费用的累计数。期末结转后，本科目应无余额。

（1）实际发生其他拨款费用时，借记本科目，贷记"国库存款"科目。

（2）当年其他拨款费用发生退回时，按照实际收到的退回金额，借记"国库存款"科目，贷记本科目。

（3）年终转账时，本科目借方余额转入本期盈余，借记"本期盈余——预算管理资金本期盈余"科目，贷记本科目。

【例 12-19】 某县财政从国库拨付 2 160 000 元，用于县法院赔付一起十年前的错判案件，该支出年初没有预算。

财务会计账务处理：

借：其他拨款费用　　　　　　　　　　　　　　　　　　　　　　　　　2 160 000
　　贷：国库存款　　　　　　　　　　　　　　　　　　　　　　　　　　　2 160 000

预算会计账务处理：

借：待处理支出　　　　　　　　　　　　　　　　　　　　　　　　　　2 160 000
　　贷：资金结存——库款资金结存　　　　　　　　　　　　　　　　　　　2 160 000

九、财务费用

财务费用，包括本级政府财政用于偿还政府债务的利息费用，政府债务发行、兑付、登记费用，以外币计算的政府资产及债务由于汇率变化产生的汇兑损益等。财政总会计应当设置"财务费用"总账科目进行核算，本科目应设置"利息费用""债务发行兑付费用""汇兑损益"明细科目。本科目平时借方余额反映本级政府财政财务费用的累计数。期末结转后，本科目应无余额。

（一）利息费用的主要账务处理

（1）按期计提利息费用时，根据债务管理部门计算确定的本期应支付利息金额，借记本科目，贷记"应付利息""应付地方政府债券转贷款——应付利息""应付主权外债转贷款——应付利息"等科目。

（2）中央财政发生国债随卖业务时，账务处理参照"应付短期政府债券"科目使用说明中国债随卖业务的账务处理。

（3）中央财政发生国债随买业务时，账务处理参照"应付短期政府债券"科目使用说明中国债随买业务的账务处理。

（4）提前赎回已发行的政府债券、债权人豁免政府财政承担的主权外债应付利息时，按照减少的当年已计提应付利息金额，借记"应付利息""应付地方政府债券转贷款——应付利息""应付主权外债转贷款——应付利息"等科目，贷记本科目。

（二）债务发行兑付费用的主要账务处理

（1）支付政府债务发行、兑付、登记款项时，按照实际支付的金额，借记本科目，贷记"国库存款"科目。

（2）收到或扣缴下级政府财政应承担的政府债务发行、兑付、登记款项时，按照实际收到或扣缴的金额，借记"国库存款""其他财政存款""与下级往来"等科目，贷记本科目。

（三）汇兑损益的主要账务处理

（1）期末，将所有以外币计算的政府资产按期末汇率折算为人民币金额。折算后的金额小于账面余额时，按照折算差额，借记本科目，贷记"其他财政存款""应收主权外债转贷款"等科目；折算后的金额大于账面余额时，按照折算差额，借记"其他财政存款""应收主权外债转贷款"科目，贷记本科目。

（2）期末，将所有以外币计算的借入款项、政府债券、主权外债转贷款、应付利息等政府负债按期末汇率折算为人民币金额。折算后的金额小于账面余额时，按照折算差额，借记"借入款项""应付长期政府债券""应付主权外债转贷款""应付利息"等科目，贷记本科目；折算后的金额大于账面余额时，按照折算差额，借记本科目，贷记"借入款项""应付长期政府债券""应付主权外债转贷款""应付利息"等科目。

（四）财务费用年终结转

财务费用年终结转时，本科目借方或贷方余额转入本期盈余，借记或贷记"本期盈余——预算管理资金本期盈余"科目，贷记或借记本科目。

【例 12-20】 2023 年 8 月 1 日，某省财政部门发行 5 年期政府长期债券面值 2 000 000 000 元，发行费用 5 000 万元，证券公司扣除发行费用后省国库收到 1 950 000 000 元。该债券用于补充一般公共预算，该债券票面年利率为 6%，每月计提利息 1 000 万元。

①发行长期债券扣除发行费用后国库收到款项时。

财务会计账务处理：

借：国库存款	1 950 000 000
财务费用	50 000 000
贷：应付长期政府债券	2 000 000 000

预算会计账务处理：

借：资金结存——库款资金结存	1 950 000 000
一般公共预算支出	50 000 000
贷：债务预算收入	2 000 000 000

② 8 月 31 日计提利息时（不做预算会计账务处理）。

借：财务费用	10 000 000

  贷：应付利息 10 000 000

十、转移性费用

  转移性费用，是指在各级政府财政之间进行资金调拨形成的费用，包括补助费用、上解费用、地区间援助费用等。

（一）补助费用

  补助费用是指本级政府财政按照财政体制规定或专项需要补助给下级政府财政的费用，包括对下级的税收返还、一般性转移支付和专项转移支付等。财政总会计应当设置"补助费用"总账科目进行核算，本科目可根据管理需要，按照补助地区明细核算。本科目平时借方余额反映本级政府财政对下级补助费用的累计数。期末结转后，本科目应无余额。

  （1）年终与下级政府财政结算时，按照结算确认的应当补助下级政府的费用数，借记本科目，贷记"与下级往来"科目。退还或核减补助费用时，借记"与下级往来"科目，贷记本科目。

  （2）专项转移支付资金实行特设专户管理的，根据有关支出管理部门下达的预算文件和拨款依据确认费用，借记本科目或"与下级往来"科目；资金由本级政府财政拨付给下级的，贷记"其他财政存款"等科目；资金由上级政府财政直接拨给下级的，贷记"与上级往来"或"补助收入"科目。

  （3）年终转账时，本科目借方余额转入本期盈余，借记"本期盈余——预算管理资金本期盈余"科目，贷记本科目。

  【例12-21】某省财政部门通过财政直接支付的方式，为所属某市财政部门支付一笔一般公共预算资金400 000元

  财务会计账务处理：

  借：补助费用 400 000
    贷：国库存款 400 000

  预算会计账务处理：

  借：补助预算支出 400 000
    贷：资金结存——库款资金结存 400 000

（二）上解费用

  上解费用，是指本级政府财政按照财政体制规定或专项需要上交给上级政府财政的费用。财政总会计应当设置"上解费用"总账科目进行核算，本科目可根据管理需要按照项目等明细核算。本科目平时借方余额反映本级政府财政上解费用的累计数。期末结转后，本科目应无余额。

  （1）年终与上级政府财政结算时，按照结算确认的应当上解费用数，借记本科目，贷记"与上级往来"科目。退还或核减上解费用时，借记"与上级往来"等科目，贷记本科目。

  （2）年终转账时，本科目借方余额转入本期盈余，借记"本期盈余——预算管理资金本期盈余"科目，贷记本科目。

  【例12-22】某市财政部门按财政管理体制规定，通过国库向上级某省财政部门上解一笔款项，共计160 000元，具体适用"转移性支出——上解支出——体制上解支出（上下级政府间转移性支出）"预算科目。

  财务会计账务处理：

  借：上解费用 160 000

　　　　贷：国库存款　　　　　　　　　　　　　　　　　　　　　　　　　　　160 000
　　预算会计账务处理：
　　　　借：上解预算支出　　　　　　　　　　　　　　　　　　　　　　　　160 000
　　　　　　贷：资金结存——库款资金结存　　　　　　　　　　　　　　　　　　160 000

（三）地区间援助费用

地区间援助费用，是指援助方政府财政安排用于受援方政府财政统筹使用的各类援助、补偿、捐赠等费用。财政总会计应当设置"地区间援助费用"总账科目进行核算，本科目可根据管理需要，按照受援地区等明细核算。本科目平时借方余额反映地区间援助费用的累计数。期末结转后，本科目应无余额。

（1）发生地区间援助费用时，借记本科目，贷记"国库存款"科目。

（2）年终转账时，本科目借方余额转入本期盈余，借记"本期盈余——预算管理资金本期盈余"科目，贷记本科目。

【**例 12-23**】 甲省财政部门通过国库，向乙省财政部门拨付地区间援助资金 245 500 元，供乙省财政部门统筹安排使用，适用相应"转移性支出——援助其他地区支出"预算科目。

　　财务会计账务处理：
　　　　借：地区间援助费用　　　　　　　　　　　　　　　　　　　　　　　245 500
　　　　　　贷：国库存款　　　　　　　　　　　　　　　　　　　　　　　　　245 500
　　预算会计账务处理：
　　　　借：地区间援助预算支出　　　　　　　　　　　　　　　　　　　　　245 500
　　　　　　贷：资金结存——库款资金结存　　　　　　　　　　　　　　　　　　245 500

十一、其他费用

其他费用，是指政府财政无偿划出股权投资以及确认其他负债等产生的费用。财政总会计应当设置"其他费用"总账科目进行核算，本科目可根据管理需要，按照类别明细核算。本科目平时借方余额反映本级政府财政其他费用的累计数。期末结转后，本科目应无余额。

（1）政府财政无偿划出股权投资时，根据股权管理部门提供的资料，按照被划出股权投资对应的"权益法调整"科目账面余额，借记或贷记"权益法调整"科目，贷记或借记"股权投资（其他权益变动）"科目；按照被划出股权投资的账面余额，借记本科目，贷记"股权投资（投资成本、损益调整）"科目。

（2）政府财政承担支出责任的其他负债，按照确定应承担的负债金额，借记本科目，贷记"其他负债"科目。

（3）无偿划出股权投资时，账务处理参照"股权投资"科目使用说明中权益法和成本法下对应业务的账务处理。

（4）年终转账时，本科目借方余额转入本期盈余，借记"本期盈余——预算管理资金本期盈余"科目，贷记本科目。

十二、财政专户管理资金支出

财政专户管理资金支出，是指政府财政用纳入财政专户管理的教育收费等资金安排的支出。财政总会计应当设置"财政专户管理资金支出"总账科目进行核算，本科目可根据管理需要，按照预算单位等明细核算。本科目平时借方余额反映财政专户管理资金支出的累计数。期末结转后，本科目应无余额。

(1)发生财政专户管理资金支出时,借记本科目,贷记"其他财政存款"等科目。

(2)当年记入的财政专户管理资金支出发生退回时,按照实际退回的金额,借记"其他财政存款"科目,贷记本科目。

(3)以前年度财政专户管理资金支出发生退回时,按照实际退回的金额,借记"其他财政存款"科目,贷记"以前年度盈余调整——财政专户管理资金以前年度盈余调整"科目。

(4)年终转账时,本科目借方余额转入本期盈余,借记"本期盈余——财政专户管理资金本期盈余"科目,贷记本科目。

【例12-24】某区财政部门通过财政专户向某小学拨付教育收费,共计680 000元。

财务会计账务处理:
借:财政专户管理资金支出　　　　　　　　　　　　　　　　680 000
　　贷:其他财政存款　　　　　　　　　　　　　　　　　　　　　　680 000
预算会计账务处理:
借:财政专户管理资金支出　　　　　　　　　　　　　　　　680 000
　　贷:资金结存——专户资金结存　　　　　　　　　　　　　　　　680 000

十三、专用基金支出

专用基金支出,是指政府财政用专用基金收入安排的支出。财政总会计应当设置"专用基金支出"总账科目进行核算,本科目可根据管理需要,按照专用基金种类、预算单位等明细核算。本科目平时借方余额反映专用基金支出的累计数。期末结转后,本科目应无余额。

(1)发生专用基金支出时,借记本科目,贷记"其他财政存款"等科目。

(2)当年专用基金支出发生退回时,按照实际退回的金额,借记"其他财政存款"等科目,贷记本科目。

(3)以前年度专用基金支出发生退回时,按照实际退回的金额,借记"其他财政存款"等科目,贷记"以前年度盈余调整——专用基金以前年度盈余调整"科目。

(4)年终转账时,本科目借方余额转入本期盈余,借记"本期盈余——专用基金本期盈余"科目,贷记本科目。

【例12-25】某市财政部门使用粮食风险基金直接补贴种粮农民,从粮食风险基金财政专户拨付资金540 000元。

财务会计账务处理:
借:专用基金支出　　　　　　　　　　　　　　　　　　　　540 000
　　贷:其他财政存款　　　　　　　　　　　　　　　　　　　　　　540 000
预算会计账务处理:
借:专用基金支出　　　　　　　　　　　　　　　　　　　　540 000
　　贷:资金结存——专户资金结存　　　　　　　　　　　　　　　　540 000

思考题

1. 财政总会计的收入主要有哪些?
2. 如何处理税收收入的主要账务?
3. 如何处理非税收入的主要账务?
4. 如何处理投资收益的主要账务?
5. 如何处理各种转移性收入的主要账务?
6. 如何处理财政专户管理资金收入的主要账务?
7. 如何处理专用基金收入的主要账务?
8. 财政总会计的费用主要有哪些?
9. 政府机关商品和服务拨款费用的主要账务如何处理?
10. 政府机关工资福利拨款费用的主要账务如何处理?
11. 对社会保障基金补助拨款费用的主要账务如何处理?
12. 资本性拨款费用的主要账务如何处理?
13. 转移性费用的主要账务如何处理?
14. 专用基金支出的主要账务如何处理?

PROJECT 13

第十三章 财政总会计净资产的核算与财务会计报表

📋 **学习目标**

◎ 掌握净资产的概念、分类。
◎ 熟练掌握净资产有关账户的设置及应用方法。
◎ 掌握总会计年终清理结算结账。
◎ 熟练掌握财政总会计财务会计报表的编制。

第一节 财政总会计净资产的核算

财政总会计核算的净资产是指本级政府财政总会计核算的资产扣除负债后的净额,包括累计盈余、本期盈余、预算稳定调节基金、预算周转金、权益法调整和以前年度盈余调整等。

一、累计盈余

累计盈余,是指政府财政一般公共预算资金、政府性基金预算资金、国有资本经营预算资金、财政专户管理资金、专用基金等历年实现的盈余滚存的金额。财政总会计应当设置"累计盈余"总账科目进行核算,本科目应设置"预算管理资金累计盈余""财政专户管理资金累计盈余""专用基金累计盈余"明细科目。

(一)"预算管理资金累计盈余"科目的主要账务处理

(1)年终转账时,将"本期盈余——预算管理资金本期盈余"科目余额转入本科目,借记或贷记"预算管理资金本期盈余"科目,贷记或借记本科目。

(2)年终转账时,将"以前年度盈余调整——预算管理资金以前年度盈余调整"科目余额转入本科目,借记或贷记"以前年度盈余调整——预算管理资金以前年度盈余调整"科目,贷记或借记本科目。

(3)本科目期末余额反映预算管理资金累计盈余的累计数。

(二)"财政专户管理资金累计盈余"科目的主要账务处理

(1)年终转账时,将"本期盈余——财政专户管理资金本期盈余"科目余额转入本科目,借记或贷记"财政专户管理资金本期盈余"科目,贷记或借记本科目。

(2)年终转账时,将"以前年度盈余调整——财政专户管理资金以前年度盈余调整"科目余额转入本科目,借记或贷记"以前年度盈余调整——财政专户管理资金以前年度盈余调整"科目,贷记或借记本科目。

（3）本科目期末余额反映财政专户管理资金累计盈余的累计数。

(三)"专用基金累计盈余"科目的主要账务处理

（1）年终转账时，将"本期盈余——专用基金本期盈余"科目的余额转入本科目，借记或贷记"专用基金本期盈余"科目，贷记或借记本科目。

（2）年终转账时，将"以前年度盈余调整——专用基金以前年度盈余调整"科目的余额转入本科目，借记或贷记"以前年度盈余调整——专用基金以前年度盈余调整"科目，贷记或借记本科目。

（3）本科目期末余额反映专用基金累计盈余的累计数。

【例13-1】某县财政部门年终结转最后阶段"本期盈余"总账科目下设的"预算管理资金本期盈余"和"财政专户管理资金本期盈余"二级科目的贷方余额分别为83 000元、34 000元（不做预算会计账务处理）。

```
借：本期盈余——预算管理资金本期盈余                  83 000
           ——财政专户管理资金本期盈余              34 000
    贷：累计盈余——预算管理资金本期盈余              83 000
             ——财政专户管理资金本期盈余            34 000
```

二、本期盈余

本期盈余，是指政府财政一般公共预算资金、政府性基金预算资金、国有资本经营预算资金、财政专户管理资金、专用基金本期各项收入、费用分别相抵后的余额。财政总会计应当设置"本期盈余"总账科目进行核算，本科目应设置"预算管理资金本期盈余""财政专户管理资金本期盈余""专用基金本期盈余"明细科目。期末结转后，本科目应无余额。设置、补充和动用预算稳定调节基金，设置、补充预算周转金产生的盈余变动事项，也通过本科目核算。

(一)"预算管理资金本期盈余"科目的账务处理

（1）年终转账时，将纳入一般公共预算、政府性基金预算、国有资本经营预算管理的各类收入科目本年发生额转入本科目的贷方，借记"税收收入""非税收入""投资收益""补助收入""上解收入""地区间援助收入""其他收入"科目，贷记本科目；将纳入一般公共预算、政府性基金预算、国有资本经营预算管理的各类费用科目本年发生额转入本科目的借方，借记本科目，贷记"政府机关商品和服务拨款费用""政府机关工资福利拨款费用""对事业单位补助拨款费用""对企业补助拨款费用""对个人和家庭补助拨款费用""对社会保障基金补助拨款费用""资本性拨款费用""其他拨款费用""财务费用""补助费用""上解费用""地区间援助费用""其他费用"科目。

（2）设置或补充预算稳定调节基金时，借记本科目，贷记"预算稳定调节基金"科目；动用预算稳定调节基金时，借记"预算稳定调节基金"科目，贷记本科目。

（3）设置或补充预算周转金时，借记本科目，贷记"预算周转金"科目。

（4）完成上述结转后，将本科目余额转入累计盈余。如为借方余额，贷记本科目，借记"累计盈余——预算管理资金累计盈余"科目；如为贷方余额，借记本科目，贷记"累计盈余——预算管理资金累计盈余"科目。

(二)"财政专户管理资金本期盈余"科目的账务处理

（1）年终转账时，将财政专户管理资金收入的本年发生额转入本科目的贷方，借记"财政专户管理资金收入"科目，贷记本科目；将财政专户管理资金支出的本年发生额转入本科目的借方，借记本科目，贷记"财政专户管理资金支出"科目。

（2）完成上述结转后，将本科目余额转入累计盈余。借记或贷记本科目，贷记或借记"累计盈余——财政专户管理资金累计盈余"科目。

(三)"专用基金本期盈余"科目的账务处理

(1)年终转账时,将专用基金收入的本年发生额转入本科目的贷方,借记"专用基金收入"科目,贷记本科目;将专用基金支出的本年发生额转入本科目的借方,借记本科目,贷记"专用基金支出"科目。

(2)完成上述结转后,将本科目余额转入累计盈余。借记或贷记本科目,贷记或借记"累计盈余——专用基金累计盈余"科目。

【例 13-2】 某县财政部门年终结转时,有关财务会计收入类科目的贷方余额见表 13-1;有关财务会计费用类科目的借方余额,见表 13-2。

表 13-1 财务会计收入类科目贷方余额表　　　　　　　　　　单位:元

科目	金额
税收收入	760 000
非税收入	150 000
补助收入	100 000
上解收入	3 000
财政专户管理资金收入	584 000
合计	1 597 000

表 13-2 财务会计费用类科目借方余额表　　　　　　　　　　单位:元

科目	金额
政府机关商品和服务拨款费用	400 000
政府机关工资福利拨款费用	510 000
上解费用	20 000
财政专户管理资金支出	550 000
合计	1 480 000

①根据表 13-1 数据,做财务会计账务处理。

借:税收收入　　　　　　　　　　　　　　　　　　　　　　　760 000
　　非税收入　　　　　　　　　　　　　　　　　　　　　　　150 000
　　补助收入　　　　　　　　　　　　　　　　　　　　　　　100 000
　　上解收入　　　　　　　　　　　　　　　　　　　　　　　　3 000
　　财政专户管理资金收入　　　　　　　　　　　　　　　　　584 000
　　　贷:本期盈余——预算管理资金本期盈余　　　　　　　1 013 000
　　　　　　　　——财政专户管理资金本期盈余　　　　　　　584 000

②根据表 13-2 数据,做财务会计账务处理。

借:本期盈余——预算管理资金本期盈余　(400 000+510 000+20 000)930 000
　　　　　　——财政专户管理资金本期盈余　　　　　　　　　550 000
　　贷:政府机关商品和服务拨款费用　　　　　　　　　　　　400 000

政府机关工资福利拨款费用	510 000
上解费用	20 000
财政专户管理资金支出	550 000

三、预算稳定调节基金

预算稳定调节基金，是指政府财政为保持年度间预算的衔接和稳定而设置的储备性资金。财政总会计应当设置"预算稳定调节基金"总账科目进行核算，本科目期末贷方余额反映预算稳定调节基金的累计规模。

（1）设置或补充预算稳定调节基金时，借记"本期盈余——预算管理资金本期盈余"科目，贷记本科目。

（2）将预算周转金调入预算稳定调节基金时，借记"预算周转金"科目，贷记本科目。

（3）动用预算稳定调节基金时，借记本科目，贷记"本期盈余——预算管理资金本期盈余"科目。

【例13-3】某市财政部门年终发生财政超收，即财政收入大于财政支出，决定补充预算稳定调节基金35 900元。

财务会计账务处理：
借：本期盈余——预算管理资金本期盈余　　　　　　　　　　35 900
　　贷：预算稳定调节基金　　　　　　　　　　　　　　　　　　35 900

预算会计账务处理：
借：安排预算稳定调节基金　　　　　　　　　　　　　　　　35 900
　　贷：预算稳定调节基金　　　　　　　　　　　　　　　　　　35 900

四、预算周转金

预算周转金，是指政府财政为调剂预算年度内季节性收支差额、保证及时用款而设置的库款周转资金。财政总会计应当设置"预算周转金"总账科目进行核算，本科目期末贷方余额反映预算周转金的累计规模。

（1）设置或补充预算周转金时，借记"本期盈余——预算管理资金本期盈余"科目，贷记本科目。

（2）将预算周转金调入预算稳定调节基金时，借记本科目，贷记"预算稳定调节基金"科目。

【例13-4】某市财政部门年终用公共财政预算结余30 000元补充预算周转金。

财务会计账务处理：
借：本期盈余——预算管理资金本期盈余　　　　　　　　　　30 000
　　贷：预算周转金　　　　　　　　　　　　　　　　　　　　　30 000

预算会计账务处理：
借：一般公共预算结转结余　　　　　　　　　　　　　　　　30 000
　　贷：预算周转金　　　　　　　　　　　　　　　　　　　　　30 000

【例13-5】某市财政部门将一部分预算周转金调入预算稳定调节基金，调入金额为300 000元。

财务会计账务处理：
借：预算周转金　　　　　　　　　　　　　　　　　　　　　300 000
　　贷：预算稳定调节基金　　　　　　　　　　　　　　　　　　300 000

预算会计账务处理：
借：预算周转金　　　　　　　　　　　　　　　　　　　　　300 000

贷：预算稳定调节基金　　　　　　　　　　　　　　　　　　　　300 000

五、权益法调整

权益法调整，是指政府财政按照持股比例计算应享有的被投资主体除净损益和利润分配以外的所有者权益变动的份额。财政总会计应当设置"权益法调整"总账科目进行核算，本科目应根据管理需要，按照被投资主体明细核算。本科目期末余额反映政府财政在被投资主体除净损益和利润分配以外的所有者权益变动中累计享有（或分担）的份额。

（1）被投资主体发生除净损益和利润分配以外的其他权益变动时，按照政府财政持股比例计算应享有的部分，借记或贷记"股权投资（其他权益变动）"科目，贷记或借记本科目。

（2）处置股权投资或因企业破产清算导致股权投资减少时，按照相应的"权益法调整"账面余额，借记或贷记本科目，贷记或借记"股权投资（其他权益变动）"科目。

（3）无偿划出股权投资时，根据股权管理部门提供的资料，按照被划出股权投资对应的"权益法调整"科目账面余额，借记或贷记本科目，贷记或借记"股权投资（其他权益变动）"科目；按照被划出股权投资的账面余额，借记"其他费用"科目，贷记"股权投资（投资成本、损益调整）"科目。

（4）由于管理需要，股权投资的核算由权益法改为成本法的，按照"权益法调整"科目账面余额，借记或贷记本科目，贷记或借记"股权投资（其他权益变动）"科目；按照权益法下的"股权投资（投资成本、损益调整）"科目账面余额作为成本法下的"股权投资（投资成本）"账面余额，借记"股权投资（投资成本）"科目，贷记"股权投资（投资成本、损益调整）"科目。

例题见【例11-21】。

六、以前年度盈余调整

以前年度盈余调整是指政府财政调整以前年度盈余的事项。财政总会计应当设置"以前年度盈余调整"总账科目进行核算，本科目应设置"预算管理资金以前年度盈余调整""财政专户管理资金以前年度盈余调整""专用基金以前年度盈余调整"明细科目。期末结转后，本科目应无余额。

（1）调整增加以前年度收入时，按照调整增加的金额，借记有关科目，贷记本科目；调整减少的，做相反会计分录。

（2）调整增加以前年度费用时，按照调整增加的金额，借记本科目，贷记有关科目；调整减少的，做相反会计分录。

（3）对政府以前年度取得的资产或承担的负债，在本年初次确认时，借记有关资产科目或贷记有关负债科目，贷记或借记本科目。

（4）年终转账时，将本科目余额转入累计盈余，借记或贷记"累计盈余"科目，贷记或借记本科目。

第二节 财政总会计的会计结账和结算

财政总会计应当按月进行结账。具体结账方法，按照会计基础工作规范有关规定办理。政府财政部门应当及时开展年终清理结算，并在预算会计和财务会计账中准确反映清理结算结果。

一、年终清理结算

（一）核对年度预算

年终前，总会计应配合预算管理部门将本级政府财政全年预算指标与上、下级政府财政转移性收支预算和本级各部门预算进行核对，及时办理预算调整和转移支付事项。本年预算调整和下达对下级政府财政转移支付预算指标一般截止到 11 月 30 日；各项预算拨款，一般截止到 12 月 25 日。

（二）清理本年收入

总会计应认真清算本年收入，与非税收入征收部门核对年末应收非税收入情况，并组织收入征收部门和国家金库开展年度对账，督促收入征收部门和国家金库年终前及时将本年税收收入和非税收入缴入国库或指定财政专户，确保准确核算本年收入。

（三）清理本年支出和费用

应在本年支领列报的款项，非特殊原因，应在年终前办理完毕。总会计对本级各单位的支出和费用应与单位的相应收入核对无误。应及时收回应收回的拨款，并按收回数相应冲减支出和费用。

（四）核实股权、债权和债务

财政部门内部有关资产、债务管理部门应在有关业务发生时及时向总会计提供与股权、债权、债务等核算和反映有关的资料，确保财务会计资产负债信息确认的及时性。各级财政债务管理部门须定期提供上下级财政核对确认的本地区债权债务利息有关资料。财政部门内部涉及股权投资的相关管理部门应提供股权投资对应的股权证明材料及变动情况资料。

年末，总会计应与相关管理部门核对股权投资、借出款项、应收股利、应收地方政府债券转贷款、应收主权外债转贷款、借入款项、应付短期政府债券、应付长期政府债券、应付地方政府债券转贷款、应付主权外债转贷款、应付利息、其他负债等余额，记录不一致的应及时查明原因，按规定调整账务，相关管理部门要及时提供有关资料，确保账实相符，账账相符。

（五）清理往来款项

政府财政部门要认真清算其他应收款、其他应付款等各种往来款项，在年度终了前予以收回或归还。预算会计与财务会计要及时处理应转作收入或支出、费用的各种款项。

二、年终结算后的核算

总会计对年终报告清理期内发生的会计事项，应当划清会计年度且及时结账，防止错记漏记。属于清理上年度的会计事项，记入上年度会计账；属于新年度的会计事项，记入新年度会计账。通常记入上年度的会计事项主要有三种。

（一）依据年终财政结算进行核算

财政预算管理部门要在年终清理的基础上，于次年元月底前结清上下级政府财政的转移性收支和往来款项。总会计要按照财政管理体制的规定和专项需要，根据预算结算单，与年度预算执

行过程中已补助和已上解数额比较，结合往来款和借垫款情况，计算出全年最后应补或应退数额，填制"年终财政决算结算单"，经核对无误后，作为年终财政结算凭证，预算会计和财务会计据以入账。

（二）依据企业决算数据进行核算

财政部门内部涉及股权投资的相关管理部门应及时取得纳入总会计核算范围的被投资主体经审计后的决算报表，且据此向总会计提供股权投资核算所需资料，财务会计核算股权投资的变动情况。

（三）依据人大审议意见进行核算

本级人民代表大会常务委员会（或人民代表大会）审查意见中提出的须更正原报告的有关事项，总会计应根据审查意见调整有关账目。

三、年终结账

总会计应对预算会计和财务会计分别办理年终结账。年终结账工作一般分为年终转账、结清旧账和记入新账三个步骤，依次做账。

（一）年终转账

计算出预算会计和财务会计各科目12月份合计数和全年累计数，计算出年末余额。

预算会计将预算收入和预算支出分别转入"一般公共预算结转结余""政府性基金预算结转结余""国有资本经营预算结转结余""财政专户管理资金结余""专用基金结余"等科目冲销。

财务会计将收入和费用分别转入相应的本期盈余科目冲销，再将本期盈余科目转入相应的累计盈余科目冲销。

（二）结清旧账

将各收入、支出和费用科目的借方、贷方结出全年总计数。对年终有余额的科目，在"摘要"栏内注明"结转下年"字样，表示转入新账。

（三）记入新账

根据年终转账后的总账和明细账余额，编制年终"资产负债表"和有关明细表（无需填制记账凭证），预算会计和财务会计将表内各科目余额分别记入新年度有关总账和明细账年初余额栏内，且在"摘要"栏注明"上年结转"字样，以区别新年度发生数。

第三节 财政总会计的财务会计报表格式

财务会计报表包括资产负债表、收入费用表、现金流量表、本年预算结余与本期盈余调节表等会计报表和附注。

一、财务会计报表的概念及格式

（一）财务会计报表的概念

资产负债表是反映政府财政在某一特定日期财务状况的报表，格式见表13-3。

收入费用表是反映政府财政在一定会计期间运行情况的报表，格式见表13-4。

现金流量表是反映政府财政在一定会计期间现金流入和流出情况的报表，格式见表13-5。

本年预算结余与本期盈余调节表是反映政府财政在某一会计年度内预算结余与本期盈余差异调整情况的报表，格式见表 13-6。

附注是指对在会计报表中列示项目的文字描述或其明细资料，以及对未能在会计报表中列示项目的说明。

（二）财务会计报表的格式

表 13-3　资产负债表　　　　　　　　　　　　　　　　总会财 01 表

编制单位：　　　　　　　　　　　　年　月　日　　　　　　　　　　　　单位：元

资产	年初余额	期末余额	负债和净资产	年初余额	期末余额
流动资产：			流动负债：		
国库存款			应付短期政府债券		
其他财政存款			应付国库集中支付结余		
国库现金管理资产			与上级往来		
有价证券			其他应付款		
应收非税收入			应付代管资金		
应收股利			应付利息		
借出款项			一年内到期的非流动负债		
与下级往来			流动负债合计		
预拨经费			非流动负债：		
在途款			应付长期政府债券		
其他应收款			借入款项		
应收利息			应付地方政府债券转贷款		
一年内到期的非流动资产			应付主权外债转贷款		
流动资产合计			其他负债		
非流动资产：			非流动负债合计		
应收地方政府债券转贷款			负债合计		
应收主权外债转贷款			净资产：		
股权投资			累计盈余		
非流动资产合计			预算稳定调节基金		
			预算周转金		
			权益法调整		
			净资产合计		
资产总计			负债和净资产总计		

表 13-4 收入费用表   总会财 02 表

编制单位：　　　　　　　　　　　　　　年　月　日　　　　　　　　　　　　　　　　单位：元

项目	预算管理资金		财政专户管理资金		专用基金	
	本月数	本年累计数	本月数	本年累计数	本月数	本年累计数
收入合计						
税收收入			—	—	—	—
非税收入			—	—	—	—
投资收益			—	—	—	—
补助收入			—	—	—	—
上解收入			—	—	—	—
地区间援助收入			—	—	—	—
其他收入			—	—	—	—
财政专户管理资金收入	—	—			—	—
专用基金收入	—	—				
费用合计						
政府机关商品和服务拨款费用			—	—	—	—
政府机关工资福利拨款费用			—	—	—	—
对事业单位补助拨款费用			—	—	—	—
对企业补助拨款费用			—	—	—	—
对个人和家庭补助拨款费用			—	—	—	—
对社会保障基金补助拨款费用			—	—	—	—
资本性拨款费用			—	—	—	—
其他拨款费用			—	—	—	—
财务费用						
补助费用						
上解费用						
地区间援助费用						
其他费用						
财政专户管理资金支出	—	—			—	—
专用基金支出	—	—				
本期盈余（本年收入与费用的差额）						

注：表中有"—"的部分不必填列。

表 13-5　现金流量表　　　　　　　　总会财 03 表

编制单位：　　　　　　　　　年　月　日　　　　　　　　　　单位：元

项目	本年金额	上年金额
一、日常活动产生的现金流量		
组织税收收入收到的现金		
组织非税收入收到的现金		
组织财政专户管理资金收入收到的现金		
组织专用基金收入收到的现金		
上下级政府财政资金往来收到的现金		
收回暂付性款项相关的现金		
其他日常活动收到的现金		
现金流入小计		
政府机关商品和服务拨款支付的现金		
政府机关工资福利拨款支付的现金		
对事业单位补助拨款支付的现金		
对企业补助拨款支付的现金		
对个人和家庭补助拨款支付的现金		
对社会保障基金补助拨款支付的现金		
财政专户管理资金支出支付的现金		
专用基金支出支付的现金		
上下级政府财政资金往来支付的现金		
资本性拨款支付的现金		
暂付性款项支付的现金		
其他日常活动支付的现金		
现金流出小计		
日常活动产生的现金流量净额		
二、投资活动产生的现金流量		
收回股权投资收到的现金		
取得股权投资收益收到的现金		
收到其他与投资活动有关的现金		
现金流入小计		
取得股权投资支出的现金		
支付其他与投资活动有关的现金		

续表

项目	本年金额	上年金额
现金流出小计		
投资活动产生的现金流量净额		
三、筹资活动产生的现金流量		
发行政府债券收到的现金		
借入款项收到的现金		
取得政府债券转贷款收到的现金		
取得主权外债转贷款收到的现金		
收回转贷款本金收到的现金		
收到下级上缴转贷款利息相关的现金		
其他筹资活动收到的现金		
现金流入小计		
转贷地方政府债券支付的现金		
转贷主权外债支付的现金		
支付债务本金相关的现金		
支付债务利息相关的现金		
其他筹资活动支付的现金		
现金流出小计		
筹资活动产生的现金流量净额		
四、汇率变动对现金的影响额		
五、现金净增加额		

表 13-6 本年预算结余与本期盈余调节表　　　　　　　　总会财 04 表

编制单位：　　　　　　　　　　年　月　日　　　　　　　　　　单位：元

项目	本年金额	上年金额
本年预算结余（本年预算收入与支出差额）：		
日常活动产生的差异：		
加：1. 当期确认为收入但没有确认为预算收入		
当期应收未缴库非税收入		
减：2. 当期确认为预算收入但没有确认为收入		
当期收到上期应收未缴库非税收入		
3. 当期确认为预算支出收回但没有确认为费用收回		

续表

项目	本年金额	上年金额
（1）当期收到退回以前年度已列支资金		
（2）当期将以前年度国库集中支付结余收回预算		
投资活动产生的差异：		
加：1. 当期确认为收入但没有确认为预算收入		
（1）当期投资收益或损失		
（2）当期无偿划入股权投资		
2. 当期确认为预算支出但没有确认为费用		
（1）当期股权投资增支		
（2）当期股权投资减支		
减：3. 当期确认为预算收入但没有确认为收入		
（1）当期收到利润收入和股利股息收入		
（2）当期收到清算、处置股权投资的收入		
4. 当期确认为费用但没有确认为预算支出		
当期无偿划出股权投资费用		
筹资活动产生的差异：		
加：1. 当期确认为预算支出但没有确认为费用		
（1）当期转贷款支出		
（2）当期债务还本支出		
（3）拨付十年计提债务利息		
减：2. 当期确认为预算收入但没有确认为收入		
（1）当期债务收入		
（2）当期转贷款收入		
3. 当期确认为费用但没有确认为预算支出		
当期计提未拨付债务利息		
其他差异事项		
当期汇兑损益净额		
本期盈余（本年收入与费用的差额）		

二、财务会计报表的编制规定

（1）收入费用表应当按月度和年度编制，资产负债表、现金流量表、本年预算结余与本期盈余调节表应当至少按年度编制。

（2）总会计应当根据《财政总会计制度》编制并提供真实、完整的会计报表，切实做到账表一致，不得估列代编，弄虚作假。

（3）总会计要严格按照统一规定的种类、格式、内容、计算方法和编制口径填制会计报表，以保证全国统一汇总和分析。汇总报表的单位，要把所属单位的报表汇集齐全，防止漏报。

第四节 财政总会计的财务会计报表编制说明

一、资产负债表的编制说明

（一）本表"年初余额"栏各项目的填列方法

本表"年初余额"栏内各项数字，应当根据上年年末资产负债表"期末余额"栏内数字填列。如果本年度资产负债表规定的各个项目的名称和内容同上年度不一致，应按照本年度的规定调整上年年末资产负债表各项目的名称和数字，填入本表"年初余额"栏内。

（二）本表"期末余额"栏各项目的内容和填列方法

1. 资产类项目

（1）"国库存款"项目，反映政府财政期末存放在国库单一账户的款项金额。本项目应当根据"国库存款"科目的期末余额填列。

（2）"其他财政存款"项目，反映政府财政期末持有的其他财政存款金额。本项目应当根据"其他财政存款"科目的期末余额填列。

（3）"国库现金管理资产"项目，反映政府财政期末实行国库现金管理业务等持有的资产金额。本项目应当根据"国库现金管理资产"科目的期末余额填列。

（4）"有价证券"项目，反映政府财政期末持有的有价证券金额。本项目应当根据"有价证券"科目的期末余额填列。

（5）"应收非税收入"项目，反映政府财政期末向缴款人收取但尚未缴入国库的非税收入。本项目应当根据"应收非税收入"科目的期末余额填列。

（6）"应收股利"项目，反映政府财政期末尚未收回的现金股利或利润金额。本项目应当根据"应收股利"科目的期末余额填列。

（7）"借出款项"项目，反映政府财政期末借给预算单位尚未收回的款项金额。本项目应当根据"借出款项"科目的期末余额填列。

（8）"与下级往来"项目，正数反映下级政府财政欠本级政府财政的款项金额；负数反映本级政府财政欠下级政府财政的款项金额。本项目应当根据"与下级往来"科目的期末余额填列，期末余额如为借方，则以正数填列；如为贷方，则以负数填列。

（9）"预拨经费"项目，反映政府财政期末尚未转列支出或尚待收回的预拨经费金额。本项目应当根据"预拨经费"科目的期末余额填列。

（10）"在途款"项目，反映政府财政期末持有的在途款金额。本项目应当根据"在途款"科目的期末余额填列。

（11）"其他应收款"项目，反映政府财政期末尚未收回的其他应收款的金额。本项目应当根据"其他应收款"科目的期末余额填列。

（12）"应收利息"项目，反映政府财政期末应收未收的转贷款利息金额。本项目应当根据"应收地方政府债券转贷款""应收主权外债转贷款"科目下的"应收利息"明细科目期末余额填列。

（13）"一年内到期的非流动资产"项目，反映政府财政期末非流动资产项目中距离偿还本金日期1年以内（含1年）的转贷款本金。本项目应当根据"应收地方政府债券转贷款""应收主权外债转贷款"科目下的"应收本金"明细科目期末余额及债务管理部门提供的资料分析填列。

（14）"流动资产合计"项目，反映政府财政期末流动资产的合计数。本项目应当根据本表中"国库存款""其他财政存款""国库现金管理资产""有价证券""应收非税收入""应收股利""借出款项""与下级往来""预拨经费""在途款""其他应收款""应收利息""一年内到期的非流动资产"项目金额的合计数填列。

（15）"应收地方政府债券转贷款"项目，反映政府财政期末尚未收回的距离偿还本金日期超过1年的地方政府债券转贷款的本金金额。本项目应当根据"应收地方政府债券转贷款"科目下的"应收本金"明细科目期末余额及债务管理部门提供的资料分析填列。

（16）"应收主权外债转贷款"项目，反映政府财政期末尚未收回的距离偿还本金日期超过1年的主权外债转贷款的本金金额。本项目应当根据"应收主权外债转贷款"科目下的"应收本金"明细科目期末余额及债务管理部门提供的资料分析填列。

（17）"股权投资"项目，反映政府期末持有股权投资的金额。本项目应当根据"股权投资"科目的期末余额填列。

（18）"非流动资产合计"项目，反映政府财政期末非流动资产的合计数。本项目应当根据本表中"应收地方政府债券转贷款""应收主权外债转贷款""股权投资"项目金额的合计数填列。

（19）"资产总计"项目，反映政府财政期末资产的合计数。本项目应当根据本表中的"流动资产合计""非流动资产合计"项目金额的合计数填列。

2. 负债类项目

（1）"应付短期政府债券"项目，反映政府财政期末尚未偿还的发行期不超过1年（含1年）的国债和地方政府债券本金金额。本项目应当根据"应付短期政府债券"科目的期末余额填列。

（2）"应付国库集中支付结余"项目，反映政府财政期末尚未支付的国库集中支付结余金额。本项目应当根据"应付国库集中支付结余"科目的期末余额填列。

（3）"与上级往来"项目，正数反映本级政府财政期末欠上级政府财政的款项金额；负数反映上级政府财政欠本级政府财政的款项金额。本项目应当根据"与上级往来"科目的期末余额填列，期末余额如为贷方，则以正数填列；如为借方，则以负数填列。

（4）"其他应付款"项目，反映政府财政期末尚未支付的其他应付款的金额。本项目应当根据"其他应付款"科目的期末余额填列。

（5）"应付代管资金"项目，反映政府财政期末尚未支付的代管资金金额。本项目应当根据"应付代管资金"科目的期末余额填列。

（6）"应付利息"项目，反映政府财政期末尚未支付的利息金额。省级以上（含省级）政府财政应当根据"应付利息"科目期末余额填列；市县政府财政应当根据"应付地方政府债券转贷款""应付主权外债转贷款"科目下的"应付利息"明细科目期末余额填列。

（7）"一年内到期的非流动负债"项目，反映政府财政期末承担的距离偿还本金日期1年以内（含1年）的非流动负债。省级以上（含省级）政府财政应当根据"应付长期政府债券""借入款项"科目余额，市县政府财政应当根据"应付地方政府债券转贷款""应付主权外债转贷款"科目下的

"应付本金"明细科目期末余额及债务管理部门提供的资料分析填列。

（8）"流动负债合计"项目，反映政府财政期末流动负债合计数。本项目应当根据本表"应付短期政府债券""应付国库集中支付结余""与上级往来""其他应付款""应付代管资金""应付利息""一年内到期的非流动负债"项目金额的合计数填列。

（9）"应付长期政府债券"项目，反映政府财政期末承担的距离偿还本金日期超过 1 年的国债和地方政府债券本金金额。本项目应当根据"应付长期政府债券"科目期末余额及债务管理部门提供的资料分析填列。

（10）"借入款项"项目，反映政府财政期末承担的距离偿还本金日期超过 1 年的借入款项的本金金额。省级以上（含省级）政府财政应当根据"借入款项"科目的期末余额及债务管理部门提供的资料分析填列。

（11）"应付地方政府债券转贷款"项目，反映政府财政期末承担的距离偿还本金日期超过 1 年的地方政府债券转贷款的本金金额。本项目应当根据"应付地方政府债券转贷款"科目下的"应付本金"明细科目期末余额及债务管理部门提供的资料分析填列。

（12）"应付主权外债转贷款"项目，反映政府财政期末承担的距离偿还本金日期超过 1 年的主权外债转贷款的本金金额。本项目应当根据"应付主权外债转贷款"科目下的"应付本金"明细科目期末余额及债务管理部门提供的资料分析填列。

（13）"其他负债"项目，反映中央政府财政期末承担的其他负债金额。本项目应当根据"其他负债"科目的期末余额填列。

（14）"非流动负债合计"项目，反映政府财政期末非流动负债合计数。本项目应当根据本表中"应付长期政府债券""借入款项""应付地方政府债券转贷款""应付主权外债转贷款""其他负债"项目金额的合计数填列。

（15）"负债合计"项目，反映政府财政期末负债的合计数。本项目应当根据本表中"流动负债合计""非流动负债合计"项目金额的合计数填列。

3. 净资产类项目

（1）"累计盈余"项目，反映政府财政纳入一般公共预算、政府性基金预算、国有资本经营预算管理的预算资金，财政专户管理资金、专用基金历年实现的盈余滚存的金额。本项目应当根据"预算管理资金累计盈余""财政专户管理资金累计盈余""专用基金累计盈余"科目的期末余额填列。

（2）"预算稳定调节基金"项目，反映政府财政期末预算稳定调节基金的余额。本项目应当根据"预算稳定调节基金"科目的期末余额填列。

（3）"预算周转金"项目，反映政府财政期末预算周转金的余额。本项目应当根据"预算周转金"科目的期末余额填列。

（4）"权益法调整"项目，反映政府财政按照持股比例计算应享有的被投资主体除净损益和利润分配以外的其他权益变动的份额。本项目根据"权益法调整"科目的期末余额填列。

（5）"净资产合计"项目，反映政府财政期末净资产合计数。本项目应当根据本表中"累计盈余""预算稳定调节基金""预算周转金""权益法调整"项目金额的合计数填列。

（6）"负债和净资产总计"项目，应当根据本表中的"负债合计""净资产合计"项目金额的合计数填列。

二、收入费用表的编制说明

（一）本表"本月数"栏反映各项目的本月实际发生数

在编制年度收入费用表时，应将本栏改为"上年数"栏，反映上年度各项目的实际发生数；如果本年度收入费用表规定的各个项目的名称和内容同上年度不一致,应按照本年度的规定调整上年度收入费用表各项目的名称和数字,填入本年度收入费用表的"上年数"栏。

本表"本年累计数"栏反映各项目自年初起至报告期末止的累计实际发生数。编制年度收入费用表时,应当将本栏改为"本年数"。

(二)本表"本月数"栏各项目的内容和填列方法

(1)"收入合计"项目,反映政府财政本期取得的各项收入合计金额。其中,预算管理资金的"收入合计"应当根据属于预算管理资金的"税收收入""非税收入""投资收益""补助收入""上解收入""地区间援助收入""其他收入"项目金额的合计填列;财政专户管理资金的"收入合计"应当根据"财政专户管理资金收入"项目的金额填列;专用基金的"收入合计"应当根据"专用基金收入"项目的金额填列。

(2)"税收收入"项目,反映政府财政本期取得的税收收入金额。本项目根据"税收收入"科目的本期发生额填列。

(3)"非税收入"项目,反映政府财政本期取得的各项非税收入金额。本项目根据"非税收入"科目的本期发生额填列。

(4)"投资收益"项目,反映政府财政本期取得的各项投资收益金额。本项目根据"投资收益"科目的本期发生额填列。

(5)"补助收入"项目,反映政府财政本期取得的各类资金的补助收入金额。本项目根据"补助收入"科目的本期发生额填列。

(6)"上解收入"项目,反映政府财政本期取得的各类资金的上解收入金额。本项目根据"上解收入"科目的本期发生额填列。

(7)"地区间援助收入"项目,反映政府财政本期取得的地区间援助收入金额。本项目应当根据"地区间援助收入"科目的本期发生额填列。

(8)"其他收入"项目,反映政府财政本期取得的除"税收收入""非税收入""投资收益""补助收入""上解收入""地区间援助收入""财政专户管理资金收入""专用基金收入"以外的收入金额。本项目应当根据"其他收入"科目的本期发生额填列。

(9)"财政专户管理资金收入"项目,反映政府财政本期取得的教育收费等资金收入金额。本项目根据"财政专户管理资金收入"科目的本期发生额填列。

(10)"专用基金收入"项目,反映政府财政本期取得的粮食风险基金等资金收入金额。本项目根据"专用基金收入"科目的本期发生额填列。

(11)"费用合计"项目,反映政府财政本期发生的各类费用合计金额。其中,预算管理资金的"费用合计"应当根据属于预算管理资金的"政府机关商品和服务拨款费用""政府机关工资福利拨款费用""对事业单位补助拨款费用""对企业补助拨款费用""对个人和家庭补助拨款费用""对社会保障基金补助拨款费用""资本性拨款费用""其他拨款费用""财务费用""补助费用""上解费用""地区间援助费用""其他费用"项目金额的合计填列;财政专户管理资金的"费用合计"应当根据"财政专户管理资金支出"项目的金额填列;专用基金的"费用合计"应当根据"专用基金支出"项目的金额填列。

(12)"政府机关商品和服务拨款费用"项目,反映政府财政本期发生的购买商品和服务的各类费用金额。本项目根据"政府机关商品和服务拨款费用"科目的本期发生额填列。

(13)"政府机关工资福利拨款费用"项目,反映政府财政本期发生的支付给职工和长期聘用人员的各类劳动报酬及为上述人员缴纳的各项社会保险费等费用。本项目根据"政府机关工资福利拨款费用"科目的本期发生额填列。

（14）"对事业单位补助拨款费用"项目，反映政府财政本期发生的对事业单位的经常性补助费用金额。本项目根据"对事业单位补助拨款费用"科目的本期发生额填列。

（15）"对企业补助拨款费用"项目，反映政府财政本期发生的对企业补助拨款费用金额。本项目根据"对企业补助拨款费用"科目的本期发生额填列。

（16）"对个人和家庭补助拨款费用"项目，反映政府财政本期发生的对个人和家庭补助拨款费用金额。本项目根据"对个人和家庭补助拨款费用"科目的本期发生额填列。

（17）"对社会保障基金补助拨款费用"项目，反映政府财政本期发生的对社会保险基金的补助拨款以及补充全国社会保障基金费用的拨款金额。本项目根据"对社会保障基金补助拨款费用"科目的本期发生额填列。

（18）"资本性拨款费用"项目，反映政府财政本期发生的对行政事业单位的房屋建筑物购建、基础设施建设、公务用车购置、设备购置、物资储备等方面资本性拨款费用金额。本项目根据"资本性拨款费用"科目的本期发生额填列。

（19）"其他拨款费用"项目，反映政府财政未列入以上拨款费用项目的财政拨款费用金额。本项目根据"其他拨款费用"科目的本期发生额填列。

（20）"财务费用"项目，反映政府财政本期发生的偿还政府债务利息，支付政府债务发行、兑付、登记相关费用及汇兑损益金额。本项目根据"财务费用"科目本期发生额填列。

（21）"补助费用"项目，反映政府财政本期发生的各类资金的补助费用金额。本项目根据"补助费用"科目的本期发生额填列。

（22）"上解费用"项目，反映政府财政本期发生的上缴上级各类资金产生的费用金额。本项目根据"上解费用"科目的本期发生额填列。

（23）"地区间援助费用"项目，反映政府财政本期发生的地区间援助费用金额。本项目根据"地区间援助费用"科目的本期发生额填列。

（24）"其他费用"项目，反映政府财政本期股权划出、其他负债变动形成的费用金额。本项目根据"其他费用"科目的本期发生额填列。

（25）"财政专户管理资金支出"项目，反映政府财政本期使用纳入财政专户管理的教育收费等资金产生的费用金额。本项目根据"财政专户管理资金支出"科目的本期发生额填列。

（26）"专用基金支出"项目，反映政府财政本期使用专用基金产生的费用金额。本项目根据"专用基金支出"科目的本期发生额填列。

（27）"本期盈余"项目，反映政府财政本年末收入减去费用的金额。本项目根据本表的"收入合计"减去"费用合计"的差额填列。

三、现金流量表的编制说明

本表中的"现金"，是指政府财政的国库存款、其他财政存款及国库现金管理资产中的商业银行定期存款。本表中的"现金流量"，是指现金的流入和流出。本表应当按照日常活动、投资活动、筹资活动的现金流量分别反映。本表"本年金额"栏反映各项目的本年实际发生数。本表"上年金额"栏反映各项目的上年实际发生数，应当根据上年现金流量表中"本年金额"栏内所列数字填列。具体有五种。

（一）日常活动产生的现金流量

1. 现金流入项目

"组织税收收入收到的现金"项目，反映政府财政本年取得税收收入收到的现金。本项目应当根据会计账簿中"税收收入""在途款"科目的发生额分析填列。

"组织非税收入收到的现金"项目，反映政府财政本年取得非税收入收到的现金。本项目应当根据会计账簿中"非税收入""应收非税收入""在途款"科目的发生额分析填列。

"组织财政专户管理资金收入收到的现金"项目，反映政府财政本年取得财政专户管理资金收入收到的现金。本项目根据会计账簿中"财政专户管理资金收入"科目的发生额分析填列。

"组织专用基金收入收到的现金"项目，反映政府财政本年取得专用基金收入收到的现金。本项目根据会计账簿中"专用基金收入"科目的发生额分析填列。

"上下级政府财政资金往来收到的现金"项目，反映政府财政本年收到上下级政府财政转移支付、清算欠款、临时调度款等相关的现金。本项目根据会计账簿中"补助收入""上解收入""与下级往来""与上级往来"科目的贷方发生额分析填列。

"收回暂付性款项相关的现金"项目，反映政府财政本年收回暂付性款项相关的现金。本项目根据会计账簿中"预拨经费""借出款项""其他应收款"科目贷方的发生额分析填列。

"其他日常活动收到的现金"项目，反映政府财政收到的除以上项目外与日常活动相关的现金。本项目根据会计账簿中"地区间援助收入""其他收入""其他应付款""应付代管资金""在途款""以前年度盈余调整"等科目贷方的发生额分析填列。

2. 现金流出项目

"政府机关商品和服务拨款支付的现金"项目，反映政府财政本年在日常活动中用于购买商品、接受劳务支付的现金。本项目根据会计账簿中"政府机关商品和服务拨款费用"科目和"应付国库集中支付结余"科目的借方发生额分析填列。

"政府机关工资福利拨款支付的现金"项目，反映政府财政本年承担职工劳务报酬及社会保险费等支付的现金。本项目根据会计账簿中"政府机关工资福利拨款费用"科目和"应付国库集中支付结余"科目的借方发生额分析填列。

"对事业单位补助拨款支付的现金"项目，反映政府财政本年对事业单位经常性补助支付的现金。本项目根据会计账簿中"对事业单位补助拨款费用"科目和"应付国库集中支付结余"科目的借方发生额分析填列。

"对企业补助拨款支付的现金"项目，反映政府财政本年对企业资本性投资外的其他补助支付的现金。本项目根据会计账簿中"对企业补助拨款费用"科目和"应付国库集中支付结余"科目的借方发生额分析填列。

"对个人和家庭补助拨款支付的现金"项目，反映政府财政本年对个人和家庭的补助支付的现金。本项目根据会计账簿中"对个人和家庭补助拨款费用"科目和"应付国库集中支付结余"科目的借方发生额分析填列。

"对社会保障基金补助拨款支付的现金"项目，反映政府财政本年对社会保险基金的补助，以及补充全国社会保障基金支付的现金。本项目根据会计账簿中"对社会保障基金补助拨款费用"科目和"应付国库集中支付结余"科目的借方发生额分析填列。

"财政专户管理资金支出支付的现金"项目，反映政府财政本年从财政专户管理资金中安排各项支出支付的现金。本项目根据会计账簿中"财政专户管理资金支出"科目的借方发生额分析填列。

"专用基金支出支付的现金"项目，反映政府财政用专用基金收入安排的支出支付的现金。本项目根据会计账簿中"专用基金支出"科目的借方发生额分析填列。

"上下级政府财政资金往来支付的现金"项目，反映政府财政本年支付上下级政府财政转移支付、清算欠款、临时调度款等相关的现金。本项目根据会计账簿中"补助费用""上解费用""与下级往来""与上级往来"科目的借方发生额分析填列。

"资本性拨款支付的现金"项目，反映政府财政本年支付行政事业单位和企业用于房屋建筑物构建、基础设施建设、公务用车购置、设备购置、物资储备等相关的现金。本项目根据会计账簿中"资本性拨款费用"科目和"应付国库集中支付结余"科目的借方发生额分析填列。

"暂付性款项支付的现金"项目，反映政府财政本年安排暂付性款项支付的现金。本项目根据会计账簿中"预拨经费""借出款项""其他应收款"科目的借方发生额分析填列。

"其他日常活动支付的现金"项目，反映政府财政本年支付除以上项目外与日常活动相关的现金。本项目根据会计账簿中"其他拨款费用""地区间援助费用""其他应付款""应付代管资金""应付国库集中支付结余""在途款""以前年度盈余调整"等科目的借方发生额分析填列。

（二）投资活动产生的现金流量

1. 现金流入项目

"收回股权投资收到的现金"项目，反映政府财政本年出售、转让、处置股权等收回投资而收到的现金。本项目根据会计账簿中"股权投资"科目下"投资成本""损益调整"明细科目的贷方发生额分析填列。

"取得股权投资收益收到的现金"项目，反映政府财政本年因被投资单位分配股利、利润或处置股权、企业破产清算等产生收益而收到的现金。本项目根据会计账簿中"应收股利""投资收益"科目的贷方发生额分析填列。

"收到其他与投资活动有关的现金"项目，反映政府财政本年收到除上述项目外与投资活动相关的现金。本项目根据会计账簿中"有价证券""应收股利"等科目的贷方发生额分析填列。

2. 现金流出项目

"取得股权投资支出的现金"项目，反映政府财政本年为取得股权投资而支付的现金。本项目根据会计账簿中"股权投资"科目的借方发生额分析填列。

"支付其他与投资活动有关的现金"项目，反映政府财政本年支付除以上项目外与投资活动相关的现金。本项目根据会计账簿中"有价证券"等科目的借方发生额分析填列。

3. 投资活动产生的现金流量净额

本项目根据现金流入项目合计数减去现金流出项目合计数差额填列，差额小于0则以负数填列。

（三）筹资活动产生的现金流量

1. 现金流入项目

"发行政府债券收到的现金"项目，反映政府财政本年发行国债和地方政府债券收到的现金。本项目根据会计账簿中"应付短期政府债券""应付长期政府债券"科目的贷方发生额分析填列。

"借入款项收到的现金"项目，反映政府财政本年借入款项收到的现金。本项目根据会计账簿中"借入款项"科目的贷方发生额分析填列。

"取得政府债券转贷款收到的现金"项目，反映政府财政本年取得政府债券转贷款收到的现金。本项目根据会计账簿中"应付地方政府债券转贷款"科目下的"应付本金"明细科目的贷方发生额分析填列。

"取得主权外债转贷款收到的现金"项目，反映政府财政本年取得主权外债转贷款收到的现金。本项目根据会计账簿中"应付主权外债转贷款"科目下的"应付本金"明细科目的贷方发生额分析填列。

"收回转贷款本金收到的现金"项目，反映政府财政本年收到下级政府财政归还政府债券转贷款及主权外债转贷款本金相关的现金。本项目根据会计账簿中"应收地方政府债券转贷款""应收主权外债转贷款"科目下的"应收本金"明细科目的贷方发生额分析填列。

"收到下级上缴转贷款利息相关的现金"项目，反映政府财政本年收到下级政府财政上缴政府债券转贷款及主权外债转贷款利息相关的现金。本项目根据会计账簿中"应收地方政府债券转贷款""应收主权外债转贷款"科目下的"应收利息"明细科目的贷方发生额分析填列。

"其他筹资活动收到的现金"项目，反映政府财政本年收到的其他与筹资活动相关的现金。本项目根据会计账簿中"其他应付款""其他应收款"等科目的贷方发生额分析填列。

2. 现金流出项目

"转贷地方政府债券支付的现金"项目，反映政府财政本年对下级政府财政转贷地方政府债券所支付的现金。本项目根据会计账簿中"应收地方政府债券转贷款"科目下的"应收本金"明细科目的借方发生额分析填列。

"转贷主权外债支付的现金"项目，反映政府财政本年对下级政府财政转贷主权外债支付的现金。本项目根据会计账簿中"应收主权外债转贷款"科目下的"应收本金"明细科目借方发生额分析填列。

"支付债务本金相关的现金"项目，反映政府财政本年偿还政府债务本金支付的现金。省级以上（含省级）政府财政根据会计账簿中"应付短期政府债券""应付长期政府债券""借入款项"科目的借方发生额分析填列；市县政府财政根据会计账簿中"应付地方政府债券转贷款""应付主权外债转贷款"科目下"应付本金"明细科目的借方发生额分析填列。

"支付债务利息相关的现金"项目，反映政府财政本年支付政府债务利息相关的现金。省级以上（含省级）政府财政根据会计账簿中"应付利息"科目的借方发生额分析填列；市县政府财政根据会计账簿中"应付地方政府债券转贷款""应付主权外债转贷款"科目下的"应付利息"明细科目、"财务费用"科目的借方发生额分析填列。

"其他筹资活动支付的现金"项目，反映政府财政本年支付的政府债券发行、兑付、登记费用等其他与筹资活动相关的现金。本项目根据会计账簿中"财务费用""其他应付款""其他应收款"等科目的借方发生额分析填列。

3. 筹资活动产生的现金流量净额

本项目根据现金流入项目合计数减去现金流出项目合计数差额填列，差额小于0则以负数填列。

（四）汇率变动对现金的影响额

反映政府财政外币现金流量折算为人民币时，采用即期汇率折算的人民币金额与期末汇率折算的人民币金额之间的差额。本项目根据"财务费用"科目下的"汇兑损益"明细科目的发生额分析填列。

（五）现金净增加额

本项目反映政府财政本年现金变动的净额，根据本表中"日常活动产生的现金流量净额""投资活动产生的现金流量净额""筹资活动产生的现金流量净额""汇率变动对现金的影响额"项目金额的合计数填列，金额小于0则以负数填列。

四、本年预算结余与本期盈余调节表的编制说明

（一）本年预算结余

本项目根据本年预算收入与预算支出的差额填列。

（二）日常活动产生的差异

（1）"当期确认为收入但没有确认为预算收入"项目主要为"当期应收未缴库非税收入"项目。本项目反映政府财政本年已确认非税收入但缴款人尚未缴入国库的各项非税款项。根据会计账簿中"应收非税收入"以及"非税收入"科目的发生额分析填列。

（2）"当期确认为预算收入但没有确认为收入"项目主要为"当期收到上期应收未缴库非税收入"项目。本项目反映政府财政本年收到的上年应收非税收入。根据会计账簿中"应收非税收入"科目的贷方发生额以及"国库存款"科目的借方发生额分析填列，不含以前年度盈余调整事项和新增确认的非税收入。

（3）"当期确认为预算支出收回但没有确认为费用收回"项目主要为：

"当期收到退回以前年度已列支资金"项目，反映政府财政收到退回的以前年度已列支资金而冲减预算支出的事项。根据会计账簿中"国库存款""其他财政存款"科目借方发生额以及"以前年度盈余调整"科目的贷方发生额分析填列。

"当期将以前年度国库集中支付结余收回预算"项目，反映政府财政将以前年度应付国库集中支付结余资金收回预算而冲减预算支出的事项。根据会计账簿中"应付国库集中支付结余"科目借方发生额以及"以前年度盈余调整"科目的贷方发生额分析填列。

（三）投资活动产生的差异

1. "当期确认为收入但没有确认为预算收入"项目

（1）"当期投资收益或损失"项目，反映政府财政本年确认的股权投资收益。根据会计账簿中"投资收益"科目发生额分析填列。其中，投资损失以负数填列；不含清算、处置股权投资增加的收益。

（2）"当期无偿划入股权投资"项目，反映政府财政本年接受无偿划入的股权投资。根据会计账簿中"股权投资"科目下的"投资成本"明细科目的借方发生额、"其他收入"科目的贷方发生额分析填列。

2. "当期确认为预算支出但没有确认为费用"项目

（1）"当期股权投资增支"项目，反映政府财政本年新增股权投资增加的支出。根据会计账簿中"股权投资"科目下的"投资成本"明细科目的借方发生额以及"国库存款"科目的贷方发生额分析填列，不含无偿划入或权益法调整增加的股权投资以及补记以前年度股权投资。

（2）"当期股权投资减支"项目，反映政府财政本年退出、清算、处置股权投资减少的支出。根据会计账簿中"股权投资"科目下的"投资成本"明细科目的贷方发生额以及"国库存款"科目的借方发生额分析，以负数填列，不含无偿划出或权益法调整减少的股权投资额。

3. "当期确认为预算收入但没有确认为收入"项目

（1）"当期收到利润收入和股利股息收入"项目，反映政府财政本年收到被投资主体上缴以前年度利润和股利股息。根据会计账簿中"资金结存——库款资金结存"科目的借方发生额以及"一般公共预算收入——利润收入、股利股息收入""国有资本经营预算收入——利润收入、股利股息收入"的贷方发生额分析填列，不含清算、处置股权投资增加的收益。

（2）"当期收到清算、处置股权投资的收入"项目，反映政府财政本年清算、处置股权投资发生的收入，须根据"投资收益""国库存款"科目借方发生额"股权投资"等科目的贷方发生额分析填列。

4. "当期确认为费用但没有确认为预算支出"项目

主要为"当期无偿划出股权投资费用"项目，反映政府财政本年无偿划出的股权投资。根据会计账簿中"股权投资"科目下的"投资成本"明细科目贷方发生额、"其他费用"科目的借方发生额分析填列。

（四）筹资活动产生的差异

1. "当期确认为预算支出但没有确认为费用"项目

（1）"当期转贷款支出"项目，反映政府财政本年转贷下级政府财政的政府债券、主权外债资金。根据会计账簿中"债务转贷预算支出"科目的借方发生额分析填列。

（2）"当期债务还本支出"项目，反映本级政府财政本年偿还的债务本金。根据会计账簿中"债务还本预算支出"科目的借方发生额分析填列。

（3）"拨付上年计提债务利息"项目，反映政府财政本年偿还上年已计提的债务利息。根据会计账簿中"应付利息"科目的年初贷方余额填列；市县政府财政根据会计账簿中"应付地方政府债券转贷款"和"应付主权外债转贷款"科目下的"应付利息"明细科目的年初贷方余额填列。

2. "当期确认为预算收入但没有确认为收入"项目

（1）"当期债务收入"项目，反映省级以上（含省级）政府财政本年发行政府债券、借入主权外债的收入。根据会计账簿中"债务预算收入"科目的贷方发生额分析填列。

（2）"当期转贷款收入"项目，反映市县政府财政本年收到的地方政府债券、主权外债转贷款收入。根据会计账簿中"债务转贷预算收入"的贷方发生额分析填列。

3. "当期确认为费用但没有确认为预算支出"项目

主要为"当期计提未拨付债务利息"项目，反映政府财政本年已计提需在下一年度支付的利息。省级以上（含省级）政府财政根据会计账簿中"应付利息"科目的年末贷方余额填列；市县政府财政根据会计账簿中"应付地方政府债券转贷款——应付利息"以及"应付主权外债转贷款——应付利息"科目的年末贷方余额填列。

（五）其他差异事项

本项目反映政府财政其他活动事项产生的差异。其中，减少预算结余和增加本期盈余事项以正数反映，增加预算结余和减少本期盈余事项以负数反映。中央财政计提其他负债产生的费用也在本项目反映。

（六）当期汇兑损益净额

本项目根据"财务费用——汇兑损益"发生额分析填列，汇兑损失以负数反映，汇兑收益以正数反映。

（七）本期盈余（本年收入与费用的差额）

根据本表"本年预算结余""投资活动产生的差异""日常活动产生的差异""筹资活动产生的差异""其他差异事项""当期汇兑损益净额"的金额汇总填列。本项目与"收入费用表"本期盈余合计数一致。

五、会计报表附注

总会计财务会计报表附注应当至少披露五方面内容：

（1）遵循《财政总会计制度》的声明。

（2）本级政府财政财务状况的说明。

（3）对会计报表中列示的重要项目的进一步说明，包括主要构成、增减变动情况等。

（4）政府财政承担担保责任负债情况的说明。

（5）有助于理解和分析会计报表的其他需要说明的事项。

思考题

1. 财政总会计的净资产主要有哪些?
2. 如何处理累计盈余的主要账务?
3. 如何处理本期盈余的主要账务?
4. 如何处理预算稳定调节基金的主要账务?
5. 如何处理预算周转金的主要账务?
6. 如何处理权益法调整的主要账务?
7. 以前年度盈余调整的主要账务如何处理?
8. 财政总会计如何进行年终清理结算?
9. 财政总会计年终结账分哪三步?
10. 财政总会计财务会计报表主要包括哪些?
11. 财政总会计应当如何编制资产负债表?
12. 财政总会计应当如何编制收入费用表?
13. 财政总会计应当如何编制现金流量表?
14. 财政总会计应当如何编制本年预算结余与本期盈余调节表?

参 考 文 献

[1] 曾尚梅. 政府会计 [M]. 北京：经济科学出版，2018.
[2] 孙维，于弘，秦佳梅. 政府与非营利组织会计 [M]. 上海：上海交通大学出版社，2017.
[3] 赵建勇. 政府与非营利组织会计 [M]. 5版. 北京：中国人民大学出版社，2021.
[4] 中华人民共和国财政部. 财政总会计制度 [Z]. 2022.
[5] 中华人民共和国财政部. 政府会计制度 [Z]. 2017.
[6] 中华人民共和国全国人民代表大会. 中华人民共和国预算法 [Z]. 2018.
[7] 中华人民共和国国务院. 中华人民共和国预算法实施条例 [Z]. 2020.